华北电力大学“双一流”学科建设经费资助

治理能力现代化

中国政府改革发展40年

王伟◎主编

MODERNIZATION OF GOVERNANCE CAPACITY

THE CHINESE GOVERNMENT HAS BEEN PURSUING REFORM AND DEVELOPMENT FOR 40 YEARS

中国经济出版社
CHINA ECONOMIC PUBLISHING HOUSE
北京

图书在版编目（CIP）数据

治理能力现代化：中国政府改革发展 40 年 / 王伟主编．--北京：中国经济出版社，2022. 5

ISBN 978-7-5136-6914-6

Ⅰ．①治… Ⅱ．①王… Ⅲ．①国家行政机关-政治体制改革-中国 Ⅳ．①D630. 1

中国版本图书馆 CIP 数据核字（2022）第 074882 号

策划编辑　赵静宜
责任编辑　贾轶杰
责任印制　马小宾
封面设计　久品轩

出版发行　中国经济出版社
印 刷 者　北京富泰印刷有限责任公司
经 销 者　各地新华书店
开　　本　710mm×1000mm　1/16
印　　张　24. 25
字　　数　407 千字
版　　次　2022 年 5 月第 1 版
印　　次　2022 年 5 月第 1 次
定　　价　98. 00 元
广告经营许可证　京西工商广字第 8179 号

中国经济出版社 **网址** www. economyph. com **社址** 北京市东城区安定门外大街 58 号 **邮编** 100011
本版图书如存在印装质量问题，请与本社销售中心联系调换（联系电话：010-57512564）

政府发展与国家治理能力现代化

改革开放四十年最具影响力的40件大事

1. 1978年 党的十一届三中全会召开
2. 1979年 设立经济特区
3. 1982年 家庭联产承包责任制确立
4. 1984年 有计划的商品经济提出
5. 1986年 全民所有制企业改革启动
6. 1987年 “一个中心、两个基本点”基本路线提出
7. 1988年 “科学技术是第一生产力”提出
8. 1992年 社会主义市场经济体制改革目标确立
9. 1993年 建立现代企业制度
10. 1993年 进行分税制改革
11. 1993年 提出金融体制改革目标
12. 1994年 外贸体制综合配套改革
13. 1994年 医疗、住房市场化改革施行
14. 1995年 提出“两个根本性转变”目标
15. 1996年 外汇管理体制改革取得重大进展
16. 1997年 党的十五大提出党在社会主义初级阶段的基本纲领
17. 1999年 明确非公有制经济是社会主义市场经济的重要组成部分
18. 1999年 提出西部大开发战略
19. 2001年 中国正式成为世贸组织成员
20. 2002年 党的十六大确定全面建设小康社会的奋斗目标

21. 2003 年　振兴东北地区等老工业基地战略提出
22. 2004 年　推进资本市场发展的"国九条"颁布
23. 2004 年　国有商业银行进行股份制改革
24. 2004 年　保护私有财产入宪
25. 2005 年　农业税条例废止
26. 2005 年　提出建设社会主义新农村的重大历史任务
27. 2005 年　股权分置改革试点启动
28. 2006 年　做出构建社会主义和谐社会重大决定
29. 2007 年　《中华人民共和国物权法》出台
30. 2007 年　科学发展观被写入党章
31. 2008 年　第 29 届夏季奥林匹克运动会在中国举办
32. 2009 年　十一届全国人大二次会议召开
33. 2010 年　中国上海世界博览会举行
34. 2011 年　庆祝中国共产党成立 90 周年大会
35. 2012 年　中国共产党第十八次全国代表大会举行
36. 2013 年　中央首次召开城镇化工作会议
37. 2014 年　"沪港通"正式启动
38. 2015 年　纪念抗战胜利 70 周年
39. 2016 年　人民币正式加入 SDR
40. 2017 年　中国共产党第十九次全国代表大会举行

——2018 年 12 月 30 日摘自中共北京市委宣传部主管、中共北京市委讲师团主办的宣讲家网

领土、人口和主权构成国家的三大要素，但从现实看，国家的有效治理主体首先是政府。美国公共行政学大师沃尔多指出："我们所有人的福利、幸福以及我们实实在在的生活，在很大程度上取决于影响和维持我们生活的行政机构的表现。现代生活中，行政管理的质量影响着我们的日常生活——从食宿问题到思维活动。今天，你的生活可能系于对药店中药品纯度的控制管理；明天，可能要依赖于州政府机动车辆管理部门的政策；下周，可能就要仰仗于政府部门的管理智慧了。不管你愿不愿意，行政管理关系到每一个人，

如果我们希望活下去，我们最好琢磨琢磨行政管理。”①

作为社会共同体的国家的组织机构——政府，由于其权力来源于人民，因此它必须对大众福祉负有责任。里普森认为：“唯一能够调节冲突，保护社会不受伤害的应是包括各个部分的、关心大众福祉的、有手段在竞争中进行裁决的机构，这就是国家。因此政治压力在这个方向上的汇集，使得国家被选择为指导社会力量的工具。”② 而政府是具体化的国家，国家的发展与政府密不可分，无论哪一个国家都是如此。因此政府的治理能力成为国家治理能力和治理体系的重要组成部分。

改革开放40年，中国取得的成就举世瞩目。其中最重要的有两条：一是经济实力大幅度增长，实现了从封闭型经济弱国向开放型全球经济大国的转变。1978—2020年，中国GDP总值从3645亿元跃升至1015986万亿元，增长了278倍以上，中国成为全球第二大经济体。中国GDP占世界经济比重从以前的不足2%增长到2020年的超过17%，稳居世界第二位。当今中国已经成为一个名副其实的全球性经济大国。二是制度突破性创新，实现了从单极化传统管理向现代公共服务型治理的转变。为积极适应以市场经济为导向的经济体制，党的建设不断加强、国家治理持续革新、央地关系得以重塑、政府结构持续完善、服务能力有效提升、城乡基层政权建设不断加强等，形成了“全局协调各方”的党的领导体系，建成了以宏观调控、公共服务、公共管理为核心职能的政府体系，形成了党委领导、政府负责、社会协同、公众参与、法治保障的社会治理体制等。

一、国家治理能力现代化内涵

（一）治理与政府治理

治理内涵，界定不一。“治理，是20世纪晚期时代精神中关于政府作用的主流观点。”③ 俞可平认为，“治理一词的基本含义是指在一个既定的范围内运用权威维持秩序，满足公众的需要。治理的目的是在各种不同的制度关

① Waldo, Dwight. The Study of Public Administration ［M］. New York：Doubleday, 1995：70.

② ［美］里普森．政治学的重大问题［M］．刘晓，等，译．北京：华夏出版社，2001：164.

③ J. Pierre. Introduction：Understanding Governance ［A］// J. Pierreed. Debating Governance ［M］. New York：Oxford, 2000.

系中运用权力去引导、控制和规范公民的各种活动，以最大限度地增进公共利益”。[①] 张慧君等认为，治理是“在一定领土范围之内，政府、市场与公民社会相互耦合所形成的一种整体性的制度结构模式”。[②] 何增科认为，“国家治理是国家政权的所有者、管理者和利益相关者等多元行动者对社会公共事务的合作管理，旨在增进公共利益、维护公共秩序”。[③]

对于治理内涵的认识，主要集中在以下三个方面：一是作为传统政府统治模式替代品的治理。詹姆斯·M. 罗西瑙指出：“治理与政府统治不是同义语，它们之间有重大区别。与统治不同，治理指的是一种由共同的目标支持的活动，这些管理活动的主体未必是政府，也无须依靠国家的强制力量来实现。换句话说，与政府统治相比，治理的内涵更加丰富。它既包括政府机制，同时也包括非正式的、非政府的机制。”“政府治理”的核心问题则是如何按照“善治”的要求重构行政系统，其实质是“政府再造”。

二是作为公私合作的治理。治理意味着越来越多的公众参与、合同外包、公私伙伴关系、第三部门服务供给与政府购买服务、政府流程再造等新的治理方式的使用，其核心是，允许并鼓励民众参与社会管理，实现“公共事务公共管理”。[④]

三是作为“多中心治道”的治理。治理理论主张多中心治理，强调平等与合作；崇尚责任，强调公共利益；注重公众的需求和公民参与；主张有效率的治理等。[⑤] 作为多中心治道的治理，强调政府、社会、市场主体和社会公众等利益相关者一道构建多元合作共治的格局，协同回应公共需求，解决公共问题，实现公共利益最大化。

综上，治理既是一种理念又是一种行为模式。作为理念，它高扬平等、民主、法治、透明、信任等价值；作为行为，它青睐授权、参与、合作、协商、协同和自治等方式。与传统的统治模式相比，治理实质上重构了政府、社会和公民三者之间的关系：公民取得轴心地位，政府和社会实现地位平等并协同围绕公民轴心运转。由此决定了治理能力现代化评估应该确立公民本

① 俞可平．治理和善治引论［J］．马克思主义与现实，1999（5）．

② 张慧君，景维民．从经济转型到国家治理模式重构——转型深化与完善市场经济体制的新议题［J］．天津社会科学，2010（2）．

③ 何增科．准确理解国家治理及其现代化［J］．理论视野，2014（1）．

④ 燕继荣．变化中的中国政府治理［J］．经济社会体制比较，2011（6）．

⑤ 施雪华，张琴．国外治理理论对中国国家治理体系和治理能力现代化的启示［J］．学术研究，2014（6）．

位、社会复位和政府归位的“三位一体”的评估理念。[①]

深刻理解“政府治理”的含义，要对如下三组概念有清晰的理解：一是统治和治理。俞可平指出，统治是政府依靠垄断性的国家权力对社会进行控制，治理则是各个社会主体运用公共权威来维护社会秩序。他认为统治和治理有五个方面的区别：①权威主体不同。统治的主体是单一的，就是政府或其他国家公共权力；治理的主体则是多元的，除了政府外，企业、社会组织和公民都可以成为治理主体。②权威的性质不同。统治是强制性的；治理更多是协商的。③权威的来源不同。统治的权威来源就是强制性的国家法律；治理的来源除了法律外还包括各种非强制性契约。④权力运行的向度不同。统治的权力运行向度是自上而下的；治理的权力可以是自上而下的，但更多是平行的。⑤作用的范围不同。统治所及的范围以政府权力所及的领域为边界，而治理所及的范围则以公共领域为边界，后者比前者要宽广得多。从统治走向治理是人类政治发展的普遍趋势，“多一些治理，少一些统治”是21世纪世界主要国家政治变革的重要方向。

二是公司治理与政府治理。公司治理理论研究在公司所有权与管理权相分离的情况下，如何建立起委托方对代理方有效的激励和约束机制，以解决代理方背叛委托方利益利用经营管理权牟取自身利益最大化问题。政府治理中同样存在主权与治权相分离所引发的委托代理问题，如何建立起委托方对代理方有效的激励和约束机制以解决官员群体以权谋私、敛财自肥的腐败问题和特权问题等是政府治理需要重点关注的问题。

三是国家治理与政府治理。国家治理主要表现为政府治理但又不能完全等同于政府治理，市场治理和社会治理都是现代国家治理体系的重要组成部分。市场治理主要让市场在资源配置中起决定性作用，依靠价格机制和竞争机制来调节供需关系，引导企业在实现利润最大化过程中提供商品和服务，从而增进社会利益。社会治理主要依靠志愿机制和自治自律机制来动员资源、提供社会服务以及约束社会成员和社会组织行为，从而增进社会利益。政府治理则主要以合法的强制性力量为后盾来动员资源、约束行为、提供公共服务，从而增进公共利益。

政府治理的概念有其独特的含义。政府治理是政府联合多方力量对社会公共事务的合作管理，其目的是维护社会秩序，增进公共利益，保障公民的

---

① 李文彬，陈晓运．政府治理能力现代化的评估框架［J］．中国行政管理，2015（5）：24-26.

自由和权利。[①] 在现代社会，随着市场经济的形成和社会自身力量的增长，人们的主体意识增强，形成了私人领域和公共领域两分的格局，法治下的市场交换、契约关系使人们的身份日益趋于平等，基于此，国家必须和市场与社会自身的力量一起，共同承担更多公共职能，对经济、文化、社会、生态以及国家和政府自身进行管理。

（二）国家治理体系和治理能力现代化

良好的国家治理必然需要具备现代化的治理能力。从权力和责任对等角度看，尽管政府需要联合各种力量来治理，但是政府必然是国家治理的主体。因此国家治理能力的现代化首先是政府治理能力的现代化。李景鹏强调，国家治理能力是指各个治理主体，特别是政府在治理活动中所显示出的活动质量。[②] 辛向阳指出，国家治理能力是国家统筹各个领域治理主体、处理各种主体关系，实现经济社会发展进步的水平与质量。治理能力现代化则意味着，以制度为基础，正确处理各种重大关系；以治理主体为轴心，形成让一切劳动、知识、技术、管理、资本的活力竞相迸发和让一切创造社会财富的源泉充分涌流的局面。[③] 王浦劬认为，国家治理能力是政治权力主体和公民权利主体运用国家制度体系进行国家治理和参与治理的能力。[④]

党的十八届三中全会提出国家治理现代化的战略目标是“坚持和完善中国特色社会主义制度，实现国家治理体系和治理能力现代化”。“治理现代化”既是一种治理理念，也是一种治理过程和结果，意味着国家与政府的治理要适应中国特色社会主义现代化事业的发展要求，要建立并实践与时俱进的现代化治理理念，能够在促进社会生产力解放的基础上促进人性的解放与平等，以改善民众的生活质量、提高民众的幸福指数。

国家治理体系现代化是我国社会主义现代化建设的重要内容。习近平总书记指出：“国家治理体系是在党领导下管理国家的制度体系，包括经济、政治、文化、社会、生态文明和党的建设等各领域体制机制、法律法规安排，也就是一整套紧密相连、相互协调的国家制度。”[⑤] 国家治理体系现代化，就

---

① 何增科．政府治理现代化与政府治理改革［J］．行政科学论坛，2014（2）．

② 李景鹏．关于推进国家治理体系和治理能力现代化：“四个现代化”之后的第五个“现代化”［J］．天津社会科学，2014（2）．

③ 辛向阳．推进国家治理体系和治理能力现代化的三个基本问题［J］．理论探讨，2014（2）．

④ 王浦劬．全面准确深入把握全面深化改革的总目标［J］．中国高校社会科学，2010（1）．

⑤ 习近平谈治国理政［M］．北京：外文出版社，2014：91．

是国家制度体系从传统走向现代的过程，是国家治理主体、功能、制度体系、运行机制、治理方式的现代化。①

国家治理体系是包括规范行政行为、市场行为和社会行为的一系列制度和程序，现代国家治理体系三个最重要的次级体系分别是政府治理、市场治理和社会治理。其中，基于政府的核心地位和主导功能，政府治理能力现代化是实现国家治理现代化最关键的因素。以往国家治理中的诸多弊端源于没有正确处理政府、市场和社会的关系，政府管理中“错位”“越位”与“缺位”问题同时存在，因此必须在厘清政府治理边界的基础上界定政府治理现代化的含义。

在政府与市场的关系上，要坚持“用足市场、慎求政府”。政府的职责，是创造条件促进市场机制的完善与市场功能的有效发挥，市场可以发挥功能的领域政府要让位；在政府与社会的关系上，政府与市场均失灵的治理领域应由社会组织（第三部门）发挥其作用，政府通过有效引导与正确监管使社会组织获得应有发展空间并促其功能积极发挥。这就要求政府要由全能政府向有限政府转变，由人治政府向法治政府转变，由封闭政府向透明政府转变，由管制政府向服务政府转变。②

国家治理体系现代化包括五个方面内容：一是国家治理功能的现代化。国家治理功能是国家治理体系在国家政治生活与经济社会治理中充当的角色及发挥的作用，它决定了国家治理体系的宗旨与本质。历史表明，从封建专制国家的暴力统治功能发展到资本主义国家的统治与服务功能并重，再到社会主义国家的人民统治下的服务功能，是国家管理功能不断现代化的过程。

二是国家治理主体的现代化。国家治理主体是国家治理体系中的各个行为主体、利益主体和权力主体。在国家发展过程中，国家治理主体也不断变化，从专制国家的单一统治主体发展到资本主义国家的资本统治下的多元共治，再发展为社会主义国家的人民统治下的多元共治，这是国家治理主体不断现代化的过程。

三是国家治理制度体系的现代化。从制度演变过程看，国家管理制度体系经过了从专制国家以保护皇权为核心的官僚制度到资本主义国家以保护资本权利为核心的传统政治制度，再到社会主义国家以保护人民权利为核心的

---

① 李军鹏．国家治理体系现代化视域下的现代政府建设［J］．中共天津市委党校学报，2015（2）．

② 唐天伟，等．地方政府治理现代化的内涵、特征及其测度指标体系［J］．中国行政管理，2014（10）．

新型政治制度的发展过程，社会主义国家的新型政治制度代表了国家治理制度体系现代化的发展方向。

四是国家治理运行机制的现代化。在国家发展过程中，国家运行机制经过了封建专制国家的专断型管理机制、资本主义国家的利益博弈型治理机制、社会主义国家的民主协商型治理机制三个发展阶段，社会主义国家的民主协商型治理机制代表了国家治理机制现代化的发展方向。

五是国家治理方式和工具的现代化。在国家发展过程中，国家治理方式经过了三个发展阶段，分别是农业社会的专制统治阶段、工业社会的理性官僚制阶段、知识经济社会的整体治理与智慧治理阶段，国家治理方式和工具不断向着科学治理、协同治理、智慧治理的方向发展。①

二、政府与国家治理能力现代化

在国家发展过程中，政府的作用极其重要，一国经济的发展离不开政府的作用和干预。良好的政府不是人类社会的奢侈品，而是发展的必需。② 在不同历史时期，不同国家和地区，政府作用也必然不同。正如刘易斯所说："没有一个国家不是在明智政府的积极刺激下取得经济进步的。"③ 每个国家都谋求发展，但对发展的关键是什么，认识是不同的。有学者认为国家发展的关键因素是政府，而不是其他变量。④ 一个强有力而有限的政府是国家构建的重要命题之一，因为政府的软弱无能导致国家失败已经成为当今世界许多严重问题的根源，应当缩小国家功能的范围，但是应同时加强国家功能范围内的能力，这个能力主体其实是政府治理能力。⑤

（一）政府在国家治理能力现代化中的作用

第一，政府在推动制度创新方面具有天然优势。国家发展离不开制度创新，新制度主义理论对国家作用给予了充分关注，"国家之所以不可缺少，原因在于，国家规定着所有权结构。国家最终对所有权结构负责，而所有权结

① 李军鹏．国家治理体系现代化视域下的现代政府建设［J］．中共天津市委党校学报，2015（2）.

② 世界银行．世界发展报告：变革世界中的政府［M］．北京：中国财政经济出版社，1997：15.

③ ［美］刘易斯．经济增长理论［M］．上海：上海三联书店，1994：475.

④ 宋圭武．政府是国家发展的关键［N］．甘肃日报，2008-02-06（7）.

⑤ 弗朗西斯·福山．国家构建：21 世纪的国家治理与世界秩序［M］．上海：学林出版社，2017：14.

构的效率则导致经济增长、停滞或经济衰退”。[①] 由此决定了制度创新的重要性。制度创新是大量利益主体为利益进行博弈所导致的均衡。引致制度创新的主体是多元的，但不同主体所起的作用是不同的。一般而言，具有强势地位的主体对制度创新的作用力相对较大，政府一般是社会的强势主体，所以政府在推动制度创新方面具有天然优势。从制度的属性而言，制度本身就是一种典型的公共产品，而政府在提供公共产品方面既具有不可推卸的责任，又具有天然的优势。因此对国家发展而言，制度能否不断正向演进，政府的作用是十分重要的。

第二，政府是促进人力资本发展的关键。国家发展离不开人力资本尤其是人才，这是共识。1959 年舒尔茨出版《人力资本：一个经济学的观点》一书，指出研究经济增长问题，必须在传统资本概念中引入“人力资本”概念，体现在劳动者身上的资本为人力资本，对经济起着生产性作用，使国民收入明显增加。西方经济发展实践已经证明，人力资本投资的收益率显著高于物质资本收益率。由于在市场经济条件下人们会对投资收益率的差异做出合理反应，正确地选择自己的经济行为，这只“看不见的手”会使社会经济迅速增长、国民财富快速增加。

第三，政府是弥补和解决市场失灵的关键。现代市场经济发展已经证明了国家发展必须充分运用市场，因为只有自由交换才能使得资源配置成为提高人类福利的有效途径。但市场也有失灵的时候，市场失灵有可能导致市场垄断。解决市场失灵，关键在政府。基于此，可以讲市场失灵的实质就是政府失灵。市场失灵是必然的，但如何解决市场失灵，责任不在市场，而在政府。并且政府在解决市场失灵方面具有众多优势。市场调节具有被动性，而政府调节具有主动性；市场调节具有盲目性，而政府调节具有规划性。凯恩斯理论实践也证明：政府在克服市场失灵方面具有关键作用。若政府能较好解决市场失灵问题，社会经济就能获得良好发展；反之，社会经济运转就会出现周期性波动，导致社会崩溃。

第四，政府在意识形态变革方面具有主导作用。意识形态是影响国家发展的重要变量，必然反映出制度设计的效果并影响着制度设计，对于维持现存的秩序是重要的。意识形态可以整合人们的思想，有利于社会的和谐稳定，有利于促进经济的发展。诺思认为：“任何一种成功的意识形态都必须克服

---

① ［美］道格拉斯·C. 诺思．经济史中的结构与变迁［M］．上海：上海人民出版社，1994：17.

‘搭便车’问题，其基本目的在于促使一些群体不再按有关成本与收益的简单的、享乐主义的和个人的计算来行事。”[①] 而在克服“搭便车”，促进意识形态变革方面，政府的主导作用是无可替代的。政府在意识形态宣传方面的规模优势、强制优势和主导权是其他组织所没有的。

第五，政府是推动国家发展的关键。从各国发展实践看，凡是社会经济有良好发展的，政府在其中都起到了好的作用；凡是政府没有起到好作用的，社会经济发展就问题重重。针对存在的各种社会经济问题，政府政策正确并有效，就能推动社会经济健康持续发展；政府因循守旧，政策不当或者滞后，最终就会导致国家发展停滞。对发展中国家而言，政府的作用更为关键，发展中国家面临的制度创新任务更艰巨、市场失灵更严重、人才问题更紧迫、政府变革任务更艰巨、基础设施建设更滞后、社会经济发展不均衡问题更突出，这就需要政府发挥主导和关键作用。

实践证明，越是转轨型国家，越需要强有力的政府发挥主导作用，以制度创新克服经济发展的障碍。转轨中的发展中国家普遍存在着市场短缺和物资匮乏的问题，市场制度发育也不成熟，仅靠市场机制的自发调节难以在短期内大量增加供给，市场培育需要过程，不能适应发展中国家迅速积累资金和发展经济的需要。[②] 中国目前依然处于转型中，需要强有力的政府发挥作用。政府要发挥作用必须要通过政府治理的分权化、民主化、科学化和法治化来实现其治理能力的现代化。

（二）提升国家治理能力现代化的必要性

（1）国家治理能力现代化是全面深化改革的需要。政府治理现代化在现代化建设中具有不可替代的作用。改革开放之初，因为既得利益羁绊较少，更多是在现有框架下的增量改革，因而容易推进。经过 40 多年发展，改革进入攻坚期、深水期，接下来是全面性、系统性改革，是触及深层利益的改革。改革实质上是对现有利益格局的深刻调整，必然面临巨大阻力。如何从战略和战术层面顺利实现国家治理现代化，是不可回避的现实问题。[③] 中外现代化的历史充分证明，没有政府的科学有效治理，经济和社会的可持续发展就无

---

① ［美］道格拉斯·C. 诺思 . 经济史中的结构与变迁［M］. 上海：上海人民出版社，1994：59.

② 罗后清 . 经济发展中的政府作用的问题概说：由东亚模式引起的思考［J］. 经济纵横，1997（5）.

③ 武庆鹏 . 中国国家治理现代化的路径探析［D］. 新疆大学硕士学位论文，2016.

法推进。政府治理现代化是整个国家现代化进程的重要组成部分，是现代化的重要推动力量。深化政府治理体制改革，建立现代政府治理体系，是实现政府治理现代化的主要途径，同时也是推进国家治理体系和治理能力现代化的重要途径。①

（2）国家治理能力现代化是推进政治体制改革的需要。中国当前改革面临的不光是技术问题，还有战略问题，不仅是社会领域、经济领域的问题，更是政治领域的问题，不从根本上解决国家治理面临的问题，就不能从根本上实现国家治理现代化。政治领域问题，是战略问题、根本问题。中国是一个有着五千年文明史的辉煌国度，作为世界上最大的发展中国家，应该立足长远，所谋者大，只有抱持着复兴中华、走向世界的雄心壮志，政治文明才能最终引领国家文明的发展，使自身能昂然屹立于世界民族之林。②

（3）国家治理能力现代化是解决当代中国现实问题的需要。当前中国社会依然处在转型期，既有利益格局面临重大调整，全面深化改革阻力重重。同时社会转型时期面临的矛盾和问题日益复杂，经济下行、贫富差距、社会不公、食品安全、社会失范、诚信缺失、道德滑坡、环境危机等问题出现交叠。必须重新审视既有治理体系，通过能力提升来解决改革过程中面临的难题。对国家治理理论的研究和实践，有助于解决中国现实问题。

（4）国家治理能力现代化有助于更好地提升党和政府的形象。党的十一届三中全会以来，经过卓有成效的改革开放，中国取得了举世瞩目的伟大成就：综合国力显著提升、经济社会发展迅速、人民生活水平得到明显改善。正是靠着优异的执政成就，党和国家赢得了国际社会普遍的尊重。但是，由于历史的原因，国外特别是西方国家总是戴着有色眼镜看待中国，认为中国是一个专制集权、社会缺乏活力、政治民主发展缓慢、治理效率低下的国家。特别是作为一个后发国家，在现代化进程中出现的一些问题总是被一些西方国家选择性放大，甚至不择手段加以丑化，严重损害了党和政府的形象。只有提升治国理政本领，切实提高国家的治理能力，在发展中解决问题，不断做大做强自己，才能取得更大的治理成就，赢得更多的认同与尊重。③

（5）国家治理能力现代化有利于彰显中国特色社会主义制度优势。完善的国家治理制度体系对于彰显中国特色社会主义制度的治理效率具有重要意

---

① 何增科．政府治理现代化与政府治理改革［J］．行政科学论坛，2014（2）．

② 武庆鹏．中国国家治理现代化的路径探析［D］．新疆大学硕士学位论文，2016．

③ 张军．改革开放以来国家治理能力提升问题研究［D］．中共中央党校博士学位论文，2017．

义，推进国家治理现代化有利于调动广大人民群众和社会各方面的积极性和主动性，让他们参与到国家治理中来，有利于保持党和国家的活力。国家治理现代化要求的国家治理能力现代化意味着各项事务的治理效率提高，更好地推动经济社会发展。推进国家治理现代化，让人民参与到治理中，运用现代化手段进行良好的监督和信息反馈，有利于维护和促进社会的公平正义，充分体现社会主义制度优越性。①

三、中国国家治理能力现代化发展历程

20 世纪 90 年代以来在西方兴起的治理理论，既是对 20 世纪 70 年代末至 80 年代兴起的政府改革运动的理论总结，也是一种新的治理现代化理论范式，是对近代以来形成的现代政府体制的一次“再现代化”或“后现代主义”改造，是政府治理的第二次现代化。西方政府治理的第一次现代化实际上是沿着民主治理和有效治理两个方向展开的。第二次世界大战后特别是 20 世纪 60 年代以来，西方公共行政理论经历了一个从经典行政理论向新公共行政理论、新公共管理理论和新公共服务理论发展演进的过程。② 社会主义制度作为具有强大生命力的、有优越性的新事物，并不是一诞生就完美无缺，需要我们不断实践和探索，如何治理社会主义社会也需要我们不断地探索和发展，这不断探索的过程就成为国家治理现代化提出的一部分背景。③

改革开放以来，以邓小平同志为代表的几代中国共产党人立足于他们所处的时代，不断探索国家治理规律，推动国家治理能力提升，并在党的十八届三中全会上正式提出了“坚持和完善中国特色社会主义制度，实现国家治理体系和治理能力现代化”的战略目标。回顾改革开放 40 多年来的中国国家治理能力提升的历程，总结其发展经验，对于把握治国理政规律、开创国家治理现代化的新局面具有重要价值。

1. 国家治理能力向常态化恢复时期（1978—1992 年）

改革开放前夕，中国面临着非常复杂的环境。一方面，“文化大革命”给国家发展带来严重冲击，政治秩序混乱，经济结构失衡，人民生活水平严重下降。截至 1978 年，全国 7.9 亿农村居民中还有 2.5 亿生活在贫困线以下

①③ 张婧妍．国家治理现代化及其对马克思国家理论的新发展［D］．沈阳师范大学硕士学位论文，2017.

② 何增科．政府治理现代化与政府治理改革［J］．行政科学论坛，2014（2）.

(人均年收入 100 元)，相当于当时农村人口的 30.7%，当年农村居民人均年收入仅 133.6 元，城镇居民人均年收入也不过 343.4 元，[①] 社会主义前途岌岌可危。另一方面，世界范围内新科技革命蓬勃兴起，我国经济实力、科技实力与国际先进水平差距进一步拉大。面对国内外矛盾，如何恢复国家治理能力的常态化是摆在党和人民面前的重大命题。以邓小平同志为核心的第二代党中央领导集体主要从以下方面入手解决上述矛盾：

第一，通过改革党和国家领导制度来恢复政治秩序。邓小平指出："我们过去发生的各种错误，固然与某些领导人的思想、作风有关，但是组织制度、工作制度方面的问题更重要。"[②]当时的党和国家制度中到底有哪些缺陷和弊端呢？邓小平在《党和国家领导制度改革》中指出："从党和国家的领导制度、干部制度方面来说，主要的弊端就是官僚主义现象、权力过分集中的现象、家长制现象、干部领导职务终身制现象和形形色色的特权现象。"[③]制度建设特别是领导制度和组织制度建设问题带有根本性、全局性、稳定性和长期性。

针对当时的问题，邓小平同志对党和国家领导制度提出了一系列改革措施：一是修改《宪法》。使《宪法》更加完备、周密、准确，能够确保公民权利，防止权力过分集中。二是成立顾问委员会。这样既可以让老同志从主要岗位退下来，逐步废除领导干部终身制，又可以加强对各级领导干部的监督，确保中央决策过程更加民主。三是实行党政分开。不能以党代政、党政不分。四是有准备、有步骤地实行党委领导下的厂长负责制、经理负责制，经过试点，有序推广。五是企事业单位成立职工代表大会或职工代表会议。六是各级党委实行集体领导和个人分工负责相结合的制度，重大事务必须由集体讨论和决定，严格遵循少数服从多数、一人一票的原则。通过党和国家领导制度的一系列改革，国家权力机关运转逐步正常和有效起来，为提升国家治理能力打下了初步的制度基础。

第二，通过调动人民群众积极性，激发社会活力。对党和国家领导制度的改革是为了防止再次发生"文化大革命"运动带来的灾难性破坏，使党和国家的政治生活秩序化。当时一个很重要的问题就是要激发社会发展活力。一是解放思想，重新认识社会主义的本质。邓小平指出："我们不要资本主义，但是我们也不要贫穷的社会主义，我们要发达的、生产力发展的、使国

---

① 国家统计局. 中国统计摘要 2009 [M]. 北京：中国统计出版社，2009：109，111.

②③ 邓小平文选（第 2 卷）[M]. 北京：人民出版社，1994：333.

家富强的社会主义。”① “我们坚持走社会主义道路，根本目标是实现共同富裕。”② 通过对社会主义本质的重新思考，把人们从对社会主义的错误思想束缚中解放出来，调动了人们的生产积极性。二是改革收入分配政策。调动人民生产积极性就必须打破不合理的分配政策，实行多劳多得、少劳少得、不劳不得的分配政策。在农村实行家庭联产承包责任制政策，加强对农民的激励；在工业企业领域下放生产经营自主权，提高对工人和企业家的激励，极大调动了农民和工人的生产主动性。三是实行对外开放政策。历史证明，关起门来搞建设是成功不了的。“现在任何国家要发达起来，闭关自守都不可能。”③ 中国逐渐形成了从特区到沿海、沿江再到内地的全方位开放格局。对外开放不仅引进了外国的资本、先进的技术和管理，还产生了“鲇鱼效应”，给中国发展提供了巨大动力。

第三，变革计划经济体制，推动经济发展能力。计划经济在历史上起过积极作用，但弊端也很突出。1981 年党的十一届六中全会指出，“必须在公有制基础上实行计划经济，同时发挥市场调节的辅佐作用”，突破了完全排斥市场调节的传统计划经济思维。党的十二大报告将我国经济体制正式阐述为“计划经济为主，市场调节为辅”。党的十二届三中全会又提出，社会主义经济“是在公有制基础上的有计划的商品经济”，重心落在“商品经济”之上。1988 年春，中央决定“放开管制”，取消双轨制，实行“物价闯关”政策，但“物价闯关”失败。1990 年 3 月，七届全国人大三次会议上，《政府工作报告》重提“计划经济与市场调节相结合”，试图扭转“市场取向”改革。1990 年，国家开始进入治理整顿时期，加大利用行政手段干预和调节国民经济的力度，其结果虽压制了通货膨胀，但也抑制了经济增长。1990 年经济增长速度仅为 3.8%，是改革开放以来最低增长速度，中国经济改革进入了一个关键拐点。这一时期对经济体制改革的探索，体现了党和国家在当时提升国家治理效率的努力。

2. *以发展社会主义市场经济能力提升国家治理能力时期*（1992—2012 年）

改革开放十多年后，中国政治进入平稳发展时期，公共权力运行进入正常化。中国上下对未来发展走向达成了共识：坚定不移实行改革开放政策，

---

① 邓小平文选（第 2 卷）[M]. 北京：人民出版社，1994：231.
② 邓小平文选（第 2 卷）[M]. 北京：人民出版社，1994：171.
③ 邓小平文选（第 3 卷）[M]. 北京：人民出版社，1993：90.

建立社会主义市场经济体制。因此从1992年到2012年国家治理能力主要体现为发展社会主义市场经济的能力。

第一，确立建立社会主义市场经济体制的目标。在经历了从1989—1991年三年徘徊之后，1992年春天，邓小平开启了南方之行并发表了南方谈话，指出“计划多一点还是市场多一点，不是社会主义与资本主义的本质区别。计划经济不等于社会主义，资本主义也有计划；市场经济不等于资本主义，社会主义也有市场。计划与市场都是经济手段”。[①] 以邓小平南方谈话精神为指引，党的十四大明确提出了我国经济体制改革的目标是建立“社会主义市场经济体制”，结束了“计划”与“市场”的争论，从而使中国改革开放进入了快车道。1993年党的十四届三中全会指出：“社会主义市场经济体制是同社会主义基本制度结合在一起的。”建立社会主义市场经济体制，就是要使市场在国家宏观调控下对资源配置起基础性作用。1997年，党的十五大进一步丰富了社会主义市场经济理论的内涵，提出了“以公有制为主体，多种所有制经济共同发展的基本经济制度”。党的十五大第一次打破了传统的“补充论”，强调非公有制经济和公有制经济都是社会主义经济的组成部分，强调了两者的长期并存、公平竞争和同步发展，“公有资产占优势，要有量的优势，更要注重质的提高。国有经济起主导作用，主要体现在控制力上”，标志着我们党对市场经济理论认识的逐步深化。

进入21世纪，我国初步建成了社会主义市场经济体制框架，计划经济体制整体退出了历史舞台，实现了社会主义基本制度同市场经济的有机结合。2002年，党的十六大又明确提出了“两个毫不动摇”，即“毫不动摇地巩固和发展公有制经济；毫不动摇地鼓励、支持和引导非公有制经济发展”，第一次将公有制经济和非公有制经济并列起来，极大地鼓舞了非公有制经济的发展信心。党的十六届三中全会对社会主义市场经济又有了新的认识，指出要“使股份制成为公有制的主要实现形式”“大力发展和积极引导非公有制经济”“建立归属清晰、权责明确、保护严格、流转顺畅的现代产权制度”“建立有利于逐步改变城乡二元经济结构的体制”“坚持以人为本”，[②] 进一步深化了党对社会主义市场经济规律的认识。党的十八大针对市场经济体制建设中存在的问题，提出了全面深化经济体制改革以加快完善社会主义市场经济

① 邓小平文选（第3卷）[M]. 北京：人民出版社，1993：373.

② 关于完善社会主义市场经济体制若干问题的决定 [EB/OL]. 新华网，2003-10-21.

体制的要求，强调“经济体制改革的核心问题是处理好政府和市场的关系，必须更加尊重市场规律，更好发挥政府作用”。

第二，实施依法治国战略，规范治理主体行为。依法治国是发展社会主义市场经济的客观需要，是国家民主法治进步的重要标志。江泽民指出：“加强社会主义法治建设，依法治国，是我们党和政府管理国家和社会事务的重要方针……实行和坚持依法治国，对于推动经济持续、快速、健康发展和社会全面进步，保障国家长治久安，具有十分重要的意义。”① 1993 年八届全国人大一次会议通过了《宪法修正案》，明确规定，“国家加强经济立法，完善宏观调控”。江泽民在八届全国人大四次会议上提出“依法治国，建设社会主义法治国家”的基本方略和目标并载入《国民经济和社会发展“九五”和 2010 年远景目标纲要》。党的十五大报告提出：“依法治国，是党领导人民治理国家的基本方略，是发展社会主义市场经济的客观需要，是社会文明进步的重要标志，是国家长治久安的重要保障。”② 1999 年九届全国人大四次会议指出：中华人民共和国实行依法治国，建设社会主义法治国家。把依法治国作为治国方略，是中国共产党对执政方式认识上的重大突破，是中国从“人治”走向“法治”的分水岭，标志着中国治理理念的重大转变，极大地推动了国家治理能力的发展。

党的十五大之后，中国法治建设更进一步加强。“截至 2001 年，除宪法外，全国人大及其常委会制定法律 284 件，有关法律问题的决定 117 件、解释 2 件，共 403 件；国务院发布或者批准部门发布行政法规 913 件。”③ 这些法律法规为社会主义市场经济的运行与发展提供了可靠依据。党的十六大强调依法治国方略的实施是党执政兴国、全面建设小康社会的有力保障。2012 年党的十八大再一次提出要全面落实依法治国基本方略，强调要全面推进依法治国。

第三，转变政府职能，建设服务型政府。党的十一届三中全会以来，中国行政体制不断改革。“十一届三中全会以来，我国的机构设置和行政管理体制，虽然进行了几次改革，但还未完全摆脱过去高度集中的计划经济体制下形成的格局。政府的职能配置和机构设置，还不能适应社会主义市场经济的

① 江泽民文选（第 1 卷）[M]. 北京：人民出版社，2006：511.

② 江泽民文选（第 2 卷）[M]. 北京：人民出版社，2006：29.

③ 沈传亮 . 大转型：中国治理变革研究 [M]. 石家庄：河北人民出版社，2013：122.

需要。”[①] 党的十四大后，先后进行了多次政府机构改革。1993 年国务院开展以转变政府职能、理顺职能关系、促进简政放权为主线的行政改革。改革的目标是给市场经济发展营造良好环境，促进市场主体和市场不断成熟。1998 年国务院机构改革方案中明确提出政府职能要转变到“宏观调控、社会管理和公共服务”的方向上来。2002 年党的十六大正式明确我国政府的职能定位是“经济调节、市场监管、社会管理、公共服务”。党的十七大报告把“加快推进行政管理体制改革，建设服务型政府”作为重要的战略任务，并在党的十七届二中全会《关于深化行政管理体制改革的意见》中提出，到 2020 年建立起比较完善的中国特色社会主义行政管理体制。2012 年党的十八大报告中再一次强调要建设职能科学、结构优化、廉洁高效、人民满意的服务型政府，推动政府职能向创造良好发展环境、提供优质公共服务、维护社会公平正义转变。服务型政府建设的持续推动，使国家治理能力得以不断提升。

第四，坚持“以人为本”，促进和谐社会建设。随着市场经济快速发展，社会冲突也日渐频繁。党的十六届六中全会正式提出了构建社会主义和谐社会的重大决定。和谐社会的基本要求就是“民主法治、公平正义、诚信友爱、充满活力、安定有序、人与自然和谐相处”。和谐社会以解决人民群众最关心、最关注的民生问题，政治参与、惩治腐败、消除不公等利益为重点，推动经济、政治、文化协调发展，意在解决发展过程中的短板问题，希望通过和谐社会建设为社会的进一步发展创设良好的社会环境。构建社会主义和谐社会，促使治理理念从斗争哲学向和谐哲学转变，降低了国家治理中的内耗，有效提升了国家治理效率。

3. 国家治理能力现代化深入发展时期（2012 年至今）

随着改革开放进程的深入，中国的国家治理实现了从全能主义向市场和社会合作治理的逐步过渡，“从一元治理到多元治理、从集权到分权、从人治到法治、从管制政府到服务政府、从党内民主到社会民主的转变”[②] 的治理变革轨迹清晰可见。这种转变激活了社会活力，较大地提升了国家治理能力。“我国政治稳定、经济发展、社会和谐、民族团结，同世界上一些地区和国家不断出现乱局形成了鲜明对照。这说明，我们的国家治理体系和治理能力总

① 宋德福．中国政府管理与改革［M］．北京：中国法制出版社，2001：364.

② 俞可平．论国家治理现代化［M］．北京：社会科学出版社，2014：80.

体上是好的，是适应我国国情和发展要求的。”①

国家治理能力并不是静止不变的，特别是当前国际形势复杂多变，国内改革进入攻坚期和深水区，各种社会问题层出不穷，同时全球化和信息化的发展趋势以及人们自我主体意识的不断觉醒带来的社会参与欲望的提升，都对国家治理能力提出了新要求。党的十八大以来，以习近平同志为核心的党中央站在新的历史起点上，开始了新一轮治国理政理论和实践的创新，特别是党的十八届三中全会上党中央做出了推进国家治理体系和治理能力现代化的重大决定。国家治理能力现代化的提出，“表明了我们党对社会政治发展规律有了新的认识，是马克思主义国家理论的重要创新，也是中国共产党从革命党转向执政党的重要标志”。② 因此，有学者把以国家治理能力现代化为主要内容的国家治理现代化称为中国的“第五个现代化”。

国家治理能力现代化是在不断探寻、把握治理规律的基础上应对治理困境、化解治理危机的创新战略，是对传统的党和政府强力主导的经济发展模式、高压围堵的治安维稳模式和全能全控的管理模式的反思与超越，是治理理念的划时代革新。国家治理能力现代化意味着治理主体的多元化、治理过程的民主化、治理方式的法治化和治理绩效的高效化。党的十八大以来，为了实现国家治理能力现代化，党和国家推出了一系列重大措施。

第一，确立市场在资源配置中的决定性作用。在界定政府和市场的功能过程中，党对市场经济的认识过程是在曲折中逐步发展的，从承认商品经济对社会主义经济建设的作用，到强调市场在资源配置中发挥基础性作用，到发挥市场在资源配置中的决定性作用，逐渐深化了对社会主义经济发展和建设规律的认识，同时丰富了对社会主义国家治理规律的认识。在社会主义市场经济体制建设过程中，最核心的问题就是如何处理好政府和市场的关系。政府和市场职责不清、边界不明，政府的越位、缺位和错位现象就不会停止，必然影响市场在资源配置中的决定性作用，治理规律无法得到全面遵循，治理效果不佳，治理能力弱化。人类社会发展历史已经证明，市场是配置资源较为有效的手段。党的十八届三中全会做出的《中共中央关于全面深化改革若干重大问题的决定》指出，“紧紧围绕使市场在资源配置中起决定性作用，深化经济体制改革，坚持和完善基本经济制度，加快完善现代市场体系、宏

① 习近平谈治国理政［M］. 北京：外文出版社，2014：91.
② 俞可平．论国家治理现代化［M］. 北京：社会科学出版社，2014：1.

观调控体系、开放性经济体系，加快转变经济发展方式，加快建设创新型国家，推动经济更有效率、更加公平、更可持续发展”。这是对经济发展内在规律的尊重，是对政府与市场关系认识上质的突破。强调政府职能应该是“掌舵”而不是“划桨”，大大激发了市场主体的积极性和能动性，“有利于在全党全社会树立关于政府和市场关系的正确观念，有利于转变经济发展方式，有利于转变政府职能，有利于抑制消极腐败现象”，① 进而促进国家治理能力现代化。

第二，全面推进依法治国，实现国家治理的法治化。法治是现代文明国家治国理政的基本方式，国家治理能力现代化的一个重要特征就是法治化。依法治国是党的十五大做出的重大决定，标志着对治国理政规律认识的新高度。当前我国依然处在社会转型期，利益冲突依然突出，各种矛盾正在叠加，党风和政风也存在着一些令人民群众不满意的地方，这些问题很大程度上与有法不依、执法不严、违法不究有关。要解决我国经济社会发展中的一系列突出矛盾和问题，再依赖于非制度化的、压制式的手段，很难实现社会的公平正义。法律是治国之重器，党的十八大以来，以习近平同志为核心的党中央高度重视法治建设。党的十八届四中全会上，党中央做出了全面推进依法治国的重大决定。这是国家治理领域的一场深刻革命，其目标就是建设中国特色社会主义法治体系和社会主义法治国家。

第三，全面从严治党，确保治理主体核心的先进性。国家治理能力现代化的关键在党。中国共产党的领导是中国特色社会主义的最本质特征，中国共产党是国家治理现代化的核心主体。国家治理能力的高低、强弱与中国共产党自身治理密切相关。改革开放 40 年取得的成就，充分证明了中国共产党的国家治理能力的强大。随着中国特色社会主义事业向前推进，对党的领导水平和执政水平、党员干部素质和能力要求会越来越高。只有坚持党要管党、从严治党，才能经得起“四种考验”和抵御“四种危险”，才能不断提升国家治理能力。

党的十八大以来，以习近平同志为核心的党中央从党所面临的形势和肩负的历史使命出发，提出全面从严治党的要求。2012 年 11 月，习近平在党的新一届中央政治局常委记者见面会上指出：“我们的责任，就是同全党同志一道，坚持党要管党、从严治党，切实解决自身存在的突出问题。”这是他以总

---

① 习近平谈治国理政［M］. 北京：外文出版社，2014：77.

书记的身份第一次论述从严治党。2013 年 2 月，习近平指出："要进一步加强党的建设，突出党要管党、从严治党。"并强调从思想、组织、作风、反腐倡廉、制度建设五个方面加强管党和治党，对全面从严治党内涵进行了强调。2014 年 12 月，习近平在江苏考察时强调，协调推进全面建成小康社会、全面深化改革、全面推进依法治国、全面从严治党，推动改革开放和社会主义现代化建设迈上新台阶。① 这意味着习近平全面从严治党思想的形成。2015 年 2 月，他又将全面从严治党提高到党的战略布局的高度，指出："党中央从坚持和发展中国特色社会主义全局出发，提出并形成了全面建成小康社会、全面深化改革、全面依法治国、全面从严治党的战略布局。"② 在实践上，党中央先后采取了一系列措施以达到从严治党的效果。从 2013 年 6 月起全党县处级以上领导干部开展了以为民务实清廉为主要内容的群众路线教育实践活动；2015 年以来在全党开展了"三严三实"专题教育活动、"两学一做"学习教育等。加强制度化建设，"把权力关进制度的笼子里，首先要建好笼子"。党的十八大以来，先后出台了《中国共产党纪律处分条例》《中国共产党问责条例》《关于新形势下党内生活的若干准则》《中国共产党党内监督条例》等一系列党规条例，大力实施严厉反腐等从严治党的措施，党的执政形象明显提升，人民更加拥护党的领导，国家治理效率空前提高。

四、本书的研究框架

政府发展在国家治理能力现代化过程中具有主导作用。改革开放 40 年，中国政府进行了包括政府改革在内的全方位的改革，大的行政机构改革就有 8 次。尤其是党的十八大以来，以习近平同志为核心的党中央从战略全局出发，把转变政府职能作为深化行政体制改革的核心，把简政放权等改革作为供给侧结构性改革的重要内容，多次做出重要部署、提出明确要求。党的十八届二中全会指出，转变政府职能是深化行政体制改革的核心。党的十八届三中全会强调，经济体制改革的核心问题是处理好政府和市场的关系，使市场在资源配置中起决定性作用和更好发挥政府作用，关键是转变政府职能。完善的社会主义市场经济体制，从体制构架本身来说，应该是建立在社会主义经

① 习近平．主动把握和积极适应经济发展新常态，推动改革开放和现代化建设迈上新台阶［N］．人民日报，2014-12-15.

② 习近平．领导干部要做尊法学法守法用法的模范，带动全党全国共同全面推进依法治国［N］．人民日报，2015-02-03.

济制度之上，自主、能动的微观主体，开放、有序的市场体系，科学、有效的调控机制，普惠、适度的保障体制和严整、完备的法律制度的有机统一体，这其中哪方面的完善都取决于政府改革的深入推进。[①] 党的十九大报告指出，政府机构和行政体制改革归根结底是要“转变政府职能，深化简政放权，创新监管方式，增强政府公信力和执行力，建设人民满意的服务型政府”，这是提升国家治理能力现代化对政府发展提出的目标诉求。因此，深入考察和梳理改革开放以来中国政府改革发展的轨迹，总结中国政府改革发展的经验，进一步推进政府发展，从而探寻政府治理现代化在国家治理能力现代化中的作用，既具有重要的理论意义，又具有重要的现实意义。

本书以 1978—2018 年为时间区间，从治理体制、治理机制、治理工具、治理制度四大部分入手，分别从政府职能转变、政府机构改革、政府公务员制度、政府权力配置、政府责任、政府间关系、政府能力建设、政府行为规范、政府绩效评估、政府理论创新、政府法治、政府文化 12 个方面梳理中国政府改革发展的历程，总结其发展的动因和经验，梳理其成就和存在的问题，并做深入的国内外比较分析，从而将中国政府改革与发展置于中国发展和世界发展的大背景下，以便找到中国政府改革发展的制约因素，更好地预测中国政府治理现代化的发展趋势和演进路径。

本书的研究框架如图 0-1 所示。

目前的政府改革已经进入攻坚阶段和改革深水区。政府改革不能仅是职能和机构的简单调整，还必须是全方位的政府改革，包括政府管理体制中其他相互联系、相互制约、相互作用的领域。因为各个领域中的问题都是相互勾连的，不单单是组织结构调整的问题，还包括政府体制、机制、工具、制度等问题，但其主线是政府职能关系。职能关系问题是指不同的管理职能由谁来行使以及管理主体之间的职责权限如何划分。一个国家的行政职能系统是由若干层级职能系统构成的，各层级行政职能系统之间相互影响、相互作用，构成一个统一整体。但由于各层级职能是由不同的主体行使的，因此，分清各职能主体的职责权限，理顺它们相互间的关系，是充分发挥职能系统整体作用的前提。毋庸讳言，各级政府还存在着机构臃肿、人浮于事、办事拖拉、不讲效率、不负责任等官僚主义现象，这与政府部门职责不清、职能

① 商灏．深化改革：排除实现科学发展的体制障碍：专访参与中央经济工作会议重要文件起草的经济学家范恒山［J］．中国改革，2007（1）．

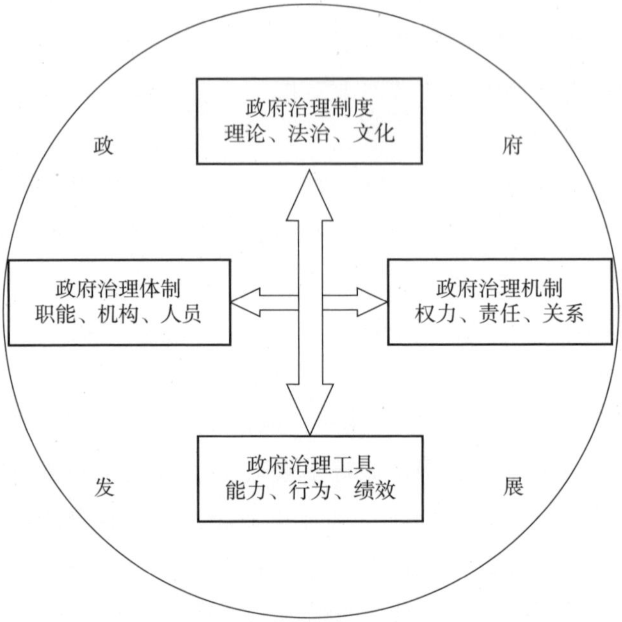

图 0-1　本书的研究框架

不顺有关，导致依然存在着政府管了许多不该管、管不好、管不了的事的现象。因此，分清职能、理顺关系、明确不同管理主体之间的职责权限，是实现政府职能转变的关键环节。

政府的职能关系主要表现为：中央与地方、上级与下级地方政府之间的职能关系；政企关系；政府与市场的关系；政府与社会的关系；政府内部各职能部门之间的关系；等等。这些关系存在的问题归结到一点，就是政府治理体制与政府治理机制、政府治理工具、政府治理制度的不对称关系，这是造成各种体制问题的根本症结和最终缘由，必须着力理顺四者之间的关系。[①] 政府治理主体包含体制、工具、机制和制度等主要内容，政府治理体制内含职能、机构、人员三个要素，政府治理机制内含权力、责任、关系三个要素，政府治理工具内含能力、行为、绩效三个要素，政府治理制度内含理论、法治、文化三个要素，四个方面十二个要素必须有机统一才能真正实现政府的协调运转、高效运行。

从政府治理过程来看，政府治理体制在实际中的运行，既制约政府治理

① 石亚军，施正文. 探索推行大部制改革的几点思考［J］. 中国行政管理，2008（2）.

机制，又必须依托政府治理机制来畅通运行轨道；政府治理机制必然要由政府治理体制中的机构和人员依照职能发挥作用，没有体制，机制就没有存在的必要，因此政府治理体制是提升政府部门能力、规范政府行为、提高政府治理绩效的主要载体；政府治理体制在政府治理机制中通过政府行为和能力实现效能；政府治理制度既服务于政府治理体制，又起到不断创新体制、优化机制、提高执行力的作用；政府治理工具依靠政府治理体制、机制和制度发挥作用，政府治理制度又为政府治理体制、机制和工具提供理论化、法治化、规范化保障。

在现实的政府运行中，由于政府治理体制中的职能、机构、人员的设置不合理，导致政府治理机制中权力、责任、关系相互脱节，政府部门中作为、能力和绩效产生偏差，政府治理制度中法治、理论和文化扭曲，从而使政府受制于以权力为首、责任为次、关系不顺的政府治理机制，受制于利益作祟、能力不显、行为不当的政府部门，受制于理念模糊、规则随意、程序不严的政府治理制度，必然产生大量的现实问题，很难在履行科学发展观中达到应有的政府效能，需要进一步加大改革力度，真正明晰主体、转变职能、理顺机制、优化结构、提高效能、形成文化、走向法治。

CONTENTS 目录

第一部分

治理体制现代化篇

在当前中国，国家治理主体依然是中国共产党领导下的中国政府。因此，治理主体的组织形式或者说政府体制就至关重要。政府体制就是一个国家的政府组织形式，从宏观上来说，其主要内容是解决政府权力的来源、运用和监督等问题；从微观上来说，主要解决的是政府行政系统中的权力划分、职能配置、组织结构、运行方式等关系问题。因此，宏观上的政府体制，就是“通过宪法和法律确定下来的各个政府机构之间的关系，是指立法、行政、司法、军队等不同的政府机构，依据一定的组织原则，通过承担相应的政府职责所形成的具有特定的政治、法律关系的整体”。①微观上的政府体制又称行政管理体制，主要是指一个国家行政系统中的权力划分、职能配置、组织结构、运行方式等关系模式的总和。它由该国的基本的政治制度规定，受该国经济制度、文化传统等因素的制约。就政府体制各组成部分的地位和关系而言，政府体制的核心是行政权力的划分和行政职能的配置。从政府体制内容看，包括职能、机构和人员。职能是政府体制的核心，机构是载体，人员是关键。体制创新主要是转变职能，机构改革关键是依据职能设置机构，人员主要是提高素质和更新行政理念。

① 朱光磊．现代政府理论［M］．北京：高等教育出版社，2006：12-13.

从大多数国家的政府组织形式来看，基本上都是代议制，因为现代政治多数是政党政治，且国家的规模一般都不适合全民直接管理国家事务，也不符合管理学上的分工原理。在西方国家，大多是以代议制、分权与制衡、人民主权和法治四大原理共同构成近代政府建制的基本通则，代议制政府只不过是这一精神的外化。代议制原理主要解决的是政府权力合理性的问题，是人民如何行使权力的问题；分权与制衡原理主要解决的是政府权力的控制问题，是如何防止人民委托的权力不被滥用的问题；人民主权理论主要解决的是政府权力来源的问题，是政府权力的最终归属问题，是确定政府性质和政府责任的问题；法治原理主要解决的是政府权力运行限度的问题，是确定有限政府和实施宪政的问题。①

国家治理能力现代化要求建设精简、统一、高效的符合市场经济和民主法治要求的现代化政府体制。政府体制是政治文明发展的结果体现，是政治文化的重要组成部分。任何一种政府体制都不可避免地带有时代的印痕和政治设计者的偏好，即具有双重规定性，一方面受到不同的政治—社会—历史—文化的制约，另一方面又受到当时体制设计者个人因素的影响。正如密尔所言："我们首先要记住，政治制度（不管这个命题有时是怎样被忽视）是人的劳作；它的根源和全部存在均有赖于人的意志。"② 各国政府体制之所以在形式上有较大的差别，其原因就在于此。

---

① 刘世军．西方政府体制：原理与外化［J］．中国经济政治评论，1999（11）．

② ［英］密尔．代议制政府［M］．北京：商务印书馆，1982：7．

第一章
治理体制现代化核心：政府职能转变

把改善供给侧结构性改革作为主攻方向　推动经济朝着更高质量方向发展

要处理好政府和市场的关系。使市场在资源配置中起决定性作用和更好发挥政府作用，是推进供给侧结构性改革的重大原则。我们既要遵循市场规律、善用市场机制解决问题，又要让政府勇担责任、干好自己该干的事。市场作用和政府作用是相辅相成、相互促进、互为补充的。要坚持使市场在资源配置中起决定性作用，完善市场机制，打破行业垄断、进入壁垒、地方保护，增强企业对市场需求变化的反应和调整能力，提高企业资源要素配置效率和竞争力。发挥政府作用，不是简单下达行政命令，要在尊重市场规律的基础上，用改革激发市场活力，用政策引导市场预期，用规划明确投资方向，用法治规范市场行为。

——摘自 2017 年 1 月 22 日习近平在中共中央政治局第三十八次集体学习时的讲话

党的十八届三中全会提出："全面深化改革的总目标是完善和发展中国特色社会主义制度，推进国家治理体系和治理能力现代化。"新时代有效实现国家治理现代化成为推进各项体制机制改革的立足点与归宿，从治理体系现代化角度看，作为国家治理主体的政府的职能转变，无疑是关键一环。作为国家和社会运行的主要载体，政府体系良好运转无疑是国家治理现代化的重要内容，而政府职能及其转变恰恰是政府体系内在运行与改革演化的核心所在。纵观我国改革开放历程，既是不断推进政府职能转变的过程，也是不断提高国家治理能力、完善国家治理体系的过程。

政府职能就是政府在国家和社会生活中所承担的职责和功能。政府职能决定着政府的规模、结构、组织形态和管理方式，反映着政府活动的基本方向、根本任务和主要作用，① 进而决定着政府治理模式的选择和政府目标的实现。政府不是万能的，政府究竟应该做什么、政府做什么最有效率，解答这些问题就必须对现代市场条件下的政府职能进行重新梳理和重构，正如穆勒所言："在我们这个时代，无论是在政治科学中还是在实际政治中，争论最多的一个问题就是，政府的职能和作用的适当界限在哪里。"②

一、政府职能概述

我国经济改革的最终目标是建立社会主义市场经济新体制，在体制转轨过程中，如何妥善处理政府和市场的关系，如何正确认识和发挥政府的职能作用，不仅是关系到确保整个经济改革正确方向的重大原则问题，也是关系到政府规模界定的理论前提问题。

1. 政府职能依据

政府职能既然是国家行政机关依法对国家和社会公共事务进行管理时应承担的职责和所具有的功能，反映着公共行政的基本内容和活动方向，是公共行政的本质表现，那么其依据何在？与公共利益和需求直接相关的公共产品是指公共享有的消费品，如国防、大型基础设施等。公共产品的基本特征是消费的非竞争性、非排他性。非竞争性是指一个消费者对一种公共产品的消费不影响其他消费者对该产品的消费和使用；非排他性是指公众的任何一员都不能被排除在对该公共产品的消费之外，都可以享受这种产品。公共产品的特性导致了对其供给的稀缺，因而只能依靠政府出面组织生产和供应才有可能得到解决，这是政府职能的基本依据。

2. 政府职能属性

政府职能的属性主要包括：①公共性。政府职能涉及国家大量日常公共事务的处理，根本目的是为所有社会群体和阶层提供普遍的、公平的、高质量的公共服务。②法定性。政府职能的法定性是指政府的一切活动都要在宪法和法律的范围内进行，宪法和法律规定了一国政府职能的边界，使公共行政有法可循。③执行性。政府作为贯彻和执行国家意志的机关，其职能具有明显的执行性。④强制性。政府职能的强制性是指其以国家强制力为后盾，

① 金太军，等．政府职能梳理与重构［M］．广州：广东人民出版社，2002：1.

② ［英］约翰·穆勒．政治经济学原理（下卷）［M］．北京：商务印书馆，1997：366.

行政相对人不得阻碍政府职能的正常行使。⑤动态性。政府职能始终是变化的，取决于市场经济条件下政府与市场关系的动态性、政府与社会关系的力量对比以及政府与自然界的关系演变。⑥扩张性。政府职能的扩张性是指随着现代社会中公共事务、公共问题日益增多且日益复杂，公众需求的日益个性化、多样化，政府承担了越来越多的职能，并逐渐扩展至社会各层面。

3. 政府职能内容

从长期历史进程分析，随着人类社会的演进和生产力发展水平的提高，国家属性及其政府职能也出现了明显的发展变化趋势，其基本特征是：国家的阶级属性和政府的政治职能处于相对稳定的状态，而国家的社会属性和政府的经济职能、公共职能不断上升。即是说，从广义上讲，政府的职能作用伴着时代节拍处于扩大化的趋势。这与不同社会历史时期的生产力发展水平及在此基础上形成的一定生产关系存在着密不可分的联系，同时，政府职能的扩大对于加速经济发展、促进人类社会的文明进步起到了重要作用。不同时代的政府职能大多都包括以下内容：

（1）政治职能。政治职能，亦称统治职能。政治职能是指政府为维护国家统治阶级的利益，对外保护国家安全，对内维持社会秩序的职能。主要是运用政治暴力（包括专政机关和军事手段）维护统治阶级的统治地位和基本利益，维护本国在国际上的主权和利益。我国政府主要有四大政治职能：①军事保卫职能；②外交职能；③治安职能；④民主政治建设职能。

（2）经济职能。经济职能是指政府为国家经济的发展，对社会经济生活进行管理的职能。主要是通过经济、法律和行政手段干预经济活动，实现国家宏观政策目标，促进经济发展，为实现统治阶级的统治和促进社会发展创造物质基础。随着我国计划经济体制向社会主义市场经济体制转变，我国政府主要有三大经济职能：①宏观经济调控职能；②提供公共产品和服务；③市场监管。

（3）文化职能。文化职能是指政府为满足人民日益增长的文化生活的需要，依法对文化事业所实施的管理。它是加强社会主义精神文明、促进经济与社会协调发展的重要保证。我国政府的文化职能主要是：①发展科学技术；②发展教育；③发展文化事业；④发展卫生体育。

（4）社会职能。社会职能是指除政治、经济、文化职能以外的政府必须承担的其他职能。这类事务一般具有社会公共性，无法完全由市场解决，应当由政府从全社会的角度加以引导、调节和管理。目前，政府的社会职能主要有：①调节社会分配和组织社会保障的职能；②保护生态环境和自然资源的职能；③促进社会化服务体系建立的职能；④提高人口质量，实行计划生育的职能。

从纵向上来分，政府职能又分为中央政府职能和地方政府职能。

（1）中央政府职能。在我国行政系统中，国务院居于最高领导地位，它统一领导所属各部、委的工作，统一领导全国各级地方行政机关的工作，有权根据宪法、法律管理全国范围内的一切重大行政事务。根据我国宪法规定，国务院共行使 18 项职权。这 18 项职权可归结为六个方面：①根据宪法和法律，规定行政措施，制定行政法规，发布决定和命令。②向全国人民代表大会及其常务委员会提出议案。③规定各部和各委员会的任务和职责，统一领导各部和各委员会的工作，领导全国性的行政事务。④统一领导全国各级地方行政机关的工作，规定中央和地方行政机关职权的划分。⑤负责执行国民经济计划与国家预算，管理科学、教育、经济、文化、卫生等工作。⑥任免行政人员权。此外，国务院还有最高权力机关及其常设机关授予的其他职权。

（2）地方政府职能。随着各级地方政府机构相继进行改革，地方政府在职能划分方面逐渐合理化。

1）县级以上各级地方人民政府的主要职能。①执行本级人民代表大会及其常务委员会的决议，以及上级行政机关的决议和命令，规定行政措施，发布决议和命令；②领导和监督所属各工作部门和下级人民政府的工作；③执行经济计划和预算，管理本行政区域内经济文化建设、民政和公安等工作；④依法任免和奖惩国家行政机关工作人员；⑤保护公共财产，维护社会秩序，保障公民权利，保障少数民族平等权利；⑥监督所属各部门和下级人民政府的工作；⑦办理上级国家行政机关交办的其他事项。

2）乡、镇人民政府的主要职能。①执行本级人民代表大会的决议和上级国家行政机关的决定和命令，发布决定和命令；②执行本行政区域内的经济和社会发展计划、预算，管理本行政区域内的经济、教育、科学、文化、卫生、体育事业和财政、民政、公安、司法行政、计划生育等行政工作；③保护社会主义的全民所有的财产和劳动群众集体所有的财产，保护公民私人所有的合法财产，维护社会秩序，保障公民的人身权利、民主权利和其他权利；④保护各种经济组织的合法权益；⑤保障少数民族的权利和尊重少数民族的风俗习惯；⑥保障宪法和法律赋予妇女的男女平等、同工同酬和婚姻自由等各项权利；⑦办理上级人民政府交办的其他事项。

二、改革开放以来中国政府职能转变发展与问题

经济体制不同，政府的职能和角色就不同，即使在同一经济体制的不同发展时期，政府的职能和角色也不完全相同。改革开放以来，在转型时期的特殊历史条件下，政府到底应该做什么？不能做什么？具有哪些职能和角色？改革开放的实践要求中国共产党必须在理论上回答这些问题。随着改革开放的深入和社会主义市场经济体制的建立与完善，我们党对这些问题的认识也在不断深化。改革开放以来，我国政府职能转变经历了萌芽、发展、攻坚的阶段，在不断的改革中取得新的成果。首先，科学地界定了政府的主要职能，使得政府职能的转变有了明确的方向。明确提出政府应履行经济调节、市场监督、社会治理、公共服务和生态维护的主要职能。强调实行“四个分开”，即政企分开、政资分开、政事分开、政府与市场中介组织分开。其次，建立了与社会主义市场经济体制相适应的政府体制，通过规范政府行为，调整政府的经济管理职能，充分发挥市场在资源配置中的决定性作用，使得“有形之手”和“无形之手”紧密结合起来。再次，坚持以人为本，重视政府的公共服务和社会管理职能，提出建立服务型政府，着眼于人民群众的基本问题，想人民所想，急人民所急，为人民提供基本的公共服务和满足人民的公共需求，让人民享受改革开放和经济发展带来的成果。最后，法治政府建设取得重要成绩。

（一）改革开放以来政府职能转变的基本阶段

政府职能转变，即政府的行为方向、基本任务及其履行职能方式的重大变化。政府职能转变伴随着经济体制改革而发展，中国政府从传统计划经济体制到社会主义市场经济体制演进，经历了几个阶段，在不同阶段，对政府职能的界定也有所不同。经济体制改革深入到一定程度以后，就要推动政治体制改革。政府职能的转变，又进一步推动经济体制改革的深入。政府职能转变大致经历了以下几个阶段：

1. 1978—1987 年：政府职能转变的认知阶段

党的十一届三中全会拉开了改革开放的序幕。虽然党的十二大提出了“计划经济为主，市场调节为辅”的原则，但主要是强调计划与市场的关系，没有从根本上改变对政府职能和角色的认识。由于对政府职能认识不清，到 1981 年，国务院的工作部门有 100 个，达到新中国成立以来最高峰。臃肿的

管理机构和无所不包的政府职能已不能适应改革开放和经济社会发展的需要。随着改革深入，开始触动经济体制更深层次的内容，即政府管理体制问题。经济体制改革需要打破计划经济体制形成的政府决定一切、包揽一切的职能和角色，特别是“有计划的商品经济”的提出，更对政府职能和角色提出了新要求。党的十二届三中全会对政府职能和角色第一次做了明确的界定，指出政府机构的主要职能是：“制定经济和社会发展的战略、计划、方针和政策；制定资源开放、技术改造和智力开发的方案；协调地区、部门、企业之间的发展计划和经济关系；部署重点工程特别是能源、交通和原材料工业的建设；汇集和传布经济信息，掌握和运用经济调节手段；制定并监督执行经济法规；按规定的范围任免干部；管理对外经济技术交流和合作，等等。”1985 年党的十二届四中全会首次提出转变政府职能的要求，1987 年党的十三大明确提出转变职能是行政管理体制改革的关键。

2. 1988—1991 年：*政府职能转变的初步探索阶段*

1982 年机构改革后，高度集中的计划经济管理体制没有根本改变，因此政府职能的转变也无法实现，政府机构不久又呈膨胀趋势。国务院决定再次进行机构改革。1988 年 4 月通过了新一轮国务院机构改革方案。这是一次弱化专业经济部门分钱、分物、直接干预企业经营活动的职能，以达到增强政府宏观调控能力和转向行业管理目的的改革。此次改革历史性的贡献是首次提出了“转变政府职能是机构改革的关键”这一命题。政府的经济管理部门要从以直接管理为主转变为以间接管理为主，强化宏观管理职能，淡化微观管理职能。其内容主要是合理配置职能，科学划分职责分工，调整机构设置，转变职能，改变工作方式，提高行政效率，完善运行机制，加速行政立法。改革的重点是那些与经济体制改革关系密切的经济管理部门。改革采取了自上而下、先中央政府后地方政府，分步实施的方式进行。由于后来一系列复杂的政治经济原因，这一命题在实践中没有及时“破题”，再加上治理、整顿工作的需要，原定于 1989 年开展的地方机构改革暂缓进行。加之经济过热，这次精简的机构很快又膨胀起来了。

为了进一步转变职能，党的十三届七中全会进一步指出：“国家经济管理的主要任务，是合理确定国民经济发展的计划、规划和宏观调控目标，制定正确的产业政策、地区政策和其他经济政策，做好综合平衡，协调重大比例关系，综合配套地运用经济、法律和行政手段引导和调控经济的运行。”

3. 1992—1996 年：政府职能转变的初步发展阶段

1992 年党的十四大提出我国经济体制改革的目标是建立社会主义市场经济体制。经济体制改革目标和实践的变化，必然带来政府管理体制的更新，需要对政府的职能和角色重新界定。党的十四大从宏观上界定了政府的职能和角色，指出："政府的职能，主要是统筹规划，掌握政策，信息引导，组织协调，提供服务和检查监督。"依据客观规律的要求，运用经济政策、法律法规、计划指导和必要的行政管理，引导市场健康发展。党的十四届三中全会从建立社会主义市场经济体制的角度对政府职能和角色做了进一步论述，明确指出："政府管理经济的职能，主要是制定和执行宏观调控政策，搞好基础设施建设，创造良好的经济发展环境。同时，要培育市场体系、监督市场运行和维护平等竞争，调节社会分配和组织社会保障，控制人口增长，保护自然资源和生态环境，管理国有资产和监督国有资产经营，实现国家的经济和社会发展目标。"政府运用经济手段、法律手段和必要的行政手段管理国民经济，不直接干预企业的生产和经营活动。

4. 1997—2001 年：政府职能转变的迅速发展阶段

为了进一步适应经济体制改革的需要，尽快建立适应社会主义市场经济体制发展的新型政府，党的十五大提出了政府机构改革的原则和目标，强调政府机构改革必须坚持"精简、统一、效能"的原则。改革的目标是建立办事高效、运转协调、行为规范的行政管理体系，把综合经济部门改造为宏观调控部门，调整和减少专业经济部门，加强执法监管部门建设，培育和发展社会中介组织。随着政府管理体制改革的深入，党的十五届五中全会补充了党的十五大的论述，指出"政府要集中精力搞好宏观经济调控和创造良好的市场环境，不直接干预企业经营活动，减少对经济事务的行政性审批"，"继续改革和精简政府机构，建立廉洁高效、运转协调、行为规范的行政管理体制"。

5. 2002—2007 年：政府职能转变的逐步深入阶段

为了适应经济体制改革的需要，推动经济体制改革深入，党的十六大对政府职能和角色做了新的科学界定，指出：政府的职能和角色主要是经济调节、市场监管、社会管理和公共服务。建立和完善与国家计划和财政政策、货币政策等相互配合的宏观调控体系，发挥经济杠杆的调节作用，实现促进经济增长、增加就业、稳定物价、保持国际收支平衡的宏观调控目标。党的十六大之后，为了进一步转变政府职能，2003 年 3 月 10 日，十届全国人大一次会议第三次全体会议以绝对多数通过了关于国务院机构改革方案的决定。方案特别提出了“决策、执行、监督”三权相协调的要求。随着政府管理体制改革的深入，通过进一步完善政府的经济调节、市场监管、社会管理和公共服务四项职能，党和国家对政府职能和角色的认识进一步深入，基本明确了政府职能的内容和重点，总体划清了政府与市场、企业、事业、社会的边界。中央政府基本建立了以经济手段和法律手段为主的宏观调控体系，市场在资源配置中的基础性作用日益增强。

6. 2008—2012 年：政府职能转变的深化阶段

随着社会主义市场经济体制的进一步发展，深化行政管理体制改革成为发展社会主义市场经济和发展社会主义民主政治的必然要求，成为政治体制进一步改革的重要内容。市场经济的整体趋势是，横向经济联合愈加密切，政府必须跳出“微观”领域，提高宏观把握和协调的能力。基于多年的实践积累，党和政府已经从更深的层次上认识到社会主义市场经济的规律，并勇于探索适应市场经济发展的政府体制。因此，党的十七大提出：加快行政管理体制改革，建设服务型政府。要求抓紧制定行政管理体制改革总体方案，着力转变职能、理顺关系、优化结构、提高效能，形成权责一致、分工合理、决策科学、执行顺畅、监督有力的行政管理体制。健全政府职责体系，完善公共服务体系，推行电子政务，强化社会管理和公共服务。加快推进政企分开、政资分开、政事分开、政府与市场中介组织分开，规范行政行为，加强行政执法部门建设，减少和规范行政审批，减少政府对微观经济运行的干预。规范垂直管理部门和地方政府的关系。重点是加大机构整合力度，探索实行职能有机统一的大部门体制，健全部门间协调配合机制。

2008 年 3 月，新的国务院机构改革方案获得通过，国务院组成部门变为 27 个，正部级机构减少 4 个。在转变政府职能和理顺部门职责关系，实现职能有机统一，合理配置宏观调控部门职能，加强能源环境管理机构建设，整合完善工业和信息化、交通运输行业管理体制，以改善民生为重点加强与整合社会管理和公共服务部门等方面迈出了重要一步。此次机构改革，不仅仅是简单地把职能相近、业务雷同的部门合并或拆减，还通过减少机构数量、降低各部门协调难度，使政府运作更有效率，更符合市场经济的宏观管理角色定位，彻底塑造公共服务型政府。但是大部制方案让不少人感到意外。改革后国务院的组成部门仍然有 27 个，而日本是 12 个，美国是 15 个，英国是

18 个。与成熟的市场经济国家相比，我国政府部门设置依然较多，削弱了政府的决策职能，也不利于集中统一管理。因此，政府职能转变依然需要攻坚。

7. 2013 年至今：政府职能转变的新时代

随着社会主义市场经济体制的进一步发展，深化行政管理体制改革成为发展社会主义市场经济和发展社会主义民主政治的必然要求，成为政治体制进一步改革的重要内容。市场经济的整体趋势是，横向经济联合愈加密切，政府必须跳出“微观”领域，提高宏观把握和协调的能力。党的十八大以来，以习近平同志为核心的党中央从全局出发，把转变政府职能作为深化行政体制改革的核心，把简政放权等改革措施作为供给侧结构性改革的重要内容，多次做出重要部署，提出明确要求。

党的十八届二中全会指出，转变政府职能是深化行政体制改革的核心。党的十八届三中全会通过的《中共中央关于全面深化改革若干重大问题的决定》指出，全面深化改革的重点仍然是经济体制改革，而经济体制改革的核心问题是怎样正确处理好政府与市场的关系，其关键是市场在资源配置中发挥决定性的作用。这一重大理论的突破为政府职能转变提供了新的目标。该文件还把政府职能转变列为改革的重要内容，将行政审批制度改革视为重要的抓手，推动政府治理方式的变革。2014 年，党的十八届四中全会通过《中共中央关于全面推进依法治国若干重大问题的决定》，把依法全面履行政府职能确定为深入推进依法行政和加快建设法治政府的首要任务，明确指出“加快建设职能科学、权责法定、执法严明、公开公正、廉洁高效、守法诚信的法治政府”。

2018 年 7 月 27 日，国务院副总理、国务院推进政府职能转变和“放管服”改革协调小组组长韩正在北京主持召开国务院推进政府职能转变和“放管服”改革协调小组全体会议，提出深化“放管服”改革是加快政府职能转变、促进政府治理体系和治理能力现代化的重要举措，是政府刀刃向内的一场自我革新。要紧紧围绕使市场在资源配置中起决定性作用和更好发挥政府作用，以深化简政放权激发市场活力和全社会创造力，以创新监管方式促进市场活力更加规范、更加健康、更可持续，以优化政府服务打造良好营商环境，建设人民满意的服务型政府。要坚持问题导向，加强分类指导、精准施策。要把群众的感受作为主要评判标准，聚焦市场反应强烈的“痛点”和“堵点”，明确改革目标和重点任务，通过解决主要问题实现预期目标，把

“放管服”改革不断推向纵深。要实施好“双随机、一公开”监管，推进综合执法，运用互联网、大数据等现代信息技术手段，提高监管的针对性、有效性。要统一监管标准，完善监管规则，强化法律保障，健全社会诚信体系，加强执法人员培训，为加强和创新事中事后监管提供全面支撑。

（二）改革开放以来政府职能转变的内容

竺乾威在 2018 年 7 月 23 日《北京日报》撰文指出，自 1988 年第二次机构改革首次提出“转变政府职能”并把政府职能转变作为机构改革的关键以来，政府职能发生了三次大的转变。第一次转变主要着眼于机构改革，从精简（减）机构和人员转向政府职能适应经济体制改革的要求。这一次政府职能转变主要涉及改变政府行使职能的行为方式和转变政府行使职能的组织方式，重点是转变同经济体制改革关系极为密切的经济管理部门行使职能的组织方式。

第二次政府职能转变是从注重经济发展转向注重公共服务。政府职能这一转变的催化剂是 2003 年暴发的 SARS 病毒传染。2003 年后提出了政府的四项职能——经济调节、市场监管、社会管理和公共服务，服务型政府应运而生。在履行新的职能方面，改革主要涉及三方面内容，即大部制改革、行政审批改革以及扩大人民民主和促进社会公正的改革等。

第三次政府职能转变是资源配置从政府主导转向市场主导。与以往的行政审批改革不同，这一轮行政审批改革的核心点是简政放权和建立权力清单，它涉及政府职能核心的权力问题。因此，此次行政审批改革不仅是政府行使职能方式的转变，它还涉及了政府职能定位问题。简政放权和建立权力清单的实质是确立政府与市场和社会的权力边界，确定政府的权力范围，法无授权不可为，这是政府职能转变中具有实质意义和战略性意义的转变。

党的十一届三中全会召开，标志着我国进入了改革开放新时期。40 年来，我国政府职能进行了重大改革与调整，主要包括以下几方面内容：①

1. *以经济发展为中心，注重政府职能结构调整，实现政府职能重心转移*

党的十一届三中全会明确做出从 1979 年起把全党工作重点转移到社会主义现代化建设上来的战略决策。在此决策指引下，各级政府坚持以经济建设为中心，实现了政府职能重心的根本转变，即由原来重阶级统治职能转向重

① 侯保疆．我国政府职能转变的历史考察与反思［J］．政治学研究，2003（1）．

经济管理职能。改革开放以来，历届政府都把发展经济置于中心地位，政府工作始终以经济建设为中心。这可从历届政府的工作报告中看出。党的十六大明确提出了社会主义市场经济体制下政府的职能是“经济调节、市场监管、社会管理和公共服务”。2003 年 9 月，时任总理温家宝在国家行政学院省部级干部管理创新与电子政务专题研究班上的讲话中又对这一职能定位进行了详细的阐述，进一步明确了政府的职能定位。

2012 年党的十八大报告指出：“经济体制改革的核心问题是处理好政府与市场的关系，必须更加尊重市场规律，更好发挥政府作用。”强调“四个分开”：政企分开、政资分开、政事分开、政社分开。要求政府做该做的事情，不去管不该管的事情。2013 年，党的十八届三中全会基于多元治理社会的基本事实，把社会管理职能改成了社会治理职能，同时强调了政府生态维护的职能。按照推进国家治理体系能力和治理能力现代化的要求，新时代的中国现代政府职能包括“履行法律、经济调节、市场监督、社会治理、公共服务、生态维护”六项。这是中国政府进一步转变职能的基本方向。党的十八届三中全会的公报中还强调经济体制改革是全面深化改革的重点，其核心问题是处理好政府和市场的关系，使市场在资源配置中起决定性作用和更好发挥政府作用。这个新的表述更加强调政府与市场的界限，为政府职能转变提供了结构调整和重心转移的方向遵循。

2. 适应市场经济体制，加强宏观调控职能，深入转变政府经济职能

由于中国的经济体制改革是从传统的计划经济体制向社会主义市场经济体制转变，因此政府职能转变的首要问题是经济管理职能的转变，通过减少政府的直接的微观经济管理职能，强化宏观经济调控职能，从而发挥市场在资源配置中的基础性作用。在传统经济体制下，一般会用单一的以纵向垂直和指令性为特征的行政手段管理经济。随着改革开放的推进，经济体制由以计划经济为主、市场为辅向有计划的商品经济发展，又由有计划的商品经济向社会主义市场经济做根本转变，传统的经济管理方式开始发生改变。一方面，行政手段还在相当程度上发挥作用；另一方面，经济手段、法律手段、市场手段得到更多、更广泛的运用。市场在资源配置过程中逐步发挥基础性调节作用，适应社会主义市场经济的法律体系框架已基本形成，以间接管理为主的宏观调控体系正在建立、健全。

美国经济学家萨缪尔森说：“市场和政府这两个部分都是必不可缺的。没

有政府和没有市场的经济都是一个巴掌拍不响的经济。”[①] 因此，我国政府在转变经济职能的过程中，要充分发挥市场机制的基础性作用，充分发挥市场对社会资源配置的调节功能，尊重市场活动规律。40 多年来，政府在探索经济职能转变方面采取了诸多措施，通过多种方式转变政府经济职能，使其准确归位。通过机构改革促进政府职能转变；通过公共政策调整进一步推动政府经济职能转变；通过公共服务市场化改革推动政府经济职能转变；通过理顺政府与市场关系，促进市场职能转变；通过加大行政审批制度改革力度，促进政府经济管理职能转变。

从市场经济发展规律来看，增强政府服务职能，首要的是深化行政审批制度改革。“行政审批制度改革，就其本质层面而言，就是对行政权力与市场或社会机制作用的重新界定。”[②] 应该把行政审批制度改革作为政府经济职能转变的突破口和切入点，建立适应社会主义市场经济的审批机制，减少项目审批的行政管理方式，将政府职能转变到对经济活动的间接控制上来。政府只有减少行政审批，降低行政成本，把更多公共资源投向促进社会发展、提供公共产品和公共服务等方面，从根本上改进和完善政府的决策和执行机制，让市场主体参与对服务质量的评价，才能形成社会主义市场经济体制中政府、社会、企业良性互动的局面。从 2013 年至今，新一届政府履职后坚持“大道至简”，抱着“壮士断腕”的决心，把转变职能作为刀刃向内的自我革命，在“放”上下大气力，努力做好简政放权的“减法”，国务院先后分 9 批取消和下放行政审批事项 618 项，本届政府承诺的减少行政审批事项 1/3 的目标提前两年超额完成。[③] 李克强总理强调，简政放权没有完成时，只有进行时。可见新一届政府推进“权力减法”的决心，将束缚社会经济发展和错装在政府身上的权力割掉，才能更好发挥政府作用来激发企业的活力、发展的动力和社会创造的潜力。

3. 加强政府的社会管理和公共服务职能，建设服务型政府

政府存在的本质意义是公共服务。我国政府在经济职能转变取得明显成

---

① ［美］萨缪尔森，诺德豪斯．经济学（第十二版，上册）［M］．北京：中国发展出版社，1992：87.

② 荣仕星．论政府行政审批制度改革［J］．中央民族大学学报（哲学社会科学版），2004（1）：5-18.

③ 李克强．在全国深化简政放权放管结合优化服务改革电视电话会议上的讲话［EB/OL］．中国政府网，2017-06-29.

效的同时，公共服务和社会管理职能不断加强，在切实发展社会主义市场经济的目标下，把更多的注意力放在了发展社会事业和解决民生问题上。随着经济快速发展，人民群众对于物质和精神文化的需求都有了明显的提升，由此也凸显出当前公共需求快速增长与公共服务供给不平衡的问题。党的十八大从维护最广大人民根本利益的高度，做出了改善民生、加快健全基本公共服务体系的战略部署，提出到 2020 年基本公共服务均等化总体实现的要求，以及实现国内生产总值和城乡居民人均收入比 2010 年翻一番的目标。党的十八届五中全会审议通过《中共中央关于制定国民经济和社会发展第十三个五年规划的建议》，明确要求增加公共服务供给，从解决人民最关心、最直接、最现实的利益问题入手，增强政府职责，提高公共服务共建能力和共享水平。党中央和政府坚持“以人为本”的宗旨，不断提高公共服务总体水平，强化政府的社会管理职能，我国基本公共服务制度框架正逐步形成。

4. 合理划分管理中央与地方事权与财权，调整纵向和横向政府行政权力结构

调整中央与地方、上级与下级政府之间的权力关系。国家从 20 世纪 70 年代末 80 年代初开始进行以分权为导向的改革。如实行以“简政放权”或“放权让利”为思路的改革，实行计划单列体制等。针对政治体制权力过分集中于中央、集中于上级党委的问题，在经济体制改革的推动下，从 20 世纪 80 年代中后期开始进行以党政分开为导向的改革。这些改革使地方与下级政府在财政、行政和政治上都获得了一定的自主权。进一步调整政府与国有企业之间的权力关系，调整的基本原则是政企分开。其一是把企业所有权与经营权分开。经过多年的承包制改革和股份制改革，政府直接插手生产经营的权力被极大削弱，生产经营权基本下放给企业。其二是把国有资产所有权与公共行政权分开。通过设立国有资产管理机构对国有资产进行监管，进一步调整政府部门之间的权力关系，包括综合经济部门之间、综合经济部门与专业经济部门之间、非经济部门之间的权力调整。如 1998 年的国务院机构改革，对各部门的管理权限进行了重新划分，涉及相互之间的职权调整有多项，解决了一批部门间关系长期不顺的问题。

5. 加强依法行政，规范行政执法，建设法治政府

现代市场经济是信用经济、法治经济，与市场经济相适应的政府必须是负责任、讲法治的政府。在市场经济条件下，政府职能不仅要定位科学，而

且在履行政府职能时还必须规范有效，必须做到依法行政。随着行政审批制度改革的深入，国务院逐步全面地清理行政法规和规章，正本清源，从源头上厘清依法行政的法律依据，着力推进基层政府依法行政，夯实基础，法治政府建设取得新进展。尤其是 2004 年国务院发布的《全面推进依法行政实施纲要》明确指出："凡是公民、法人和其他组织能够自主解决的，市场竞争机制能够调节的，行业组织或者中介机构通过自律能够解决的事项，除法律另有规定的外，行政机关不要通过行政管理去解决。"① 《全面推进依法行政实施纲要》明确了全面推进依法行政的指导思想和具体目标、基本原则和要求以及主要任务和措施。随着《中华人民共和国公务员法》《行政许可法》等法律的颁布实施，政府行为的法制化、政府决策的民主化科学化、政府信息的公开化、政府职能的有限化、政府管理权力的多中心化取得了实质性的成果。随着新的《国务院工作规则》的颁布，依法行政工作进一步深入。党的十八大提出，要在 2020 年建成法治政府。2014 年，党的十八届四中全会对法治政府建设提出了明确要求。建立法治政府必须强化监督作用，必须将政府部分职能转到监管上去，从而强化政府的依法监督职能，还要通过有效的制度，依靠法律法规强化对政府行为的监管。只有依法对政府行为进行全过程跟踪监管，坚持依法行政，才能实现政府职能的转变。②

（三）当前政府职能转变存在的问题

要实现政府治理能力现代化，政府职能转变是关键，必须始终坚持以政府职能转变作为政府体制改革的核心。政府职能转变过程中，一些深层次问题仍然亟待解决。

1. 政府与市场关系依然不清晰，政府职能还存在错位现象

政府和市场是国家经济和社会发展的两大核心手段，二者在不同领域、不同层面各自发挥不同的作用，被称为发展中的"两只手"，即"看得见的政府之手"和"看不见的市场之手"。改革开放以来，政府与市场的关系不断发生变化，但政府干预和市场机制之间的矛盾也不断凸显。市场经济的基本特点是以价值规律为核心，让市场在资源配置中起决定性作用，表现为以价格为杠杆提高效率，这样可以有效激励人的创造积极性，形象地说就是做大蛋

① 曹康泰．全面推进依法行政实施纲要辅导读本［M］．北京：中国法制出版社，2004：32.

② 邱相君，崔敏．论社会主义市场经济条件下政府经济职能的转变［J］．沈阳工程学院学报（社会科学版），2007（1）.

糕，而蛋糕做大过程中，如果没有合理的分配机制，就会形成两极分化，进而影响经济和社会发展，造成社会的不稳定，动摇市场经济发展的基础。这就需要政府通过二次分配来解决公平问题，通过“政府之手”提供公共服务，完善社会管理，保持良好的经济社会秩序。但是“政府之手”如果没有清晰的职能范围，就会倾向于“大包大揽”，过度介入微观经济，形成“权力寻租”问题。当前在企业经营发展过程中，依然有部分地方政府特别是县、乡一级基层政府，仍不把本该属于企业的权力交给企业，仍不把本应由市场管理的事情交给市场，利用政府自身政策、信息优势代替企业招商引资、决定建设项目，政府与市场完全“错位”。有的基层政府存在“权力寻租”腐败现象，利用管理国家专项资金的权力，有意逃避财政、审计监督，以管理费、服务费等名义向企业乱伸手，扰乱市场正常经营秩序，影响政府公平正义诚信形象。

2. 政府职能转变的相关配套制度发展缓慢

政府职能转变是一个系统工程，如果缺乏系列配套制度，就会出现反复。日本经济学家青木昌彦曾提出：“一个体制中的各种制度具有战略互补性，某一项或某几项制度发生变革，其他的制度要么进行相应的变化，要么就会与新制度不相配合，对新制度的实施产生阻碍。”比如财政配套制度不完善，导致中央与地方财政事权和支出责任划分一直不顺畅，本来应该由市场调节或社会提供的事务，政府财政反而包揽过多；一些本应由政府负责的基本公共服务，政府财政却承担不够。中央与地方财政事权和支出责任划分也不尽合理，一些本应由中央直接负责的事务交给地方承担，一些宜由地方负责的事务，地方没有担负起相应的支出责任；中央和地方提供基本公共服务的职责也存在交叉重叠；省以下财政事权和支出责任划分存在较多不规范现象；有的财政事权和支出责任划分缺乏法律依据，缺乏法治化、规范化。在干部人事考核制度方面，GDP 在地方领导班子考核中的比重依然非常大，导致各级地方政府依然把工作重心放在引资金、上项目、搞形象工程等粗放型的经济增长方式上，甚至形成无序的恶性竞争。

深入转变政府职能是包括从国务院到地方，31 个省市区级政府、300 多个地市级政府、2000 多个县级政府、40000 多个乡镇级政府的系统工程，需要在行政体制各个机构层面、各个职能环节形成全国一盘棋，避免改革在整体上不平衡，在局部受制约，导致特定政府及其部门因缺乏环境影响力和受困于上下左右的纵横牵制，职能转变步履艰难。①

3. 市场监管和综合执法体制不健全，政府职能缺位现象依然存在

政府职能缺位的主要表现，首先是政府放权后的市场监管薄弱，该管的没管好，不该管的还在管。比如一些地方政府对食品、药品等涉及人民群众生命和财产安全领域的市场监管职责界定不清，部门间扯皮推诿、协调性差，存在多头监管而实不管的现象。综合执法体制的不健全主要表现为“多龙治水”“多头执法”。当前我国的行政执法主要集中在城市管理、交通运输、农业农村、商务、生态保护、公共安全、民生事业、市场监管等与群众生产生活密切相关的领域，存在检查任性、行政执法频率高、多头执法扰民、行政执法水平不高、执法不严等问题。

造成这个结果的原因首先是政府职能部门与行政执法机构的职责边界不清。应当由政府职能部门承担的行政管理职责却交由行政执法机构行使，应当由行政执法机构行使的执法权限却由政府职能部门去行使。其次是信息沟通不畅，政府职能部门与综合执法机构之间互通信息不及时、资源共享不充分、协调联动不同步、监督制约运行机制不完善，造成跨部门综合执法的难度非常大。此外，一些监管执法职能与技术检验检测职能因为利益关系没有清晰界定和相对分离，技术检验检测机构甚至直接承担监管执法职能，造成既当运动员又当裁判员的现象。②

4. 政府职能转变存在事转权不转、政企形分实不分等问题

在政府职能向企业和中介组织转移过程中，存在转移的是事务，而转移后对事务的控制权和运行机制依然如旧的现象，表现为事转权不转、政企形分实不分的“红顶中介”现象。正如李克强总理指出的，由政府转型过来具有审批权的协会，捆绑在政府主管部门身上的，或明或暗被赋予行政职能的协会，以及政府主管部门领导退休以后在其中任职的中介，这些“红顶中介”是“戴市场的帽子、拿政府的鞭子、收企业的票子、供官员兼职的位子”的机构。这种现象主要集中在国土、环保、税务、规划、住建等涉及民生的权力部门。虽然名义上中介组织接受了政府的相关职能，但政府对这些机构进行选择性审批，有的政府部门直接控制有关机构，有的公务员参与经营有关机构，没有行政资源的普通群众无力参与竞争。这是一种严重的腐败现象，

① 石亚军．当前推进政府职能根本转变亟须解决的若干深层问题［J］．中国行政管理，2015（6）．

② 王同新．我国公共产品配置的政府与市场关系探讨［J］．闽江学院学报，2015（4）．

中介组织通过形形色色的手续、关卡、资质、认证，以服务费、会费、协作费、咨询费的名义“分红”，蚕食着简政放权的改革红利，极大地伤害了政府的公信力。[①] 2015 年中央第三巡视组对环保部完成专项巡视后的反馈意见就指出，环保部的环评技术服务市场中“红顶中介”现象突出，容易产生利益冲突和不当利益输送。国务院已经开始部署全面清理“红顶中介”工作。

三、政府职能现代化的思考

政府职能转变和扩张从一定程度上来说是与市场力量互动的结果。实际上自从市场制度诞生以来，正确认识政府与市场的关系，科学界定政府职能和角色就成为理论界始终关注的问题。不同时代的理论家都从不同的角度阐述了政府与市场的关系，界定了政府的职能和角色，从而形成了不同的政府职能和角色理论，在实践中产生不同类型的政府模式，如自由主义类型的、凯恩斯主义类型的、新自由主义类型的等。随着市场经济的发展和完善，政府与市场的关系也变得越来越微妙，政府职能和角色在时代的变迁中必将被不断赋予新的时代精神。

（一）市场经济下政府职能的再认识

在市场经济条件下，政府与市场的关系是市场经济运行的一个核心问题，也是决定政府职能范围的基本前提。在经济转轨过程中，妥善处理市场与政府的关系是我国政府改革的关键，既关系到我国社会主义市场经济能否顺利发展，也关系到转型时期完善社会主义市场经济体制的核心任务能否顺利完成。

从理论上分析，在现代社会的政府与市场关系中，政府调控经济具有客观必然性，这是由市场机制的内在特征所决定的。市场经济是资源配置的一种基本方式，其实质是运用价值规律来调节经济运行，具有刺激生产、调节供求、提高效率等积极作用。但市场也会失灵，单纯的市场调节只能解决市场微观平衡问题，而不能解决宏观经济的平衡问题。由于市场调节具有盲目性、自发性、滞后性倾向，容易带来经济总量增长的周期性波动；市场机制只能反映现有的生产结构和需求结构，而不能有效反映和实现国民经济发展的长远目标和结构，市场机制对有些部门的生产具有较强的外部性特征；市场机制的有效利用是以充分竞争或完全竞争为前提的，但在现实经济中，市

① 郭芳，黄斌．总理责令整治“红顶中介”［J］．中国经济周刊，2015（23）．

场竞争往往是不完全竞争甚至出现垄断；市场机制以优胜劣汰、适者生存为原则，这固然有助于提高效率，但这种竞争的原则会导致收入分配不均和两极分化现象，加剧社会矛盾和冲突。社会产品大致可以分为私人产品和公共产品，从市场规律来看，私人部门对提供公共产品没有积极性。市场机制的这些缺陷，决定了单纯的市场调节难以实现资源配置的合理化，进而推动经济社会可持续、协调发展，因此政府有必要干预经济。①

1997 年，世界银行年度发展报告以“变革世界中的政府”为题，专门研究了现代经济条件下政府的职能和作用，其研究主题如下：重新思考政府的作用，政府发挥了哪些作用，如何更好地发挥政府的作用。该报告在对世界各国政府作用进行历史考察和现实分析的基础上，提出了几个值得重视的理论观点：①一个有效的政府对于提供商品和服务——以及规则和机构——是必不可少的，这些商品和服务可以使市场繁荣，使人民过上更健康、更快乐的生活，如果没有一个有效的政府，不论是经济的还是社会的可持续发展都是不可能实现的。②有效的政府包括哪些内容，这在不同的国家及不同的发展阶段相差极大。③在过去的一个世纪中，政府的规模和职责范围大幅度扩张，工业国尤其明显。第二次世界大战之前政府的扩张，除其他因素外，主要原因是必须解决因“大萧条”带来的经济和社会体系中的沉重负担问题。战后国家对政府的信心培育了对政府的需求，要求它做更多的工作。工业国中福利国家增多了，而许多发展中国家采纳了政府主导的发展战略。其结果是，全世界各国政府的规模及其管辖事务范围都极度扩张。④政府“选择做什么和不做什么是至关重要的”“有五项基础性任务处于每个政府使命的核心地位，如果这五项任务完不成，就不可能取得可持续的、共享的、减少贫困的发展”。政府面临的这五项基础任务：一是建立法律基础；二是保持非扭曲性的政策环境，包括宏观经济的稳定；三是投资于基本的社会服务与基础设施；四是保护承受力差的阶层；五是保护自然环境。②

世界银行年度发展报告提出的政府的具体职责和功能是否全面和科学，尚待进一步深入研究，但该报告重视肯定政府职能作用的观点及其建立在世界各国大量历史实证材料分析基础上得出的政府职能作用不断扩大的结论是十分重要的。该报告提出的政府的五项基础任务和新凯恩斯主义的“政府干

① 苏明．财政职能与财政支出政策［J］．财政研究，1999（12）.

② 世界银行．世界发展报告：变革世界中的政府［M］．北京：中国财政经济出版社，1997：45.

预与市场调节结合”型政府理论提出的政府职能基本一致，都强调了政府的重要性。一个不争的事实是，在当代社会，不是需不需要政府的干预，而是如何干预、干预到何种程度才是解决政府与市场关系问题的症结所在。正是基于此，时任世界银行行长詹姆斯·D. 沃尔芬森指出：“一个最低纲领派政府做不出坏事情，但也做不出什么有益的事情来。”这表明，在现代经济条件下，政府绝不是管得越少越好，一个良好的经济运行机制，必须实现市场作用这只“看不见的手”和政府作用这只“看得见的手”的有机结合，这是现代市场经济体制下政府与市场关系的一个本质特征，也是世界银行这份专题报告给我们的最大启示。①

从西方政府职能理论和模式沿革以及中国改革开放以来经济发展历程来看，当一国经济处于起步阶段，即“经济发展一阶段”时，其政府的主要职责就是发展劳动密集型产业，创造就业机会，促进财富积累。因此“招商引资”成了政府工作的重心。同时需要加强内源性经济建设，必须进行国企改革和发展个体私营企业以创造就业机会，改善民生。政府必须简化办事流程，提高办事效率，以改善投资环境，吸引更多外资。政府必须加强对基础教育和职业培训的投入，以提高劳动力素质。通过建立工业园区，以各种优惠政策来吸引外资，必要时用行政手段调动资源和调控经济是这一时期政府工作的突出表现。从宏观上看，为加快经济的发展和产业结构升级，政府工作应适当超前于产业发展水平，政府自身必须加快从行政主导型政府向服务型政府转变。

当一国经济进入以现代服务业为核心的“经济发展二阶段”时，政府的工作重心开始由招商引资转移到建立服务型政府，向企业提供及时、优质、便捷的服务，提供自由、公平竞争的市场环境，提供教育、医疗等公共服务，完善基础设施和社会保障体系，并引导社会资金向“银行、证券、保险、物流、管理和咨询等”现代服务业发展，放开公用事业的市场准入上。通过创造良好的发展环境来吸引外资，并为制造业的发展提供良好的产前、产中、产后服务，从而促进经济的快速发展。以财政政策和货币政策作为调控宏观经济的主要手段，加快要素市场建设，以市场调节取代行政干预。同时为保证服务业的健康发展，政府还应该抓紧完善各种法律法规，并加强执法和监管，以维护良性的市场竞争环境。

---

① 苏明．财政职能与财政支出政策［J］．财政研究，1999（12）．

当一国经济进入“经济发展三阶段”时，政府的主要职能就是创造自由、公平和法治的市场环境，立法和执法成为政府提供公共产品的主要方式。政府运作要高效廉洁，法规要完善，执法有力、程序透明。同时政府还应加强法治建设，引导企业完善公司治理，大力扶持企业做强做大，培养一批具有规模经营能力的大企业集团。加强区域经济合作，加强与国际经济组织的联系，积极参与制定各种贸易规则，在全球范围内配置资源，综合运用外交、政治、经济及军事等手段谋取国家利益。为进一步加强国力，还应大力发展基础教育和科技创新体系，建设创新型国家，加强技术立法和知识产权保护。

当一国经济进入“经济发展四阶段”时，政府的主要职能就是大力扶持基础研发及做好知识产权保护，加强信用体系建设。同时大力吸引各国科技人才进入，发展教育产业和以娱乐经济为核心的文化产业。加强与大企业集团的技术合作，积极参与国际技术标准的制定。加强技术立法，保护知识产权。将专利、标准、商标和版权等以技术入股或租赁等方式实现利益最大化。制定技术性贸易壁垒来打压对手。加强信用建设、促进诚信经营、扩大按揭消费，从而促进经济发展。同时，政府还应积极协调企业的外包经营与本国劳动力就业的关系。

当一国经济进入以负债经济和投机经济为核心的“经济发展五阶段”时，政府的主要职能就是控制赤字和过度投机，加强宏观调控，加强秩序和监管，加强内部团结。合理的透支可通过扩大消费来拉动经济增长，无节制的透支会导致国家信用基础崩溃，引发严重的金融危机。同时，政府还应密切关注金融市场的投机行为，严防泡沫经济的泛滥。一旦泡沫破裂，就会引发严重的金融危机，甚至引发掠夺、分裂和战争。政府还应大力打击企业做假账等行为。[①]

当然这些经济发展阶段并没有严格的界限，也难以精确界定。尤其中国经济发展区域间十分不平衡，对有的地区来说，经济发展已经进入第四阶段，对另外的地区来说，经济发展还处在第一阶段。因此中国政府的职能不可能“一刀切”，必须根据不同区域的发展情况，由各级地方政府发挥主动性和积极性，合理确定地方政府的职能，中央政府的改革也必须本着合理确定中央和地方政府职能边界的原则，科学处理中央和地方关系，这一点我们将在政府间关系中进行阐述。

---

① 赵静明．大国崛起之路：经济全球化的机遇与挑战［M］．广州：广东经济出版社，2007：36.

（二）政府职能现代化的方向和路径

党的十八届三中全会提出了国家治理现代化的目标定位，必然需要政府职能的现代化。党的十九大对深化机构和行政体制改革做出重要部署，要求统筹考虑各类机构设置，科学配置党政部门及内设机构权力，明确职责。党的十九届三中全会通过了《中共中央关于深化党和国家机构改革的决定》和《深化党和国家机构改革方案》。这次深化党和国家机构改革的总体要求是，全面贯彻党的十九大精神，坚持以马克思列宁主义、毛泽东思想、邓小平理论、“三个代表”重要思想、科学发展观、习近平新时代中国特色社会主义思想为指导，适应新时代中国特色社会主义发展要求，坚持稳中求进的工作总基调，坚持正确的改革方向，坚持以人民为中心，坚持全面依法治国，以加强党的全面领导为统领，以国家治理体系和治理能力现代化为导向，以推进党和国家机构职能优化协同高效为着力点，改革机构设置，优化职能配置，深化转职能、转方式、转作风，提高效率效能，为决胜全面建成小康社会、开启全面建设社会主义现代化国家新征程、实现中华民族伟大复兴的中国梦提供有力制度保障。这为政府职能现代化提供了方向和路径。

1. 坚持“以人民为中心”，促进政府全面履行职能

以人民为中心是党的根本宗旨所在，是党的一切工作所依，是政府职能转变必须坚持的价值取向。习近平总书记多次强调，老百姓关心什么、期盼什么，改革就要抓住什么、推进什么，通过改革给人民群众带来更多获得感。深化党和国家机构改革，必须把实现好、维护好、发展好最广大人民根本利益作为改革的出发点和落脚点，体现在各方面制度安排上。只有坚持人民主体地位，健全人民当家做主的制度体系，完善为民谋利、为民办事、为民解忧、保障人民权益、倾听人民心声、接受人民监督的体制机制，才能为人民依法管理国家事务、管理经济文化事业、管理社会事务提供更有力的保障。这就必须建设结果导向的责任政府，就是政府的主管部门必须向结果负责，权力获取与权力行使的目标和结果密切挂钩。我们姑且不论政府应该管理哪些领域，对于政府已经管理的领域，必须做好，做不好必须负责任。比如行政审批权、部门索求审批权要达到什么目标？这些目标是否可以直接测定？目标的实现程度如何评价？部门行使审批权一定时间后，所期望的目标和实际效果是否达到？如果特定审批权的行使没有达到预期的目标和结果，那么该审批权就要收回或者取消。这就是权责一致，而“责任”主要由用权力运

行的实际结果来判断。这样就可以使政府全面履行职能，真正成为责任政府。①

要从根本上转变政府职能，必须实现政府职能法治化，以法律规范政府职能的内容和履职行为。在规范政府职能的内容方面，集中体现为推进各级政府事权规范化、法律化，完善不同层级政府特别是中央和地方政府事权法律制度。在规范政府职能的履职方式方面，集中体现为“坚持法定职责必须为、法无授权不可为”的原则，推行政府权力清单制度、责任清单制度，把权由法定、责依法定、事随法定的原则落到实处，并且禁止政府机关法外自设自授职权，以此来防止政府乱作为和不作为现象。同时，建立健全行政裁量权基准制度，最大限度地把行政职权关进制度的笼子。②

2. 正确处理政府、市场和企业关系，以有限政府实现政府职能现代化

在市场经济条件下，政府是宏观调控的主体，市场在国家宏观调控下对资源配置起决定性作用，企业是市场竞争的主体，并在竞争中促进经济增长，三者之间相互独立又协调互动，才能构成有效的市场机制。党的十八届三中全会通过的《中共中央关于全面深化改革若干重大问题的决定》指出，经济体制改革是全面深化改革的重点，核心问题是处理好政府和市场的关系，使市场在资源配置中起决定性作用和更好发挥政府作用。“二者是有机统一的，不是相互否定的，不能把二者割裂开来、对立起来，既不能用市场在资源配置中的决定性作用取代甚至否定政府作用，也不能用更好发挥政府作用取代甚至否定使市场在资源配置中起决定性作用”，政府的作用在于弥补市场缺陷或市场失灵，解决那些单靠市场自身力量无法解决的问题，并为企业发展营造良好的环境。要立足于政府与市场的不同属性，分析政府与市场在资源配置和经济运行中的不同功能及相互关系，由此在政府与市场的互补性意义上确证和定位政府经济职能转变的方向、内容和边界。这其中包含了从政府与企业、政府与资本关系出发定位政府职能的路径。③

3. 强化社会治理中的公民参与，以服务型政府促进政府职能现代化

以公民参与和协商治理机制促进政府社会治理职能的转变。在国家治理现代化意义上，健全党委领导、政府负责、社会协同、公民参与和法治保障

① 周志忍．新时期深化政府职能转变的几点思考［J］．中国行政管理，2006（10）．

② 王浦劬．论转变政府职能的若干理论问题［J］．国家行政学院学报，2015（1）．

③ 唐铁汉．中国行政管理体制改革战略研究［M］．北京：国家行政学院出版社，2009：101-102．

的社会治理格局，承载政府的社会治理职能。强化党的领导，强化公民依法有序参与，以公民有序参与作为有效预防和化解社会矛盾的核心机制。与此同时，以协商治理作为社会治理的重要机制，以协商机制实现社会治理中听群言、集民智、增共识、聚合力、促和谐的功能，促进科学决策、民主决策，以有利于更好实现人民当家做主的权利要求。服务型政府建设是随着经济社会的发展而不断推进的历史过程。①

政府要成为合格的服务者，对各级政府的领导能力必然提出严峻挑战。在建设服务型政府过程中，转变政府的领导理念、明确政府的领导职能、提升政府的领导能力、优化政府的自我领导成为关键。为了有效推进服务型政府建设，党政领导干部需要强化与服务型政府内涵相适应的领导能力，即整合能力、法治能力和回应能力等。政府领导能力决定着政府的执行力，政府执行力的提升是构建服务型政府的关键。当前政府执行过程中存在执行政策趋利化、执行制度形式化、执行主体谄媚化等现象，需要提高公共决策的科学性与合理性、构建科学行政体制、提高执行主体的执行素质、完善与强化政府执行监督与责任追究机制。公务员是建设服务型政府的主体，政府执行力的提高离不开各级公务员及其能力的提升。我国现行公务员制度中存在着“以事为本、职位分类不科学、考试录用机制不合理、考核激励机制不健全”等与服务型政府建设不相容的因素，因此深化公务员制度建设紧迫而必要。

4. 运用法治思维，以法治政府建设促进政府职能现代化

依法治国是党领导人民治理国家的基本方式，是实现国家治理体系和治理能力现代化的必然要求。深化党和国家机构改革，必须以国家治理体系和治理能力现代化为导向，坚持在法治轨道上进行，坚持改革和法治相统一、相促进，依法依规完善党和国家机构职能。既要发挥法治规范和保障改革的作用，在法治下推进改革，做到重大改革于法有据，又要通过改革加强法治工作，做到在改革中完善和强化法治。党的十八届三中全会审议通过的《中共中央关于全面深化改革若干重大问题的决定》提出了坚持依法治国、依法执政、依法行政共同推进，坚持法治国家、法治政府、法治社会一体建设的目标，为建设法治中国翻开了新的篇章。依法治国、建设法治中国，是一项艰巨而又复杂的系统工程，其中的关键和核心是建设法治政府。这是因为政

① 中共中央政治局召开会议，研究部署党风廉政建设和反腐败工作，审议《关于加强社会主义协商民主建设的意见》[N]. 人民日报，2014-12-30.

府是法律的主要执行机关，其管理涉及政治、经济、文化和社会生活的各个领域，政府管理的法治化程度直接影响甚至决定着法治中国建设的进程和水平。

转变政府职能必须在法治的轨道上进行，掌握好立法与改革的辩证关系，使得立法与改革决策相衔接。首先，转变政府职能的重大改革必须于法有据。其次，要本着立法主动适应改革发展需要的精神，在研究转变政府职能改革方案和改革措施时，同步考虑相关立法问题，及时提出立法需求和立法建议。再次，要促进政府职能转变举措制度化。在实践中证明行之有效的，应该及时上升为法律；而实践条件还不成熟、需要先行先试的，应该按照法定程序进行授权。最后，对不适应改革要求的法律法规，要及时修改和废止。①

---

① 习近平．运用法治思维和法治方式推进改革［EB/OL］．新华网，http：//newsxinhuanetcom/politics/2014-10/28/c_ 127149050htm.

第二章

治理体制现代化载体：政府机构改革

关于国务院机构改革方案的说明

《深化党和国家机构改革方案》就统筹推进党政军群机构改革做出了全面安排部署，深化国务院机构改革是其中的一项重要任务。总的考虑是，着眼于转变政府职能，坚决破除制约使市场在资源配置中起决定性作用、更好发挥政府作用的体制机制弊端，围绕推动高质量发展，建设现代化经济体系，加强和完善政府经济调节、市场监管、社会管理、公共服务、生态环境保护职能，结合新的时代条件和实践要求，着力推进重点领域和关键环节的机构职能优化和调整，构建起职责明确、依法行政的政府治理体系，提高政府执行力，建设人民满意的服务型政府。

——摘自 2018 年 3 月中国政府网

国务院机构改革是改革开放以来历次政府行政体制改革的重要组成部分。政府机构是政府职能的载体，没有好的机构设置，政府职能就无法很好贯彻。2017 年党的十九大报告指出，要进一步深化机构和行政体制改革，特别是要“统筹考虑各类机构设置，科学配置党政部门及内设机构权力、明确职责”。与此同时，“统筹使用各类编制资源，形成科学合理的管理体制，完善国家机构组织法”。此外，还需要“赋予省级及以下政府更多自主权，在省市县对职能相近的党政机关探索合并设立或合署办公”。机构改革一定要带动职能转变，从而推动政府管理创新，从根本上深化行政体制改革，只有三者联动，才有利于在巩固已有机构改革成果的基础上，进一步实现行政体制改革的提质增效。本章将回顾和分析改革开放 40 年以来八次大的中央政府机构改革历程，探索机构改革的规律，总结其取得的经验和存在的问题。温故而知新，了解 40 年的机构改革历史必将有助于更好地把握今后中国政府改革的脉络，为进一步深化政府机构改革提供建设性意见。

一、改革开放以来政府机构改革回顾

政府机构，广义上指的是中央和地方的全部立法、行政、司法和官僚机关。狭义的政府机构仅指中央和地方的行政机关，即依照国家法律设立并享有行政权力、担负行政管理职能的那部分国家机构，在我国，亦称为“国家行政机关”。人们通常根据政府机构和其工作人员的数量来考察、测度政府规模，政府规模的大小通常与市场经济和公民社会发育成熟的程度有关。当市场经济和公民社会发育尚未健全时，需要一个“大政府”来进行管理活动，而这时候的政府规模也是最为庞大的。随着市场经济和公民社会不断的发展成熟，“小政府”就要代替“大政府”，政府要逐步还权于市场和公民，这时候的政府规模就相对精简。只有适应行政环境要求的政府，才是规模适度的政府。如果政府机构已经不适应当前的市场经济和公民社会的现状，政府机构改革就要被提上日程。

从管理科学的角度看，政府机构必然是根据政府职能来设置的，而政府职能是随着政府的中心工作和施政环境不断发生变化的，因此当经济发展、社会结构变迁以及人民的生活方式发生变化的时候，社会也必然对政府机构与运行模式提出新的要求，促使政府机构设置和管理方式发生变化。改革开放以来，政府经历了 1982 年、1988 年、1993 年、1998 年、2003 年、2008 年、2013 年、2018 年基本每 5 年一次的 8 次大的政府机构改革。改革取得了一定的成绩，也存在一定的问题，40 年机构改革经验，有必要系统梳理。

（一）1982 年机构改革

党的十一届三中全会做出了将“全党工作重心转移到社会主义现代化建设上来”的战略决策。随着改革开放的起步与社会主义现代化建设的全面拓展，政府管理的内容也越来越庞杂，由于行政管理的计划手段没有及时改变，行政机构也出现了迅猛增长的势头。1977—1981 年，国务院先后增设了 48 个行政机构，到 1981 年底，国务院设部委 52 个、直属机构 43 个、办公机构 5 个，共 100 个行政机构。中央政府机构的设置数达到了新中国成立以来最高峰，行政人员也达到了 5. 1 万余人。

机构大量膨胀不仅使国务院机构林立、职责不清、人浮于事、运转不灵，而且导致了严重的官僚主义。1982 年，邓小平在中共中央政治局扩大会议上作《精简机构是一场革命》讲话时指出，国务院机构臃肿重叠、职责不清，许多人员不称职、不负责，工作缺乏精力、知识和效率，确实到了不能容忍的地步。邓小平指出，这个问题如果不解决，不仅“四化”建设没有希望，而且可能要亡党亡国。在这种背景下，党和政府做出重大决策，下决心展开全面的行政机构改革。

1982 年，国务院率先进行机构改革，省地市县乡逐级推进，整个改革历时 3 年。这次国务院机构改革的主要内容：一是改革领导体制。减少副总理的人数，设置国务委员职位，由国务院总理、副总理、国务委员和秘书长组成国务院常务会议。二是裁并工作部门。将国务院工作机构由 100 个裁并为 60 个。其中一项很重要的改革，就是通过修改国务院组织法，将国务院办公机构改为办事机构，从而减少了管理层次。三是精干领导班子。部委的正副职配备 3~5 人，司局的正副职配备 2~3 人。四是紧缩编制，轮训干部。将国务院各部门机关人员由 51000 多人核减为 38300 人，精减了 25%。剩余人员进行轮训，在学习中进行考核，从而将其选拔到更适合的岗位上去。①

地方政府机构改革的主要内容：一是配备好领导班子。按照精干的原则和革命化、年轻化、知识化、专业化的方针选拔一批德才兼备、年富力强，能够开创新局面的干部进入领导班子。二是精简机构。省、市、地、县各级政府机构一般精简 25%左右。三是紧缩人员编制。省、自治区、直辖市、一般市区、县、乡区、镇根据人口多少、面积大小、行政区划单位多少和政治经济文化发展的情况，按照大、中、小分类定编。四是地、市合并，实行市领导县体制，充分发挥两方面的优势，促进城乡经济、文化事业的发展。与此同时，保留的地区机关改为名副其实的派出机构。五是改革“政社合一”的体制，建立乡政府。1982 年修改宪法，改变政社合一体制，建立乡人民政府。1983 年 10 月，党中央、国务院发出通知，要求各地改公社党委为乡党委，建立乡人民政府。六是规定了一些地方政府机关的职责和地位。对地区、县市、乡的职责和地位进行了明确规定。②

1982 年的机构改革，最主要的特点是适应党的工作重心转移和现代化建设的需要，促进干部人事制度改革，推动干部队伍的新老交替，提高政府工作效率，实现干部年轻化。第一次改革之后，国务院各部委正副职是一正二

① 陶学荣，陶睿．中国行政体制改革研究［M］．北京：人民出版社，2006：95-97.

② 王冠．中国政府机构改革回溯与展望［EB/OL］．中国期刊网优秀硕士论文库，2007.

副或者一正四副，部委的领导班子成员的平均年龄从 64 岁降到 60 岁，局级干部的平均年龄从 58 岁降到 54 岁。自上而下对各级政府各部门的领导职数做出全面规定，为精干领导班子提供了依据，促进了离退休制度的建立，开始废除实际存在的领导职务终身制。同时，城市合并，实行市领导县体制，将政社不分的人民公社改为乡政权组织，加强了基层政权建设，第一次对各级地方政府的机构设置限额和人员编制做出规定，等等。

但是本次改革没有触动高度集中的计划经济管理体制，由于政府职能没有转变，因此人员精减未能切实到位，改革后机构继续增设，工作方法和工作作风也没有大的转变。

（二）1988 年机构改革

由于各种原因，1982 年机构改革后机构又迅速膨胀，到 1986 年底国务院系统出现五个增多：①正式机构增多。1982 年行政机构精简到 61 个，到 1986 年底，已经扩展到 71 个。1982 年精简后司一级机构为 828 个，1986 年发展到 963 个。1982 年处级机构为 3770 个，1986 年猛增到 5000 多个。②变相机构、临时机构增多。1982 年国务院下属临时机构精简为 30 个，到 1986 年增长到 63 个，且大有继续增长的趋势。③人员增多。按照 1982 年核定的编制，1986 年国务院系统人员超编 4000~5000 人。④官员职数增多。巡视员、调研员比 1982 年改革前大大增加。1986 年国务院系统处级以上干部与一般干部之比为 1∶12。⑤事业单位，特别是中心、协会、学会等增多。中央各部全国性事业单位的工作人员达 200 万人，其中在北京就有 40 万人，并以每年 100 多个机构、2 万人左右的速度递增。[①]

在 1982 年机构改革后，由于没有触动高度集中的计划经济管理体制，没有实现政府职能的转变等原因，政府机构不久又呈膨胀趋势。党的十三大明确提出了政府机构改革的任务，国务院决定再次进行机构改革。1988 年 4 月，七届全国人大一次会议通过了国务院机构改革方案。这是一次弱化专业经济部门分钱、分物，直接干预企业经营活动的职能，以达到增强政府宏观调控能力和转向行业管理目的的改革。这次机构改革以转变职能为关键，重点是改革与经济体制关系极为密切的经济管理部门。将国家计委和国家经委合并，重新组建国家计委，撤销了一批专业经济部门。这次改革之所以在经济管理

① 任晓．中国行政改革［M］．杭州：浙江人民出版社，1998：186.

领域迈出这么大的步子，决定性的因素还是经济体制改革。因为当时提出了“社会主义经济是公有制基础上的有计划的商品经济”这一新的经济运行机制，总体上来说应当是“国家调控市场，市场引导企业”的机制。没有经济体制改革的突破，就不可能有机构改革的突破。通过改革，国务院部委机构由 71 个调整为 66 个，人员编制在原有 5 万余人的基础上，裁减了 7900 余人。

1988 年的政府机构改革是在推动政治体制改革、深化经济体制改革的大背景下出现的，其历史性的贡献是首次提出了“转变政府职能是机构改革的关键”这一命题。改革采取了自上而下，先中央政府后地方政府，分步实施的方式进行。由于后来一系列复杂的政治经济原因，这一命题在实践中没有及时“破题”；再加上治理、整顿工作的需要，原定于 1989 年开展的地方机构改革也暂缓进行。

随后出现了经济过热，这次精简的机构很快又膨胀起来了。

（三）1993 年机构改革

1992 年 10 月，党的十四大明确提出了我国要建立社会主义市场经济体制的目标，使市场在国家宏观调控下对资源配置起基础性作用。建立社会主义市场经济体制，涉及经济基础和上层建筑的许多领域，需要有一系列相应的体制改革和政策调整。加快政府职能转变，进一步理顺关系，实行精兵简政，就是为适应这一需要对政府机构进行的改革。这次机构改革的主要内容：一是转变职能。综合经济部门把工作重点转到宏观管理上来，集中主要精力搞好国民经济发展战略、发展规划和经济总量的平衡，制定产业政策，培育与发展市场，有效调控社会经济活动。专业经济部门的职能主要是规划、协调、服务和监督，简政放权，推动企业进入市场。二是理顺关系。尤其是理顺综合经济部门之间以及综合经济部门与专业经济部门之间的关系，合理划分职责权限，避免交叉重复。理顺中央与地方的关系，合理划分中央与地方的管理权限，充分发挥中央与地方两个积极性，使地方在中央方针政策的指导下，因地制宜地发展本地区经济和各项社会事业。三是精简（减）机构与人员。经过调整，国务院设置 59 个工作部门，人员编制总数减少 20%左右。

这次机构改革最主要的特点，就是明确机构改革是以适应社会主义市场经济体制的需要为目标。同时，作为机构改革自身，有以下三个方面值得重视：一是基本规范了改革的范围。第一次提出了包括党委、人大、政府、政协机关在内的完整的机构改革方案。二是基本规范了改革的内容。主要是转变职能、理顺关系、精兵简政。三是基本规范了改革工作的程序。首先由党的代表大会提出改革的任务，其次由中央全会审议讨论改革方案，最后由全国人大一次会议审议批准国务院机构改革方案。

这次机构改革历史性的贡献在于，首次提出政府机构改革的目的是适应建设社会主义市场经济体制的需要。其中一个重大举措是实行中纪委机关和监察部合署办公，进一步理顺了纪检监察与行政监察的关系。实行合署办公做法是统筹党政机构设置的重要方式之一，在探索正确处理党政关系上走出了有效一步。①

但 1993 年的政府机构改革也有人认为是“目的清楚、目标不明确”。建立社会主义市场经济体制的一个重要改革任务就是要减少、压缩甚至撤销工业专业经济部门，但从 1993 年机构设置来看，这类部门合并、撤销的少，保留、增加的多。如机械电子工业部合并本来是 1988 年改革的一个阶段性成果，1993 年改革时又被拆成两个部——机械工业部和机械电子部；能源部本来是在 1988 年撤销了三个专业经济部门的基础上建立的，1993 年改革又撤销能源部，设立了电力部和煤炭部。给人的印象是，目的与目标背道而驰。

（四）1998 年机构改革

由于历史条件的制约和宏观环境的限制，行政管理体制中存在的许多问题还没有得到根本的解决，机构设置不适应社会主义市场经济发展的问题日益明显。1997 年 9 月 12 日，江泽民在党的十五大报告中针对机构设置提出了批评，认为当前“机构庞大，人员臃肿，政企不分，官僚主义严重，直接阻碍改革的深入和经济的发展，影响党和群众的关系。这个问题亟待解决，必须通盘考虑，组织专门力量，抓紧制定方案，积极推进。要按照社会主义市场经济的要求，转变政府职能，实行政企分开，把企业的生产经营管理的权力切实交给企业；根据精简、统一、效能的原则进行机构改革，建立办事高效、运转协调、行为规范的行政管理体系，提高为人民服务的水平”。在当时国民经济保持了良好的发展势头，经济实力较为雄厚、社会政治稳定、社会承受能力较强，各方面对机构改革逐步达成共识的情况下，进行机构改革的条件已经具备。1998 年 3 月 10 日下午，九届人大一次会议第三次大会批准了《关于国务院机构改革方案的决定》，新一轮的机构改革拉开了序幕。

---

① 宋世明．改革开放以来的政府机构改革［N］．学习时报，2008-01-28（420）．

按照该方案要求，这次机构改革的目标：一是建立办事高效、运转协调、行为规范的行政管理体系。二是完善国家公务员制度，建设高素质、专业化国家行政管理干部队伍。三是逐步建立适应社会主义市场经济体制的、有中国特色的行政管理体制。

这次改革的重点是国务院组成部门，除国务院办公厅外，当时 40 个组成部门减少为 29 个。新组成的 29 个部门分为四种类型：一是宏观调控部门；二是专业经济管理部门（只进行行业管理、调整引导，不再直接管理企业）；三是教育科技文化、社会保障和资源管理部门；四是国家政务部门。

这次机构改革取得了很大的成效：首先是机构人员得到精减。从 1998 年开始，国务院机构改革首先进行，随后党中央各部门和其他国家机关及群众团体的机构改革陆续展开；1999 年以后，省级政府和党委的机构改革分别展开；2000 年，市县乡机构改革全面启动。国务院原有组成部门为 40 个，经过改革减至 29 个，直属机构调整为 15 个，办事机构调整为 6 个。各部委都大幅度地裁减了人员，绝大多数部委的精简比例在 45%～48%，接近 50%的目标。截至 2002 年 6 月，经过四年半的机构改革，全国各级党政群机关共精减行政编制 115 万名。经过这次机构改革，公务员队伍结构趋于精干、高效、合理，在干部年轻化、知识化、革命化、专业化方面都有较大的提高，年龄结构上经过改革，各部委的平均年龄下降了 1～7 岁。

其次是按照依法治国、依法行政的要求，加强了执法监督部门和行政体系的法制建设。把运动员和裁判员的角色分开，市场执法监管部门不再既管市场又办市场，加强了执法监督。使原来“人治”色彩较重、“依人行政”为主转向法治、依法行政为主。

再次是多方开发分流渠道，妥善处理分流人员。各部委贯彻“带职分流，定向培训，加强企业，优化结构”的原则，结合本部门的实际，在不违反政策前提下，制定了对分流人员的优惠和照顾措施，较为妥善地实现了分流的任务。使大部分人员到位，且思想比较稳定。

最后是严明岗位责任，机关工作有了新气象。本次改革对许多岗位制定了新的工作规范，也调整了一些人的工作岗位，人员与岗位的配置合理化。总体上讲，工作节奏明显加快，工作效率有所提升，机关显现出新的景象。竞争上岗不仅给分流人员带来了压力，也使留职人员普遍感到竞争的压力，增强了机关工作人员的学习与工作自觉性和主动性，工作学习风气有所好转。[①]

这次机构改革一个最突出的成就是开始消除政企不分的组织基础。这次改革的目的与目标高度协调，推进社会主义市场经济发展是目的，尽快结束专业经济部门直接管理企业的体制是目标。经过这次改革，政府职能转变有了重大进展，其突出体现是撤销了几乎所有的工业专业经济部门，共10个：电力工业部、煤炭工业部、冶金工业部、机械工业部、电子工业部、化学工业部、地质矿产部、林业部、中国轻工业总会、中国纺织总会。这样，政企不分的组织基础在很大程度上得以消除。

（五）2003年机构改革

随着改革开放和现代化建设的不断推进，我国加入WTO对政府管理提出了新要求。与此不相适应的是，现行政府职能还存在着一些问题需要通过改革加以解决。这些问题包括：为深化国有资产管理体制改革，中央政府和省、市（地）两级地方政府要建立管资产和管人、管事相结合的国有资产管理机制；为适应经济体制改革同经济发展和经济结构调整相协调，需要将政府推进经济改革与发展的职能整合起来；部门之间职责分工不够合理和交叉问题有待进一步理顺；行政审批制度改革远未到位；为改进金融服务，防范和化解金融风险，需要有专业机构加强对银行业的监管；为适应内外贸易业务相互融合的发展趋势和加入世贸组织的新形势，需要改变内外贸分割的体制；食品安全、生产安全，事关广大人民群众的生命财产安全，迫切需要加强这方面的监管工作；等等。这些问题，有的是全局性的，有的则是比较突出的，都需要通过机构改革加以解决。党的十六大报告中明确指出："必须深化行政管理体制改革，进一步转变政府职能，改进管理方式，推行电子政务，提高行政效率，降低行政成本，形成行为规范、运转协调、公正透明、廉洁高效的行政管理体制。"这就需要"按照精简、统一、效能的原则和决策、执行、监督相协调的要求，继续推进政府机构改革，科学规范部门职能，合理设置机构，优化人员结构，实现机构和编制的法定化，切实解决层次过多、职能交叉、人员臃肿、权责脱节和多重多头执法等问题"。

为了落实党的十六大精神，适应经济社会发展的要求，完善社会主义市场经济体制，党的十六届二中全会通过了《关于深化行政管理体制和机构改

① 张继政．对我国政府机构改革的回顾与反思［EB/OL］．中国期刊网优秀硕士论文库，2005.

革的意见》，十届人大一次会议根据这次意见形成了《国务院机构改革方案》，拉开了改革开放以来第5次机构改革的序幕。

这次机构改革以邓小平理论和“三个代表”重要思想为指导，按照完善社会主义市场经济体制和推进政治体制改革的要求，坚持政企分开，遵循精简、统一、效能和依法行政的原则，进一步转变政府职能，调整和完善政府机构设置，理顺政府部门职能分工，提高政府管理水平，形成行为规范、运转协调、公正透明、廉洁高效的行政管理体制。

这次机构改革的主要任务是：深化国有资产管理体制改革，设立国务院国有资产监督管理委员会。完善宏观调控体系，将国家发展计划委员会改组为国家发展和改革委员会。健全金融监管体制，设立中国银行业监督管理委员会。继续推进流通管理体制改革，组建商务部。加强食品安全和安全生产监管体制建设，在国家药品监督管理局的基础上组建国家食品药品监督管理局，将国家经济贸易委员会管理的国家安全生产监督管理局改为国务院直属机构。将国家计划生育委员会更名为国家人口与计划生育委员会。不再保留国家经济贸易委员会、对外贸易经济合作部。

这次机构改革，国务院组成部门由29个减少到28个，看起来数量上没有太大的变化，但由于职能整合涉及的领域是国有资产、宏观经济管理、金融、食品卫生等事关国计民生的“重量级”部门，其意义非同一般。它不但合并了交叉的职能，而且按照“决策、执行、监督”的要求对各部门进行了重新排序，特别是加强了监管的职能，使机构在制定平等游戏规则的同时，真正转变自己的角色，从“运动员”“教练员”变成了“裁判员”。

这次机构改革取得了突出的三大成就：其一是强调了监管职能。长期以来，国有资产管理体制中存在着“所有者缺位、管理者越位”并存的现象，即既存在政企不分、政府部门干预企业经营活动的问题，又存在出资人行为不到位、国有资产监管缺位的问题，导致国有资产流失和国有企业发展缺乏动力。新组建的国资委定位于“代表国家履行出资人职责”，按照权利、义务和责任“三统一”，管资产、管人、管事“三结合”的要求，对国有资产的保值增值负监管责任。银监会的成立，标志着金融监管力度和专业化程度的加强。当时有毒食品五花八门，安全生产事故层出不穷，组建食品药品监督管理局，将安全生产监督管理局作为国务院直属机构，将大大强化市场监管，确保食品安全和生产安全，从体制和组织上加大了对食品和药品的监管力度。

其二是强调了宏观调控。在市场经济条件下，政府的主要职责之一是做好宏观调控。然而在现实生活中，政府“越位”的现象仍然普遍存在，政府管了许多不该管、管不了、管不好的事，管得过多过细。特别是不合理、低效率的项目审批制度已成为影响我国投资环境、影响企业竞争能力的严重问题。这次机构改革方案特别强调了政府职能转变问题，明确提出了积极推进投融资体制改革，大力减少行政审批和微观管理事务的要求。在具体操作上也更加合理化、科学化，如《行政许可法》的颁布和实施规范了行政部门的业务行为，进一步保障了相对人的利益，也使得政府行为向着规范化、现代化的方向转变。①

其三是强调更好地适应市场经济。内贸、外贸管理体制的分割，是我国流通管理体制中存在的突出问题。当时流通业新的业态和经营方式不断产生，不同产业、不同领域中的企业和业务相互融合，迫切要求流通体制创新。成立商务部，内外贸相互融合，使我们能够更有效地利用国内、国际两个市场和两种资源，顺应形势，水到渠成。

（六）2008 年机构改革

政府机构与日益发展的社会主义市场经济的不相适应性，依然是政府机构需要改革的根源。高尚全认为必须把政府改革作为“十一五”改革的中心环节，行政管理体制改革已经成为进一步深化改革的瓶颈。经过近 30 年的改革开放，我国经济快速发展，综合国力显著增强，经济总量已居世界前列。但是，科技、教育、卫生、文化、社会事业的发展相对落后，尤其是就业和失业的问题突出，城乡差距、地区差距和贫富差距突出，经济结构不合理，农民收入增长缓慢，资源、环境与工业化的矛盾突出。这些问题之所以长期得不到解决，都与行政体制性障碍有关。所以，必须通过深化改革、完善社会主义市场经济体制来解决这些突出矛盾。②

行政管理体制和机构改革是推进政治体制改革的重要内容，是推动中国上层建筑更好地适应经济基础的一项重要的制度建设和创新，也是建立和完善社会主义市场经济体制的客观需要。根据党的十七大和十七届二中全会精神，2008 年 3 月新的国务院机构改革方案出台。这次行政管理体制改革和机构改革的主要任务是，围绕转变政府职能和理顺部门职责关系，探索实行职

① 张继政．对我国政府机构改革的回顾与反思［EB/OL］．中国期刊网优秀硕士论文库，2005.

② 高尚全．把政府改革作为“十一五”改革的中心环节［J］．中国经贸导刊，2004（16）.

能有机统一的大部门体制，合理配置宏观调控部门职能，加强能源环境管理机构建设，整合完善工业和信息化、交通运输行业管理体制，以改善民生为重点加强与整合社会管理和公共服务部门。

这次机构改革的重点：一是合理配置宏观调控部门职能。二是加强能源管理机构建设。三是组建工业和信息化部。四是组建交通运输部。五是组建人力资源和社会保障部。六是组建环境保护部。不再保留国家环境保护总局。七是组建住房和城乡建设部。不再保留建设部。八是国家食品药品监督管理局改由卫生部管理。

这次机构改革，国务院改革涉及调整变动的机构共 15 个，正部级机构减少 4 个，所做的调整幅度很小，撤销 6 个部门，新增 5 个部门，牵涉的部门 15 个。国务院组成部门 27 个，并没有出现大合并的情况。从公布的方案来看，大部制的“大”并没有体现出来。大部制要解决的最主要问题是职能交叉、多头管理的现象。据不完全统计，当时国务院部门之间有 80 多项职能交叉，仅建设部门就与发改委、交通部门、水利部门、铁道部门、国土部门等 24 个部门存在职能交叉。另外，农业的产前、产中、产后管理涉及 14 个部委。华建敏在《国务院机构改革方案》的说明中也指出：这次国务院机构改革是在以往改革基础上的继续和深化。改革要坚持积极稳妥的方针，既充分利用当前各方面的有利条件，统筹兼顾，突出重点，在一些重要领域迈出较大步伐，又充分考虑到经济社会发展中面临的诸多困难和潜在风险，循序渐进，不求毕其功于一役，有的可适当过渡，有的可在集中改革后根据情况的变化再适时调整，做到长远目标与阶段性目标相结合、整体设计与分步实施相结合。显然依照当时的调整幅度，能够减少的职能交叉非常有限，政府机构改革依然任重而道远。

（七）2013 年机构改革

2013 年 3 月，十二届全国人大一次会议审议通过《国务院机构改革和职能转变方案》。这次国务院机构改革，重点围绕转变职能和理顺职责关系，稳步推进大部制改革。主要任务：一是实行铁路政企分开，撤销铁道部，组建国家铁路局，由交通运输部管理。改革后，铁路企业成为自负盈亏、自担风险的市场主体，政府负责安全监管。二是整合卫生部和人口计生委的计划生育管理和服务职责，对两部予以撤销，组建国家卫生和计划生育委员会，这将有利于优化配置基层医疗卫生和计划生育服务资源。三是撤销食药监局和单设的国务院食品安全委员会办公室，组建国家食品药品监督管理总局，形成对食品药品安全的监管新格局。四是整合新闻出版总署、广电总局的职责，撤销国家广播电影电视总局和国家新闻出版总署，组建国家新闻出版广播电影电视总局，促进我国文化事业繁荣发展。五是撤销国家电力监管委员会，重组国家能源局，对现有国家能源局、国家电力监管委员会的职责进行整合，这对未来我国的能源发展具有重要意义。六是重组国家海洋局，设立高层次议事协调机构——国家海洋委员会。这次改革，国务院正部级机构减少 4 个，其中组成部门减少 2 个，副部级机构增减相抵数量不变。除国务院办公厅外，国务院设置组成部门 25 个。

如果仅从机构调整的数量和职能转变涉及的领域来看，此次机构改革的力度似乎不大，呈现出明显的渐进和稳健特征。但是深入分析发现，此次改革是在机构小幅度调整的基础上，推进机构合理设置和职能转变方面的改革。改革具有以下特点：一是紧紧围绕转变职能和理顺职责关系，对具有职能交叉和机构分散的部门予以撤销或者重组，以食品药品监督管理总局的组建和国家海洋局的重组为例。二是将简政放权与强化宏观管理有机结合起来，逐步向市场化、社会化和服务化方向调整。以铁路政企分开，新组建的国家食品药品监督管理总局、国家卫生和计划生育委员会为例。三是改革雷厉风行，狠抓落实。李克强总理在十二届全国人大一次会议闭幕后的记者见面会上公开宣示，“我们要有壮士断腕的决心，言出必行，说到做到，决不明放暗不放，避重就轻，更不能搞变相游戏”。此次改革的实施方案有 72 项任务分工，逐项明确落实方案时间和路线图，并向社会公布，接受广大人民群众监督。改革还建立了包括人大代表、政协委员、专家学者等人士参加的职能转变评估机制，保障改革取得实质性的进展。① 但本次机构改革与以往几次机构改革一样，没有涉及如何对机构改革和职能转变实施情况进行监督的内容。

（八）2018 年机构改革

2018 年 2 月 28 日，党的十九届三中全会审议通过了《中共中央关于深化党和国家机构改革的决定》和《深化党和国家机构改革方案》，2018 年新一轮的机构改革拉开帷幕。此次机构改革的主要任务：一是“大环保”机制的

① 李章泽．新一轮国务院机构改革和职能转变的五大亮点［J］．中国机构改革与管理，2013（5）．

建立。组建了自然资源部和生态环境部门，不再保留国土资源部、国家海洋局、国家测绘地理信息局和环境保护部。二是实施“大民生”战略。组建农业农村部，不再保留农业部。组建国家卫生健康委员会，归并原来卫计委、国务院医改办、老龄工作委办公室以及工信部和安全生产监督总局的相关职能。不再保留国家卫生和计划生育委员会以及国务院医改办。三是文化和旅游进行融合。组建文化和旅游部，将文化部、国家旅游局的职责进行整合，不再保留文化部和国家旅游局。四是组建退役军人事务部，将多部门的职能进行合并，专门负责军人的退役安置工作，维护军人军属合法权益。五是组建应急管理部，不再保留国家安全生产监督管理总局。推动公共安全体系的建设，形成统一指挥、专常兼备、反应灵敏、上下联动、平战结合的中国特色应急管理体制。六是重新组建科学技术部以及司法部，不再保留国务院法制办公室，并对水利部和审计署的职责进行优化。

2018 年的这次机构改革是一次重大的体制性变革，绝非小修小补的改革，与之前多次机构改革相比，有很多新的突破。首先，此次机构改革是推进国家治理体系和治理能力现代化的一次深刻变革。国家治理体系和治理能力是一个国家制度和执行能力的集中体现，这些都同党和国家机构设置、职能配置、履职能力密切相关，都需要继续深化党和国家的机构改革来实现。其次，此次机构改革还体现了以人民为中心的发展思想，旨在为社会提供更好的公共服务和公共管理。如在教育文化、卫生健康、医疗保障等领域进行机构调整和优化，组建了一批新机构，对接发展所需，解决民生所向。再次，此次机构改革打破以往精简的改革模式，在构建优化、协同、高效的政府职能体系的目标引领下，对国务院组成部门和其他机构进行系统性重构，从而形成职能更加优化、权责更加协同、运行通畅的政府机构职能体系。最后，2018 年的这次机构改革体现了中央政府继续简政放权的核心要义。此次改革敢于啃最硬的骨头，敢于打破部门利益的藩篱，坚决突破制约市场活力的机制弊端，对宏观管理部门的权责进行了大幅度的优化和调整。如减少了国家发展和改革委员会、财政部等的微观管理事务和具体审批事项。

二、改革开放以来中国政府机构改革发展与问题

改革开放以来，国务院总共进行了 8 次大的中央政府机构改革，总体上

看，改革的目标是明确的，措施是得力的，成效也是显著的，基本上适应了社会主义市场经济的发展要求，得到了当时社会各界的认可。比如 2003 年机构改革，国家统计局中国经济景气监测中心的一项调查显示，八成城市居民认为中国机构改革基本成功。这次改革使包括国务院系统的机关工作人员减少一半，人员、机构的精减（简），促进了政府工作效率的提高。但是机构改革总是会受到当时人们的认识程度、社会条件等各种因素的制约，表现出历史的局限性，出现了一些改革成果没有得到巩固、改革措施执行不力，甚至偏离改革目标的现象，这些问题只有在进一步的深化改革和发展中才能得以解决。

改革开放以来的八次机构改革取得了显著的成就，也存在一些问题（见表 2-1）。

（一）改革开放以来 8 次机构改革的成就

为适应社会主义市场经济体制建设的需要，改革开放以来进行了 8 次政府机构改革，取得了重要进展和成就。

1. 建立了适应市场经济体制发展需要的机构配置，职能转变取得较大成就

从 1987 年政府机构改革提出以转变职能为核心后，历次机构改革都强调和强化这个中心，尤其是 1992 年提出建立社会主义市场经济体制的改革目标后，我国的体制转轨特色决定了我国的机构改革重点是改革专业经济管理部门，有 6 次机构改革都着重撤销适应计划经济体制的专业经济管理部门。到目前为止，改革专业经济管理部门的目标基本完成。机构改革的总体方向是促进传统政府职能的变化，从实质上改变高度集权的政府管理模式，减少行政机构的设置。前 4 次较大的机构改革逐步体现对传统管理体制、管理方式、管理职能的变革要求，根本目的是要改变政府与市场的关系，以及由此主导的政府与企业部门、事业部门、社会的关系。2003 年机构改革基本上改变了传统计划经济体制下形成的政府机构设置的格局和模式；2008 年改革又加强了社会管理和公共服务部门建设，改革组建“大工业”和“大交通”部门；2013 年的改革实行铁路政企分开，将药监局和食品安全委员会合并为国家食品药品监督管理总局。大部制改革的新方向标志着与社会主义市场经济体制相适应的行政机构设置的格局和模式正在逐步形成。党的十九大报告适应新时代发展的要求，以加强党的全面领导为统领，以国家治理体系和治理能力现代

表 2-1　改革开放以来的 8 次机构改革比较分析①

	改革目标	改革原则	改革任务	改革后取得的成效	改革后存在的问题
1982 年机构改革	把国务院建设成为机构精干、工作效能高、密切联系群众、很少官僚习气的政权组织	适应社会主义现代化建设新时期的特点和工作要求；有利于克服官僚主义、提高办事效率	明确各部门及其所属单位的任务与职责范围，理顺关系，精简机构；选贤任能，配备和建设好领导班子；认真安排老干部；加强干部轮换培训，提高干部队伍素质	提高政府工作效率，实行干部年轻化；国务院各部委、直属机构、办事机构从 100 个减为 61 个，国务院各部门从原来的 5.1 万人减为 3 万人，部委平均年龄由 64 岁降到 60 岁，局级平均年龄由 58 岁降到 54 岁	政府机构和人员都没有真正减下来。没有触动高度集中的计划经济管理体制，没有实现政府职能的转变
1988 年机构改革	建设具有中国特色的功能齐全、结构合理、运转协调、灵活高效的行政管理体系	转变职能，精干机构、精减人员，提高行政效率，克服官僚主义，逐步理顺政府同企事业单位人民团体的关系、政府各部门之间的关系以及中央政府同地方政府的关系	理顺关系、转变职能，精干机构、精减人员，提高行政效率，克服官僚主义，增强机构活力	国务院在调整和减少工业专业经济管理部门方面取得了进展，直属机构从 22 个减为 19 个，非常设机构从 75 个减到 44 个，部委内司局机构减少 20%。国务院人员编制比原来减少了 9700 多人	政府职能转变没有取得实质进展，由于经济过热，一些综合部门和专业部门继续沿用行政命令和直接管理的手段，精简的机构很快又膨胀起来
1993 年机构改革	在推进经济体制改革、建立市场经济的同时，建立起有中国特色的、适应社会主义市场经济体制的行政管理体制	适应建立社会主义市场经济体制的要求，按照政企职责分开和精简、统一、效能的原则，转变职能，理顺关系，精兵简政，提高效率	转变职能，理顺关系，精兵简政，提高效率，重点是转变职能	首次提出政府机构改革的目的是适应建设社会主义市场经济体制的需要，实行了中纪委机关和监察部合署办公，进一步理顺了纪检监察与行政监察的关系，国务院组成部门设置 41 个，加上直属机构、办事机构 18 个，共 59 个，比原有的 86 个减少了 27 个，人员减少 20%	工业经济专业部门合并、撤销的少，保留、增加的多。政企分开没有到位，出现了许多“翻牌公司”，机构随后又膨胀起来

① 根据历次国务院机构改革方案及其说明等有关材料整理而成。

续表

	改革目标	改革原则	改革任务	改革后取得的成效	改革后存在的问题
1998 年机构改革	建立办事高效、运转协调、行为规范的政府行政管理体系，完善国家公务员制度，建设高素质的专业化行政管理队伍，逐步建立适应社会主义市场经济体制的有中国特色的政府行政管理体制	按照社会主义市场经济的要求，转变政府职能，实现政企分开；按照精简、统一、效能的原则，调整政府组织结构，实行精兵简政；按照权责一致的原则，调整政府部门的职责权限，明确划分部门之间职责分工，完善行政运行机制；按照依法治国、依法行政的要求，加强行政体系的法制建设	围绕推进社会主义市场经济发展，尽快结束专业经济部门直接管理企业的体制，撤销工业专业经济部门，消除政企不分的组织基础	政府职能转变有了重大进展，其突出体现是撤销了几乎所有的工业专业经济部门，消除了政企不分的组织堡垒，改革后除国务院办公厅外，国务院组成部门由原有的 40 个减少到 29 个。截至 2002 年 6 月，经过四年半的机构改革，全国各级党政群机关共精减行政编制 115 万名	行政机构改革依然带有很强的应急性，体现出单纯的人员精减痕迹，国务院行政机构改革的人员分流存在欠缺，行政机构改革在规范政企关系、转变政府职能、培育中介组织、转移政府职能等方面还存在很大问题
2003 年机构改革	逐步形成行为规范、运转协调、公正透明、廉洁高效的行政管理体制	进一步转变政府职能，改进管理方式，推行电子政务，提高行政效率，降低行政成本	深化国有资产管理体制改革，完善宏观调控体系，健全金融监管体制，继续推进流通体制改革，加强食品安全和安全生产监管体制建设	进一步转变政府职能。建立国资委，深化国有资产管理体制改革；建立银监会，建立监管体制；组建商务部，推进流通体制改革；组建国家食品药品监督管理局，调整国家安全生产监督管理局为国家直属机构，加强食品药品安全与安全生产监管	没有对政府机构人员精减提出具体的数量指标，导致了部门不变，但是司局处室的增多和膨胀，职责交叉依然严重
2008 年机构改革	到 2020 年建立起比较完善的中国特色社会主义行政管理体制	按照精简、统一、效能的原则和决策权、执行权、监督权既相互制约又相互协调的要求，着力优化组织结构，规范机构设置，完善运行机制，为全面建设小康社会提供组织保障	围绕转变政府职能和理顺部门职责关系，探索实行职能有机统一的大部门体制，合理配置宏观调控部门职能，加强能源环境管理机构建设，整合完善工业和信息化、交通运输行业管理体制，以改善民生为重点加强与整合社会管理和公共服务部门	一是加强和改善宏观调控，促进科学发展；二是着眼于保障和改善民生，加强社会管理和公共服务；三是按照探索职能有机统一的大部门体制要求，对一些职能相近的部门进行整合，实行综合设置，理顺部门职责关系。国务院改革涉及调整变动的机构共 15 个，正部级机构减少 4 个，撤销 6 个部门，新增 5 个部门，正部级机构减少 4 个	部门整合依然不够到位，职能交叉仍然存在，政府职能依然需要深入转变，对大部门的权力监督亟待加强

续表

	改革目标	改革原则	改革任务	改革后取得的成效	改革后存在的问题
2013 年机构改革	贯彻党的十八大关于建立中国特色社会主义行政体制目标的要求，以职能转变为核心，继续简政放权、推进机构改革、完善制度机制、提高行政效能，稳步推进大部门制改革	坚持人民主体地位，最广泛地动员和组织人民依法管理国家事务和社会事务、管理经济和文化事业；坚持解放和发展社会生产力，激发市场和社会活力；坚持精简、统一、效能原则，优化机构设置和职能配置；坚持创新制度机制和管理方式，提高政府管理服务能力；坚持强化对行政权力的制约监督，确保政府按照法定权限和程序履行职责；坚持从我国现阶段实际情况出发，与经济社会发展和改革开放进程相适应	围绕转变职能和理顺职责关系，稳步推进大部门制改革，实行铁路政企分开，整合加强卫生和计划生育、食品药品、新闻出版和广播电影电视、海洋、能源管理机构	国务院正部级机构减少 4 个，其中组成部门减少 2 个，副部级机构增减相抵数量不变。改革后，除国务院办公厅外，国务院设置组成部门 25 个	本次机构改革与以往的几次机构改革一样，没有涉及如何对机构改革和职能转变实施情况进行监督的内容
2018 年机构改革	以习近平新时代中国特色社会主义思想为指导，深化党和国家机构改革，推进国家治理体系和治理能力现代化	坚持党的全面领导，党的全面领导是深化党和国家机构改革的根本保证；坚持以人民为中心；坚持优化协同高效，国家机构设置要科学、职能设置要优化、运行要高效；坚持全面依法治国，在法治下推进改革，并通过改革加强法治工作	此次机构改革着眼于转变政府职能，坚决破除制约使市场在资源配置中起决定性作用、更好发挥政府作用的体制机制弊端。加强和完善政府经济调节、市场监管、社会管理、公共服务、生态环境保护职能。构建起职责明确、依法行政的政府治理体系，提高政府执行力，建设人民满意的服务型政府	此次机构改革优化了国务院机构设置和职能配置，理顺了职责关系。改革后，国务院正部级机构减少 8 个，副部级机构减少 7 个。通过改革，国务院机构设置更加符合实际、科学合理、更有效率，必将为全面贯彻落实党的十九大部署的各项任务提供有力组织保障	

化为导向，以优化、协同、高效为着力点，转变政府职能，推进重点领域和关键环节的机构职能调整优化，着力构建职责明确、依法行政的政府治理体系，增强政府公信力和执行力，加快建设人民满意的服务型政府。

2. 政府机构精简取得阶段性成果，政府部门编制法制化有了明显进展

每次改革后机构精简都能取得一定的效果，但是随后因为各种因素又会发生膨胀，陷入一个“怪圈”。为规范国务院机构编制管理，1997 年，国务院根据《宪法》和《国务院组织法》制定颁布了《国务院行政机构设置和编制管理条例》，各级政府部门普遍实行“定职能、定机构、定编制”的三定方案，政府机构职能交叉的状况有所改进，政企分开、政事分开有了明显进步。

国务院 8 次机构改革机构设置比较见表 2-2。

表 2-2　国务院 8 次机构改革机构设置比较一览表①　　单位：个

	1982 年		1988 年		1993 年		1998 年		2003 年		2008 年		2013 年		2018 年	
	前	后	前	后	前	后	前	后	前	后	前	后	前	后	前	后
部委机构	52	43	45	41	42	41	40	29	29	28	28	27	27	25	25	27
直属机构	43	15	22	19	19	13	13	17	17	18	18	15	15	16	16	10
办公机构	5	2	4	7	9	5	5	6	6	4	4	4	4	4	4	2
办公厅		1	1	1	1	1	1	1	1	1	1	1	1	1	1	1
国家局				15	15	15	14	19	19	10	10	16	16	16	16	16
总数	100	61	72	73	86	75	73	72	72	61	61	63	63	62	62	56

3. 政府的市场监管和公共服务职能逐步强化、治理能力逐步提升

从 1993 年以来，国务院机构改革的指导思想都强调坚持政企分开，遵循精简、统一、效能和依法行政的原则，进一步转变政府职能，调整和完善政府机构设置，理顺政府部门职能分工，提高政府管理水平，形成行为规范、运转协调、公正透明、廉洁高效的行政管理体制。为了适应政府职能转变的需要，必须加强政府的宏观调控和公共服务职能，为此历次机构改革都着重撤销专业经济管理部门，2003 年机构改革以来，更是加大了行业监管和公共服务的改革力度。通过改革进一步转换政府职能，加强政府对有关行业的监管力度，凸显政府管理的专业化特色。2003 年机构改革的重点是国有资产管理、宏观调控、金融监管、流通管理、食品和安全生产监管，突出了政府管

① 根据历次机构改革方案及其说明等有关资料整理而成。

理的专业化特点，体现了专业、专物、专责的原则，表明政府管理正在从审批管制型向专业服务型转变。监管力度的加大和政府管理专业化色彩转浓，主要表现为国有资产监督管理委员会和中国银行业监督管理委员会的设立。为了进一步淡化经济工作的计划色彩，2003 年机构改革将国家发展计划委员会改组为国家发展和改革委员会，其主要目标就是完善宏观调控体系，减少部门职能交叉重复，提高工作效率。为了进一步适应流通体制改革的需要，以及建立统一、开放、竞争、有序的现代市场体系的要求，2003 年机构改革撤销了国家经济贸易委员会、对外经济贸易合作部，组建了商务部，其目标不仅是扫除商品流通的壁垒，解决国内外两个市场分割的矛盾，加强国内市场秩序的监管，还可以为政府引导企业走向世界创造更好的外部环境，促进中国尽快融入世界经济发展的潮流。

2008 年机构改革，为了加强社会管理和公共服务职能，国务院新组建了工业和信息化部、交通运输部、人力资源和社会保障部、环境保护部、住房和城乡建设部。其目的就是要加强和改善宏观调控，促进科学发展；着眼于保障和改善民生，加强社会管理和公共服务；按照探索职能有机统一的大部门体制要求，对一些职能相近的部门进行整合，实行综合设置，理顺部门职责关系。2013 年机构改革按照探索职能有机统一的大部门体制要求，对职能相近的部门进行整合。如铁道部与交通运输部整合、卫生部与人口和计划生育委员会整合。综观 8 次机构改革，政府机构正在强化其市场监管和公共服务职能，以公共服务为主要职能的社会建设部门系统性的整合趋势更为突出，试图通过大部制改革来改善公共服务的效能。2018 年机构改革，着眼于提升国家治理能力现代化水平，对党中央机构、国务院机构、人大机构、群团机构、地方机构等进行了全面的改革，尤其强化了行政执法体制改革。

（二）改革开放以来 8 次机构改革存在的不足

从整体上和长远来看，历次机构改革可以说都是不彻底的。为什么机构改革一直不能完全达到预期目的，以致总是在困惑中艰难地行进呢？原因很复杂，主要还是观念上的偏差失误、目标上的急功近利和方法上的简单粗糙。每次都把机构改革看成机构和人员数量的增减，看成机构的重组和分合，而对如何从制度上来遏制机构和人员的经常性膨胀这样一个根本性的问题却认识不足。因而每次机构改革，主要是权力在各级政府和部门之间上下左右移动，而行政机构的管理职能和施政方式，以及干部人事制度等都没有得到根本性的改革。由于上述主要原因，机构改革总是没有跳出一些研究者所概括的机构“精简—膨胀—再精简—再膨胀”、职能“分开—合并—再分开—再合并”、权力“上收—下放—再上收—再下放”这样几个怪圈。回顾以往的历次行政机构改革，普遍形态或者说主要内容就是机构的合并与削减，衡量每次行政机构改革成效的大小时往往把削减机构的数量和人员作为重要的指标。2003 年机构改革开始一改往日的改革思路，不再把重点放在机构数量的合并与削减上，而是放在行政职能结构和组织结构的调整上。今天我们再来回顾几次机构改革，不能只看减了多少机构，分流了多少人员，而是看政府职能是不是适应我国政治经济社会发展的需要，行政机构是不是合理，行政行为是不是规范高效。由于我国历次政府机构改革都带有一定的过渡性，现行的政府机构仍不能适应发展社会主义市场经济的要求和加入世贸组织的需要，与建设社会主义民主政治和法治国家的要求还有很大的距离。

1. 一些领域党政机构设置重叠、职责交叉、权责脱节还比较突出

当前存在着党对政务工作的全面领导不够深入和政府机构的执行力不够坚决有效的问题，需要“建立健全党对重大工作的领导体制机制，加强和优化党对深化改革、依法治国、经济、农业农村、纪检监察、组织、宣传、思想文化、国家安全、政法、统战、民族宗教、教育、科技、网信、外交、审计等工作的领导，才能保证党中央令行禁止和工作高效”。为此，要进一步统筹设置党政机构，准确定位、合理分工、增强合力。政府部门在党的统一领导下要各就其位、各司其职、各尽其责、有序协同。有的党政机构职能相近、职责雷同、工作重合。有的机构有权却无责，不管事，但有权力；而有的机构有责却无权，管事，但无权力。这就有必要对党的有关机构与职能相近、联系紧密的其他部门进行统筹设置，实行合并设立或合署办公，使权责一致，有权就有责，更好地整合优化力量和资源，发挥综合效益。①

2. 机构改革后，大量政府规章有待修改完善

机构改革所涉及的政府规章规定着行政机关的职责和工作的履行方式。为保证过渡期间行政机关履职的合法性，全国人大常委会、国务院已经相继出台文件对机构改革涉及的法律、行政法规，以及省级地方性法规规定的行政机关职责调整进行统一规定，但是，省政府各机构的职责并非全都由法律、

① 许耀桐．中国政府机构改革 40 年来的发展［J］．行政论坛，2018（6）．

法规规定，在部分省政府规章中也有规定，这就涉及机构改革中由省政府规章规定的行政机关职责调整问题。因此，省政府作为规章制定主体，有必要及时出台统一调整规定。从维护法制统一和保障过渡阶段职责调整平稳有序的角度出发，要明确由组建后的行政机关或划入职责的行政机关承担职责和工作的，统一调整适用有关政府规章规定。在相关职责尚未调整到位之前，应当继续执行现行的政府规章规定，由原机关继续承担该项职责和工作。

3. 机构编制立法滞后，法定化程度依然不足

我国关于政府职能转变、行政管理体制改革和政府机构改革的法治化是历次机构改革的薄弱环节。40 多年来，我国政府的职能和机构设置已发生了巨大变化，现行的《国务院组织法》是 1982 年颁布实施的，现在看明显已不适应当前发展的需要。此外，机构改革后政府职能机构设置不稳定，职能转变中分开的部门在下一次改革后又重新合并在一起；改革中被裁减的职能部门可能在新一轮改革后又重新设置。其根源在于缺少一系列比较健全规范的行政机构改革过程，以及保证行政机构改革成果的法律规范，造成了机构改革容易周而复始，流于形式。可见，行政机构改革要在调整职能、合并机构、分流人员的基础上，进一步完善组织立法，确保机构的设立、变更、撤销都必须履行法律程序，真正实现机构设置、职能、编制和工作程序的法定化。

三、政府机构改革现代化的思考

为了适应经济社会发展的新形势，必须进一步深化政府机构改革，重点解决政府职能配置与机构设置中存在的问题。①

（一）进一步完善大部制改革，确保责权利一致

从目前世界各国的现代社会治理的经验来看，具体承担社会管理和公共管理职能的政府机构一般比较庞大。以美国为例，这类型的政府部门机构大大小小约有 3000 个，它们一般按照国家相应的法律法规和公共政策独立运转，并接受来自政府内部、社会公众和立法机构的监督。② 我国的社会管理和公共服务部门相对于宏观经济管理、市场监管部门而言，在机构设置、职能

① 李军鹏．政府机构改革要解决六大问题［N］．学习时报，2007-08-28（400）．

② 竹立家．“大部制”与政府机构改革［J］．中国党政干部论坛，2013（4）．

配置和人员编制上都比较薄弱，出现了“缺位”或“不到位”的现象。

新时代为了推进国家治理体系和治理能力现代化，必须深化行政体制改革。由于利益关联，政府机构容易表现出对被监管对象的“溺爱”以及被利益集团“俘获”。大部制改革可以明确责任、减少冗员，但是权力集中和利益集中也容易导致利益固化。改革必须考虑到利益集团的因素，防止出现管制俘获以及部门利益绑架社会福利。大部制不是机构越少越好，关键是要确保决策咨询机构和监督机构独立性，再造信息和资源传送流程，从而提高行政效率。要实现这些改革目标，必须加强党的垂直领导，完善监察体制，此外，还可以通过培育社会中介、购买社会服务、提高内部竞争等手段实现这一目标。①

（二）精简机构，强化监管，实现政府部门“瘦身”

总体来看，我国的一些政府部门仍然存在着管了不该管、管不了也管不好的事情的现状，政府直接干预微观经济活动的现象依然存在，行政许可和审批事项仍然过多，弱化了市场的调节功能。有的综合管理部门既管宏观，又管微观，且对微观管理兴趣浓厚，热衷于批钱、批项目。针对这种情况，需要对一些越位、错位行使职能的政府机构或相应内设机构予以撤销或弱化。坚持发挥市场配置资源的基础性作用，凡是公民、法人和其他组织能够自主解决的事项，凡是市场机制能够自行调节的事项，凡是行业组织通过自律能够解决的事项，除法律有规定的外，行政机关不应干预。政府要逐步退出微观经济领域，将更多事项交由市场调整。如行业标准的制定、市场信息统计、举办展会、职业培训、培育大型零售企业与大型批发市场等事务，不应再作为政府部门的职能。宏观调控部门要重点搞好宏观规划、政策制定及监督管理，切实减少微观管理和具体的审批事项，实现从“项目管理”向“规划管理”、从直接管理向间接管理转变。

同时要进一步精简和规范议事协调机构及其办事机构。该撤销的坚决撤销，任务交给职能部门承担。今后要严格控制议事协调机构设置，涉及跨部门的事项，由主办部门牵头协调；确需设立的，必须严格按规定程序审批，一般不设实体办事机构。机构精简，政府责任不能精简，在大部制改革中还需要着力解决市场监管体制问题。我国市场监管部门过多，多头执法、交叉

---

① 周彬．部门利益、管制俘获和大部制改革：政府机构改革的背景、约束和逻辑［J］．河南大学学报（社会科学版），2018（6）．

执法的问题非常突出。例如，对食品的监督管理，目前是农业部门负责初级农产品生产环节的监管，质检部门负责食品生产加工环节的监督，工商行政管理部门负责食品流通环节的监管，卫生部门负责餐饮业和食堂等消费环节的监管，食品药品监管部门负责对食品安全的综合监督、组织协调和依法查处重大事故。地方政府因机构设置不同，涉及食品监管的部门更多，有的省涉及十几个部门，有的省会城市涉及二十几个部门。这种分段监管体制，不仅造成部门职责交叉，提高了监管成本，而且降低了监管效能，直接影响到人民群众的生命财产安全。为了从根本上完善市场监管体制，必须按照市场统一、开放、竞争的要求，将现行涉及市场监管的有关机构整合起来，统一行使市场监管职能，以实现监督的统一、公正和有效。①

（三）加强机构改革的法治化，强化对地方政府的监督

进一步深化机构改革，要做到改革和立法的相统一、相促进。运用法治思维来推动政府机构的改革，发挥法治在改革中的引领、推动和保障的作用。要统筹各类机构的设置，依法理顺机构改革涉及的职责关系；要统筹使用各类编制资源，制定编制法；要完善国家机构组织法，为新组织的机构提供法律依据。②“尽管改革与法治建设在思维路径上存在矛盾，但在现实社会中，改革需要与法治并行，用法治方式推进改革、凝聚改革的共识不可或缺。”③

治理的过程大多被概念化为法律和正式权威的行使，并对大多数的组织系统起到了良好的促进作用，治理现代化要求治理主体逐渐减少对控制工具的依赖，通过加强监督调动多方参与。地方政府是否因不精简机构行为而被查处主要取决于政府监督体制。我国政府监督体制虽然形成了多元体系，但这种体系在运行过程中存在着严重问题，突出表现为政府监督体制中存在“缺位”“越位”和“空位”等现象，规避了地方政府因不精简机构而被查处的风险；同时增加了中央政府惩罚地方政府不精简机构行为所花费的成本，弱化了中央政府惩罚的动机。实际上历次党政机构改革的反弹就是因为监督不力。因此必须强化党政机构运作中，对政府、市场的监督中，社会公众的自发参与积极性的制度化引导，在法律法规上对居民进行社会增权与心理增权。通过创建相关的规章制度，规范与约束政府行使公权力以及市场主体的

---

① 高小平，沈荣华．推进行政管理体制改革：回顾总结与前瞻思路［J］．中国行政管理，2006（1）．

② 马怀德．运用法治方式推进党和国家机构改革［J］．中国党政干部论坛，2018（5）．

③ 陈金钊．对“以法治方式推进改革”的解读［J］．河北法学，2014（2）．

行为；通过设置清楚的标准，判断行为主体的行为是否违规；通过明确划分不同行为主体的职责与权限，接受这套法制制度安排的约束，认定行为主体所需要担负的责任以及对受害者的赔偿等，是保护机构改革成果的关键。

比如 2018 年机构改革中的行政执法体制建设就是一个亮点。我国市场监管部门人员复杂，甚至存在多头执法，出现严重的交叉执法等。就食品监督管理来看，现阶段农业部门主要监管生产环节，质检部门监督生产加工环节，工商行政管理部门监督流通环节，卫生部门监督消费，食品药品监管部门负责对食品安全的综合监督，并严格按照我国法律法规来处理重大事故。地方政府组织以分段监管机制为主，导致各部门职责不明确，甚至监管成本上升，也无法履行好自身的监管职能，导致人民群众的生命财产安全无法得到保障。为了加大监管力度，首先要按照市场公开要求，将现行涉及市场监管的有关机构整合起来，履行好监管职能，提高监督效率。因此由国家工商行政管理总局、国家质量监督检验检疫总局、国家食品药品监督管理总局改组而成的国家市场监督管理总局就是法治化较好的例子。①

① 唐任伍，等．中国政府机构改革：元问题、元动力、元治理［J］．中国行政管理，2018（11）．

第三章
治理体制现代化关键：政府人力资源管理

中组部、人社部印发《事业单位工作人员奖励规定》

日前，中组部、人社部印发《事业单位工作人员奖励规定》（以下简称《奖励规定》），对事业单位工作人员奖励工作的基本原则、条件种类、权限程序、实施要求等做出规定，为激励广大事业单位工作人员担当作为、干事创业，加强高素质专业化事业单位队伍建设提供了制度支撑。

《奖励规定》深入贯彻习近平新时代中国特色社会主义思想和党的十九大精神，贯彻落实新时代党的组织路线，以《事业单位人事管理条例》等法律法规为依据，把握事业单位特点，规范奖励工作，丰富奖励形式，发挥正向激励作用，建立了导向鲜明、科学规范、有效管用的事业单位工作人员奖励制度，作为《事业单位人事管理条例》的配套政策法规文件，是新时代事业单位工作人员奖励工作的基本遵循。

《奖励规定》坚持党管干部、党管人才，坚持德才兼备、以德为先，坚持事业为上、突出业绩贡献，坚持公开公平公正、严格标准程序，坚持精神奖励与物质奖励相结合、以精神奖励为主，坚持定期奖励与及时奖励相结合、以定期奖励为主，致力于服务经济社会发展，充分调动事业单位工作人员积极性、主动性、创造性，体现了时代性、导向性、实效性。

《奖励规定》要求按照分级分类原则组织实施奖励工作，将事业单位人事综合管理部门和事业单位、主管机关（部门）以及有关行业主管部门都列入奖励实施责任主体范围，明确划分奖励权限、规定奖励程序，注意落实和保障事业单位的自主权。

——新华社北京 2018 年 12 月 23 日电

“为政之要，唯在得人。”[①] 全球人力资本大师舒尔茨也指出：“人类的未来不取决于空间、能源和耕地，它将取决于人类智力的开发。”越来越多的实例证明，综合国力的竞争就是人才的竞争。纵观诸多国家的现代化过程，总是谁拥有了人才优势，谁就占据了竞争的制高点。政府部门作为社会公共部门，同样面临着人才竞争的压力。政府部门如何加强和改进人力资源管理工作，形成育才、聚才、用才的科学机制，培养和造就一大批高素质、创新型，善于治党、治国、治军的党政人才和各方面人才，对于中国特色社会主义事业的发展，对于增强党的执政能力、提高政府执行力和公信力、建设创新型国家具有决定性的意义。

一、政府人力资源管理概述

（一）政府人力资源管理的概念和内容

政府人力资源管理，也可以称为政府部门人力资源管理，是整个国家人力资源管理系统的一部分。与企业人力资源管理不同，政府人力资源管理是指以国家行政组织单位人力资源（主要指公务员）为主要分析对象，研究政府管理机关以社会公正和工作效率为目的，依据法律规定对其所属的人力资源进行规划、录用，以及培训、开发、保障等管理活动过程的总和。[②] 其目的是吸引优秀人才进入政府部门工作，提高公务员素质，激励公务员更好地投入工作，提高工作效率，留住符合需要的公务员，从而充分、科学、合理、有效地发挥政府部门人力资源在行使国家行政权力、管理国家和社会事务过程中，对社会进步和经济发展的积极作用。

政府部门人力资源管理有着不同于其他组织人力资源管理的任务。美国学者罗纳德·克林格勒和约翰·纳尔班迪将公共人力资源管理（包括政府人力资源管理和第三部门人力资源管理）的功能和内容概括为四个方面：人力资源规划，主要指人力资源管理的计划，包括工作分析、职位分类、工资薪酬的准备等；人力资源获取，是指招募、录用雇员等；人力资源开发，主要指为提高知识、技能与能力，对雇员进行培训、评估等；纪律与惩戒，主要指确立雇员与雇主之间的权利、义务关系，以及各种惩罚规定与雇员申诉的

① 《贞观政要·崇儒》。

② 杨钰．政府人力资源管理研究综述与展望［J］．甘肃行政学院学报，2004（3）．

途径等。当然，这是美国公共部门人力资源管理的内容。结合我国的实际情况，我国的政府人力资源管理的内容可以概括为：人力资源规划，包括工作分析、职位分类等；人力资源的获取，主要包括公务员的甄选、录用和配置；人力资源的保留与开发，主要包括公务员的工资、薪酬、绩效管理、培训等，提高公务员的素质，使其进一步发挥自身的潜能。

（二）政府人力资源管理的特点

政府部门的人力资源管理和企业的人力资源管理有着本质的不同，其原因是政府部门的公务员是公共权力的行使者，有着企业人力资源所没有的优势，因此政府部门的人力资源管理体现出自己的特点：[①]

（1）主体的权威性。从大的方面来看，人力资源管理系统可以划分为企业人力资源管理、政府人力资源管理和第三部门人力资源管理系统，其依据就是主体不同。政府人力资源管理与一般组织人力资源管理的根本不同即在于其主体是政府组织。与其他社会组织相比，政府组织是拥有一定国家权力的公共部门，同时还具有合法使用强制力的地位和权威，正因如此，政府人力资源管理具有权威性的特点。

（2）目的的公益性。企业人力资源管理的最终目的是发挥人力资源的最大创造性价值，为企业带来最大的经济利益。政府组织是纯粹的公共部门，政府组织所拥有的权力是人民授予的，因此，它所追求的利益只是一种公共利益，是属于全体人民的公共利益，不能谋求自身的特殊利益。

（3）体系的复杂性。政府这个主体的特殊性，使得政府部门人力资源管理具有其他部门难以比拟的复杂性。政府部门是一个横向部门分化、纵向层级节制的庞大的组织体系。这样一个体系又是按照完整统一的组织原则建立起来的，它意味着组织必须目标统一、领导指挥统一和机构设置统一。因此，在具体的中央和地方的人事管理权限的划分上，就形成了一项复杂的系统工程，而这必将导致政府人力资源管理的复杂性。

（4）运行的法治性。依法治国的关键是依法行政，而作为对依法行政的主体——公务员和其他行政工作人员进行管理的政府人力资源管理，也是依照法律进行的。一方面，政府人力资源管理机构的设立是在法律规定的范围内进行的；另一方面，政府人力资源管理过程是依照法律规定进行的，如人

① 俞德贵．我国政府部门人力资源管理研究［D］．安徽大学硕士学位论文，2005.

力资源的规划、获取，主要是指公务员的录用；政府人力资源的开发，主要指公务员的培训等都是按照《中华人民共和国公务员法》等其他相关法律法规进行的。可以看出，政府人力资源管理必然需要法治化。

二、改革开放以来中国政府人力资源管理发展与问题

随着新公共管理理论中的管理主义的兴起，政府更加主张引用市场机制来完善组织结构，提高行政效率。管理主义主张政府部门借用私营部门的管理理论、模式、原则、方法和技术来达到重塑政府的目的，从而大幅度精减人员和提高效率。但是借用企业和私营部门的管理方式又不能照抄照搬，因为企业和政府存在着本质不同：一是政府领导者与企业领导者的行为动机不同。企业主要行为动机是获得利润；而政府领导者的行为动机则是谋取升迁或者连任。二是政府与企业的主要收入来源和方式不同。企业的大部分收入来自其顾客；而政府的大部分收入则来自其纳税人。三是政府与企业的动力不同。政府的动力往往来自种种垄断，而企业的动力则通常来自竞争。四是政府部门与企业组织对其成员的考核标准不同。政府部门对其成员进行考核的一条根本标准是看其是否能讨好当选的政客；而企业组织对其成员进行考核的根本标准则是看其是否能够售出产品或获得利润。[①] 因此，组织目标不同决定了政府组织结构和企业组织结构的管理方式差异，但在人力资源管理上却有诸多共通之处。传统人事管理制度存在诸多弊端：一是公务员队伍中部分人素质不高，活力不足；二是政府公务员价值趋向偏颇，“官本位”思想依然存在；三是公务员评价机制、选任机制和退出机制、培训机制等尚存问题。[②]

正是政府部门面临的困境、公众对政府期望的提高、私营部门的管理革新对公共部门的压力，使得政府部门必须革新传统人事管理制度，促进政府人力资源制度的现代化。1978 年开始的改革开放，正逢新公共管理兴起，中国政府从改革传统的人事管理制度入手，以建设国家公务员制度为主线，以政府雇员制为补充，通过引入企业人力资源管理的创新理论和工具，逐步促进了中国政府人力资源管理制度的现代化。

---

① 戴维·奥斯本，等．改革政府：企业精神如何改革着公营部门［M］．上海：上海译文出版社，1996：58.

② 韩严民．政府人力资源管理存在的问题及对策［J］．学术纵横，2007（5）.

改革开放以来，在经济体制改革不断深入的同时，改革过去“国家干部”这一缺乏科学分类、管理权限过于集中、管理方式陈旧单一的人事制度也被提上议事日程，公务员制度由此建立并不断发展。①

（一）我国公务员制度的建立和发展

我国公务员制度的建立经历了四个阶段：②

1. 人事制度改革的酝酿和探索阶段（1980—1986 年）

党的十一届三中全会公报明确提出，要“加强管理机构和管理人员的权限和责任，减少会议公文，提高工作效率，认真实行考核、奖惩、升降等制度”。此后邓小平同志多次提出要改革传统的干部人事制度。1980 年 8 月，邓小平同志在《党和国家领导制度的改革》讲话中提出：“坚决解放思想，克服重重障碍，打破老框框，勇于改革不合时宜的组织制度、人事制度。”并明确提出：“关键是要健全干部的选举、招考、任免、考核、弹劾、轮换制度，对各级领导干部（包括选举产生、委任和聘用的）职务的任期，以及离休、退休，要按照不同情况，做出适当的、明确的规定。”1982 年、1983 年，从中央到地方、从党政机关到企事业单位，对人事制度改革进行了许多有益的探索，中央和地方国家机关先后进行了机构改革，调整了各级领导班子，建立了老干部的离休、退休制度，开始废除实际上长期存在的领导职务终身制。与此同时，一些部门和地方在干部的录用、考核、交流、培训等方面进行了一系列改革。1984 年，党中央提出要制定《国家机关工作人员法》。从 1984 年 11 月开始，中组部和原劳动人事部组织力量着手进行相关法规研讨起草工作。在起草过程中，经研究认为国家机关工作人员范围太广，并认为制定法律条件还不成熟，决定改名为《国家行政机关工作人员条例》。经过两年努力，数易其稿，1986 年形成了《国家行政工作人员条例》草案，这就是《国家公务员暂行条例》的前身。

2. 建立公务员制度的决策和准备阶段（1986—1988 年）

1986 年 9 月党的十二届六中全会以后，党中央成立了政治体制改革研讨小组，该小组共设 7 个专题组，其中之一就是人事制度改革专题组。该专题组成立后，经过半年多研讨，于 1987 年 6 月提出了人事制度改革方案，建议

---

① 刘嘉林. 建立和推行国家公务员制度的背景、成就及展望［J］. 继续教育与人事，2003（8）.

② 阿喜. 我国公务员制度的建立和发展［J］. 华东政法学院学报，2005（2）.

建立公务员制度。同时人事制度改革专题组根据我国实际情况，借鉴国外公务员制度，对《国家行政机关工作人员条例》草案进行了重大修改，形成了《国家公务员暂行条例》草案，同人事制度改革专题研讨报告一起，向中央政治体制改革研讨小组做了汇报。

人事制度改革专题组的建议很快获得了党中央同意，并被写进党的十三大报告。1987 年 10 月党的十三大报告在分析了我国人事制度存在的一些重大缺陷后，明确提出："当前干部人事制度改革的重点，是建立国家公务员制度，即制定法律和规章，对政府中行使国家权力、执行国家公务的人员，依法进行科学管理。国家公务员分为政务和业务两类。政务类公务员，必须严格依照《宪法》和组织法进行管理，实行任期制，并接受社会的公开监督。党中央和地方各级党委，依照法定程序向人大推荐各级政务类公务员的候选人，监督管理政务类公务员中的共产党员。业务类按照国家公务员法进行管理，实行常任制。凡进入业务类公务员队伍，应当通过法定考试，公开竞争；他们的岗位职责有明确规范，对他们的考核按法定的标准和程序进行，他们的升降奖惩以工作实绩为主要依据；他们的训练、工资、福利和退休的权利由法律保障。"并明确提出："当前要抓紧制定国家公务员条例及相应配套措施，组建国家公务员管理机构，筹办国家行政学院。"还提出："在建立国家公务员制度的同时，还要按照党政分开、政企分开和管人与管事既紧密结合又合理制约的原则，对各类人员实行分类管理。主要有：党组织的领导人员和机关工作人员，由各级党委管理；国家权力机关、审判机关和检察机关的领导人员和工作人员，建立类似国家公务员的制度进行管理；群众团体的领导人员和工作人员、企事业单位的管理人员，原则上由所在组织或单位依照各自的章程或条例进行管理。"党的十三大报告为后来公务员制度的正式建立确定了基本原则和基本框架。

1988 年 4 月七届全国人大一次会议审议通过了《国务院机构改革方案》，决定组建人事部。时任国务委员宋平在《关于国务院机构改革方案的说明》中明确提出："为了适应党政职能分开和干部人事制度改革的要求，推行国家公务员制度，强化政府的人事管理职能，组建人事部。"人事部的成立，标志着我国公务员制度开始向实施阶段过渡。人事部成立后即着手建立公务员制度的准备工作，研究、制定了推行公务员制度的目标、步骤和实施方案，并组织力量对《国家公务员暂行条例（草案）》做了多次修改，在全国范围内征求意见。同时，着手组织起草有关公务员考试录用、考核、奖惩、职务升降、回避、纪律等一系列配套规定。

3. 公务员制度的试点和实施阶段（1989—2005 年）

人事部成立后，从 1989 年初开始组织公务员制度的试点工作，首先在国务院 6 个部门（审计署、海关总署、国家统计局、国家环保局、国家税务局、国家建材局）进行试点。1990 年，又在哈尔滨市和深圳市进行试点。在此期间，《国家公务员暂行条例（草案）》中的一些单项制度，如考试录用、人事考核、人员培训等也在全国范围内试行并取得了明显成效。在认真总结试点经验的基础上，1993 年 8 月 14 日，时任国务院总理李鹏正式签署颁布了《国家公务员暂行条例》，自 1993 年 10 月 1 日起施行。之后，国务院召开会议，对公务员制度的推行工作进行了部署，提出"争取用三年或更多一些时间在全国基本建立起公务员制度，然后再逐步加以完善"。同年 11 月，国务院又制定了《国家公务员制度实施方案》（国发〔1993〕78 号），对实施范围、实施步骤、实施方法、组织领导等都做出了明确安排。公务员制度的推行，采取了"整体推进、突出重点、分步到位"的方法，根据各项改革的难易程度和基础条件，针对人民群众关心的重点难点问题，一年一个突破口，逐步达到目标。到 1998 年底，国家公务员制度的入轨工作基本到位，有中国特色的社会主义公务员制度在中央和地方五级政权机关中基本建立。此后，又根据实践的发展，进一步健全完善了有关制度，比如，实行公开选拔、竞争上岗，建立自愿辞职、引咎辞职、责令辞职相结合的辞职制度，对部分专业性较强的领导职务实行聘任制等。

4. 公务员制度的创新发展阶段（2006 年至今）

2005 年 4 月 27 日，十届人大常委会第十五次会议通过了《中华人民共和国公务员法》，2006 年 1 月 1 日起正式施行。随着这部法律及其配套法规的实施，公务员以竞争上岗作为晋升方式的法律地位得以确立，干部选拔任用管理体制和选拔任用方式得到创新，党政领导干部职务任期制进一步巩固，干部监督制度建设不断加强，党政机关部分职务实行聘任制顺利开展，党政机关领导成员引咎辞职和责令辞职制度初步形成。2013 年，党的十八届三中全会对公务员管理提出新要求，强调以深化干部人事制度改革为动力，完善公务员制度，创新公务员的管理机制。并进一步推进公务员的分类管理改革：县以下机关建立公务员职务与职级并行、职级与待遇挂钩制度；出台专业技术类和行政执法类公务员分类管理的专门法规；完善司法人员分类管理、"入口”管理、惩戒机制等建设。[①] 回顾我国公务员制度的发展历程，可以发现，我国的公务员制度已经逐步摒弃传统人事制度的弊端，公务员制度的法律性框架已经初步形成，形成以《中华人民共和国公务员法》为主，多个单项法规和配套细则为辅的公务员管理法律法规体系。[②]

（二）我国公务员制度发展的成效

经过多年发展，公务员制度建设取得了显著成效。尤其是党的十八大以来，立足公务员管理职能职责，通过不断提升公务员队伍能力素质保障重大国家战略顺利实施，深入贯彻国家区域发展战略、京津冀协同发展战略和“十三五”脱贫攻坚战略部署。制定并实施公务员东西部对口培训计划，不断提升西部地区、东北老工业基地、边远民族地区公务员队伍在推动区域经济发展、特色产业开发、新农村和小城镇建设等方面的履职能力，为欠发达地区培训约 1 万名骨干公务员。出台《关于公务员管理工作更好服务于京津冀协同发展战略的实施意见》，加强京津冀地区公务员管理工作协作。会同国务院扶贫办设立“脱贫攻坚奖”，印发《关于开展行政机关公务员脱贫攻坚培训的意见》，提高公务员带领群众脱贫的能力水平。

1. 公务员管理迈上法治化轨道

《国家公务员暂行条例》颁布后，国务院又先后制定了公务员制度实施方案、工资改革方案等配套文件，人事部制定了公务员职位分类实施办法和公务员录用、考核、职务任免、职务升降、培训、奖励、轮岗、回避、辞职辞退、申诉控告等多个配套规章及办法，全国各地也根据各自的情况制定了一系列实施办法和细则，随着 2006 年《中华人民共和国公务员法》的实施及更多的单项法规的出台，公务员制度与法规规章体系初步形成。2018 年 12 月 29 日，十三届全国人大常委会第七次会议表决通过了新修订的《中华人民共和国公务员法》（以下简称《公务员法》），习近平主席签发第二十号主席令予以公布。《公务员法》的首次修订，标志着我国公务员管理法治化、规范化、科学化进入了新阶段，对于建设一支信念坚定、为民服务、勤政务实、敢于担当、清正廉洁的高素质专业化公务员队伍意义重大。

---

① 薛立强．着力推进干部人事制度的科学化、民主化、制度化——党的十八大以来干部人事制度改革的进展与成就［J］．理论与改革，2017（6）．

② 谢炜．公务员制度发展的渐进特征、平衡机理与创新路径——基于公务员法实施十年的回溯与思考［J］．社会科学，2016（5）．

2. 公务员制度各项机制运行良好

修订了的《公务员法》延续了原有《公务员法》确定的分类管理原则，延续了监督约束与激励保障并重的原则，对分类机制、更新机制、激励保障机制、监督机制四大公务员管理机制相关内容做了全面修订，确保了公务员制度各类机制的良好运行。

一是健全公平科学的“进入”机制，公务员队伍素质结构持续优化。坚持公开、平等、竞争、择优原则，坚持把考试录用作为主渠道。据统计，2009—2015 年，中央国家行政机关及其垂直管理系统连续面向社会公开招考，2009 年录用公务员 13 万多人、2010 年录用 18 万多人、2011 年录用 19 万多人、2012 年录用 18.8 万人、2013 年录用 20.4 万人、2014 年录用 20.24 万人、2015 年录用 19.4 万人。2013 年，中央公务员主管部门印发《公务员公开遴选办法（试行）》，公开遴选在全国范围内普遍推开，遴选人数逐年增长。截至 2016 年，中央机关共遴选 1300 余人，各省（区、市）机关共遴选 1.9 万余人，地市机关共遴选 2.7 万余人。通过公开遴选，既优化了上级领导机关公务员队伍结构，又畅通了基层公务员“上行”通道，形成了优秀人才到基层去、上级机关公务员从基层来的良性循环。

二是激励向上的管理机制普遍实行，“能进能出”的新陈代谢机制初步形成。中央全面深化改革领导小组审议通过《聘任制公务员管理规定（试行）》，进一步完善了选人用人制度。在职务晋升上，破除论资排辈，实行竞争上岗已成为用人部门选拔优秀人才的重要途径。实行考核制度，对公务员的“德、能、勤、绩、廉”进行评价，并将考核结果同奖惩、工资、职务升降、辞退等环节挂钩，“干多干少一个样，干好干坏一个样”的现象开始改变。近几年来，在考核中被评为优秀公务员的达 208 万人次，同时 4000 多名公务员因考核不称职而受到降职等处理。①

2016 年，中共中央办公厅、国务院办公厅印发了《专业技术类公务员管理规定（试行）》和《行政执法类公务员管理规定（试行）》，确立了专业技术类、行政执法类公务员各自单独的职务序列和管理制度，标志着中国特色的公务员分类管理制度框架构建迈出实质性步伐。

三是培训工作进一步加强。国务院办公厅先后印发了《“十二五”行政机关公务员培训纲要》《“十三五”行政机关公务员培训纲要》，对公务员培训

---

① 尹蔚民．公务员制度实施成就与发展展望［J］．党建研究，2003（8）．

工作进行部署。各地区各部门扎实开展公务员“四类培训”，其中初任培训参训率每年都达到100%，任职培训广泛开展，专门业务培训和在职培训不断加强，每年有500万名左右的公务员参加各类培训。扎实开展对口培训，为欠发达地区培训近1万名骨干公务员。[①]

3. 激励和监督机制进一步健全，公务员工作作风转变下能力显著提高

认真落实县以下机关公务员职务与职级并行制度，拓展基层公务员职业发展空间，提高基层公务员待遇水平，把中央对基层公务员的关心关爱落到实处。深入开展争做人民满意的公务员活动，积极创建“为民服务示范岗（单位）”，引导公务员牢固树立群众观点，自觉践行党的宗旨。5年来，评选表彰全国“人民满意的公务员”102名、“人民满意的公务员集体”100个，全国记三等功以上奖励的公务员达到56.9万人。通过选树典型、正面宣传，进一步形成了学先进、赶先进、做先进、讲贡献的生动局面。[②]

2016年6月，中央公务员主管部门印发《关于推进公务员职业道德建设工程的意见》，提出“坚定信念、忠于国家、服务人民、恪尽职守、依法办事、公正廉洁”的职业道德标准，为全面推进公务员队伍职业道德建设提供了基本依据。通过制度建设和队伍建设并进，公务员的工作作风开始转变，工作能力普遍提高。

在完善公务员年度考核制度的基础上，大力推进公务员平时考核。在试点先行的基础上，国家下发了深入开展平时考核试点办法，平时考核工作联系点稳步增加，在部分省（区、市）和中央国家机关推广，使从严管理公务员有了日常抓手。改进优秀等次的评定程序和方法，适当扩大考核激励面。将考核结果与治庸治懒、容错纠错、问责追责、推进干部能上能下等工作真正挂钩，促进了公务员的履职尽责、奋发有为。

（三）我国公务员制度发展存在的主要问题

我国在20世纪80年代中期确立了以官僚制为基础的公务员制度作为政府人事管理制度改革的目标，并于1993年10月1日起正式施行。经过二十多年运行，公务员制度体系逐步完善，公务员管理迈上规范化、法治化的轨道。但随着全球化向纵深发展，现行的公务员管理体制也暴露出一系列问题，主

①② 黄欢．从严管理锻造逐梦中坚：党的十八大以来公务员管理改革取得显著成效［N］．中国组织人事报，2017-08-14.

要表现在以下方面：①

1. 公务员选拔录用和退出机制还有待完善

我国公务员制度的运行机制特别是在更新机制上还存在着诸多问题。根据传统做法和有关规定，我国公务员选拔录用有多个入口。一是选任和委任，适用于各级政府组成人员；二是考任，适用于主任科员以下的人员；三是调任，即党、政、立法、司法、群团、国有企事业单位的国家工作人员可以通过一定的程序和办法相互交流。一般来说，世界各国公务员的录用只有两个入口：政务官是选任或委任，事务官是考任。我国之所以形成这种制度规定与我国是以公有制占主导地位的社会主义国家性质有关，也与延续战争期间的人员流动体制有关，这种制度尽管考虑到了具体国情，但是也带来一些问题。问题主要出在调任上。选任和委任主要通过组织法、国家权力机关来保证其素质要求，实现其身份的合法性；考试录用通过公开平等竞争性的考试来保证人员的素质和合法性。那么调任如何保障调任者的素质？《公务员法》的出台颁布，虽对考试录用、公开选拔、竞争上岗和部分职位聘任等改革措施进行了法律规范，但由于惯常环境的影响，仍有很多单位直接将事业单位的工作人员调到公务员岗位上。

公务员退出机制的不健全，造成了能上不能下，任职容易免职难的不规范用人现象。一方面加大了政府的用人成本，阻碍了政府行政效率的提高；另一方面由于出口不畅，无形中形成了公务员身份终身制的"潜"规则，只要不犯错误，即使能力一般也很少会被辞退，导致政府形象受损。竞争上岗的用人机制尚未做到法治化和制度化，而且范围仅仅局限于政府部门内设机构的中层职位，竞争机制并未有效运行于公务员管理全过程，包括退休、辞职、辞退制度所实现的更新数量还极为有限。加上我国长期的（官本位）历史传统，其客观的后果必将使行政系统人员膨胀，不得不采取大规模人员分流等非制度化且代价沉重的方法。

2. 有效的竞争激励机制和监督约束机制有待创新

在我国，公务员制度的激励机制由考核、职务升降、奖励、工资保险福利管理环节构成。然而这几个环节都还不够完善，现行工资制度也不能体现激励功能，缺少针对不同职务层次和不同类别人员的分类考核指标体系，仅

① 贾文婷．全球化背景下的中国公务员制度建设［J］．商业文化（学术版），2007（5）．

靠职务晋升难以调动中低层公务员的积极性。当前由于一个部门或单位采取的激励手段多以保护部门或单位利益为出发点，缺少横向、整体的均衡性和协作性，难以形成长效的激励。再加上考核流于形式，监督机制严重缺位、制度的不完备带来运行上的无序、混乱和低效。考试内容和方法的非规范化以及科学化程度不高，影响到优秀人才的选拔；工资制度不能完全适应当前的实际要求，特别是不能适应人才竞争要求。统一的工资管理体制和工资标准缺乏灵活性，职位决定工资，激励工资体现不够，难以调动公务员的积极性和创造性。公式化的工资增长规则使得工资定期增加，缺乏灵活性的工资标准使行政系统难以吸纳能力突出的特殊专业人才。在考核制度上，缺乏客观量化的考核标准、科学的考核方法和专业化考核人员，难以对公务员的能力和实绩做出准确的评价，考核结果还不能既起激励作用又能有力地约束低效率。①

3. 公务员范围过宽，不利于分类管理

新《公务员法》把公务员的范围界定为“依法履行公职，纳入国家行政编制，由国家财政负担工资福利的工作人员”，与《国家公务员暂行条例》比，调整扩大了公务员范围。公务员不限于政府行政人员，还包括党的机构、人大、政协、审判、检察、民主党派、工青妇群众团体等机关人员，在实施过程中，还有一批挂靠机关的性质模糊的“事业单位”也被纳入公务员管理范围。我国建立国家公务员制度的目的之一，是在人事管理中推行分类管理，消除“国家干部”概念过于笼统、管理方法单一、缺乏针对性的弊端。从国外的经验看，公务员主要有三种类型：一是以英国为代表的小范围型，主要指政府系统中非选举产生和非政治任命的事务官；二是以美国为代表的中范围型，包括政府系统中的所有公职人员以及公共事业单位的人员和国有企业的管理人员；三是以日本和法国为代表的大范围型，包括政府系统中的所有公职人员、国会工作人员、审判官、检察官以及国有企业事业单位的工作人员。各国公务员法大都是将非选举和非政治任命的官员以及由国库支付全年年薪的工作人员列入公务员范围。相比较而言，我国公务员范围依然过宽，不利于分类管理。②

---

① 李和中．挑战与创新：中国特色的公务员制度的发展方向［J］．中共福建省委党校学报，2005（2）．

② 肖志义．我国实施公务员制度中的问题探讨［J］．咸宁学院学报，2007（5）．

三、政府人力资源管理现代化的思考

政府人力资源管理必然落实到为实现国家治理目标而对人与职位等政府人才资源及其系统的管理。从传统人事管理到现代人力资源管理，我国政府人力资源管理发展迅速，取得了很大成就，但与新时代对政府人力资源发展的要求还有一定差距。为了促进我国政府人力资源管理现代化，最终实现保障社会资源配置市场化、社会治理现代化、社会服务公平化的社会发展目标，需要进一步提升政府人力资源管理现代化水平，适应新时代下政府人力资源管理的发展需要。

（一）转变人力资源管理观念，树立科学人才观

习近平总书记强调，“要树立强烈的人才意识，寻觅人才求贤若渴，发现人才如获至宝，举荐人才不拘一格，使用人才各尽其能”。将人才作为政府部门发展的第一资源、第一资本、第一推动力，提高对人才重要性的认识，构建全新的人才发展战略体系。转变人力资源管理观念，树立以人为本的思想，把人力资源开发作为政府人事工作的出发点和落脚点；面向世界，面向未来，制定人力资源开发战略；拓宽人事工作领域，根据社会发展和人才成长规律，搞好政府人力资源预测规划、培养使用、配置管理等全方位开发；扩展政府人事部门的服务范围，面向经济建设，面向全社会，面向各种用人单位和各类人才提供服务。政府人力资源管理具有公益性特点，政府组织是公共部门，政府组织要用人民所授予的权力追求属于全体人民的公共利益。将顾客导向从企业引向政府管理，可以使公务人员转变以往的“官本位”思想观念，遏制“跑官、要官”思想；能够对行政相对人真正负起应有的责任；转变传统上政府的权威心态和政府为尊的状况，尊重、理解、信任、关心公众，坚持公众利益至上，主动了解公众需求，最大限度地满足公众需求，做到以人民为中心，从而为公众提供更好的服务。

（二）坚持职位分类，完善政府人力资源管理制度

提高我国政府的人力资源管理水平，需要从宏观上创造宽松的管理环境。政府部门要以人力资源管理的理论为科学依据来进行人才管理。科学设立公务员职位分类标准，突出职位性质和工作要求的区别，分别建立适合各自特点的录用、考核、晋升、培训标准，实现公务员队伍管理现代化。要优化人

员招聘录用，一要提高招聘透明度，完善公共部门考试录用制度。保证其在公共部门人力资源管理招聘中的重要地位，有效控制“走后门”现象，保证公共部门将来的工作人员的高素质与专业工作技能。二要推进和改善政府雇员制度，有利于改变以往的烦琐陈旧的思想和现实的招聘弊端，从而给公共部门带来新的活力，提高其办事效率，也要防止该制度可能出现的“闲着媳妇请保姆”现象及政府雇员薪酬虚高、重引进轻使用等不良现象。三要注重招聘过程中的公平、公正、公开。让招聘过程中的每一步都可查可溯，提高透明度，同时积极接受监管部门和群众的监督。

（三）加强培训和开发，提高政府人力资源整体素质

通过引进新人才或者通过现有人才的培训提高政府人力资源的整体素质。通过继续教育充分发掘现有人力资源的潜力，是政府部门需要加强的工作。针对某种需要直接引进人才，往往比较容易操作，效果有时也来得快而好。但这不仅不符合政府机关“改革精简”的原则，而且可能大大增加人力资源的发展成本。毕竟现有公务员通过长期工作，已经熟悉了机关的工作规律和方式、方法，只要能够补充急需的某一方面的新知识，就可以立刻投入工作。从另一方面讲，增加公务员培训的机会，重视人力资源的培训，可以用较少的资金让在职的公务员及时获取新知识、新理论，提高自己做好工作的能力和信心，做到与社会发展同步，与时俱进，对自己的未来充满希望。这样可以提高政府公务员的忠诚度和工作努力的程度，从而提高政府工作效益，降低成本。

（四）加强考评、监督和保障，完善政府人力资源管理的绩效评估制度

首先，建立科学的考评指标体系，通过考评引导公务员建立合理的知识结构。公务员考评中，应把定性考评和定量考评、贡献考评和能力考评有机结合起来，全面提高考评者的素质，建立起科学的考评指标体系。

其次，要制定科学、合理的考核标准。必须以公共服务为导向，把提供社会和公众满意的服务当作重要的追求目标。一要加强考核体系的公开、公平、公正，使考核指标能够真正体现员工的真实表现。二要运用科学的考核方法。绩效评估者应提高专业素质，减少认知偏差，考虑到不同岗位员工的工作差异，将员工的工作能力与工作绩效相结合，尽可能量化我国公共部门员工的工作实绩，以便更加科学、有效地核算公共部门员工的绩效。三要注重绩效考核的具体运用。让绩效考核制度落到实处，不能变成应付上级检查

的临时措施或美化民主形象的辅助装饰，而应当充分发挥其重要作用，必须严格按照考核标准，落实好每一项工作。

最后，进一步完善政府人力资源管理制度体系。从职位制度、招聘与录用制度、薪酬管理制度、绩效制度与奖励制度等方面真正建立适合中国国情的政府人力资源管理制度。要贯彻按劳分配和按生产要素分配相结合原则，效率优先、兼顾公平，建立符合市场经济规律，适合国家机关、企业事业单位工作性质和劳动特点的工资分配制度。建立多层次的国家机关、企业事业单位工作人员社会保障制度，使国家机关、企业事业单位工作人员在养老、失业、医疗等方面得到可靠的社会化的保障。

总之，政府要进一步促进人力资源管理制度现代化，树立科学人才观，构建完善的人才资源结构，积极进行考核制度改革，深化选拔任用制度改革，推进公务员制度改革，建立个性化激励机制，加强人才资源能力建设，建立全面的人力资源信息系统，整合企业与公共部门人力资源管理经验，解决目前政府人力资源管理中存在的突出问题，提高执政为民的能力和水平，建立现代化政府人力资源管理机制，创造人才成长的优良环境，激发人的潜能和创造性，以确保公务员队伍的建设既能够适应市场经济发展的需要，又能够符合“精简、统一、效能”原则，降低政府运营成本，提高政府治理能力。

第二部分

治理机制现代化篇

机制一词，大家并不陌生。《现代汉语词典》解释为：泛指一个系统中，各元素之间的相互作用的过程和功能。多用于自然科学，指机械和机能的互相作用、过程、功能等。社会科学也常使用，可以理解为机构和制度的总和。“机制”指的是有机体的构造、功能和相互关系，泛指一个工作系统的组织或部门之间相互作用的过程和方式，如市场机制、竞争机制、用人机制等。与我们常说的机制含义相近的是做事情的方式、方法，但两者又不完全相同。简单地说，机制是制度加方法或者制度化了的方法。

机制有其深刻内涵。第一，机制是经过实践检验证明有效的、较为固定的方法。比如党建的工作机制，不因党组织负责人的变动而随意变动，而单纯的工作方式、方法是可以根据个人主观意愿随意改变的。第二，机制本身含有制度的因素，并且要求所有相关人员遵守，而单纯的工作方式、方法往往体现为个人做事的一种偏好或经验。例如监督机制，不仅指人人必须遵守的制度，而且应该包括各种监督的手段和方法。只有两者结合起来才能发挥作用。第三，机制是在各种有效方式、方法的基础上总结和提炼的，而方式、方法往往只是做事的一种形式和思路。机制一定是经过实践检验有效的方式、方法，并进行一定的加工，使之系统化、理论化，这样才能有效地指导实践。而单纯的工作方式和方法则因人而异，并不要求上升到理论高度。第四，机制一般是依靠多种方式、方法来起作用的，而方式、方法是可以独立起作用的。例如，建立起各种工作机制的同时，还应有相应的激励机制、动力机制和监督机制来保证工作的落实、推动、纠错、评价等。建立完善的机制，才能使党的建设稳步发展，保持长久的活力。

政府治理机制是指："有目的地通过制度安排形成的政府内部主体之间、政府与外部主体相互联系和相互作用的模式。"① 如果从制度创新的角度看，也可以将政府机制看作是按照机制概念对政府内部主体之间、政府与外部主体之间相互联系和相互作用所做的一种制度性安排。改革开放以来，中国政府从政府的调控机制、决策机制、协调机制、用人机制、监督机制、公共管理机制等方面都进行了改革，以适应政府效率提高的需要。但从其本质来看，必须要解决的是政府的权力与责任关系问题，政府的分工、合作与制衡关系问题，政府的决策与执行关系问题。这些问题体现到政府的日常运转中就是政府权力配置与运行、政府责任以及政府间关系。

---

① 沈荣华．政府机制［M］．北京：国家行政学院出版社，2003：11.

第四章
治理机制现代化核心：政府权力配置与运行

国务院关于推进中央与地方财政事权和支出责任划分改革的指导意见

新形势下，现行的中央与地方财政事权和支出责任划分还不同程度地存在不清晰、不合理、不规范等问题，主要表现在：政府职能定位不清，一些本可由市场调节或社会提供的事务，财政包揽过多，同时一些本应由政府承担的基本公共服务，财政承担不够；中央与地方财政事权和支出责任划分不尽合理，一些本应由中央直接负责的事务交给地方承担，一些宜由地方负责的事务，中央承担过多，地方没有担负起相应的支出责任；不少中央和地方提供基本公共服务的职责交叉重叠，共同承担的事项较多；省以下财政事权和支出责任划分不尽规范；有的财政事权和支出责任划分缺乏法律依据，法治化、规范化程度不高。

中央与地方财政事权和支出责任划分改革是建立科学规范的政府间关系的核心内容，是完善国家治理结构的一项基础性、系统性工程，对全面深化经济体制改革具有重要的推动作用。各地区、各部门要充分认识推进这项改革工作的重要性、紧迫性、艰巨性，把思想和行动统一到党中央、国务院决策部署上来，以高度的责任感、使命感和改革创新精神，周密安排部署，切实履行职责，密切协调配合，积极稳妥推进中央与地方财政事权和支出责任划分改革，为建立健全现代财政制度、推进国家治理体系和治理能力现代化、落实“四个全面”战略布局提供有力保障。

——摘自《国务院关于推进中央与地方财政事权和支出责任划分改革的指导意见》（国发〔2016〕49号）

政府权力的科学配置和规范行使是建设中国特色社会主义政治文明的重要条件，是政府运行的基本前提。改革开放以来，政府权力配置和运行方式不断革新，尤其是 1992 年建立社会主义市场经济体制目标确立以来，市场与政府在资源配置上的权力方式必然面临调整，因此政府权力的配置和运行进入了新的改革期。面对新时代、新任务提出的新要求，党和国家的机构设置和职能配置同统筹推进“五位一体”总体布局、协调推进“四个全面”战略布局的要求还不完全适应，同实现国家治理体系和治理能力现代化的要求还不完全适应。研究和梳理改革开放以来中国政府权力配置和运行的历史、现状和趋势，对于我们总结政府改革发展经验，探寻中国的改革开放与现代化进程的特点与动因，促进政府权力配置现代化，具有重要的理论意义和现实意义。

一、政府权力配置与运行概述

政府权力研究主要有以下几个维度：一是政府权力体制建构的原则和方法；二是政府权力的组织体制形式；三是政府权力的领导体制形式；四是政府权力体制内部各分支权力之间的相互关系。总体而言，就是政府权力的配置与运行。

（一）政府权力概念

莫里斯·迪韦尔热指出：“给国家下定义已不是轻而易举的，要给权力下定义更是难上加难。”① 在中国汉语中，“权”字最初意指测定物体重量的器具，即“金重谓之权”。在春秋战国时期，“权”字经过引申获得了新的含义和词性，被经常用作动词，可以理解为衡量、揣度之意。这时，权和政治就联系了起来，如孔子说：“谨权量，审法度，修废官，四方之政行焉。”② 孟子说：“权，然后知轻重。”③ 再如早前法家人物慎到认为：“贤而屈于不肖者，权轻也。”④《商君书》中也写道：“权制独断于君则威。”如此“权”可以理解为影响和制约别人的能力，已经具有了现代意义上“权力”内涵。

公共管理的主体是政府，公共产品的提供主要依靠政府，公共事务的重中之重是涉及主权问题的国家事务，解决任何公共问题都离不开政府，而政府又是国家的主要代表，因此政府权力就是指国家权力整体中的公共（行政）

① ［法］莫里斯·迪韦尔热．政治社会学［M］．北京：东方出版社，2007：13.
② 《论语·尧曰》。
③ 《孟子·梁惠王》。
④ 《慎子》。

部分。王惠岩教授指出："国家权力［亦称政治权力（指狭义的）］是指反映统治阶级意志并作为社会整体代表的，以强制力保障实施的，管理社会公共事务的权力。"①

（二）政府权力配置

1. 政府权力配置的横向结构

政府权力配置是指政府权力系统的设置、权力机构的分工，职能的细化和权力主体相互关系的界定。从结构上来看，政府权力配置的结构可以从横向和纵向两个维度来考虑。在政府权力配置的横向结构上，现代政府体系四个基本构成要素——国家元首、立法机构、行政机构和司法机构——之间的力量对比关系，决定着政府体系的横向结构；它们之间的相互分立或联合、独立或制衡、隶属或平行状况变化多端，从而演绎出多种多样的政府组织类型。

（1）集权型。这一权力结构主要体现于半总统制国家中。在集权型结构中，国家元首集立法、行政、司法三权于一身，凌驾于各政府机构之上，成为三权的"仲裁人"和"保证人"。国家元首直接对选民负责，而无须对任何政府机构负责。集权型权力结构尽管也有立法、行政、司法的三权划分，但是这种划分更多的是职能分工意义上的。三权之间的相互制约主要取决于国家元首权力。如议会对内阁的不信任案能否导致内阁重组，最终取决于国家元首是否同意。法国政府是集权型权力结构的典型。

（2）分权制衡型。分权制衡型结构主要体现于总统制国家。在这种结构中，立法、行政和司法三权分别由议会、总统和法院承担，这些权力机构之间的地位是平等的，分别由选民选举产生，对选民负责。一方面，各权力机构之间的权力是交错设置的，既存在一部分共有权力，同时又具有相互监督和相互否决的权力，从而达到相互制约的目的。另一方面，三权之间又保持独立性，避免一种权力凌驾于其他权力之上。美国政府是分权制衡型权力结构的典型。

（3）议行合一型。议行合一型结构主要体现在议会内阁制国家。在这一权力结构中，三权划分是基于职能分工意义上的，而并无制衡作用。三权之间的地位并不平等，也不相互独立，而是以议会为中心融汇在一起。立法机构是最高权力机构，行政机构和司法机构都由立法机构产生，并对其负责。

① 王惠岩．政治学原理［M］．北京：高等教育出版社，1999：39.

中国政府是议行合一型权力结构的典型。

2. 政府权力配置的纵向结构

政府权力配置的纵向结构包括以下几种形式：

（1）中央集权结构。中央集权结构的核心是中央集权，中央政府在整个社会调控中具有核心地位。中央政府与地方政府之间的权力划分遵循授予权力的集权原则，地方政府权力由中央授予，必须严格服从中央政府权威。中央政府可以根据需要，收回或扩大授予地方政府的权力，以求在维护中央政府权威和发挥地方政府积极性之间取得平衡。法国是典型的中央集权结构国家。

（2）地方分权结构。中央政府与地方政府通过宪法进行严格的权力划分，地方政府拥有较大自治权，但军事、外交等涉及国家主权和大局的政务，则由中央政府统一执掌。中央政府一般不直接干预地方政府权力，而是采取立法监督、行政监督、财政监督等方式进行间接的指导和调控。英国是典型的地方分权结构国家。

（3）联邦结构。联邦结构中，中央政府与地方政府的权力是相互独立的体系，两者之间不形成权源关系，而是由宪法规定其权力划分。在实行联邦结构的国家中，联邦政府与地方政府是一种协调与合作的关系，而不是领导与被领导的关系。联邦政府与地方政府往往分享一定内容和范围的主权。美国是典型的联邦结构国家。

（三）政府权力运行

政府权力运作即在合理划分与配置行政权力的基础上，政府权力在政府系统内部的运作过程，包括决策、执行、监督等环节以及对政府系统人、财、物、信息等资源的支配方式。权力运行本身不是目的，它是通过权力在行政系统内部的运作整合，最终对行政系统外部发生作用，即所谓“power”的背后是“right”。但是涉及政府权力运行机制，目前学界存在不同的表述方法：孙柏瑛认为，政府权力运行机制是指各级政府组织在推行国家事务和政务、管理社会公共事务的过程中，不同部门与层级之间在政策制定权与资源支配权、法律或政策解释权、执法权和行政事务管理权归属等方面权力的划分与权限范围，以及在权力运行过程中组合、配套，相互协调与相互制约的关系和结构。它是国家政治体制与行政体制的重要组成部分，是国家行政组织权力资源配置规范化的制度体系，其核心是静态上的纵向和横向分权结构体系以及相配套的组织结构形式；动态上则主要是指权力资源的配套、协调与制约的关系以及权力控制的形式。[①] 郭济等在《政府权力运筹学》中将政府权力运行机制界定为："在合理划分与配置政府权力的基础上，为保证政府权力公正、高效、廉洁、有序运转而在政府权力运作方面提出的相互联系与制约关系及其实际运作状态的总和。"[②] 前者的定义涵盖了政府权力静态分布和动态运作的整个环节，有助于从总体上把握政府权力运行过程。但该界定较为宽泛，政府权力运行机制在此囊括了政府权力的各方面问题，成为一个无所不包的概念范畴，容易使人们混淆政府权力运行机制和政府权力的内涵，没有把握政府权力运行机制概念的独特性。后者着力于凸显政府权力运行机制是对政府权力运行的动态过程的描述，有助于我们把握政府权力运行机制内涵与政府权力内涵的区别，弥补了前一种定义缺陷，可以说把政府权力运行机制定位于一个相对科学、合理的范围中。基于政府管理规律，政府权力运行机制应包含四类机关的良性运转，即精干的决策指挥机关、相对集中的执行机关、地位独立的监督机关以及地位超然和结构扁平化的咨询机关。

在我国，政府权力运行的主体是党领导下的国务院和地方各级人民政府。国务院是中央人民政府，是全国人民代表大会及其常务委员会的执行机关，是最高行政机关。作为最高权力机关的执行机关，它的任务是保证全国人大及其常委会制定的宪法、法律和决议在全国范围内实施。作为最高国家行政机关，它的任务是统一全国行政工作，管理公共事务。国务院的核心领导是"国务院全体会议"和"国务院常务会议"，实行总理负责制度。地方各级人民政府是地方各级政府权力机关的执行机关，是地方行政机关。地方各级人民政府都是国务院统一领导下的国家行政机关，服从国务院的统一领导。中央政府和各级地方政府共同构成了我国政府权力运行主体。

二、改革开放以来中国政府权力配置与运行发展与问题

总的来讲，作为一个典型的议行合一的国家，从横向来看，中国政府权力由国务院行使，在全国人大有关法律的授权下，国务院可行使部分立法权和部分司法权，但它不能越权干预其他国家机关的活动。国务院要对全国人大负责，受人大监督，同时还接受审判、检察机关的司法监督。从纵向来看，

① 孙柏瑛．我国政府权力运行机制设计的初步建议［J］．中国行政管理，2002（4）．

② 郭济．政府权力运筹学［M］．北京：人民出版社，2003：178，179．

作为单一制国家，我国行政权力分配主要采用的是集中式权力结构，从中央到地方有中央—省（自治区、直辖市）—地级市（自治州）—县（自治县）—乡（镇）五级。[①] 其中，自治区、自治州、自治县是民族自治地方，在国家的统一领导下行使自治权。在权力配置和运行上，主要是中央和地方的事权配置、财权配置和人事权配置等。在人事关系上，中央对地方的控制主要是通过党管干部原则来实现的；在事权方面，由于中央政府的权力非常广泛，中央同地方权力又缺乏法律上的明确界分依据，因此事权主要集中于中央政府；在财权关系上，改革开放以来实行财政分权改革，以分税制来处理中央和地方的财政关系，也出现过转移支付的不规范问题，公共财政体制亟待建立，因此，改革开放以来，行政权力配置也逐渐在发生变化。

随着我国行政管理体制改革的不断深入，我国政府机关的职权也在逐步从以精减机构人员为重点转向以转变政府职能为核心，从主导经济发展转向注重社会管理，从结构调整转向机制建构。政府、市场、企业三者的关系逐渐理顺，社会管理和公共服务能力不断加强，与市场经济体制相适应的行政组织机构框架初步建立，各级政府和各部门之间的职责关系逐步理顺，中央和地方事权划分趋于合理，行政监督和问责力度不断加强。但是，由于权力与利益的紧密联系，政府部门仍存在把追求部门权力最大化进而实现利益最大化作为其潜意识目标的现象。因此，寻求对政府机关权力最优配置，从而打破单一部门权力与利益之间的联系，实现全社会公共利益最大化，势在必行。

（一）改革开放以来政府权力配置现状

1. 纵向权力配置现状

纵向权力配置即中央与地方权力配置以及地方政府之间的权力配置，是我国行政体制改革过程中理顺我国权力运行十分关键的环节。本书选择纵向权力配置中三个较为突出的问题——中央与地方政府事权、财权的配置，地方政府的层级设置以及中央对地方的监控模式等进行探讨。

（1）中央与地方政府事权、财权配置的现状。

目前，我国中央与地方政府事权、财权的配置模式是在 1978 年以后逐渐形成的，改革开放政策的实施，开启了中央与地方关系的新局面。根据我国

① 王芳，李国保．中美行政权力配置的比较及启示［J］．科教文汇，2007（7）．

宪法和相关法律规定，国务院的职权大致可以分为以下五大方面①：一是行政执法方面的权力。统一领导各部委的工作和不属于各部委的全国性工作；统一领导地方各级行政机关工作；履行全国人民代表大会和全国人民代表大会常务委员会授予的其他职权等。二是行政立法方面的权力。制定行政法规、委任立法；向全国人民代表大会和全国人大常委会提出议案。三是经济管理方面的权力。制定和执行国民经济计划和国家预算；制定国土开发政策；制定经济法规；制定国家金融、税收、保险政策等。四是社会事务管理方面的权力。领导和管理国防建设事业、教育科学文化卫生事业，民政、公安、司法行政、监察等工作；民族事务和民族自治地方工作；保护华侨、归侨、侨眷的合法权益；在社会秩序出现严重问题时，国务院可以决定全国或个别省、自治区、直辖市进入紧急状态。五是对外事务方面的权力。国务院代表中国政府管理对外事务、外交谈判；与外国政府缔结条约和协定，均属国务院的职权范围，由国务院领导人或外交部具体负责。总之，国务院作为国家最高行政权力机关，它通过全面的执法活动，通过对从中央到地方的方方面面的国家行政活动的领导，保证了国家政令的统一。

地方各级人民政府实行省长、市长、区长、乡长、镇长负责制。县级以上地方人民政府依照法律规定的权限管理本行政区域内的经济、教育、科学、文化、卫生、体育事业、城乡建设事业和财政、民政、公安、民族事务；司法行政、监察等行政工作；发布决定和命令及任免、培训、考核和奖惩行政工作人员等。乡、民族乡、镇的人民政府执行本级人民代表大会决定和命令，管理本行政区域内的行政工作。

当然，这些只是在《宪法》和《组织法》等基本法律层面上对中央和地方事权财权进行的划分。在实践中，更多的是中央政府通过行政法规、部门规章以及有关政策、文件的形式对中央和地方政府职权进行配置；在财权分配上，大部分权力集中在中央，主要采用项目投资、专项拨款等方式实现中央对地方的扶持和调控。比如，中央政府宣布实施的高等教育“211 工程”虽然在整体上被列入《国民经济和社会发展第九个五年计划纲要》，但在实施中是通过发布一系列文件的方式安排对地方一些高等院校的专项资金。②

2016 年 8 月 25 日，国务院印发《关于推进中央与地方财政事权和支出责

① 《中华人民共和国宪法》第三章第三节第八十九条。

② 薛刚凌．行政体制改革研究［M］．北京：北京大学出版社，2006：178.

任划分改革的指导意见》（国发〔2016〕49 号），在推动中央与地方事权划分问题上迈出了决定性第一步，标志着党的十八届三中全会提出的深化财税体制改革中建立事权和支出责任相匹配的制度进入实质性实施阶段。政府间关系涉及方方面面，但归结起来，主要有四要素：事权、财权、财力和支出责任。财政事权是一个新概念，而“事权”这一概念则由来已久。[①] 各种不同类型的财政体制都是这四种要素的组合，事权、财权、财力和支出责任要责权利对等，才能使一级政府运转正常，财政改革的历史，其实就是这四种要素不断组合变化的历史。

1993 年党的十四届三中全会通过的《中共中央关于建立社会主义市场经济体制若干问题的决定》就提出“事权”概念，提出“把现行地方财政包干制改为在合理划分中央与地方事权基础上的分税制”，并提出分税制要坚持“财权与事权相匹配”原则。这一原则的提出主要基于 1994 年之前实行的“分级包干”的财政体制，大大增强了地方的财力和财权。这一方面直接造成中央财政收入的大幅下降，对地方的控制力大大减弱；另一方面也导致地方政府从局部利益出发，盲目投资加工制造业，重复建设现象严重，各地产业结构日渐趋同，严重影响国家产业结构的健康发展。

分税制改革壮大了中央财力，增强了中央政府对地方的控制力，但财力过多上移也导致一些地方政府入不敷出，财力和事权不相匹配。各省及省以下政府同样复制分税制的思路，财力多集中在省一层政府，而市县一级则捉襟见肘，只得负债前行。2007 年，党的十七大报告在论述财政体制改革时，提出要“健全中央与地方财力与事权相匹配的机制”，表明我国财政体制改革的原则和目标已由“财权与事权相匹配”转为“财力与事权相匹配”。到 2012 年党的十八大报告再次重申了这一财政改革目标。2013 年，党的十八届三中全会通过的《中共中央关于全面深化改革若干重大问题的决定》提出建立事权和支出责任相适应的制度；2014 年中共中央政治局通过的《深化财税体制改革总体方案》也提出合理划分政府间事权和支出责任，促进权利和责任、办事和花钱相统一，建立事权和支出责任相适应的制度。至此，虽然文件中事权还是指政府事权，但支出责任则浮出水面，开始向与事权相适应的方向发展。

2014 年党的十八届三中全会将财政的地位明确为“国家治理的基础和重

① 陈少强，姜楠楠．规范中央和地方财政关系的新举措［J］．中国发展观察，2016（17）．

要支柱”，社会上对财政的功能和认识发生了新的变化。以前，财政是经济调控的手段、财政政策的工具，而现在财政则成为国家治理的基础，同时也是国家治理的一项目标和任务。财政不仅是钱的问题，还有如何在发挥市场的决定性作用的同时更好地发挥政府作用的问题，是治理工具现代化的问题。因此，要处理好中央与地方财政关系，理顺财政体制，促进财政和国家治理现代化，建立现代财政制度尤为重要。由此，中央与地方财政事权和支出责任划分便成为一个现实问题。

财政是国家治理的基础和重要支柱，财政事权必然成为国家治理事权的重要组成部分。政府间事权划分在具体实践中不仅涉及行政，还涉及立法、司法等广义公共服务部门，是“大事权”概念。因此事权划分必然涉及各级部门之间、上下级之间的协调问题，是一项系统工程，涉及范围广、推进难度大。基于我国现实情况，短期内全面推进事权和支出责任划分改革的条件还需进一步积累。从财政事权入手，既能利用起财政在其他领域，如预算制度、税收制度、财政法治化改革等方面创造的良好条件，又能从根本上破解改革发展面临的中央与地方收入划分、财政转移支付、基本公共服务均等化等现实难题，还能为全面推进事权划分改革奠定基础、创造条件。因此中央政府另辟蹊径，选择从财政事权改革入手来推进“大事权”改革，是非常具有政治智慧的。

当前中央与地方财政事权和支出责任划分依然不尽合理。2015 年，全国一般公共预算总收入中，中央财政一般公共预算收入占比为 83.43%，地方占比为 16.57%，而 2015 年中央财政支出仅占预算总支出的 14.54%，地方财政支出占比则高达 85.46%。也就是说，地方政府拿着小部分的财政收入，却承担着绝大部分的财政事权，中央与地方之间事权和支出责任划分很不合理。省以下财政事权和支出责任划分也较不规范。如各城市基础设施建设基本上都是市政府承担，省级政府更主要的是负责宏观管理，很少直接管理理市政设施，而地方政府的财力却主要集中在省级政府层面。市县级政府事权与支出责任严重不匹配，其直接结果就是下级政府往往通过举债来筹集必要的财力，具体表现为地方政府债务多集中在市级层面，其次是县级政府，最后才是省级政府。有的财政事权和支出责任划分缺乏法律依据，规范化、法治化程度不高。我国《宪法》仅规定，“中央与地方的国家机构职权的划分，遵循在中央的统一领导下，充分发挥地方的主动性、积极性的原则”，至于中央与地方事权如何划分并没有充分依据，在实践中经常是通过不稳定的制度框架（如文件）等形式来执行。[①]

（2）地方政府层级设置的基本现状。

目前我国政府的层级设置模式是在 1949 年中华人民共和国成立以后经过多次调整形成的，这种格局也反映了改革开放 40 多年来经济、政治、社会的发展变革。依据 2018 年新修订的现行《宪法》第三十条，我国的整个国家行政层级大致划分如下：全国分为省、自治区、直辖市；省、自治区分为自治州、县、自治县、市；县、自治县分为乡、民族乡、镇。直辖市和较大的市分为区、县。自治州分为县、自治县、市。自治区、自治州、自治县都是民族自治地方。

我国是一个多民族融合聚居的单一制国家，中央政府以下不同层级地方政府的权力是不同的。从地方自治权力来看，特别行政区的自治权限要比民族自治区的权限高，而民族自治区的自治权限又比一般省级政府的权限高，与省行政等级并列的直辖市则归中央人民政府直接管辖。

中国各级地方政府的权责职能在纵向分配上的总体特点是“职责同构”。职责同构是指在政府间纵向关系中，无论是同级政府还是不同层级政府在权责职能分配以及政府机构设置上都呈现出上下的一致性，是一种高度的统一。简单地说，就是每一级政府所分配的权力责任和职能几乎完全相同，管理的事务也大同小异，在机构人员设置方面上下一致，隶属性强。不仅是在政治方面，甚至在经济管理、司法体系、社会管理等领域也表现出职责同构的特征，这也是我国诸多现实问题难以解决的主因。

1）地方政府层级设置复杂多样。当前我国地方政府存在二级、三级、四级等形式，复杂多样是我国地方政府层级设置的最大特点。其中，二级政府模式存在于直辖市的部分地区，主要是在直辖市的城区。三级政府主要有以下几种情形：一是直辖市政府—市辖区（县）政府—乡（镇）政府。二是省（自治区）政府—设区的市政府—市辖区政府；在区政府下面只设有街道办事处。三是省（自治区）政府—县（自治县、县级市）政府—乡（民族乡、镇）政府，即省直管县体制。在实践中，更多的是四级政府的模式，即省（自治区）政府—设区的市政府—县（自治县、县级市）政府—乡（民族乡、镇）政府。

2）地方政府层级设置游离于法律调整之外。由于《宪法》《地方各级人民代表大会和地方各级人民政府组织法》等关于地方政府层级设置的规定过

① 王毅．当代中国地方政府间纵向关系研究［D］．青岛大学硕士学位论文，2015.

于抽象，所以除了省级政权及其建制外，大部分地方政府层级设置和调整的决定都由政府内部文件发布，没有经过权力机关的讨论，缺乏法律上的约束和规范。此外，随着我国经济社会的发展，实践中的一些做法也突破了现行法律的规定。比如，建立在省级政府之间的地级市，其存在就缺乏宪法上的依据，在我国宪法与组织法中均没有地级市的规定。根据宪法，能够实行市管县的只有 46 个“较大的市”和 4 个直辖市，而不是 205 个地级市。① 在市管县的体制下，市级机构多是起上传下达作用，多了一个环节，不利于政令的畅通。在地级市这一级，形式主义、文牍主义产生了一定程度的影响，而在目前财政转移支付和分税制的情况下，地级市成了抽水机，为了中心城市的发展，往往截留所辖县的资金，一些大项目也安排在市区，从而导致城乡差距越来越大。现在地级管理层级行政成本过大，学术界对此诟病较多。以一个中等地级市为例，维持一个地级市政府机构的正常运行每年需要数亿元的巨额费用，在地方和中央财政支出中占了很大的比重，加重了两级财政的分散程度。仅市一级就拥有厅级干部 30 多人，处级干部 200 多人，科级干部 1000 多人，机关人员一般都在 10000 人以上，每年需要行政经费 5 亿元左右。高额的行政管理成本严重增加了国家的财政负担，造成基层政府财政困难。根据估算，全部地方政府债务至少在 1 万亿元以上；全国 2470 个县级单位，一般预算赤字县共计 731 个，赤字面为 35.6%，乡镇财政负债保守估计也在 2000 亿~2200 亿元；全国 5 万多个乡镇平均每个乡镇负债 400 万元，有的乡镇负债甚至超过数千万元。

3）政府层级过多增加了行政成本，加重了人民负担。目前，我国地方政府层级虽有集中，但普遍存在的是四级政府体制，而且一些地区还有街道办事处或区公所，实际上就是五级行政机构。在我国目前“条块分割”的政府管理体制下，各级地方政府机构的设置更多地强调“上下对口，左右看齐”的“职责同构”模式，几乎所有的机构都层层对口，导致地方政府机构庞大，行政成本增加，也加重了人民的负担。

一直以来，我们在政府机构改革过程中往往关注各级政府机构膨胀和人员超编问题，而对地方政府层级设置过多现象没有给予充分重视。政府层级过多也是导致政府机构膨胀的重要原因，从政府工作效率上来看，诸多理论

① 沈明明．地级市管县缺乏法律依据［EB/OL］．http：//biz.163.com/special/s/states.html，2008-02-28.

研究证实，行政组织每多出一个层级，信息传递受阻的可能性就会成倍增加。[①] 如果说这种多层级政府的模式在制度设计之初受经济、科技水平的局限还情有可原的话，那么在信息传播极为迅速、交通设施十分便捷的今天，则显得过于奢侈和盲目。

4）“省直管县体制”的发展现状及未来困境。省直管县体制是在市管县体制的基础上对于市县关系的一次重大调整，其初衷是解决市县合治时期暴露出的种种问题。20世纪90年代以来，浙江省实施“强县扩权”改革试点，并于2005年将县（市）党政一把手的任命权收归省管。在浙江省改革示范效应影响下，截至2010年，实施省直管县体制改革和扩大县级政府经济社会管理权限试点的省份已增加至20多个。两项合计超过1000个县。2011年3月，省直管县体制改革被正式写入“十二五”规划，当然省直管县体制改革还没有全面推行，只是在有条件的地方进行试点。这一改革不仅彰显了中央政府积极推动省直管县体制改革的决心，也充分体现了省直管县体制改革在行政管理体制改革和地方政府制度创新方面的重要地位。从各省改革试点的初步效果来看，省直管县体制确实在一定程度上降低了地级市对省内经济协作或城市间经济协作的负面作用，促进了县域经济的提升。然而，不可否认的是，省直管县体制改革仍然处在“摸着石头过河”的试验状态。近年来省直管县体制改革逐渐步入深水区，与之前的政府机构改革类似，在经济放权、财政省直管的基础上，一些省份开始着手推行省直管县模式。

省直管县是将原本隶属于地级市的县改由省一级直接管辖，省直管县体制改革的目标，既要有利于县域的发展，也要有利于地级市的发展。省—市—县关系的调整可能加剧地方政府间利益关系的复杂程度。省直管县体制下，地级市与县变成平等的“兄弟”关系，原本的地方政府间利益争夺与分配发生变化，必然会导致地方政府间利益格局的重新调整。除了地方政府间的利益关系面临重构之外，如果不能改变之前原本存在的市县矛盾和县县矛盾的话，改革之后极有可能转变为省县矛盾和县县矛盾并存。我国目前的经济运行依然是宏观上的行政区经济模式，地方政府依然将经济发展职能放在优先位置，而且原本存在已久的财权、事权和人权配置矛盾没有理顺和改善，因而省直管县改革如果不能解决经济发展矛盾和职权配置矛盾，那么无论改革与否，上级政府对于下级政府的利益垄断都不会改变，到那个时候，省直

---

① 赵国钦，赵安平．公共政策执行的偏差和困境［J］．新西部，2007（6）．

管县改革将面临重重困难与压力，改革将进入瓶颈。

（3）中央对地方监控模式的现状。

地方政府行为必须受到监督或控制才能确保执政为民。除了人民监督、社会舆论监督、司法监督等，地方政府还需要加强中央的监督或控制。在对地方政府的监控体系中，中央监控是最重要的一种。①

改革开放以来，我国中央通过向地方下放权力，调动地方积极性，同时在中央和地方的关系上，形成了一套有中国特色的中央对地方监控模式。这种模式以行政权的运行为显著特征，以审批、财税、人事等手段为表现形式。具体包括：

第一，行政审批。主要指中央政府及其部门通过对地方涉及国家、社会重大影响的事务——如政策、项目、编制等——的事前研究、审查和批准来达到监督目的。审批的领域涉及建设、农业、教育、机构编制等方面。当前我国政府机构正在积极进行行政审批制度改革，总体趋势是：范围在缩小，事项在减少，时限在缩短，功能在优化，效率在提高。党的十八大以来，国务院部门累计取消行政审批事项 618 项，彻底清除非行政许可审批，中央指定地方实施行政许可事项目录清单取消 269 项，国务院行政审批中介服务清单取消 320 项，国务院部门设置的职业资格许可和认定事项削减比例达 70% 以上，3 次修订政府核准的投资项目目录，中央层面核准的投资项目数量累计减少 90%。实施权力清单、责任清单制度，将政府职能、法律依据、职责权限等内容以权力清单的形式向社会公开，截至 2016 年，全国 31 个省级政府部门均已公布权力清单。

第二，财政控制。20 世纪 80 年代后，中央与地方财政关系先后经历了“划分收支、分级包干”的“分灶吃饭”模式和不同形式的“财政包干”体制，并于 1994 年实行了分税制改革。改革使得中央财政收入逐年增多，加强了对地方进行控制的经济实力。同时，中央还通过财政转移支付，设置财政监察专员办事处、审计特派员办事处等加强对地方政府的制约。2013 年，党的十八届三中全会赋予财政以全新的内涵，即“财政是国家治理的基础和重要支柱”，使其成为国家治理体系的重要组成部分，从根本上摆正了财政与财税体制的位置。而对于财税体制的功能和作用，党的十八届三中全会也给出了新的阐释，即“科学的财税体制是优化资源配置、维护市场统一、促进社

① 任进．中央与地方监控关系与合作关系比较［J］．广东行政学院学报，1996（2）．

会公平、实现国家长治久安的制度保障”，从国家治理体系的总体角度对财税体制进行了全新定位。

第三，人事控制。中央通过任免地方官员来加强对地方政府的控制是中国传统的监控方式。“党管干部”的原则就是这种监控的制度化体现。由于官员任免直接涉及官员的政治生命和职业前途，所以这一方式对地方官员有相当大的震慑作用。从地方官员问责的实践结果来看，各地党委政府根据中共中央关于党政领导干部问责的相关规定，针对地方治理过程中发生的重大事故、事件、案件，或者在较短时间内发生的重大事故、事件和案件，或者发生的群体性事件、突发性事件，必须对事件相关联的党政官员问责，其中最主要的形式是停职检查、引咎辞职、责令辞职、免职等。可见，人事任免权是支撑地方官员问责的中轴线。在这种逻辑下，行政系统的上级对下级的管理与控制，就有了核心抓手，这对于维护党和国家的政治与行政运转有着极其重要的意义。

总体而言，我国实行的是以行政权监督为核心的行政监控模式。总体上这种监控模式在确保中央政令通行方面发挥了重要作用，但随着改革的推进，其有效程度也逐步降低，其中存在诸如政令不畅通、利益分配不均、腐败现象严重等多方面问题。①

2. 横向权力配置现状

横向权力配置不仅包括中央政府部际关系，还包括没有行政隶属关系的同级地方政府之间和不同级地方政府间的关系。

（1）中央政府部际关系。

党的十七大报告提出，要加大机构整合力度，探索实行职能有机统一的大部门体制，健全部门间协调配合机制。党的十八大报告继续提出要稳步推进大部门制改革，健全部门职责体系。党的十八大报告提出要健全现代市场体系，加强宏观调控目标和政策手段机制化建设，意味着将建立跨部门的协调机制，这可能成为今后大部制改革破解行政体制障碍的重要举措。

中国地大物博、幅员辽阔。为了加强中央政府对地方政府的管理和对社会事务的治理，强大而集权的中央政府是中国的必然选择。新中国成立以后，为了走出国家兴亡的历史“怪圈”，关键是建立行为规范、运转协调和职能有机统一的行政管理体制，从而可以高效地提供公共产品和公共服务，满足人

① 薛凌刚．行政体制改革研究［M］．北京：北京大学出版社，2006：200.

民的各项需求。这也是新中国成立以来中央政府数次机构改革的主要目标。回顾中国中央政府部际协调的历程，大致经历了以下时期：

1）部门间关系初步确立和发展时期（1949—1965 年）。

这一时期可以分为两个阶段：第一阶段是 1949—1953 年中央政府部门间关系的初步确立时期；第二阶段是 1954—1965 年部门间关系的调整和发展时期。在第一阶段，政务院作为过渡时期中央人民政府下属的最高执行机关，下设政治法律、文化教育、财政经济和人民监察委员会，分别指导下属 30 个部院会署行的工作，并有权对所属各部门和下级机关颁布决议和命令，审查其执行情况，也有权对所属部门之间的关系进行协调。各部门的请示和报告，一般要经过其主管委员会。这三个委员会主任分别由三个副总理担任，从而加强了其对所属各部委的协调权威。这是中国中央政府部际协调中的归口管理制度的“雏形”。1952 年，为了更好地执行“一五”计划，中央人民政府成立了对今后机构设置产生重大影响的国家计划委员会。一直到 1990 年，在近半个世纪中，中央政府部门间关系的设置格局基本上是以国家计划委员会为主导，由国家计委通过国家的各种计划，包括经济、资金、社会发展等计划来协调国务院各个部门，形成了以国家计划委员会为主导的国务院部门间关系格局。

在第二阶段，按照 1954 年制定的第一部《宪法》和《国务院组织法》，国务院正式成立了，并对部门间关系进行了调整，这也是新中国成立后国务院历史上的第一次机构改革。本次改革中，按照新出台的《国务院组织法》，成立了国务院秘书厅。与其前身政务院秘书厅相比，国务院秘书厅的协调职能得到了明确的规定：协助领导密切与国务院各部、各委员会、各直属机构和各省、自治区、直辖市人民委员会的工作联系。同年 11 月成立了国务院总理办公室，协助总理完成其协调职能。自此，以国家计划委员会为平台、以国务院办公厅和总理办公室为辅的中央政府部际协调格局初步形成。随着第一个五年计划提前完成和社会主义改造基本完成，以及社会化大生产和专业化发展，经济体制集中过多、统得过死、权力过于集中导致政府效率低下，这主要是由政府内部各职能部门划分过细、职能重叠交叉导致部门间协调困难造成的。为此，1957 年国务院启动了第二次机构改革，这次改革主要集中在一些职能相关部门大规模的撤销合并上，其组成部门由 41 个减少为 31 个，例如将高等教育部并入教育部等。但是，这种撤销合并随着中央对地方权力的回收和集中，很快在 1960 年第三次机构改革中被中止了，部委数量又恢复到 49 个。不过，在这次反弹中也出现了一些部际协调的新方法，例如 1963 年国家编制委员会的成立，标志着负责中央政府机构改革的日常工作、协调中央政府各部门之间关系的机构正式确立。

2）部门间关系的混乱和恢复时期（1966—1976 年）。

这一时期部门间关系的发展可以分为两个阶段：第一阶段是 1966—1970 年中央政府部门间关系的混乱时期，国务院各部门的工作基本处于瘫痪、半瘫痪状态，新中国成立之初创立的归口管理制度也名存实亡，影响了国务院各部门间关系的协调。第二阶段是 1971—1976 年部门间关系的恢复时期，国务院组成部门相继恢复并增设了一些部门，尽管成立了国务院政工小组作为部级事务性办事机构统一负责和协调国务院各部门的机关政治工作，但由于该时期国务院办公机构的设置大多突破了《国务院组织法》的规范，中央政府的行政管理和组织建设自然难以合理发展，导致部门间关系的协调也处于一种失范状态。

3）部门间关系的渐进改革时期（1977—1987 年）。

1976 年 10 月，十年“文革”结束，国家发展进入了新的历史时期，截至 1981 年底，国务院共 100 个部门，其中部委 52 个，达到新中国成立以来最高峰。随着部门间结构设置增多，部门之间的冲突与协调成为国务院日常运行工作中的常态，此时期，各种协调性委员会成为中国中央政府部际协调的一个基本方法，如 1979 年成立的国家农业委员会。由于国务院工作部门过多，出现部门林立、机构臃肿、职责不清、工作效率低下等状况，严重影响了党和政府方针政策的贯彻执行。为此，在邓小平同志“精简机构是一场革命”的号召下，国务院启动了新中国成立以来第四次、改革开放以来第一次机构改革。从 1982 年 3 月到 8 月，国务院依据“重叠的机构撤销、业务相近的机构合并”的原则，进行机构改革第一步。撤委并部的大部门制改革成为这次机构改革实现部际协调的主要内容，通过将职能相近的部门进行合并，减少部委数量，化部门间冲突为部内冲突，有效地实现了部门间关系的协调。除了撤委并部，这次改革对于加强中央政府部际协调的一个好处是引入了程序性协调方法，如国务院为了更好地贯彻集中统一领导和分工负责的原则，颁布了《关于健全各部委责任制的一些问题的通知》，通过健全部门间职责体系实现部际协调。此外，根据新修订的《国务院组织法》，若干协助总理办理专门事项的办事机构成立，作为总理职权的延伸，在某一领域发挥协调相关部门的职责。其中，国务院法制局的协调范围最全面、协调权限最显著，其主要任务是对国务院各部门的立法工作进行通盘考虑、综合研究、组织协调、具体指导。此次改革适应了改革开放的新要求，效果显著，特别是对于中央政府的部际协调来讲，不管是对部际协调方法的落实，还是对部际协调在整个机构改革中的重要性认识程度，都有了大幅度提高。

4）部门间关系的深层改革时期（1988—1997 年）。

基于之前的改革经验，1988 年国务院机构改革明确提出政府机构改革的关键是转变政府职能。在此次改革中，对中央政府部际协调影响最大的是组建了新的国家计划委员会。新的国家计划委员会不是简单地将原国家计委和经委进行合并，而是在转变职能的要求下，由一个承担微观管理和行业管理的部门转变为管理国民经济和社会发展的高层次的宏观管理机构，其主要职责之一就是综合协调经济和社会发展的政府相关部门之间的关系。

1988 年机构改革使得协调作为组织结构的重要问题、部际协调作为政府部门间关系调整的目标得到了前所未有的重视和强调，主要体现为“建立具有中国特色的功能齐全、结构合理、运转协调、灵活高效的行政管理体系”作为政府机构改革的长期目标、“逐步理顺……政府各部门之间的关系”作为中央政府应该处理的三大关系的重要内容，第一次被写入《政府工作报告》。

为了实现协调、理顺部门间关系，国务院在系统总结机构改革工作和认真吸收地方改革试点经验的基础上提出了以定职能、定机构、定编制为主要内容的机构改革方案，“三定”正式走上政府机构改革的前台。1993 年，在党的十四大“进行行政管理体制和机构改革，切实做到转变职能、理顺关系、精兵简政、提高效率”的要求下，启动了第六次机构改革。这次改革将非常设机构由 85 个减为 26 个，不再称为非常设机构，而改称为“议事协调机构和临时机构”，它们的办事机构或并入有关职能部门，或把此项工作交由职能部门承担。议事协调机构和临时机构作为广泛存在于中国各级政府中的一种协调机构、一种长期游离于党政机构正式序列之外的特殊组织模式开始浮出水面，并逐步走向规范化。

5）部门间关系的平衡发展时期（1998—2007 年）。

随着社会主义市场经济体制改革的进一步发展，庞大、臃肿、低效的政府机构成为阻碍改革的最大障碍，引发了社会各界的不满。在此背景下，国务院在 1998 年开始了一场新中国成立以来规模最大的政府机构改革，由于其规模广、力度大、影响比较深远而被社会各界称为“第七次革命”。与前六次机构改革主要强调经济领域相关部门的改革不同，这次机构改革的一大变化是对社会管理和公共服务领域部门的重视，实现了政治、经济、文化诸部门之间关系的平衡发展。因为这次改革改变了新中国成立初期按照区域划分部门结构（例如华北事务部）和计划经济时期按照产品划分部门结构（例如冶金工业部、化学工业部）的分工模式，真正地实现按照功能对国务院部门结构进行横向分工，这是经过国内外实践证明了的、最适合大型组织结构运作的模式，标志着我国政府组成部门结构设置的规范化和科学化。按照政治职能、经济发展和宏观调控职能、社会管理职能和公共服务职能四大类对国务院各组成部门进行横向分工，负责对各类事务进行规划和决策，从而减少了国务院各类部门间的职能交叉，实现部门间关系的平衡发展。比如专业经济部门中的水利部和科教文卫资源部门中的教育部、文化部产生职能交叉的概率就远小于同属专业经济部门中的农业部和水利部。国务院于 2003 年启动了进入 21 世纪以来第一次、历史上第八次机构改革，旨在促进各部委之间的协调运转以及监督机构的清廉高效。这次改革是在加入 WTO 的新背景下对上一次改革的继承和深化，进一步促进了部门间关系的平衡发展。

2007 年 10 月，党的十七大报告明确提出要“加大机构整合力度，探索实行职能有机统一的大部门体制，健全部门间协调配合机制”，将政府机构改革的矛头直指政府部门间冲突日益增多的问题，实现部门间关系的协调与合作首次成为政府机构改革的主要目标并被写入党的报告中，中央政府部际协调也进入了新的历史阶段。

6）部门间关系的冲突与协调发展时期（2008 年至今）。

改革开放以来，我国先后进行了八次大的政府机构改革，使政府职能有了重大转变，机构编制得以精简，部门间关系逐渐理顺并稳步发展，提高了政府的整体效能并大体上满足了我国改革发展的要求。

但是，由于政府职能转变并没有全面到位，而且随着改革的进一步深入，国内外环境的风云变幻使社会事务的复杂程度增加，政府管理面临着越来越多的棘手问题，例如环境保护、食品安全等领域都出现了机构重叠、职能交叉、政出多门等问题。据不完全统计，当时国务院部门之间有 80 多项职责交叉，仅建设部就与发改委、交通部、水利部等 24 个部门存在职责交叉，农业产前、产中、产后管理涉及 14 个部委。

总之，政府部门间关系的纷繁芜杂成为影响政府能力的关键性问题。特别是近些年来随着市场经济的发展，中央政府机构中的部门利益问题日益突出，国家利益部门化、部门利益掠夺化、利益掠夺公开化造成政府权威流失，各部门为实现本部门利益的最大化而展开竞争，导致部门间冲突频发，更为重要的是，严重影响了政府形象并阻碍了服务型政府的建设。

（2）地方政府间关系。

改革开放提出的“以经济建设为中心”的发展战略至今已经 40 多年了。作为改革过程中地方经济社会发展的重要推动力量，地方政府间的竞争极大地促进了地方人才的培养、生产技术的改进、制度创新的加快、对外开放的扩大、经济结构的调整、基础设施的改善等。由于地方政府一直是我国经济、社会改革与发展的重要推动力量，因而这种竞争关系所带来的巨大的发展压力和动力也成为多年来中国经济飞速发展的关键因素。正如 1997 年《世界发展报告》所说：权力下放使得中国、印度、拉丁美洲以及世界上许多其他国家获得了大量收益。它能够提高政府的质量，使地方政府和人民利益得以更好地实现，而且各省、市和地方之间的竞争有助于制定出更有效的政策和计划。①

改革的逐步深化，尤其是分税制的实施，极大地调动了地方政府的积极性，从而增强了地方政府的自主性。原本以行政区域为单元的地方政府的调控主体和利益主体地位不断突出，再加上政绩考核以行政区域经济发展状况为标准，地方政府在促进本地区经济发展中为追求本地区利益最大化，必然会出现竞争。这种竞争一方面是促进我国经济发展的动力；另一方面也容易导致政府间过度、无序竞争，给区域经济的整体发展造成一定阻碍，使地方政府陷入“囚徒困境”。地方政府间的过度、无序竞争导致的危害表现在：容易导致重复建设。由于地方政府对经济发展的关注更多地表现为对本地区经济指标的关注，缺乏对整个区域的产业发展目标系统的战略思考，因此，大多数地方政府往往比较关注区域内的“热线产业”，导致产业结构的严重趋同。基础设施方面重复建设情况也极为严重，缺少统一规划，容易造成资源浪费，还容易导致双方或多方利益受损，甚至形成“诸侯经济”和地方保护主义。竞争性、开放性是市场经济的本质，地方政府出于本辖区利益，设立各种关卡限制外地资源进入或本地资源流出，使市场的作用难以发挥，形成“诸侯经济”。地方政府之间的过度竞争也导致地区发展不平衡的“马太效应”，带来了跨地区性公共事务治理失灵。这些问题在不同层面加大了社会经济的发展成本。

① 谢玉华．走出低水平竞争的困境——析我国地方政府间的关系［J］．前进，2004（5）．

由于我国依然处于经济、社会转型期，地方政府间的无序竞争引发了一系列矛盾与纠纷，也带来了很多弊端，主要体现在以下方面：

1）重复建设导致产业结构趋同。比如从各省、自治区、直辖市政府编制的“九五”计划与2010年远景规划来看，很多地方基本上都把机械、电子、石油、化工、汽车制造和建筑业作为支柱产业或主导产业，其中24个省份将电子列为支柱产业，23个省份将汽车列为支柱产业且重点多在整车上，16个省份将机械化列为支柱产业，14个省份将冶金列为支柱产业。① 这样盲目的重复建设表面上反映了各地政府追求经济发展的雄心壮志，但事实上造成的资源浪费、环境恶化等恶果最终还是由人民买单。

重复建设、产业结构趋同对我国国民经济和社会可持续发展危害甚大，而且造成了严重的后果。首先，造成产品严重积压，以及投资和资源的巨大浪费。据初步统计，由于重复建设，全国近2000种主要工业品生产能力有半数利用率在60%以下，有的只有百分之几。近几年，彩电、电冰箱、洗衣机的设备利用率只有30%~50%，棉纺、手表、自行车、啤酒等行业1/3闲置，小型电子计算机利用能力只有3.5%。其次，导致全国产业布局和宏观结构更加不合理，抑制和延缓了我国产业结构的高阶化。改革过程中，由于放权让利失度，中央与地方的事权财权不明确，加之价格政策不尽合理，资源省为了摆脱“双重价值”的流失，追求加工高度化，因而出现了产业结构虚高度化。与此同时，加工省由于得不到资源省的能源原材料，造成了生产力闲置，产业高度化不足。二者结合，严重地阻碍了我国产业结构改革完善进程，给目前的供给侧结构性改革留下了难题。在区域产业结构趋同化的背景下，能源、原材料及运输能力相对萎缩，势必迫使国家追加对它的投资，结果造成长线（加工工业）不拉就长，短线（能源、原材料、交通等）又必须拉长，致使投资规模的结构性膨胀难以控制。地方利益的驱动和只顾眼前的短期行为，致使不同区域不同程度地偏离其原有的区域发展战略目标，区域优势得不到发挥，直接影响了发展速度和经济效益。②

2）地区之间的贸易封锁和争端。从某种角度说，地区之间贸易封锁和争端与各地的盲目重复建设有一定关系，因为这种重复建设造成了生产力过剩，要保证各地生产力的有效使用，就必须积极拓展产品的销售市场，而最能够

---

① 汪宇明．中国省区经济研究［M］．上海：华东大学出版社，2000：204-213.

② 杨述贤．论我国的重复建设与产业结构趋同［J］．山西师范大学学报（社会科学版），1999（2）.

吸纳这些产品的市场主要就是本地区和周边地区。由于一些地区市场化程度不高，政府职能转变不到位，地方政府还经常直接干预市场和企业的生产经营，因此，地区之间狭隘的保护和封锁往往成为引发争端的导火线。一些地方政府在采取限制外地商品进入本地市场等措施为本地企业提供保护的同时，还辅以扩大管理范围、增加审批手续等手段要求当地企业、单位或个人经营、购买或推销本地产品，甚至运用强制性命令等手段要求保护当地企业、单位或个人经营、购买或推销本地产品。比如2000年黑龙江省龙江县政府就以整顿啤酒市场秩序为由，依据齐齐哈尔市人大颁布的《酒类管理条例》以及齐齐哈尔市政府办公厅签发的《关于整顿酒类市场的通知》，成立了由酒类专卖局牵头的啤酒市场稽查队，多次封锁、扣押和没收外地生产的啤酒，给经营者造成了严重经济损失。①

3）跨地区性公共物品供给不足。我国是单一制国家，以往区域政府的合作主要通过中央政府以及地方政府的协调方式进行，治理跨地区性公共事务基本以中央为主。例如，应对流域治理问题，中央政府成立了水利部长江、黄河、淮河、海河、珠江、松辽水利委员会以及水利部太湖流域管理局。有学者提出，将区域公共事务治理的希望寄予中央政府，产生的问题就是政府太大而无法解决小问题。中央政府不可能很好地满足某一个区域内居民的偏好。即便中央政府认识到区域公共问题的重要性而决定治理，但是由于信息方面的原因，这种治理的成效与持续性也很难保证。中央政府很难拥有真实、全面、及时的关于区域公共事务的信息，因而只能是一种运动式的、间歇式的治理。在这种间歇式的治理中，地方完全能够以突击的方式应付上面的检查，或隐瞒对自己不利的信息，增加上面获取有用信息的成本和管理成本。②

随着市场化进程的推进和行政权力的纵向与横向调整，地方政府作为一个相对独立地方利益代表的角色日益明显，为了维护地方利益，地方政府之间展开了一系列的竞争和交流合作。地方政府之间横向合作作为促进地方政府实现共赢的有效途径，也成了学术界研究的热点，建立地方政府间的战略伙伴关系成为未来地方政府合作发展趋势。近年来我国政府已经开始意识到地方政府间合作的重要性，珠江三角洲、长江三角洲、港澳地区与内地、环渤海湾城市集群、上海浦东新区、天津滨海新区等一系列区域经济合作改革

---

① 张惠萍．一份文件封锁啤酒市场［N］．中国工商报，2000-06-13.

② 韩志红，付大学．地方政府之间合作的制度化协调——区域政府的法治化路径［J］．北方法学，2009（3）.

试验区，以及长株潭城市群和武汉城市圈等大城市集群也日益发展，这一发展态势势必会提升我国区域整合能力，促进地方政府的有效合作。

总体来说，我国地方政府间目前的合作关系可以分为三个层次：一是组建城市政府联合体，即城市政府在经济、行政、文化方面的合作。这一方面以沈阳市为代表，1984 年沈阳市与丹东、辽阳、本溪、抚顺、铁岭、鞍山共同成立了城市联合体。1986 年，由沈阳牵头，组织东北经济区内的大连、长春、哈尔滨、赤峰四市和呼伦贝尔、兴安、哲木等三盟的市长、盟长召开联席会议，成立了“五市三盟”区域性经济合作组织。备受瞩目的海西战略则是一项以福建为主体，涵盖了浙江温州、广东潮汕、江西赣州等相邻地区的经济区，东接台湾，南北承接珠三角、长三角，辐射周边地区的发展规划。二是经济区内的各地方政府的联合。其突出特点是政府主导型的推进模式，其原则是“利益共沾，风险共担，共同发展”，一般是指行政区管辖范围内的各地方政府联合，如武汉城市圈建设。三是跨经济区的地方政府合作。各地方政府之间的合作不再囿于经济区域内，而是扩展到经济区外，形成跨区域合作。这些不同层次的合作，使地方政府打破原有行政区域的限制，更有利于形成统一的竞争局面。

合作交流的具体形式目前有以下几种：通过组建城市政府联合体，使合作更加稳定和制度化；为解决共同面临的问题或协调双方在某领域上的关系，通过订立协议的方式形成合作关系，如浙江义乌和东阳两市签订的有偿转让水协议；成立协会，各地方政府间或地方政府某些部门之间，建立地方协会，加强交流与合作；举办论坛或召开会议，这主要是为了加强政府官员之间的交流和特定领域的合作而采用的方式，如 2004 年的“泛珠三角论坛”。

中国地方政府横向合作还存在一些不足，主要表现在以下方面：一是地方横向合作的组织制度化程度低，缺乏制度化的议事和决策机制，许多政府之间的合作仅仅依靠在任官员的互相承诺或共识而产生，是一种地方政府倡导式的非制度性的协调机制，缺乏法律效力和稳定性，这种合作一般会因官员离任而终结。由于组织相对松散，没有建立起一套功能性的组织结构，缺乏有效的监督和约束机制，因此地方合作协议缺少监督，容易诱发地方政府机会主义倾向，增加地方政府间的合作成本。二是只存在利益的共享机制而没有利益补偿机制。各地方政府在区域合作中只关注合作给各自带来的利益，只有利益共享而不能对那些为了实现区域整体利益付出代价的地方政府进行补偿，从而打击了一些地方政府开展合作的积极性。地方政府之间合作的地区分布不均，特别是集中于资源比较丰富的、经济发达的地区，这也容易导致新的地区差异，引发新的区域保护主义。

（二）改革开放以来政府权力运行存在的问题

改革开放以来，经济建设、法治进程日益加快，党和国家对行政发展规律认识不断深化，如何建立科学、规范的政府权力运行机制成为政府改革的重要理论与现实问题。党的十六大提出要建立结构合理、配置科学、程序严密、制约有效的权力运行机制，从决策和执行等环节加强对权力的监督，保证权为民所用。党的十八大报告指出，要确保决策权、执行权、监督权既相互制约又相互协调，确保国家机关按照法定权限和程序行使权力。这对建立和完善权力运行制约和监督体系提出了更加迫切的要求。在党的十九大报告中，习近平总书记指出："要加强对权力运行的制约和监督，让人民监督权力，让权力在阳光下运行，把权力关进制度的笼子。"这充分显示了党和国家对行政发展规律认识的深化。目前来看政府权力运行机制还存在一些问题。

1. 权力运行的法律规则缺失

目前，规范权力运行的法律规范不多，社会关注度也不够。权力的运行，基本上处于无法可依的状态。《宪法》《国务院组织法》《地方各级人民代表大会和地方各级人民政府组织法》对权力运行的规则几乎没有规定。行政法规、部门规章也很少涉及这方面内容。当然，并不是说权力运行完全没有规则。在现实生活中，权力的运行主要是靠部门制定的一些内部规则甚至是拿不到台面上的潜规则。这些规则充斥着随意性、模糊性和秘密性，与法治精神背道而驰。这些规则主要包括：

一是行政系统的内部规则。这些规则的表现形式多样，比如行政规则、政府内部发文、党和政府联合发文、党制定的政策等。目前行政组织法律制度不健全，行政系统内部权力运作还处于法律的调控之外，基本靠命令指示、请示汇报、考察调研等来维系上下级的关系，党的政策也是权力运行的重要依据。由于这些内部规则是政府自己制定的或是以惯例形成的，没有经过严格的立法程序，所以存在着不规范、不透明等缺点。

二是处于正式规则之下的潜规则。除行政系统内部的正式规则外，在权力运行中还有一些"只可意会、不可言传"的潜规则。潜规则的存在，部分原因是正式规则的缺失。权力运行中的潜规则是地方或部门经过长期的实践形成的，在行政系统内部约定俗成，对于引导权力运行起到重要的作用。比如“上有政策，下有对策”“官出数字，数字出官”，再比如为社会广为关注的“跑部钱进”现象。

2. 权力运行单向性，缺乏沟通和参与

改革开放前，高度集中的行政体制形成行政系统的高度集权，行政系统内部缺乏沟通、对话、参与的渠道。虽然随着民主进程的推进，行政权力在外部的运行强调社会参与，如听证制度的发展，但是行政权力在系统内部的运行仍然是自上而下的，缺乏地方参与和有效沟通。如地方行政区划的调整，主要由作为上级政府的国务院批准，地方缺乏话语权。单一制国家结构决定了中央对地方的绝对领导权，地方政府由中央政府设立，是中央的下设机关。同时，在地方政府间关系上，下级政府有义务执行上级政策指示，但对上级政府影响有限，构成单向的权力运行轨道，这使得地方权力受到极大限制。这种压力型机制使得地方政府权力运行存在诸多问题。

3. 权力运行的人格化和随意性

公共管理中的人格化现象是指与封闭性的、小群体性的农业文明社会相对应的，以“人情—身份”关系为隐性规则，建立在特殊取向的制度基础之上，缺乏明确的、显性的理性规则，或即使具备一定的明确规则，但在真实的管理过程中由于“熟人社会”的影响力而导致理性规则失效的现象。公共管理中的人格化现象具有明显的非理性、不确定性、无序性。公共管理中的非人格化是理性的，以效忠组织或国家为基础，个人的服从对象是个人拥有的特定职务；人职分离，个人只是某一特定职位的责任人，个人手中的权力只是公共权力在其职位上的一种体现。而公共管理中的人格化是非理性的，以效忠某个特定的人为基础，即个人的服从对象是拥有特定职务的个人；人职不分，职位的公共权力被异化为个人的私权，用来为个人牟取私利。在人格化的公共管理模式中，官员的任免和升迁是由领导者个人的意志决定的，官员为了获得和维持手中的权力，会竭尽全力地效忠和讨好统治者，由此形成对统治者的人身依附关系，沦为统治者的统治工具。公共权力在行使过程中，时常受到血缘、地缘和人情关系的影响，导致法规制度的执行因人而异。因此，公共管理就会呈现出非理性和不稳定性。目前人格化现象在我国公共管理中还存在。例如国家以惠民为目的的保障性住房政策，执行中被披露存在大量以权谋私现象，很多保障性住房被一些官员或者官员的亲戚和朋友非法占有；看病就医等公民理应享有的权利，却因为没有“熟人”操办也许很难实现；购买紧俏商品、分房、申领中意车牌、违章处罚等，甚至在法律执行过程中都存在着因人而异的不公平现象。[①]

4. 权力运行程序不规范不透明

党的十八大以来，我国的权力运行制约和监督体系建设取得长足进步，但由于监督体制的设置不完善、部分领导干部民主法制意识淡薄、权力运行程序不规范不透明等原因，不愿监督、不敢监督、抵制监督等现象仍不同程度存在。目前行政权力的运行缺乏规范、透明的法定程序，这是导致行政权力滥用和运用随意的重要因素。所谓不规范，是指权力的运行缺乏清晰、严密、具体的规则与程序，以形成相互衔接、环环相扣的权力和责任网络，行政自由裁量权过宽过大。所谓不透明，是指权力运行程序和规则对外公开的程度不够，如通过“内部文件”“部门规定”等对外开展工作，规则程序只有一些主管人员知道，这样就难免出现“暗箱操作”，滋生腐败现象。

三、政府权力配置与运行现代化的思考

我国行政管理体制改革要充分发挥广大人民群众尤其是行政管理人员的主观能动性，充分保障公民享有各项权利和管理国家行政事务的权力，保障人民群众的根本利益。要进一步理顺部门职责关系，逐步解决决策权分散、执行权交叉重叠的问题，不断完善相应的规章制度和法律程序，使其高效运转又无法“权力寻租”，并兼顾“决策的统一性”和“执行的便民化”两方面要求，实现全心全意为人民服务。理顺我国政府权力配置和运行是一项系统工程，涉及方方面面。从宏观上涉及国家、政府发展的战略；从微观上涉及每一项具体的政府公共权力运作过程或策略。

（一）完善政府权力体制，促进权力配置规范化

政府权力体制是指政府机关的组织制度。任何国家的治理，都需要权力的存在和运作，都需要优质高效的政府权力体制，政府权力体制是理顺我国政府权力运行的重要主体因素。党和国家非常重视规范高效的政府权力体制的创建工作。早在党的十一届三中全会前夕，邓小平同志就提出，为了适应现代化建设需要，必须“改变上层建筑”，“正确地改革同生产力迅速发展不相适应的生产关系和上层建筑”。党的十一届三中全会明确提出，实现四个现

① 黄海琳．公共管理中的人格化现象及其负面影响防治［J］．广西教育，2012（39）．

代化“必须要求多方面地改革同生产力发展不相适应的生产关系和上层建筑”。1980—1986 年，邓小平在《党和国家领导制度的改革》等讲话中，多次提到提高管理体制改革的重要性和必要性。从 1987 年党的十三大到 2003 年党的十六大都把行政管理体制和政治体制改革确定为今后改革发展的重要任务，特别是从党的十四大确定社会主义市场经济体制改革目标以来，这种认识更加明确。“继续改革行政管理体制，加快形成行为规范、运转协调、公正透明、廉洁高效的行政管理体制。”① 在党的十七大报告中，胡锦涛更是强调了“健全行政运行机制，形成权责一致、分工合理、决策科学、执行顺畅、监督有力的行政管理体制”② 的改革目标。党的十八大报告提出，“要深化行政体制改革”，并从八个方面给出了深化行政体制改革的任务，做出了部署，明确了要求。这是进一步深化行政体制改革的纲领、方针和基本依据。党的十九大报告提出，赋予省级及以下政府更多自主权，在省市县对职能相近的党政机关探索合并设立或合署办公。推进简政放权，提高行政办事效率，提升依法行政水平，避免职能交叉、相互推诿，避免公权力异化，避免出现更多灰色和黑色地带。

在经济全球化的态势下政府要适应国家竞争规则，必须不断改善自身的管理方式，建立精简、高效、务实的政府权力体制。要引入市场机制，打破政府对公共服务的垄断，注重公共管理中的投入产出、成本效益问题，提高行政效率，才能提高国家竞争力。一个国家的综合国力和在国际社会中的竞争能力，在很大程度上取决于一个国家的创新能力。科技创新、知识创新等都是在一定体制保障之下进行的，如果没有体制上的保证，创新就不能快速实现。因此创建高效率的政府权力体制一定还要注重政府权力主体自身的变革与创新。

1. 创建规范高效的领导体制与领导方式

从现实看，创建规范高效的政府权力体制，首先必须进行领导体制和领导方式的改革，建立健全执政党制度和工作体制，保证执政党对整个社会的有效领导，理顺党政关系。其次要不断巩固和完善人民代表大会制度，使各级人民代表能够切实有效地工作，扩大群众参与度，最大限度地把民众的意

---

① 中共中央关于完善社会主义市场经济体制若干问题的决定［M］. 北京：人民出版社，2003：31.

② 高举中国特色社会主义伟大旗帜 为夺取全面建设小康社会新胜利而奋斗——在中国共产党第十七次全国代表大会上的报告［M］. 北京：人民出版社，2007.

愿汇集起来，最大限度地体现人民民主。健全和完善选举制度，保证选出人民信任和胜任的人来行使国家权力，保证选民对当选者实施有效监督。再次要加强法治，完善法律体系，推进社会主义市场经济体制建设，实现依法治国。最后要建立有效的政府管理体制。进一步调整政府机构，精简机构，减少层次，建立起富有活力的政府机构。适应经济体制改革和市场经济发展要求，不断调整政府职能、权力范围和行政关系。完善政府运作的动态过程，全力加强行政方法、行政手段、行政措施、行政机制等方面的创新，构建中央与地方、地方与地方动态协调的新机制。

2. 建设规范的公共权力体制和权力结构

创建规范高效的政府公共权力体制还要把握和适应新的情况和趋势。从国际趋势来看，政府结构的形态将由金字塔形的层级结构向扁平网络化结构发展；政府规模相对缩小；权力结构趋向更多分权；电子政务的运用使政府获取信息的方式由纵向一体向网络化、交叉化方向发展；政府的动力结构也将由控制型向参与型、自主型转变。这些新的情况和趋势必然会成为政府公共权力体制创新的重要动力。①

具体来说，在实现中央与地方政府间事权、财权合理配置的过程中，首先是在中央与地方关系中确立法律权威，对地方政府地位进行重新审视和界定，改变目前地方政府在法律上的双重身份；确立中央与地方政府事权、财权配置的原则，即法治原则、民主原则、事权与财权相匹配原则、受益对称原则等。在合理界定中央与地方政府各自事权的过程中，应在深入调查的基础上，对中央和地方政府的事权进行梳理，将这些事权分类定责并以法律形式规定下来。在合理界定中央与地方政府财权的过程中，改革当前的分税制、完善中央与地方政府间财政转移支付制度等都是理顺政府权力运行的关键环节。除此之外，还应当加强有关中央和地方关系的法律制度建设，一方面，需要修改现行的行政组织法，实现中央与地方政府权限的法治化：一是要充实《国务院组织法》的内容，增加中央与地方关系的一般原则和基本精神；二是对《地方各级人民代表大会和地方各级人民政府组织法》进行修改，对地方与中央的关系予以明确。另一方面，修改《预算法》，制定财政转移支付等方面的法律。

① 王伟．政府公共权力效益问题研究［M］．北京：人民出版社，2005：180.

3. 改革行政区划，优化地方政府层级设置

在地方政府层级设置上有三种观点：第一种观点主张废除各省行政区域内普遍存在的市管县模式，虚化地区建制，恢复地区行政公署作为派出机关的本来面目。[①] 第二种观点赞同在地方只设立省、县、乡三级政府，但是主张直接废除市管县模式，建立省直接管理市县的公共行政体制。作为配套改革，应增设省级行政区，缩小省级政府的管理幅度。[②] 第三种观点则主张把地方政府层级减少为两级，弱县虚省，强市扩镇，即在地方只设市和镇政府，同时将省级政府改组为中央政府的派出机构，将县政府改组为市政府的派出机构，将乡政府改组为镇政府的派出机构。[③] 上述三种观点中，呼声最高的是第二种，即主张废除市管县体制，实行省政府直管县体制，同时对我国行政区划进行调整，把目前的省级行政管理单位增加为 50 个左右，以减小省级政府的管理幅度。

一项改革措施是否能取得成效，其现实可操作性至关重要。我国地方政府层级设置的改革，涉及多方面制度，也关系到亿万人民的切身利益。因此，这种改革作为行政体制改革的重要内容，应坚持量力而行、稳步推进的原则。应在全面调查、严密论证、考察试点的基础上，逐步推进地方政府层级设置的改革。具体体现在以下方面：

（1）逐渐取消市管县体制，实行省政府直管县的模式。一方面，省、县、乡三级政府体制是我国 1949 年以来政府层级设置的模式，市管县体制实际上是 20 世纪 80 年代后才开始的做法，这在计划经济体制下减小省级政府的管理幅度，加强对省以下地区的宏观调控和管理方面发挥了重要作用。但当前市场经济体制逐步完善，各地交通、通信、电子政府的迅速发展等客观条件，使得取消市管县体制具备了现实性。另一方面，从机构改革、人员安排等方面考虑，取消市管县，由省直管县的模式成本较小。

（2）适当增加省级行政区，减小省级政府的管理幅度。当前我国行政区之间的管理幅度、人口等方面差距十分明显，比如河南省人口 1 亿多，而海南省人口不足 900 万。适当增加若干省级行政区，调整省级政府的管理幅度，

---

① 周振超．打破职责同构：条块关系变革的路径选择［J］．中国行政管理，2005（9）．

② 戴均良．行政区划应实行省县两级制——关于逐步改革市领导县体制的思考［J］．中国改革，2001（6）．

③ 宋立，刘树杰．各级政府公共服务事权财权配置［M］．北京：中国计划出版社，2005：264-273．

不仅有利于配合省直管县模式的改革，更重要的是有利于解决地区发展不平衡的问题，增加国土安全系数。

（3）适当调整部分县、乡的管理幅度。县级行政区及政府在我国历史上一直以来都是十分重要的一级政权组织，这种局面是长期发展变化形成的，具有很强的稳定性，所以在地方政府层级设置调整中，应保留这一级政府；但是在部分地区，县级政府也存在管理幅度过大问题，特别是一些县级行政区幅度偏小，不利于当地经济社会的发展。

4. 适时进行各级行政部门的权力和职责的重新划分

一是规划权。将国家未来的发展规划权、各行业发展规划权、跨区域发展规划权赋予一个部门，也就是现在的发改委，但不赋予发改委其他权力，即只有规划权。发改委的主要职责就是研究和制定发展规划，取消其审批项目符合发展规划的界定权。国家发改委制定国家层面规划、省级发改委按照国家层面规划制定全省（包括各市县）发展规划，撤销市、县两级发改机构。

二是政策制定和解释权。将各行业、领域政策制定权、标准制定权和解释权仍赋予各行政部门。各行政部门的职责是制定本行业内符合发展规划的政策和标准，做好行业引领和指导。中央各部委主要制定符合国家行业发展规划的政策和标准，以及引导和研究本行业发展。地方各部门除制定需地方出台的政策和标准，以及做好引导和研究本地行业发展外，还需收集和研究政策和标准执行中产生的问题，并及时向上级反馈，使政策和标准更切合实际。

三是审批和认定权。成立行政审批部门，作为发改委和各部门的下游执行单位。将业务审批权、认定权按大行业整合到行政审批部门中进行集中审批，并优化行政审批部门内部流程，建立有效的审批工作流程，逐步形成“一章”审批，比如推广浙江省的“最多跑一次”改革经验。对于审批是否符合规划和政策的问题，由发改委和各专业部门确定其审批和认定是否准确。中央的行政审批机构负责涉及国家层面的审批；地方的行政审批机构负责涉及地方层面的审批。审批事项要严格管控并公开信息，审批部门自身不能设定审批事项。

四是监督管理权。将监督管理权按大行业整合到一两个新成立的监督管理部门，集中监管，监督行业是否符合规划政策，其对在监督过程中发现的问题没有处罚权，需提交处罚机构统一处罚。中央的监督管理机构负责涉及国家层面以及跨省域的监督，并做好对重大事项的监督；地方的监督管理机构负责涉及地方层面的监督；把对具体事务的监督权逐步下放到县乡层级。

五是处罚权。成立单独的处罚部门，按照监管部门提交的内容进行处罚，罚款全额缴入国库，涉及违法的，由其提交司法部门。中央处罚机构负责对中央监督机构提交的监督结果进行处罚；省、地市建立处罚机构（县以下不建立），负责对地方监督机构提交的监督结果进行处罚，重大处罚结果应报上级处罚机构核准。

六是建设权。公共服务设施的建设可由各级政府成立的国企或通过市场招投标的民企、混合经济体负责，更利于调动社会和民间资金。

5. 创新中央对地方监控的模式

中央对地方的监督控制在市场经济条件下的主要手段是财政和立法。首先是财政监督与控制。在市场经济条件下，财政关系是中央与地方关系的重要体现，财政监控是中央对地方行为的重要监控方式。中央政府控制主要财政收支，保证地方对中央的财政依赖，通过完善的转移支付制度实现对地方的控制和中央政策的推行，通过财政审计实现对地方财政的监督。其次是立法监控。树立宪法和法律的权威，按法治原则实现对地方的监控，建立地方法规的审查制度。此外，行政手段和人事手段成为中央集权与地方分权的必要补充，行政隶属关系弱化后，行政控制手段大大减少，人事控制主要由地方人大来监督控制。①

党的十八大以来，虽然地方政府在纵向政府间关系上“自主探索”的范围、幅度和可能性受到了一定程度的限制，但是地方政府创新出现了不同于“自主探索”与“设计试验”的新形态，即“请示授权”，而且这一新形态已经获得湖南、山东、山西、浙江、内蒙古等五省（区）的制度确认，可能成为中国地方政府创新的一种新趋势。作为“自主探索”与“设计试验”的重要补充或综合，“请示授权”将纵向政府间的非正式互动纳入了正式的政府过程，是实现“顶层设计”与“地方探索”良性互动的一种可能路径，它或将在实践中进一步厘清纵向政府间的职权边界，构建一种新的纵向政府间关系，即基于纵向政府间的职责分工进行权力配置，该集中的权力必须集权，该下

① 陈崇良．转型时期中央与地方关系的建构［D］．重庆大学硕士学位论文，2006.

放的权力彻底分权，从而可以清晰地界定中央和地方政府的边界。①

（二）重塑我国政府权力运行机制

重塑政府权力运行机制是当前我国政治体制改革和行政管理体制改革的重要目标，重塑政府权力运行机制的关键，在于是否具有科学的具体改革思路。按照党的十九大精神，各级政府部门要开展权力下放的工作，因此重塑我国政府权力运行机制，需要做好相应的顶层设计，使下放真正实现简政放权，使资源配置达到最优，使行业发展效果最佳，使人民群众能够更顺利地开展生产、生活。

1. 推动对上级和基层权力范围界定的合理化

对于现阶段下放到基层行政机构的权力，主要应准确分析权力是以宏观为主还是以微观为主。因为上层机构便于把握全局，所以以宏观为主的权力应尽量在上层机构；而基层机构直接面对具体事务，利于处理微观事务，应把微观权力尽量下放。下放以后，基层机构在处理微观事务时应就处理过程中遇到的问题和困难向上层机构反映，上层机构及时对问题进行归纳总结，形成宏观的有针对性的政策、办法对微观事务进行指导，从而形成宏观、微观，上层、基层之间的良性互动。由于受各种客观条件的限制，如社会资源的有限性、民众承受能力的有限性以及各种政治力量的相互牵制等，任何政府权力的行使范围都必然是有限的，不可以毫无节制地行使其权力，应确保现代社会对政府权力的制度限制主要来自法律。

2. 促进政府权力运行主体的责任化

社会赋予政府治理和管理社会的权力，是以政府履行管理和服务社会的义务为“交换”条件的。② 因此，我们要建立官员问责制度、重大事故责任追究制度、引咎辞职制度，并进一步形成法治化、专职化、层级化的组织形式以及权责意志，一切按法律和规则行事的行为逻辑使理性官僚制形成适应经济和社会生活需要的特有形式。官僚制本质上是一个严格的责任体制，借鉴官僚制精神有利于明确各个部门和职位的职责权限，做到职权与责任的对等与统一，避免有权无责、权大于责或责大于权的不合理状况，推进政府权

---

① 郁建兴，黄飚．当代中国地方政府创新的新进展：兼论纵向政府关系的重构［J］．政治学研究，2017（5）．

② 李仁主，刘凯湘．契约观念与秩序创新：市场运行的法律、文化思考［M］．北京：北京大学出版社，1993：104.

力运行主体的责任化进程。

只有确保政府权力运行主体责任明晰，才能促进政府权力运行效能的提高。政府管理是运用国家政权的强大力量，按照国家和人民的意志和利益，对整个社会公共事务进行有效的管理，它在整个社会管理中居于支配地位。政府权力运行效能如何，直接影响到政府对社会公共事务管理的有效性，影响社会主义市场经济体制的建立和完善，进而直接影响当代中国社会转型的实际进程。所以，建立高效能的政府系统，是转型时期中国政府发展追求的价值目标之一，它关乎中国特色社会主义现代化的实现。只有权力运行规范、科学程度高的政府，才是高效能的政府。为此，要建立科学化、民主化的决策机制，防止决策失误；要克服决策执行过程中程序烦琐、相互扯皮、责任不清、协调不力、人员缺乏积极性的积弊；在行政机关要推行责任制、考核制、公开办事制、目标管理制等微观管理机制，明确政府权力行为的目标与判断标准。

3. 促进政府和市场关系的动态化

在权力放开到市场时，应辩证分析政府和市场的关系，应认识到在配置资源时市场具有较好的灵活性但也存在无序性，政府具有秩序性但也存在僵化性。因此，要动态地将政府和市场结合，使得各行各业保持健康高效的发展。在公共服务领域，适当应用政府这只“有形的手”尽可能多地为人民群众提供公共服务。在行业发展领域，区分市场有意愿开展和需要政府扶持发展的事项。对于市场有意愿开展的事项，可先由市场这只“无形的手”发挥作用，逐步由政府和市场共同发挥作用，在规范成熟的前提下再由市场发挥作用；对于需要政府扶持发展的事项，可先由政府扶持发展，逐步由市场和政府共同发挥作用，在规范成熟的前提下再由市场发挥作用。也就是说，在权力放开时，要充分发挥有形和无形的两只“手”的作用，提供优质的公共服务，促进经济社会的持续健康发展。

4. 严格政府权力运行方式的程序化

现代社会是法治社会，现代市场经济是法制经济，与之相对应的现代政府权力运行方式应当是依法按程序运行，“行政机关行使行政权力、管理公共事务必须由法律授权并依据法律规定。法律是行政机关据以活动和人们对该活动评判的标准”。这是法治的本质在政府治理中的具体表现。政府机关在执行法律过程中可以制定和执行有关的行政法规和政策，但不得逾越法律的界限。政府的权力大小、规模和职能等都由法律和制度予以严格明确的规定。凡是法律授予的职权，政府机关必须行使；凡是法律未授予的职权，政府机关不得行使；只有在法律授权的事项上，政府机关才能够行使自由裁量权。中国的政府权力行为必须符合执政党的纲领决议和组织纪律，符合政府的各项规章制度和程序规范。政府权力行为必须是合乎法律规范的、具有程序化的行为。

5. 加强对政府权力运行监督的法治化

政府权力是由人民赋予的，应当用于为公共利益服务，并受到全面的监督。过去由于监督体系不健全，导致权力人格化而偏离公共目标，被掌权者滥用，甚至成为个人牟取私利的工具。列宁曾指出："不受制约的权力，必然导致不受节制的堕落。"因此，应限制和监督行政权力，以诉讼权利制约政府权力、社会权益制约政府权力、其他国家机关制约政府为原则，逐步建立对政府权力的全方位监控机制，从法律制度上保证政府权力得到监督。这主要体现在三个方面：一是通过立法对政府权力实施监控；二是通过行政程序对政府权力实施监控；三是通过司法审查对政府权力实施监控。要将政府权力控制的主体、程序、措施进一步法制化，逐步完善政府权力的监督制度，形成一个相互配合、有机联系的政府权力运行监督体系。监督体系的形成主要应内部、外部监督相结合，借助法律和制度予以明确。其核心是建立监督制约机制和问责处罚机制，其关键是法律和制度建设，其目标是依法行政。党的十八届四中全会已经对依法治国做出了重要部署。

6. 促进政府权力运行成本的廉洁化

政府作为凌驾于社会之上的公共力量，是由一定的人和物质附属物组成的。政府的运行必然需要一定的行政成本。行政成本的价值在于其对社会的组织管理与提供的服务，它由有形成本与无形成本共同构成。有形成本是指财政预算或预算外支出的各种费用；无形成本是指组织与管理社会而产生的费用。从某种意义上说，政府权力运行也是一种经济行为，需要进行收益—成本分析，只有其收益高于成本才是有效的，因而政府服务同样存在着降低成本、提高效益的要求。由于维持政府生存和活动的经费主要来源于国民的税收，是对社会财富的一种消费，廉价政府也就意味着一定程度上减轻国民的税负，可以把社会财富更多地应用于社会生产和生活。社会发展总是希望政府成本最低、效益最高。当前我国政府组织的规模偏大、政府自身消费水平过高以及部分政府官员不廉洁问题等，都大大增加了政府权力运行的成本。要建设廉价政府，当务之急是转变政府职能、精简政府机构、裁减政府冗员，以便使政府机构简洁得当、政府官员廉洁奉公，真正建立起一个办事高效、运转协调、行为规范的现代政府治理体系。

第五章
治理机制现代化载体：责任政府建设

中办、国办印发《关于推行地方各级政府工作部门权力清单制度的指导意见》

中共中央办公厅、国务院办公厅印发了《关于推行地方各级政府工作部门权力清单制度的指导意见》，并发出通知，要求各地区各部门结合实际认真贯彻执行。其中第九条指出，积极推进责任清单工作。在建立权力清单的同时，要按照权责一致的原则，逐一厘清与行政职权相对应的责任事项，建立责任清单，明确责任主体，健全问责机制。已经建立权力清单的，要加快建立责任清单；尚未建立权力清单的，要把建立责任清单作为一项重要改革内容，与权力清单一并推进。

——摘自中国政府网

党的十九大报告在阐述新时代中国特色社会主义思想和基本方略时，强调一切工作要以人民为中心，践行全心全意为人民服务的根本宗旨，要坚持在发展中保障和改善民生。大力发展和改进公共服务、保障和改善民生是现代政府不可推卸的责任。政府特别需要在“幼有所育、学有所教、劳有所得、病有所医、老有所养、住有所居、弱有所扶”方面有所作为，以解决这些最基本的民生问题。政府还应在脱贫攻坚上下大力气，保证全体人民有更多获得感，这是责任政府建设的目标要求和具体诉求。在当前改革进入攻坚期、各种矛盾集结并凸显的时期，强化政府责任、建设责任政府意义重大。

一、责任政府概述

笼统地讲，责任政府就是负责任的政府，但对于什么是责任、什么是负责任的政府、政府应该负什么责任，可谓是仁者见仁、智者见智。

（一）政治学视野下的责任政府

政治学从探讨责任入手，按照《布莱克维尔政治学百科全书》的解释，责任在政治活动和公共管理中最一般的含义是指与某个特定的职位或机构相联系的职责；“责任”作为一个政治术语主要表现为威斯敏斯特体系中的议会政府，由于在议会政府中不论是政府整体还是其组成人员都要向议会负责，因此议会政府本身有时就被称为责任政府。这是从对政府的控制方式的制度性安排来理解责任的政治含义，也反映了责任政府是由责任主体和客体构成的一种政府组织形式。政府作为秩序化治理的一个条件，是国家权威的表现形式，亦是人类文明社会管理的重要组织形式。

政府权力是由人民委托赋予的，政府在拥有权力的同时也必须负起相应的责任。政府与人民通过选举构成了一种契约性权责关系，政府责任是人民赋予政府权力的伴随物，即政府权力和责任同时来自人民，政府必须向人民负责。这种契约论思想直接将责任理念植入政府治理行为之中。

国内政治学者对责任政府也有自己的研究见解。王成栋认为，责任政府要解决的就是在现代民主社会里各种政府体制下的政府的政治责任问题。所谓政治责任，就是行使权力者因违反政治义务而承担的政治上的否定性后果。“政治责任相对法律责任而言，政府的行为与是否违法无关，而是关系政策是否失误。”① 在此王成栋论述了责任政府的理论基础，其中包括人民主权、分权与制衡学说、法治学说和积极政府理论。他认为，政府对人民负责或对议会负责，也正是人民主权的思想和宪法原则下的产物。离开了人民主权这一理论基石，责任政府也就无从谈起。法治原则不仅是责任政府的重要依据，而且决定着政府责任形式的确立，并且也是区别于西方国家责任政府的根本所在。政治学视角下的责任政府主要关注政府权力与统治的合法性，责任政府更多意味着政府权力来源于公众的授予，强调政府与公众之间的契约关系。政治学视野下的政府责任主要指政府恪守民主与法治责任，向作为权力来源的公众负责。

（二）法学视野下的责任政府

在法学研究者看来，政府责任就是政府需要担负的法律责任，宪法与法

---

① 王成栋．政府责任论［M］．北京：中国政法大学出版社，1999：80.

律的作用之一就是为政府的行为设定好各种责任与义务。宪法与行政法通常被看作研究责任政府的主要法学领域。正是行政法把政府和责任连在一起，由此政府责任就是政府对行政负法律上的责任。行政法视野下的政府责任更强调政府的消极责任，即政府做出违法行为而承担的否定性法律后果。有学者认为，在整个责任体系中，政府的行政责任包括三种：行政法律责任、行政政治责任、行政违宪责任。行政责任在绝大多数情况下即为行政法律责任，是指行政法律关系主体因违反行政法义务或行政不当行为所引起的法律责任。但在行政法上责任承担主体应该且事实上是双方，即行政主体和行政相对人，因此责任的承担者既可能是政府也可能是个人。罗豪才认为，行政责任就是行政法律关系主体由于违反行政法律规范或不履行行政法律义务而依法应承担的行政法律后果。张敬荣认为，行政责任即行政法律责任，是国家行政主体及其执行公务人员为了行使行政实体权力，必须遵循相关的法定程序，这是国家法律对行政主体设定的一种义务、一种责任，是对行政主体潜在的选择或决定行为程序的自由的限制。行政主体及其执行公务人员违反法定程序，不履行法定义务，就要承担否定性法律后果，即行政责任。

（三）行政学视野下的责任政府

公共行政关注的是政府运用公共权力、进行公共管理的全过程，在公共管理学视野下，政府责任与责任政府的内涵更加丰富了。

弗瑞德里哥和芬纳认为政府责任包括主观责任和客观责任。所谓主观责任是指行政人员伦理的自主性，客观责任是指法律规定的以及上级交付的客观应尽的义务责任。这种行政责任的划分实质上是责任内涵中角色责任和义务责任的反映。库珀认为行政责任实际上是由客观上的责任行为和公务员个人伦理自主性两方面构成的。西梅认为责任问题是民主政府系统中的核心要素，在一个民主的社会，只有人民同意授权，政府才有治理社会的权力，而人民只有在认为代表他们行使权力的政府对其所提供的服务和履行的义务负有完全责任的情况下才会同意授予政府特定的权力。也就是说，根据民主政治的理念，政府及其组成人员的一切政治行动必须以民意为依据，政府必须对人民的公共意志和利益负责，从而对选民或选民代表机构负责。政府责任还意味着政府及其组成人员能对其所负的责任行为做出合理的解释。斯蒂瓦特认为这是政府责任的一个要素，政府必须对其行为向议会或人民做出合理的说明、解释，以证明其行为是负责任的。

斯塔林认为，行政责任的内容体现在以下几方面：回应，指公共组织快速了解民众的需求，不仅回应民众先前表达的需求，而且应以前瞻的主动行为研究问题、解决问题；弹性，对政府所面对的公众来说，不同人的需求、认知与偏好不可能完全相同，因此政策的规划和执行要充分考虑各种不同因素；胜任能力，指政府的行为必须有效率、有效能；正当法律程序，指政府必须依法而治，而不是恣意而治；负责，指当行政人员或政府机关有违法、失职行为发生时，必须要有人对此负责任；诚实，其一方面要求政府坦白公开，即在政策的制定与执行的某些阶段要公开接受外界的监督，另一方面要求政府的公共管理者不能利用权力牟取不正当利益。

国内许多学者主张，政府主要指行政机关，因此政府责任就是行政责任，其中既包括积极责任，也包括消极责任。张国庆认为，行政责任是政府及其构成主体行政官员因其公权地位和公职身份而对授权者和法律以及行政法规所承担的责任。行政主体不仅要对消极的后果承担责任，也要对积极的义务承担责任。这意味着行政责任是与行政管理和行政法相关的一切责任，包括政治责任、道义责任和法律责任；由此，行政责任是指行政机关及公务员因其公共权力地位和公职身份而对授权者、行政相对方和法律与行政法规所承担的法律义务，以及违反行政法律法规和侵害相对方的合法权益所承担的法律责任。还有学者把政府责任称为公共责任，认为公共责任既是制度又是伦理。广义的公共责任是指，国家行政管理部门的行政人员在工作中对国家权力主体负责，提高履职能力，为国民谋利益。狭义的公共责任是指，国家的公务人员违反行政组织及其管理工作的规定、违反行政法规所规定的义务和职责时所必须承担的责任。另有学者认为，政府责任是指政府及其官员因其享有和行使国家行政权而相应承担的遵循宪法原则、维护国家法律制度、保卫国家安全、发展公共事业、维护公民生命和财产不受侵犯等方面的责任。还有学者认为政府责任可以分为两个层次：第一个层次是政府对于公民的责任。政府的责任首先表现为政府对国家权力主体的公民或代议机构负责。这种责任实质是“公仆的责任”。第二个层次是政府内部责任。从宏观上看，中央政府与地方政府之间的权力和责任划分，构成了政府内部最基本和最主要的纵向权责关系。从微观上看，在政府组织内部，由于权力是层层授予的，因此，在行政组织中，行政首长和行政下级实际上存在着一种双向责任关系。

张成福认为，从实质意义上讲，一个政府只有在能够保障社会利益，促进实现社会意志所提出的目的时，即真正履行其责任时才是合法的。因此民主政府必然是负责任的政府。他认为政府责任是政府社会回应力、政府的义务和法律责任的整体概念。责任政府既是现代民主政治的一种基本理念，又是一种对政府公共行政进行民主控制的制度安排。作为一种基本理念，它要求政府必须回应社会和民众的基本要求，并积极采取行动加以满足；必须承担道义上的、政治上的、法律上的责任；必须接受来自内部的和外部的控制，以保证责任的实现。作为一种制度安排，责任政府意味着保证政府责任实现的控制机制。政府责任有内部与外部之分。内部的政府责任机制或形式至少包括职业主义的作用、代表性的重要性及其伦理道德的考虑；外部责任机制在现代政府体系中，至少包括监督的义务，行政控制、立法监督以及司法争议的解决。因此，张成福把政府责任视为政府社会回应力、政府的义务和法律责任的整体概念，包括政治责任、道德责任、行政责任、政府的诉讼责任、政府的侵权赔偿责任五方面内容。

在公共行政学的视野下，政府责任应该有多方面、多层次的含义。从最广义上来看，政府责任是指政府能够积极地对社会民众的需求做出回应，并采取积极的措施，公正、有效率地实现民众的需求和利益。从广义的层面来看，政府责任意味着政府组织及其公职人员履行其在整个社会中的职能和义务，即法律和社会所要求的义务。社会义务不仅意味着政府正确地做事，即不做法律禁止做的事情，而且意味着政府做正确的事，即做促使社会变得更美好的事情，而不做有损社会的事。从狭义角度来看，政府责任意味着政府机关及其工作人员违反法律规定的义务、违法行使职权时，所承担的否定性的法律后果，即法律责任。这是政府责任最低限度的保证。因此，行政学视野下的责任政府就是一个承担多方面、多层次责任的政府。

（四）责任政府的评价标准

任何行政改革都必须接受评价，否则我们将无法判断改革的成功与失败。创建责任政府是我国行政体制改革的重要内容。责任政府的评判标准至少应该有三个：价值评判标准、立法评判标准和监督评判标准。

1. 价值评判标准

斯塔林认为，政府责任所涵盖的基本价值在于：回应，即政府要了解民众对政策变革的接纳程度和要求，并采取积极措施解决问题；弹性，即在政策形成和执行过程中，政府不能忽略不同群体、不同地域或政策目标达成的情景差异；能力，即行政责任同样要求政策的制定和执行受到恰当的、得到认可的标准的指引，政府的行为应当关注结果，不应玩忽职守，同时政府的行为应当是有效率和有效能的；正当程序，即政府的行为应受到法律约束，而非受到武断意志的支配，非经法律程序不得剥夺任何人的生命、自由和财产；责任，即一个组织必须对其外部的相关的人和事负责；诚实，即政府行政必须遵守诚实信用原则。

2. 立法评判标准

立法评判标准主要指立法工作中能否反映责任政府的基本特性。立法评判是在一定的价值观指引下，考察政府责任的主体、性质、范围、承担方式和裁判的标准，也就是说，在立法中是否对政府的责任做了规定，如果有，则从形式上说明了该政府是责任政府。这里的立法评判标准主要是政府的法律责任，其主要内容包括追究法律责任的主管机关的职责、权限以及与其他执法机关的关系，考察政府承担法律责任的程序是否完善、明确，也考察政府法律责任制度是否协调一致，行政处罚和行政处分的分寸是否统一，追究政府法律责任主管机关的职责、权限是否冲突，以及与国家赔偿制度是否配套，等等。随着社会的不断进步，政府责任中的政治责任、道德责任也会逐渐以法律的形式出现。SARS 危机之后，各地出台的政府引咎辞职制度，在一定程度上就是政府道德责任的法律化。

3. 监督评判标准

确立责任政府的目的在于防止和减少行政失误，责任政府意味着政府必须承担责任，而监督与追究责任往往是一体的，所以责任政府制度便与行政监督体系相互交织，形成了完整而严密的责任网络。这样不仅使权力受到约束，而且在整个责任过程中，追究者、责任承担者都很明了，便于责任履行，便于责任监督，便于责任最终落到实处。在民主宪政政体产生之前，行政机关基本上没有监督机制，因而其可以不承担任何责任；而在宪政分权体制之后，行政权受到立法权、司法权的广泛制约，无疑使政府开始意识到自己应该承担责任。从这个方面来讲，监督机制的存在也是责任政府的一个重要的评判标准。

二、改革开放以来中国责任政府建设发展与问题

（一）改革开放以来中国责任政府建设成效

1978 年我国修改的《宪法》重新肯定了国家权力机关的行政监督与问责

主体的资格，1982 年修改的《宪法》重新明确了全国及地方各级权力机关的监督与问责权限。各级党委领导下的纪律检查委员会相继产生，有权对同级党委及其成员进行监督。1983 年 9 月，国务院审计署正式挂牌，依法实施审计监督。1987 年，国家监察部重新组建。国家权力机关监督与问责主体地位的重新确定，审计体制、行政监察体制、纪检体制的建立，都为我国责任政府的发展奠定了良好的基础。毛寿龙教授以责任政府构建的侧重点为核心划分了其建设的几个阶段。①

1. 意识形态责任阶段

这一责任可以追溯到很早，到“文革”期间登峰造极。其含义是领导者往往需要承担意识形态的责任，路线斗争决定责任状况。改革开放之后，这一责任总的倾向是越来越淡化，但基本定位不明确，时弱时强，时有时无，飘忽不定。意识形态的争论在 20 世纪 70 年代中后期有两个“凡是”和实践真理的争论；20 世纪 70 年代末 80 年代初有要不要改革开放的争论；20 世纪 90 年代有市场经济是姓“资”还是姓“社”的争论；最近若干年有要不要反思改革的争论。这些争论，最后都由最高领导人来定论而结束。从总的情况来看，意识形态的责任正在淡化，因此而承担责任的官员也越来越少，但依然是很重要的责任。为了规避这方面的责任，很多政府官员都选择多谈问题，少谈主义，或者避而不谈。

2. 政府内部责任建设阶段

我国政府改革的责任趋向首先是在政府内部发生的。改革开放的中国需要有效的政府管理与之相适应，这就要求与政府内部行政权力的分配方式相应，建立起下级对上级负责的责任关系。行政领域中行政权力的分配有两种基本方式：一是纵向的结构性分配，即根据行政权力的层次性差别而对其进行垂直性的划分，这样划分形成因结构性权力差异而处于不同层级的政府；二是功能性分配，即根据行政权力作用客体的不同和承担任务的不同而对行政权力所进行的横向水平性分割，这样划分形成一定政府层级上权力不同的政府部门。与这种权力分配方式相适应，以行政首长负责制强化下级对上级负责的责任关系。行政首长负责制是以一定层级政府行政首长为主、以部门行政首长为辅，使下级服从上级的责任制度。行政首长负责制是世界通行的

① 毛寿龙．责任政府的理论及其政策意义［J］．行政论坛，2007（2）．

政府管理体制，当代世界各国80%以上的政府采用行政首长负责制。在该体制下，一方面，行政下级对行政上级承担忠于职守、努力工作、提高效率、遵纪守法的责任；另一方面，一切行政行为不管是不是行政首长所为，行政首长都有连带责任。这种连带责任关系是为了强化行政首长的授权责任和管理压力，使行政首长不仅严于律己、正确授权，而且要严于律他、善于监督。以行政首长负责制，建立职、权、责相统一的政府内部责任制度，保证政府作为一个整体的协调性和政府行政行为的效率性。①

我国行政体制改革也通过强化行政首长负责制来落实政府内部自下而上层层负责的责任关系。这又通常采用目标责任制和针对特定事项的责任形式来落实政府内部自下而上层层负责的责任关系。20世纪80年代，我国开始在政府管理中引进现代管理理念，最初采用目标管理，由于行政首长的目标责任与所在政府层级或部门的目标责任基本一致，随着行政管理体制改革的推进，目标管理的思路和原则得到扩展，由此发展出面向行政首长的目标责任制。除了面向行政首长的责任制外，行政组织内部还会针对某项行政任务建立针对特定事项的责任制。这种责任制包括重点工作目标、委托管理、公务员管理和队伍建设、环境保护等方面的责任制，经常通过责任书的形式来确定责任的归属。这种责任形式不仅存在于政府与下属行政组织之间，还可存在于行政委托机关与受委托人之间，主要类型有行政授权合同、行政委托合同、行政责任合同。这种责任制作为改革中出现的一种新的责任形式，以一种更灵活的责任制的形式进行行政权力的再分配，并在使行政责任的具体要求更加明确的基础上落实特定管理事项的行政责任。政府内部责任制对于强化下级对上级的责任关系，克服人浮于事、推诿塞责的官僚主义，协调政府各部门的运转，促进行政资源整合，提高行政效能和效率起到了重要作用。

3. 经济建设责任阶段

改革开放之初，在中国政府面临的诸多重大挑战中，最重要的任务是发展经济，以满足人民群众日益增长的物质文化需要。这一核心任务为中国政府经济建设责任指明了方向。经济建设责任是中国政府在执政转型过程中稳定其合法性的重要举措，从本质上说其应该从属于政治责任。经济建设责任最明显的标志是GDP。领导干部考核往往与GDP，也就是工作实绩有关系。除此之外，还包括公共服务的责任，这主要是上级交代的任务，比如治安、

① 景云祥．“责任政府”：人民政府的基本特征与发展趋向［J］．前沿，2005（5）．

稳定、群体性事件，还有就是计划生育一票否决。在这些责任中，有些是保底的责任，有些是晋升的责任。一票否决类的责任、意识形态类的责任，往往是保底的责任。也就是说，有了这方面的政绩，不一定能够晋升，但没有这方面政绩，连目前位置也保不住。一般来说，GDP 的政绩，往往是晋升性的。GDP 的竞争，导致了围绕 GDP 而展开的所有的各级政府的竞争。“招商引资”是典型的竞争，由于财权集中，地方所能控制的财政资源越来越少，最后各级政府都通过土地资源来吸引投资，很多地方一亩地只要几万块钱，而基础性开发成本很可能就是 20 万元。各地政府还层层分割招商引资的责任，甚至人代会、政协、警察、法官都有招商引资的任务。如果完不成任务，一把手就地免职。这些方面的责任，其核心特点是行政性、不对等性，缺乏程序，往往是下级对上级负责。对于这些责任，官员是很关心的，但公共舆论并不关心，并没有成为热点问题，却是中国政府责任制的实质性内容。

这一行政性责任虽然在很多方面比较模糊，但在某些方面又有比较明确的标准和边界，使其虽然缺乏程序，但具有很强的行政性，也能够运作有效。但这种明确在技术上依然有一定的含糊性，而且其标准也很容易发生变化，由此也导致了很多问题。比如 GDP 作为一种激励很强的责任标准，往往激励官员只关注 GDP 而忽视其他问题，比如环保等。为了纠正这一问题，国家提出了绿色 GDP 的概念。但绿色 GDP 在技术上很不确定，很难计算，其结果依然是以 GDP 为基本标准，所谓的绿色 GDP 落实起来往往会大打折扣。从责任制理论角度来看，这一问题的关键是责任制度本身的行政性使得在技术上和程序上很难对责任制进行全方位的明确，从而在行政性选择过程中导致了责任制程序的很多方面被忽略。

4. 责任追究机制建设阶段

责任追究制度也就是惩罚制度。“没有惩罚的制度是无用的。只有运用惩罚，才能使个人的行为变得较可预见。”① 这对政府行为同样适用，严密的责任追究制度是实现责任政府的重要保障机制。

（1）责任政府立法建设。20 世纪 90 年代中期至今，中国行政立法取得了一系列具有重大影响的成果，其中包括 1995 年的《国家赔偿法》、1996 年的《行政处罚法》、1999 年的《行政复议法》、2000 年的《立法法》、2001 年

---

① 柯武刚，史漫飞．制度经济学：社会秩序与公共政策［M］．北京：商务印书馆，2000：23.

的《行政法规制定程序条例》等。2004 年生效的《行政许可法》深入调整了政府与市场的关系，对政府职能的边界进行了划分，促进了社会主义市场经济的发展。2008 年，国务院出台了《关于加强市县政府依法行政的决定》。2010 年，国务院发布了《关于加强法治政府建设的意见》。2012 年生效的《行政强制法》规范了行政强制的设定与实施，在一定程度上解决了“乱强制”的问题。2014 年 11 月，全国人大常委会通过《关于修改〈中华人民共和国行政诉讼法〉的决定》，本次修法是《行政诉讼法》生效二十余年以来的首次修改，在保障当事人诉讼权利，完善诉讼管辖、诉讼程序等方面规定了新的制度，力求解决“立案难、审理难、执行难”等实践中存在的突出问题。这些法规的制定、修改和完善为实现行政问责提供了制度支撑。

（2）行政问责制度建设。温家宝在《政府工作报告》中就曾明确提出“有权必有责，用权受监督，侵权要赔偿”的要求。因此全面实行引咎辞职制度，让那些没有尽职尽责、不愿尽职尽责和不能尽职尽责的干部辞职，是建设责任政府的题中之义。作为行政问责处分的主要依据，不仅有中央的《中华人民共和国公务员法》《中国共产党党内监督条例》《中国共产党纪律处分条例》《党政领导干部辞职暂行规定》等，很多地方政府也陆续出台和实行了问责办法。2003 年 8 月，国内首例行政问责办法《长沙市人民政府行政问责制暂行办法》出台，意义重大。2004 年，《党政领导干部辞职暂行规定》明确引进问责制度，并规定：工作严重失误，失误造成重大损失或恶劣影响，对重大事故负有领导责任的相关干部应引咎辞职。2004 年 2 月，《中国共产党党内监督条例（试行）》公布，明确写入了“询问和质询”“罢免或撤换要求及处理”等内容。2004 年 4 月，《党政领导干部辞职暂行规定》对官员因涉及“工作严重失误、失职造成重大损失或恶劣影响，对重大事故负有重要领导责任”等应引咎辞职的相关情况进行了明确的规定。国务院在 2004 年 3 月印发的《全面推进依法行政实施纲要》中明确规定：“行政机关违法或者不当行使职权，应当依法承担法律责任，实现权力与责任的统一。”2005 年 4 月通过的《中华人民共和国公务员法》又进一步将行政问责法制化和规范化。2006 年，《中华人民共和国各级人民代表大会常务委员会监督法》出台，对于完善我国的行政问责机制具有开拓性的里程碑意义。2007 年 4 月 4 日，国务院通过了《行政机关公务员处分条例》，进一步完善了公务员问责机制。2007 年 10 月，中共中央纪律检查委员会在党的十七大上提交的工作报告中提出，要“全面推行以行政首长为重点的行政问责制”。①2016年备受瞩目的《中国共产党党内监督条例（试行）》正式颁发。我国的责任政府与行政问责制度建设正逐步走上制度化、法治化、常态化的轨道。

（3）财务审计责任建设。近年来，中国政府加大了财务审计力度，对严肃政府部门财经纪律、挽回国家财产损失发挥了巨大作用。审计风暴最早可以追溯到20世纪。1998年春天，李金华出任审计署审计长。自此开始，中国就开始了一年一度的审计风暴：1998年，清查粮食系统违规违纪问题，立案2268起，1302人受到党纪政纪处分；1999年，审计三峡移民资金和移民建镇资金，挤占挪用现象严重；2000年，审计16个省市区1999年国债重点建设项目资金的使用情况，发现挪用国债资金4.77亿元；2001年，审计贵州省国债资金时发现，贵州省交通厅原厅长卢万里在国债项目招标中弄虚作假，造成国家建设资金损失9800多万元；2002年，查出中国建设银行广州地区8家支行10亿元虚假按揭，中国农业发展银行8.1亿元资金投资股市，所获收益去向不明；2003年，查出财政部违反预算法问题、社保基金问题、国资流失问题；2004年审计风暴继续，发现5家企业人为多计利润46亿元，10家企业决策失误损失145亿元。李金华由此当选为《南方周末》年度人物，中国年度经济人物。

2015年，天津港“8·12”瑞海公司危险品仓库火灾爆炸事故中，事故调查组对123名责任人员问责并提出了处理意见，建议对74名责任人员给予党纪政纪处分，其中省部级5人、厅局级22人、县处级22人、科级及以下25人。2017年以来，中央、各部委及各地市都出台了一系列文件，加强地方政府债务管理。同时，财政部和审计署加大了对地方政府违法违规举债的曝光、问责和处罚力度，包括河南、重庆、四川、山东、黑龙江、浙江等在内的18个省市被问责，被处罚的各级官员达上百余人。不仅如此，一些地方更是相继出台了一系列办法和规定，推进行政问责制度化、规范化、常态化。2018年，国务院办公厅政府信息与政务公开办公室公布《2018年第二季度全国政府网站抽查情况通报》，该通报称，2018年第二季度，各地区、各部门继续加大对不合格政府网站责任单位和相关人员的问责力度，共有300人被问责，其中190名责任人被上级主管单位约谈，32人做出书面检查，68人被通

① 李军鹏．我国责任政府建设的历史进程、基本经验和发展趋势［EB/OL］．人民网时政频道，2008-12-02.

报批评，7 人被调离岗位，2 人被党内警告，1 人被停职。

审计风暴具有深远的治道变革意义：它公开了信息，说明中央部委也会犯错，而且需要监督，而不像过去，认为中央部委都是正确的，是没有问题的；使得公共财政在支出领域有了一定的约束；使得拥有大笔资金的实权部门在审计压力下不得不认真对待权力。当然，它也满足了公民的知情权，纳税人有权知道自己纳的税是怎么花的。它也改变了媒体只监督地方政府的局面，审计风暴后自中央媒体新华社到各地方媒体，都开始对被点名的中央部门、企业以及事业单位“穷追不舍”，进行跟踪监督报道。

（4）官员问责制度建设。中国政府官员开始受到审计约束，经受审计风暴的考验，但审计风暴基本还是温和的，更大的考验，恐怕是危机管理的考验。这一考验似乎具有龙卷风的性质，一旦发生，就能让官员纷纷落马。2003 年春天 SARS 危机，标志着中国政府进入了危机管理时期。经过 SARS 的洗礼，中国各级政府都学会了如何应对危机，政府的官员也体会到了问责的滋味。

2005 年 12 月 2 日，松花江重大水污染事件发生后，国家环保总局作为国家环境保护主管部门，对事件重视程度不够，对可能产生的严重后果估计不足，对这起事件造成的损失负有责任。解振华因此辞职，凸显问责制日趋健全。如全国人大环资委委员蒋承菘所说，在松花江污染事件发生不久，国务院就免去了环保部门最高官员职务，这说明中国的官员问责制在走向健全。解振华是自“非典”以来第三位被问责的正部级官员，这表明到 2005 年问责制又进入了一个新的发展阶段。2008 年 6 月 29 日，与“华南虎事件”相关的 13 名责任人受到处理，其中，陕西省林业厅两位副厅长被免去职务。2008 年 9 月，国家开始对“三鹿奶粉事件”的有关责任人进行处理，免去吴显国石家庄市委书记职务，免去王文华三鹿集团党委书记职务。

（二）我国责任政府建设中存在的问题

构建责任政府已经成为我国行政体制改革的一个重要内容。事实上，虽然责任政府这一理念的明确提出只是近些年的事情，但责任政府的建设工作早已渗透进我国政治体制改革的过程中了。政府部门及其官员开通微博与公众进行互动自 2011 年伊始便变得不再特别。据统计，关注数量在 10 万人以上的政府部门及官员的微博已将近千个。这说明我国政府的治理理念与治理模式都在经历着深刻的转变，即由管理型政府向责任政府转变。不可否认的是，我国在构建责任政府方面取得了很大的进步，然而重权轻责、权责分离的现象仍然普遍存在于我们的社会生活之中。一些政府官员或为了自身的利益对社会领域进行不必要的干预，以此创造“寻租”的机会，牟取私利；或利用职务之便对违法行为予以保护；或将本应由政府承担的责任推向公众与社会。凡此种种，都体现了部分政府责任理念的缺失，而政府责任理念的缺失会直接导致政府威信的下降、公民政治参与的积极性不高等一系列负面的影响。除此之外，目前我国频发一些让人始料不及的重大安全事故也使得“责任政府”成为广大社会公众的强烈诉求。政府责任事关重大，它不仅是民主政治和法治的本质要求，也是政治合法性的基础，是改变和提升政府形象的必然选择。①

经过多年行政体制改革，我国的责任政府构建工作已经初具规模。但由于责任政府的构建工作尚未得到宏观规划和全面推进，多年来零散的责任政府建设中存在着许多问题和缺陷。

1. 行政人员责任理念不足，行政问责文化缺失

无论是在社会管理还是在经济发展过程中，我国政府一直处于主导地位，是典型的“政府主导型”国家。改革开放以来，我国共经历了多次行政体制改革，政府职能深度变化，将经济职能和社会职能从政府职能中分离出去，对于经济和社会只保留宏观调控和监管职能。虽然政府在权力方面有所让渡，职能有所转变，但政府监管仍然大于政府服务，政府依然在管控社会、政治、经济的所有领域，“政府本位”的观念仍然占据上风。中国是人民当家做主的社会主义国家，人民赋予政府权力，政府代表公民行使公权力，因此，政府应该把保护和实现人民的根本权益放在第一位，建设以人为本的责任政府。由于受封建社会政治、经济、文化的影响，我国政府在某种程度上并没有将“以人为本”作为最终追求的价值目标，而是有所偏离。长期以来，政府计划经济、组织社会、管制人民，一直扮演组织者和指挥者的角色，强化了“政府本位”的观念。虽然我国已经确立了“以人为本”“责任本位”的观念，但是“政府本位”的观念依然阻碍了我国责任政府的建设进程。政府首先是由具体的行政人员组成的，负责任的政府首先意味着所有行政人员必须为自己行为负责，因此，行政人员的责任意识与责任观念相当重要。从某种意义上说，这种责任意识与责任观念能否完全树立起来，关系到责任政府的存亡。目前来

① 姚晨晨．新时期我国责任政府建设研究［D］．华侨大学硕士学位论文，2012.

看，我国的行政人员队伍还没有完全树立起符合责任政府理念的责任观念。

2. 责任机制尚未完善，沟通和监督渠道不畅

完善的责任机制是责任政府存在的必然条件。责任机制指的是一系列问责规则，其间接规定了政府必须承担的具体责任和相关责任人。我国政府是人民政府，必须向人民负责。实践中我国的责任机制还存在许多不完善的地方，其中突出的问题有：

一是政府责任缺失。政府责任的落实程度关系到社会公众对政府的满意程度。政府责任缺失主要表现为政府部门责任的缺失和政府公务人员责任的缺失两方面。

首先是政府部门责任的缺失。作为我国权力的执行机关，政府代表公民行使权力，但在行政实践中，政府失责现象屡见不鲜。比如未经法律授权的行政自由量权的滥用，扩大了政府管制的范围；行政决策的制定不合理，过于盲目和随意，出现相互冲突、降低政府行政效率的现象；过多地干预经济、违背市场规律，导致政府权责关系混乱，无法承担责任，造成经济的损失；有些地方政府政务公开信息失真，数据造假，对于重大公共危机事件隐瞒不报，损害了公民的根本利益；政府不作为或乱作为，政策执行过程中因人为影响，政令不通，屡禁不止，职责越位、缺位等一些政府失责事件不断发生，影响了政治、经济和社会的发展。

其次是政府公务人员的责任缺失。公务人员作为公共权力的具体实施者，必须考虑公共利益。但有些官员利欲熏心，以权谋私、公饱私囊，官僚主义作风严重，拜金主义、享乐主义盛行，这些恶习导致公共道德的约束性受到很大影响，使公务人员缺乏责任意识，缺少公共服务精神。公务人员的责任缺失，直接影响政府与公民之间的关系，影响责任政府的形象。

二是政府权责关系失衡。“所谓权责失衡，是指因各种因素的影响，行政主体对其行政后果不愿或无力承担责任，从而造成行政主体拥有的行政权力和应承担的行政责任分离或不对等。”在政府职能配置过程中，既需要赋予职能部门一定权力，保障其管理工作正常进行，又需要职能部门承担相应的义务，做到权责对应。政府职能是通过政府行使权力和履行责任的过程实现的，行使什么样的权力就应该承担什么样的责任。权力与责任是对等的，责任贯穿在权力的行使过程中。在实际公共行政过程中，权责分离或脱节的现象时有发生，主要表现在某些地方政府通过强制性手段对社会、市场和企业等进

行无序的干预，然而对于这些问题，却很难找到能够承担责任的主体。在我国行政运行实践中，各级党委拥有重大问题的决策权，大部分重要的文件是党委和政府联合下发的，有的属于行政工作范围的文件也是以党委名义下发的，但发现问题的时候，往往难以进行监督和责任追究。李军鹏教授认为，全面推行行政问责制，首先要明确界定行政责任，合理划分党政之间、正副职之间、集体与个人之间、中央和地方政府之间的职责权限，为防止党政首长借“集体决策”来推卸责任，可以探索“集体辞职”问责形式，使集体决策承担集体责任，同时实行党委领导问责制，将党的领导纳入行政问责范围，以强化责任政府建设。①

3. 政府与社会互动的渠道不够畅通

责任政府的实现不仅要依靠政府自身的建设，还必须依靠公众的推进作用。责任政府与公民参与具有内在的互动关系。公民积极的政治参与以及对政府行为的关注和监督对于政府形成责任观念是非常重要的。建立责任政府不仅是政府官员的职责，也是民主政治下每个公民的愿望和义务。公民参与政府决策管理，必须依赖一些必要的途径。由于目前我国政治生活中尚未建立完备的公民参与途径，公众对政府行政过程的参与程度还很不够，在一定程度上影响了公民参政议政的热情，也限制了公民对政府权力的监督。公众参与监督的不足使得政府负责的外部压力不够，这不利于责任政府的创建。

三、责任政府建设现代化的思考

政府治理的过程是政府能力体现的过程，是政府与社会互动的过程。一个有责任和有效的政府，无论对经济发展还是社会进步都是不可或缺的。政府责任是政府合法性和政府权威的源泉，是政治稳定和政府发展的基石，必须进一步加强责任政府建设，促进各级政府的责任体系建设。

责任政府作为一种理念已经深入人心，公务员是人民公仆，改革必须坚持“人民答应不答应，高兴不高兴，赞成不赞成”的标准，“三个代表”和“权为民所用，情为民所系，利为民所谋”“以人民为中心”思想的提出，都是责任政府建设要求的理念表达。作为一种制度安排，责任政府在我国仍有许多有待完善的地方，构建责任政府的过程也是一个全方位的制度现代化的

① 李军鹏．行政问责难推行［J］．领导决策信息，2008（27）．

过程。

（一）以优秀的政治文化引导责任政府建设

建设责任政府的制度基础固然重要，但是制度之外的文化基础更为重要。通过深入了解责任政府赖以存在的社会条件，努力消除传统政治文化的消极影响，并在汲取我国优秀传统政治文化的基础上实行变革与创新，才能培育一种宽容、民主的政治文化。

首先，建立健全市场经济体制。从各国构建责任政府的进程来看，责任政府的构建需要保持政府与市场的良性互动。建立社会主义市场经济体制的中心环节就是将企业推向市场，从政企不分走向政企分开，建立起符合市场经济要求的现代企业经营机制。要制定相关的制度，保证不同所有制性质的企业都能够平等地享受政府的经济政策。

其次，培育成熟的公民社会。成熟的公民社会是构建责任政府的基础。习近平总书记指出："以互联网、大数据、人工智能为代表的新一代信息技术日新月异，给各国经济社会发展、国家管理、社会治理、人民生活带来重大而深远的影响。"近年来，以大数据、云计算、人工智能等为代表的新兴信息技术迅猛发展，不仅对人们的生产、生活、思维方式产生了重大影响，也对政府的管理模式、运行机制和治理方式提出了新要求。建设数字政府是政府运用互联网、大数据、人工智能等信息技术解决公共问题、提供公共服务、实施公共治理的过程和活动。数字政府建设有利于新型政治文化的形成。现代政治要求政府在做出具体的政治行为的过程中扩大公众参与。在网络世界中，在法律允许范围内，任何人都可以就某一公共问题发表建议。政治事件的发生、政府的决策都可以在网络上迅速传播。网络的这些优势对于提高公民的政治文化素质、形成新型的政治文化具有重大推动作用，有利于责任政府目标的智能化实现。

最后，要实现公民参与方式的多样化。公民有组织地参与政治生活与公民的个人参与同样重要。应培育各种社会组织，创新公民组织化参与的方式。从许多国家的非政府组织和第三部门的发展经验来看，政府可以有效地促进社会组织和社会团体的发展。一方面，政府可以提供资源与政策环境，让发展成熟的社会组织承担起政府的部分职能，建立起政府与各种社会组织的合作伙伴关系，从而弥补政府管理能力的不足；另一方面，政府要通过完善各种法律法规，规范社会组织的行为活动，监督社会组织的内部运行，让社会组织更好地发挥其在社会管理中的作用。

（二）完善制度支撑，打造责任政府

人民代表大会制度是我国的根本政治制度，虽然近年来，各级人大及其常委会都发挥了很好的作用，其权威性也日趋增强，但是从构建责任政府的要求来看，人民代表大会制度还需要进一步健全和完善。从政府过程来看，我国人民代表大会制度存在的问题在很大程度上是政府的实际运作过程偏离了宪法和法律的规定造成的，需要进一步完善人民代表大会制度。改革和完善我国人民代表大会制度的核心问题就是理顺人大与党、“一府两院”的关系。这两对关系对构建责任政府有着深远的影响。坚持与完善党对人大的领导是健全人民代表大会制度的关键所在，要做到既坚持党的领导，又保证各级人大及其常委会独立行使职权。党对人大实行的是政治领导，其实质内容是支持和组织人民群众通过人民代表大会这种政治形式实现当家做主，是支持各级人大及其常委会的工作，保证他们积极主动、独立负责地行使各项职权。党分析和把握国家发展的形势，指明政治方向，就重大问题提出决策，经人大审议变为国家意志，培养人才作为各级国家政权机关的重要干部人选，向人大推荐。党要经常地指示与监督在人大中的党员，要求他们带头支持人大工作，维护人大的权威性。要始终坚持依法治国，坚持从人民的利益出发，明白党组织不具有直接行使国家权力的职能，不能代替人大的工作。党组织与人大之间是领导与被领导的关系，不同于党内的上下级或行政系统内上下级的隶属关系，因此，党组织不能直接向人大发号施令。党向人大提出决策、推荐干部，人大要按照严格的法定程序审议后才能生效。

另外，还要完善人大代表的选举制度。我国人大代表选举制度还存在候选人的提名介绍方式不完善、代表名额过多、专职代表少、代表整体素质不高、多层级的间接选举方式、监督救济机制不健全等问题。选举是广大公民选择自身利益代表者的活动，怎样选择才能保证选出来的代表为自己说话呢？必然需要引入竞争机制，要从候选人确立与提名方式规范化、完善差额选举引入竞争机制、代表专职化、扩大直接选举范围、完善选举诉讼制度等方面加快完善我国人大代表选举制度。

（三）加强行政法治建设，促进依法行政

责任政府建设需要法治支撑。首先，完善责任政府的实体法。现有的法律法规对各级政府的权力与职责都有规定，但都过于宽泛且缺乏操作性，且

有些法律与《宪法修正案》相抵触的部分还没有及时修正。由《宪法》和国家立法机关授权或委托国务院各部门起草的法律，因为缺乏应有的协调，使出台的法律互不和谐，甚至互有抵触。随着社会发展，政府管理越来越复杂，那些不合时宜的法律法规对责任政府的建设有很大影响，健全与完善那些与政府责任关系密切的法律法规对构建责任政府十分必要。一是要完善《行政监察法》，为了形成一个全方位的监督体系，就必须用法律来规定监督的程序、范围与手段，使得监督主体与监督客体各司其职，促进责任政府建构。二是要健全《行政组织法》，现行的行政组织法没有明确地规定行政组织的相关权限，导致一些地方行政机关职权划分比较混乱。不同的职能必然要求不同的行政职权，进而应当设立不同法人组织机构。因此要用法律将政府的职权与组织结构加以规定。此外，要走出行政机构“精简—膨胀—再精简—再膨胀”的怪圈，就必须实现行政编制的法治化，稳定和规范编制管理。三是完善《国家赔偿法》。现有的关于国家赔偿的规定也是十分散乱的，所以应尽早完善《国家赔偿法》，加强对政府公务人员违法行为的追究，确保国家的经济赔偿责任能够履行。四是要抓紧制定《政府伦理法》。将公共责任法治化，增强全体公务人员的责任意识，提升道德制约公共权力的有效性，使公共行政人员知道什么是必须做的和什么是不能做的，从而使公共行政人员有正确的伦理定位和价值取向。

建立责任政府，就必须把依法行政落到实处。加强政府责任制度建设，促进政府依法行政是构建责任政府的主要方式。在行政立法方面，立法者要处理好职权与责任、权利与义务的关系；进一步规范政府责任，将违法失职行为的性质、程度、后果及应承担的责任具体化；对有法不依、执法不严、违法不究甚至徇私枉法而造成严重后果的行为，监督部门不仅要严肃追究法律责任，还要严肃追究有关领导人的行政责任；要厘清各种权责关系，明确法律制度和程序，狠抓各项责任法律、制度的落实，使之成为责任政治不可或缺的一个重要环节。

（四）加强民主行政建设，扩大公民参与

责任政府的构建需要公众的广泛参与。民主行政的核心就是让公民通过对行政的参与，摆脱单一的被管理者的角色，与行政管理人员成为互动的伙伴，共同解决公共管理的难题，来保障公民的公共利益。为了发展社会主义民主行政，党的十七大报告提出，“要健全民主制度，丰富民主形式，拓宽民

主渠道，依法实行民主选举、民主决策、民主管理、民主监督，保障人民的知情权、参与权、表达权、监督权”。中国特色社会主义发展道路为发展人民民主、保障人民当家做主奠定了坚实基础，确立了正确方向，开辟了广阔空间。发展社会主义民主行政的重要路径，就是大力加强民主行政制度建设，从各个层次、各个领域促进公民有序参与。通过强调公民行政参与的制度化、适度化、有序化来推进我国民主行政的进一步发展。①

加强民主行政建设，扩大公民对行政活动的参与范围，促进公民对公共决策的干预和监督，这对促进责任政府的创建有着重要作用。创建责任政府的过程中，需要将创建有效的公民参与系统作为任务之一。在国家治理体系中，必须真正确立公民的主体地位，政府的正当性和合法性要由公民来确认；公民要具有参与公共事务处理的能力，行政机关应保障公民的知情权，使公民具有获取信息的渠道并保障其具备参与能力。政府应充分尊重民众的应有权利，公民要形成正确的权利意识，唯有公民的维权意识增强，才能强化政府为公共利益服务的责任感。一般来说，民主行政与公民参与的重点制度包括：公开听证制度，在涉及公共利益的政策、规划和决策上，举行公开听证，广泛听取公众意见，以保证政策、规划、决策更符合民意，符合公共利益；民意调查制度，民意反映了公民对政府的期待，是构成政府责任的基础，尤其是涉及民众重大利益的决策，一定要在充分了解民意的基础上做出；咨询委员会制度，可以建立各种各样的咨询委员会，吸收各界人员参加，借此加强公民与政府的联系，使政府决策更加科学化；舆论监督制度，社会舆论表达着社会和集体中绝大多数人的愿望和意志，政府应尊重公民的话语权，倡导和支持建立自由讨论空间，通过对行政行为的褒贬向政府传达社会反应，引导行为方向，从而起到规范行政行为的作用。

（五）完善监督与制约机制

没有科学有效的监督和制约机制，行政权力就会被滥用，滋生腐败，公民合法权益就无法得到保护。为了实现“行政监督制度和机制基本完善，政府的层级监督和专门监督明显加强，行政监督效能显著提高”的建设目标，必须对现行的行政监督制度进行改革和完善。

首先，必须增强监督对象和监督主体的行政监督意识。我们要在社会公

① 李龙泽．我国民主行政与公民有序参与［D］．山西大学硕士学位论文，2013.

德和优良传统的基础上逐步建立与社会主义市场经济相适应的、社会普遍认可的职业道德标准，形成廉洁奉公、不以任何形式谋私、自觉接受监督、反对官僚主义等观念和意识。作为监督对象中的特殊组成部分，领导干部更要不断加强自觉接受监督的意识。监督主体主要包括人大代表、专门机关工作人员、司法和复议机关工作人员以及人民群众。各级人大代表要充分认识到人大监督的重要性，了解并掌握开展监督工作的形式与内容，要认真履行各项代表义务，履行监督职责，制约和监督行政权力的行使，促使政府机关依法行政。作为我国的专门监督机关，行政监察机关和审计机关要大力加强队伍素质建设，强化教育和培训工作，提高监察和审计人员的政治素质和业务技能，确保有效监督。除此之外，还要向广大人民群众着力宣传其享有的各项监督权利，增强其依法监督的意识，鼓励和引导人民群众行使好监督权，保护和调动好人民群众行使监督权利的积极性。

其次，整合监督主体，形成监督合力。我国的监察和审计监督机关实行的是双重领导体制，容易受各种关系的干扰甚至阻挠，使监督效果大打折扣。为了增强行政监督部门的独立性和权威性，可以探索将现行的监察和审计机关从行政机关中独立出来，并使其与同级行政部门地位相等或者略高于同级行政部门。独立的行政监督和审计机关应实行自上而下的垂直领导体制。最高监察和审计机关隶属于全国人民代表大会，对其负责并且报告工作。在权力机关系统内部设置专门的监督机构，以统一领导各监督机构，真正实现以权力制约权力，让人民来监督执政党和政府的用权行为。我国现行的行政监督具有监督主体多元化的特点，但是各监督机构分散，关系没有理顺，缺乏统一协调，尚未形成合力。为此，应当建立一个具有权威性、能够独立行使职权的综合性协调机构，对各个监督主体进行综合指导。这样才能充分发挥行政监督体系的整体功能，强化对行政权力的约束。

再次，要创新监督机制。现有的权力监督机制有党内监督、民主监督、法律监督、舆论监督等监督方式，上述监督方式都有各自优势并且相互补充。党的十八届六中全会通过的《中国共产党党内监督条例》作为重要的党内法规，为党内监督提供了重要依据，要求各级党政机关应严格执行。要完善监督方式，实行全程监控。我国现行的行政监督侧重于事后监督，对行政权力行使之前和行使的过程缺乏应有监督与约束。而行政监督的实质就是制约行政权力，监督能够有效防止权力被不正确地行使或滥用，在权力被滥用之后，也能够对其进行追究。实际上所有的行政行为都包含许多环节和阶段，而每一个环节和阶段都存在行政权力的运用，因此，必须对行政权力进行全程跟踪，也就是做到事前、事中、事后监督的有机结合，真正把监督工作贯穿于行政的全过程。只有这样，才能有效地避免权力错位，减少权力滥用所带来的损失。

最后，要加强政务公开。要监督权力，必须在权力行使主体与权力监督主体之间找到相互衔接的联结点，达到权力与制约的相对平衡。这一联结点就是行政公开原则。除涉及国家秘密和依法受到保护的商业机密、个人隐私的事项外，行政机关的一般性政务都应当公开，尤其是要加大行政决策的公开力度。

此外，还要积极引进述职述廉制度，加强对重要部门行政首长的监督，创新层级监督机制，强化上级机关对下级机关的监督。同时应加强问责，《中国共产党问责条例》的出台，为党内问责工作的制度化、常态化提供了重要的制度保障。

第六章

治理机制现代化关键：政府间关系

府际管理的兴起及其内容

世界各国府际关系的不同制度模式，以及府际关系制度选择的主要影响因素。各国府际关系的制度模式主要有单一制、联邦制、混合制等类型。单一制以普通行政区划为单位，自上而下形成统一的政府权力体系。根据中央调控和监督地方的具体方式不同，可将单一制划分为行政主导型和立法主导型两类。单一制的优越性在于：有利于实现全国的立法统一、行政统一和司法统一；有利于建立统一和竞争性的全国市场体系；中央政府的社会动员能力和决策执行能力更为敏捷和高效；有利于在国民中培养统一的民族认同意识。单一制的缺陷性在于：中央高度集权制约了地方政府的主动性和创造性；容易导致官僚主义和个人专权；不利于地方性公共产品的有效供给。联邦制国家实行联邦政府与各成员政府法定分权体制，地方政府不是联邦政府的创造物而是成员政府的创造物。联邦制有利于发挥各级政府的积极性，有利于协调国家统一性和地方多样性，有利于提高行政效率和促进善治目标。联邦制的缺陷性在于：府际关系处理不当可能引起地区分离主义；府际结构复杂，政府运作费用庞大；联邦制的刚性宪法有可能限制联邦政府推动国家发展的实际作为。受特殊历史遗留因素的制约，有些国家的府际关系为兼有单一制和联邦制特点的混合型模式。府际关系模式选择是多种因素综合作用的产物，各国不同的地理环境、社会因素、政治因素、经济因素、历史和文化因素，都对府际关系模式的具体制度选择具有影响作用。

——摘自汪伟全：《府际管理的兴起及其内容》，

《中共天津市委党校学报》2005 年第 3 期。

党的十九大报告强调，在政府间关系上，要释放基层活力；特别指出要赋予省以下政府更多自主权，要在省市县整合党政行政管理权力，对职能相近的党政机关探索合并设立或合署办公。政府间关系尤其是中央与地方关系历来是各国政府行政改革的一个重要课题，也始终是我国政治经济生活中十分重要的问题，它直接关系到国家统一、政治稳定、经济和社会的发展。改革开放以来，我国政府间关系，包括中央与地方间的关系，发生了重大变革，正朝着合理化的方向发展，但是也暴露出了许多问题，直接阻碍着社会、经济发展，以及服务型政府建设。回顾我国地方政府多年来在政府间关系上的各类探索，发现存在着受制于基层权限不足、基层政府存在权力和管理结构分散等问题，对于以政策执行为主的基层政府，这样的局面必然会影响到基层权力整合与效能提高。因此激发基层活力要从赋权增能做起，增强基层政府的权力整合，从而提高政府的治理能力。

一、政府间关系概述

（一）政府间关系的概念与特征

政府间关系，又称“府际关系”，是指纵向的中央政府与地方政府之间、地方各级政府之间和横向的各地区政府之间所形成的纵横交错的网络关系。从纵向关系看，政府间关系包括中央政府与地方政府间的关系、上下级地方政府间的关系、上级主管部门与下级政府间的关系，以及上下级政府对口部门间的关系。就横向关系来说，政府间关系主要包括每级政府内部各部门间的关系，以及不存在隶属关系的各地区政府间的关系，其中还存在着同一层级政府间的关系和不同层级政府间的斜向关系等。因此，在分析政府间关系时，不能仅仅以纵向关系为主导脉络，而要同时关注政府之间的横向关系的发展。

可以想见，政府间关系是一种内涵复杂、丰富的网络结构关系，对政府间关系特征的把握有助于深化对政府间关系的理解。狄尔·S. 莱特在考察美国联邦制中各级和各类政府之间的关系时，总结了政府间关系的五大显著特征：①

第一，政府间关系的范围更广。在美国这样的联邦制国家，政府间关系

① ［美］R.J. 斯蒂尔曼．公共行政学［M］．北京：中国社会科学出版社，1988：252-254.

比联邦主义这种一般概念所包含的范围更广。因为联邦主义主要强调中央与各州之间的关系，有时也涉及各州之间的关系；而政府间关系则不仅包括中央与各州之间及各州之间的相互关系，同时还包括中央与地方之间、各州与地方之间、中央—各州—地方之间以及地方与地方之间的关系。

第二，政府间关系的人际性。正如美国学者威廉·安德森所言："真正决定政府各部门之间关系的，实际上是打着办公室招牌工作的人们；因此我们有必要明确指出政府间关系的这一概念，主要是指人际关系和人的行为。"可见，政府间关系实际上是各政府中官员之间的关系。

第三，政府间关系的动态性。政府间关系是一种持续的、灵活的动态关系。政府间各种关系并非一次性或偶然间发生的，也并非由种种协定正式通过，或由法律乃至法院判决加以严格规定的。相反，政府间关系是一种持续不断的，通过政府官员和公务员之间的日常接触、了解和估价的形式而产生的关系，是以竞争与合作两种形式进行的正式与非正式的、理论和实践上的关系。

第四，政府间关系以公务员为主体。随着政府管理社会事务的日益集中，那些由诸如州长、市长之类的官员任命的公务员在政府间关系中的地位和作用将越来越重要。公务员已经成为政府间公共行政关系的主体。

第五，政府间关系受政策的影响越来越大。在美国，由于政策的作用，政府间新的权力关系与权力结构已经逐步形成，这种新的权力关系与权力机构，与宪法、法律所规定的关系有所不同，在影响和决定政府间关系中所起的作用也越来越重要。

上述关于政府间关系的五大特征基本上反映了政府间关系的本质与内涵，展现了政府间关系变化的基本趋向，带有一定的普遍性。也就是说，它不仅适用于对美国政府间关系的理解，也适用于对包括中国在内的其他国家政府间关系的理解。应该指出的是，在多方位的政府间关系中，中央与地方政府之间的关系一直是决定性的，实际上，考察任何一个国家政府间关系，只要把握住其中央政府与地方政府的关系，就能全面认识整个政府间关系的结构与本质。[①] 因此，本章所指的政府间关系也主要是中央政府与地方政府关系（简称"中央与地方关系"）。

---

① 林尚立．国内政府间关系［M］．杭州：浙江人民出版社，1998：70.

（二）中央与地方关系的内涵与实质

有学者指出："在任何一个国家，中央与地方的关系都将直接决定整个国内政府间关系的基本格局。因为中央与地方的关系决定着地方政府在整个国家机构体系中的地位、权力范围和活动方式，从而也决定了地方政府体系内部各级政府之间的关系，决定了地方政府之间的关系。"① 因此，在政府间关系中，最核心、最重要的关系就是中央政府与地方政府之间的关系。

中央政府是一个活动范围涉及全国的行政机关，它是指在全国范围内总揽国家政务和负责国家各部门管理的机关。前者如内阁、政务院、国务院、部长会议、联邦执行委员会等；后者则为各个部、省等。无论是在单一制国家，还是联邦制国家，中央政府在整个社会管理体系中都处于最高、最核心的地位，掌握着国家与社会发展的主要权力。关于地方政府的界定则有着不同的理解，得到大多数人认可的定义是《国际社会科学百科全书》给出的："地方政府一般可以认为是公众的政府，它有权决定和管理一个较小地区内的公众政治，它是地区政府或中央政府的一个分支机构。地方政府在政府体系中是最低一级，中央政府为最高一级，中间部分就是中间政府（如州、地区、省政府等）。"② 本书也倾向于这种划分和界定。

关于中央与地方关系的内涵及其实质，国内学术界分歧很大，主要有以下四种代表性的观点：

1. 权力划分说

该观点认为中央与地方关系实质是一种权力与职责的划分和相互制约关系。"所谓中央与地方的关系，主要是指一定的国家政权组织形式下的中央政府与地方政府之间的权力分配及统属关系。"③ "中央与地方问题的实质就是中央与地方的分权关系。"④ 中央与地方的关系，中央政府与地方政府之间职责权限的划分，主要是通过中央与地方国家权力机关的纵向权力配置体现出来的，主要内容涉及中央政府与地方政府的上下统属与它们在行政、财政、军事、司法等方面的权力分配。关于权力分配的原则，孙中山在《中华民国建设之基础》一文中提出："权之分配，不当以中央或地方为对象，而当以权

① 林尚立．国内政府间关系［M］．杭州：浙江人民出版社，1998：19.
② 周伟林．中国地方政府经济行为分析［M］．上海：复旦大学出版社，1997：28.
③ 李治安．唐宋元明清中央与地方关系研究［M］．天津：南开大学出版社，1996：1.
④ 熊文钊．大国地方：中国中央与地方关系宪政研究［M］．北京：北京大学出版社，2005：1.

之性质为对象，权之宜属于中央者，属之中央可也；权之宜属于地方者，属之地方可也。”又说：“研究权力之分配，不当挟以中央或地方之成见，而唯以其本身之性质为依归。”①

2. 利益分配说

该观点认为中央与地方的关系实际上就是建立在一定利益基础上的国家利益和地方利益的关系。“中央与地方的关系，实际上是在一定的利益基础之上的统治阶级内部的一种政治关系”，② 其实质是利益关系。它主要包括物质利益关系、国家组织结构和双方的职权划分等紧密相连的三个方面。③ 作为利益的体现，从国家结构看，中央政府代表国家的整体利益和社会的普遍利益，地方政府代表国家的局部利益和地方的特殊利益。从阶级观点看，国家利益是一个国家统治阶级根本利益或共同利益，而地方利益则是一个地方的特殊利益。此观点认为中央与地方是一个利益矛盾体。

3. 权利义务说

该观点认为中央与地方关系是一种权利义务关系，强调各级政府的权利义务相称。“中央与地方的关系，是指具有隶属关系的行政主体在行使国家的最高权力和地方权力时各自依法享有的权利义务关系。”④ 在法律关系上，“中央与地方关系是指具有隶属关系或监督指导关系的中央与地方国家机关主体在行使国家权力和地方权力时依法形成的权利义务关系”。⑤ 一般来说，它包括中央与地方的经济关系、政治关系和法律关系等三个方面。

4. 府际关系说

该观点认为中央与地方关系实际上是指中央政府与省级政府之间的关系。“中央与地方关系主要指的是中央与各级地方政府之间的结构性关系，在中国，中央与地方关系主要是中央与省级辖区政府之间的关系。”⑥ 谢庆奎指出：“省级以下各级政府与中央政府也有关系，如都必须执行中央政府的计划、政策、决定和命令，但一般都是通过省级政府发生关系的；市、县政府与中央政府及其部门发生的联系，一般都是经过省级政府同意或批准，或事后报告

---

① 辛向阳．大国诸侯：中国中央与地方关系之结［M］．北京：中国社会出版社，1996：218.
② 薄贵利．中央与地方关系研究［M］．长春：吉林大学出版社，1991：9.
③ 辛向阳．大国诸侯：中国中央与地方关系之结［M］．北京：中国社会出版社，1995：15.
④ 杨春堂，崔向宁．论我国中央与地方关系的改革［J］．政治学研究，1989（5）.
⑤ 刘小兵．中央与地方关系的法律思考［J］．中国法学，1995（3）.
⑥ 张志红．当代中国政府间纵向关系研究［M］．天津：天津人民出版社，2005：28.

的。所以说中央政府与地方政府之间的关系，实际上是中央政府与省级政府之间的关系。”①

尽管学者们对中央与地方关系的定义各有不同，但其共同之处是把中央与地方关系等同于中央政府与地方政府之间的关系，即国家行政机关（狭义政府）之间的关系。严格来说，中央与地方的关系在现实中不仅表现为政府机关之间的关系，还涉及国家权力机构及其政治运行过程等因素。如有学者指出：“中央与地方关系主要表现为两种形式：其一是国家结构问题；其二是中央与地方的权限划分问题。”② 国家结构以及权力在国家机构体系中的分配总是与利益联系在一起。由此，中央与地方的关系就是中央政府与地方政府所拥有的国家权力在国家机构体系内的纵向配置关系，其实质是中央政府与地方政府所固有的以及在权力行使过程中所形成的既定利益的分配关系。

（三）政府间关系的内容

政府间关系主要包括权力关系、政策关系、机构关系、职能关系、财政关系、监督关系、合作关系、法律关系、司法关系、行政关系、利益关系等，但从决定政府间关系的基本格局和性质的因素来看，政府间的关系主要有三重：③ 一是权力关系，主要考察政府间权力划分的基础、依据和方式，它是政府间关系的基础，决定了中央与地方各级政府的地位和职权范围；二是财政关系，主要考察政府间的财权划分和财力分配、中央对地方财政的补贴和控制，以及财政审计和监督等，它是国内政府关系的核心，直接决定各级政府实现其职权的能力；三是行政关系，主要考察中央对地方的领导或指导关系、监控与合作关系，以及在地方政府发展过程中建立起来的利益关系等。

1. 政府间权力关系

权力关系是政府间关系的基础，它决定了中央与地方各级政府的地位和职权范围，受国家结构形式以及与此相关的宪法和法律制约和规定。而各国政府间的权力关系的基本格局又均以宪法和法律对中央与地方的职权划分为基础。

从宪法角度而言，单一制国家的宪法较联邦制国家的宪法在对政府间关系方面的规定简单得多，因为联邦制国家的国家组织形式决定了联邦宪法必

---

① 谢庆奎. 中国政府的府际关系研究［J］. 北京大学学报（哲学社会科学版），2001（1）.
② 薄贵利. 中央与地方关系研究［M］. 长春：吉林大学出版社，1991：11.
③ 林尚立. 国内政府间关系［M］. 杭州：浙江人民出版社，1998：70-73.

须要对联邦成员政府各自的权限范围以及联邦成员政府与联邦政府之间的权力关系做出具体的规定，而且这种规定的权威性要比单一制国家的宪法规定的权威性更大。在单一制国家，除了宪法对政府间关系做原则性的规定和确认外，那些直接源于宪法的有关地方政府的法律也进一步确认了政府间关系。如日本的《地方自治法》、英国的《地方政府法》、法国的《权力下放法》以及中国的《地方各级人民代表大会和地方各级人民政府组织法》《民族区域自治法》《香港特别行政区基本法》和《澳门特别行政区基本法》等。因此，单一制国家政府间关系的法律基础，“与其说更多地体现在宪法中，倒不如说更多地体现在中央和地方的政府组织法等法律中”①。和单一制国家不同，联邦制国家组织形式决定了联邦宪法必须对联邦和成员政府的各自权限范围与权力之间的关系做出具体的规定，一般有以下三个方面的内容：联邦权力、组成成员政府权力和联邦政府与成员政府共享的权力。以《美利坚合众国宪法》为例，它分别规定了联邦政府和州政府各自的专有权力，如联邦政府享有外交权、宣战权等专有权力，州政府享有监察地方政府权等专有权力；也分别规定了禁止联邦政府和州政府行使的权力，如联邦政府不得确立宗教或禁止宗教信仰自由等，州政府不得与任何国家政府缔结条约、协约、同盟或联盟等；同时规定了州的保留权，宪法规定未授予联邦政府或没有禁止州政府行使的权力，皆由各州保留。在联邦制国家，各成员政府与所属地方政府之间的关系，大都由各成员单位的宪法规定。

在各国，除了宪法作为规范和调整政府间关系的根本法律基础外，如行政法、行政组织法、行政程序法，以及中央政府依法颁布的行政法律规章等，都可以作为政府间，尤其是中央与地方政府间关系的重要法律基础。例如，行政组织法作为规范和调整行政组织关系的各种法律规范的总称，它是在宪法基础上形成的，是宪法的具体化，也是对中央政府与地方政府各自的权力及其相互关系的具体确认。在单一制国家，如《财政法》《预算法》《土地法》《环境保护法》等许多专门法律以及行政法规对政府间关系具有直接的调节作用。在联邦制国家，联邦政府所制定的行政规则虽不能直接确定联邦政府和地方政府之间的权力关系，但对它们之间的权力关系有着间接的影响。

2. *政府间财政关系*

在政府间职权范围已经划定的情况下，政府间实际权力关系主要体现在

---

① 熊文钊．大国地方：中国中央与地方关系宪政研究［M］．北京：北京大学出版社，2005：21.

政府间的财政关系上。财政是一切政府活动的基础，财政关系是政府间关系的核心，它直接决定政府间关系的状况。中央与地方各级政府之间的财政分配直接决定中央与地方各级政府实现其职能的能力，从而决定中央与地方各级政府在整个管理公共事务活动中的地位和权威。[①] 政府间的财政关系是在一定的政治结构和财政体制基础之上形成的。在现代财政学上，世界各国的财政体制大体上可以分为集权型和分权型两大类。集权型主要存在于单一制国家，分权型则主要存在于联邦制国家。在集权型财政体制下，财政集中于中央；而在分权型财政体制下，财政权则分属于中央与地方，中央和地方各有其独立的财政。当然也有例外，如印度是联邦制国家，各级政府收入来源划分清楚，但重大财政统一于中央，体现出相对集权的特征。

（1）分权型财政体制。这种类型的财政体制主要存在于联邦制国家。其特点是：联邦和联邦成员的财政收支范围划分明确，各联邦成员和地方政府财政收支力求平衡，对中央政府的依赖性较小；在财政分配上，中央财政收入不占绝对优势；在支出上，中央对地方的拨款也相对较少。美国和德国是这种类型的典型国家。与集权型财政体制相比，分权型财政体制有其合理性：[②] 第一，在个人对公共品的偏好不同的情况下，采取分权制能使地方政府的公共行政活动符合居民的需求，这在集权制下是难以做到的；第二，有利于地方积极性与自主性的发挥，从而在更大程度上保证地方利益的实现；第三，有利于决策的科学化和民主化；第四，有利于人员的自由流动，鉴于各地政府的赋税和公共支出不尽相同，个人可以按照自己的偏好择地而居，从而促使地方改善其财政支出的结构状态；第五，有利于行政创新，各级政府所面临的条件和环境不同，在地方有充分自主权的情况下，各地政府就能因地制宜地采用创新性的方法解决自身问题。

（2）集权型财政体制。这种类型的财政体制主要存在于单一制国家。在集权型财政体制下，财政权集中于中央，地方政府虽有一定的自主权，但其财政收入在一定程度上依赖于中央财政的补贴或拨款。中央政府在政府间财力分配关系中占主导地位。从财力划分上，中央财政收入一般占到全国财政总收入的60%~80%，地方财政收入只占20%~40%。如日本战后以来，中央税一直占全国税收总额的65%左右，而地方税只占35%左右。在财政支出上，

① 周平．当代中国地方政府［M］．北京：人民出版社，2007：187.

② 平新乔．财政原理与比较财政制度［M］．上海：上海三联书店，1992：362.

地方政府主要依靠来自中央政府的补贴或拨款。如在法国，各省的收入结构中，中央政府通过专项补贴和一揽子运转拨款向各省的拨款占 60%以上。① 另外，中央政府对地方的财政具有很强的监督权和控制权，监督和审计地方的财务，控制地方的财政收支规模，以此来保证中央政府的统一领导。英国、法国、日本、意大利和中国等国家都实行这种集权型的财政体制。与分权型财政体制相比，集权型财政体制也有其自身优势，有的学者将这种优势同样归纳为五条：② 第一，能够有效配置全国性的公共品或准公共品；第二，有利于协调地区之间、地方政府之间的不平衡；第三，有利于宏观经济的稳定；第四，在征税上，由中央政府征税比由地方政府征税要有效得多；第五，中央预算的一元化可以避免地方之间的竞争所造成的不利影响。

（3）政府间财政关系的协调。不论是分权型的，还是集权型的，政府间的财政关系都是通过一定的财政手段来协调的。这些财政手段包括：税法制定权、委任立法权、税款分配权、租税课征权、税款享用权、税法解释权和立法提案权。③ 在综合运用这些权力过程中，各国政府所采取的财政手段主要有两种：第一种手段是分享税制，又称分税制。它是中央政府与地方政府之间划分税收收入的各种制度的总称，作为调节政府间财政关系的最基本手段，现已为世界上大多数国家所采用。分税制是通过对中央税和地方税进行合理划分，使中央政府与地方政府都各自拥有一定的税源和税收，不仅能够避免各级政府对同一税种的重复课征，而且能够保证各级政府财政的支出，促进经济社会发展。第二种手段是政府间拨款。在正常条件下，采用的是从上一级财政流向下一级财政的垂直的资金流动形式，具体做法有“有条件拨款、分类拨款和无条件拨款”三种。④

3. 政府间公共行政关系

政府间的公共行政关系是指各级政府在一定权限划分和财政分配基础上，为管理社会公共事务所形成的活动关系。政府间的公共行政关系通常包括行政领导（指导）关系、行政监控关系、行政合作关系三种。在这方面，单一制国家与联邦制国家、中央集权制国家与地方分权制国家存在很大差别。

（1）行政领导（指导）关系。在单一制国家，政府体系是一元的，中央

① 卓越．比较公共行政［M］．福州：福建人民出版社，2003：388.

② 平新乔．财政原理与比较财政制度［M］．上海：上海三联书店，1992：360-362.

③ 平新乔．财政原理与比较财政制度［M］．上海：上海三联书店，1992：36.

④ 平新乔．财政原理与比较财政制度［M］．上海：上海三联书店，1992：368-369.

政府处于核心地位，掌握主导权力。但由于各国的政治法律制度不同，单一制国家又有中央集权制和地方分权制两种形式，因而所表现出的政府间的行政关系也有差异。在地方分权模式的国家中，如英国，地方政府的职权是由法律规定的，受法律保护，中央政府不得直接干涉。各地方议会是各地唯一合法的统治机构，它既是立法机构，也是行政机构。因此不论从权力关系上还是从机构关系上，中央政府都不能视地方政府为领导对象，① 它们之间仅仅存在行政指导的关系。在实行中央集权模式的国家，如法国和中国，地方政府的权力是以法律赋予和行政授权两种形式获得的。如我国 1982 年《宪法》对中央政府（国务院）和地方各级人民政府的职权范围做了明确划分。但根据我国现行行政体制，各级人民政府在法律规定的范围内的实际权力还需要通过上级政府行政授权的形式获得。这种权力的授予方式就决定了地方政府必须服从中央政府的领导，从而形成了行政上的领导与被领导关系。

（2）行政监控关系。行政监控关系是维系政府上下级关系的主要形式，是保证政府体系协调稳定和国家政令统一的重要机制。② 各国中央政府对地方政府的监控主要体现在以下几方面：

第一，机构人事方面的监控。如在日本，自治省在地方政府首长缺位而又没有职位代理者的情况下，自治大臣可以委任地方政府首长的职务代理者。在法国，主要由共和国专员和内政部监督地方行政，如有需要，他们有权暂停市长行使职权或撤销其职务，议员或市议会如若失职，可以责令其辞职直至解散议会，也可以由共和国专员成立特别评议议会，履行市议会职能。

第二，行政计划或措施方面的监控。如在英国，地方有些事业的兴办，需由地方议会将其计划事先呈送到主管部门核定。如地方消防队的人事编制计划需呈请内政部核定。在联邦制的美国，各州政府的许多活动都要受联邦机关的监督，如各州的道路修建计划要受到联邦公路修建局的监督；州政府拟定全州统一的或针对某一地方政府的特殊的公共事务管理方案，请地方政府参照执行等。

第三，财政监督。这是最有效、最常用的行政监督手段。通常采用的办法是：派审计员审计各级地方议会的财政收支；批准地方的经费计划；③ 批准地方议会的借债计划；实行拨款措施，扩大中央对地方的监督权力。

---

① 林尚立．国内政府间关系［M］．杭州：浙江人民出版社，1998：92-93.

② 林尚立．国内政府间关系［M］．杭州：浙江人民出版社，1998：94.

③ ［英］伊夫·梅尼，等．西欧国家中央与地方的关系［M］．北京：春秋出版社，1989：67.

第四，行政法院监督。这是大陆法系国家所特有的监督形式。以法国为例，法国的行政法院独立于普通法院体系，实际上属于行政体系。根据职权范围，中央行政法院对地方政府的监督主要体现在对地方机构的决议、行政行为的司法监督，以及对地方机构所订立的规章、协议的监督和管辖等方面。行政法院的监督是一种司法监督，但在集权体制下，行政法院最终都是在中央政府的意志下执行和运作的，所以，行政法院监督就往往成为中央政府监督地方的有效途径。①

（3）行政合作关系。行政合作关系既有纵向合作关系，也有横向合作关系，还有斜向合作关系。② 纵向的政府间合作关系主要有以下四种形式：其一，委托性合作，也就是中央政府或上级政府通过拨款的形式委托地方政府或下级政府处理某一些共同关心的社会事务所形成的合作关系。其二，协议性合作，这种合作大多是出于解决各级政府都面临的重大问题而形成的合作，如大气污染治理、全国性公路建设等。其三，计划性合作，即地方或下级政府为了完成中央或上级政府制订的计划，通过参与计划的实施与中央或上级政府形成的合作关系。其四，参与性合作，是指地方或下级政府在参与中央或上级政府决策或政策执行中所形成的合作。所谓横向政府间合作关系，是指各政府为解决某些共同事务所结成的正式或非正式的行政关系，主要有由中央政府策划而形成的合作、地方政府间为处理某一共同问题而形成的合作、基于协议而形成的合作，以及以协会的形式形成的合作等类型。③ 斜向的政府间合作关系则是指某一地区级别较高的地方政府与另一地区级别较低的地方政府所形成的某种协议与合作关系，甚至是三角关系，如两个地方政府与中央政府相互之间所形成的合作关系。现代政府间合作关系复杂多变，密切政府间关系、加强政府间合作已经成为促进经济和社会协调发展的重要途径。

4. 政府间利益关系

利益是在一定经济基础和社会关系中人的需要的满足，人们在社会活动中所形成的社会关系归根结底是利益关系。作为社会活动中的重要主体，政府无疑是重要的利益承载体，既担负着利益分配的责任，其自身又在这种整合与分配过程中成为重要的利益主体。谢庆奎认为政府间关系除了权力关系、

---

① 卓越．比较公共行政［M］．福州：福建人民出版社，2003：391.

② 熊文钊．大国地方：中国中央与地方关系宪政研究［M］．北京：北京大学出版社，2005：23-24.

③ 罗孟浩．各国地方政府［M］．北京：中正书局，1959：152.

财政关系和公共行政关系外，在其背后还隐藏着一个利益关系。甚至有学者指出，政府间关系首先应该是利益关系，然后才是权力关系、财政关系、公共行政关系，前者决定后三者，后三者是前者的表现。① 所谓政府间利益关系，是指各级政府在行使各自的权力过程中所形成的利益的分配、分享和竞争关系。各级政府都存在着“利他”和“自利”的双重动机：“利他”就是为社会服务，为人民服务；“自利”就是单位利益、部门利益和个人利益。政府官员和公务员为自身权力、声誉、荣辱、奖惩、升降、福利、待遇等去工作，这里都含有自利的动机。② 一般来说，中央政府是整个社会公共利益最集中的代表和体现，追求的是社会公共利益最大化，而地方政府在追求社会公共利益的同时，还具有为地方谋取利益的动机，二者之间必然存在矛盾。

在我国，随着以市场为导向的改革的深入和中央权力的下放，地方政府的主体性渐趋增强，地方利益动机愈加明显，中央政府与地方政府，以及各地方政府间的利益矛盾更加突出。如何在政府间利益找到一个平衡点，建立一种政府间利益关系协调机制，已经成为政府间关系合理运行的重要保障。

二、改革开放以来中国政府间关系发展与问题

政府间关系，尤其是中央与地方关系是国家政治生活中非常重要的内容，如何处理二者之间的关系，将直接影响到国家统一、政治稳定以及社会经济发展。我国中央与地方关系的历史源远流长，走过很多弯路，也积累了宝贵的经验。了解我国中央与地方关系的发展轨迹，对于处理好当前中央与地方的利益关系具有重要借鉴作用。1978 年启动的改革开放是新中国成立以来具有划时代意义的大事，以此为标志，可以将我国中央与地方关系的发展历程划分为改革开放以前和改革开放以后两个不同的时期。

（一）改革开放以来的中央与地方关系调整

党的十一届三中全会召开，标志着我国进入了改革开放新时期，国家面临的政治、经济、社会和文化环境都发生了巨大变化，经济体制改革的推动需要灵活多样的中央与地方关系模式来取代传统的集权制模式，以适应经济社会发展和政府自身体制改革的客观要求。纵观改革开放以来的中央与地方

① 傅大友，袁勇志，芮国强．行政改革与制度创新［M］．上海：上海三联书店，2004：216.

② 谢庆奎．中国大陆政府与政治［M］．北京：五南图书出版公司，1999：15-20.

关系的调整过程，主要包括以下三个阶段：

1. 放权让利阶段（1978—1991年）

该时期的中央与地方关系的改革与调整的基本思路是“放权让利”或“简政放权”，以改变中央与地方的权力和利益结构。主要表现在以下几个方面：

（1）扩大地方政府财权。1980年，中央以财政管理体制为改革突破口，发布《关于实行“划分收支，分级包干”财政管理体制的暂行规定》，在中央财政和地方财政之间，实行“分灶吃饭”的办法，进一步调动地方增加财政收入积极性。1985年在第二步“利改税”基础上，重新确定收支范围和包干基数，实行“划分税种、核定收支”。1988—1990年，又对不同地区采取六种不同的包干办法。①

（2）扩大地方政府事权。这部分内容主要包括：其一，立法权，如1982年《宪法》规定：“省、直辖市的人民代表大会和它们的常务委员会，在不与宪法、法律、行政法规相抵触的前提下，可以制定地方性法规，报全国人民代表大会常务委员会备案。”接着，新修改的《中华人民共和国地方各级人民代表大会和地方各级人民政府组织法》对地方政府职权范围做出了进一步的法律规定，并明确赋予了地方相应的立法权。其二，人事参与权，确立“下管一级”的党管干部政策。其三，投资决策权，地方政府有了一定限度的固定资产投资权、技术改造权、城乡建设权。其四，经济管理权，特别对一些城市赋予了极大的经济活动自主权，国家不仅建立经济特区，还开辟沿海沿江14个城市为计划单列市，赋予其省级政府的经济管理权限，使其可直接参与到全国性的各项经济计划活动中来。

（3）扩大企业经营自主权。在以往中央与地方关系调整时，政府与企业的关系往往被忽视，企业被看成行政体制的附属物，作为两者关系调整的一种筹码，因此两者关系很难正常化。正如邓小平（1980）所言：“过去在中央与地方之间分过几次权，但每次都没有涉及党同政府、经济组织、群众团体等之间如何划分职权范围的问题。”② 于是在这次改革中，中央把生产计划权、产品购销权、劳动人事权等下放给企业，开始注重增强企业自我发展和改造的能力，来增强企业活力。1979年中央开始推行企业利润留成；1980年扩大

① 李培智．论中央与地方关系及相关财政关系［J］．管理世界，1994（4）．

② 邓小平文选（第二卷）［M］．北京：人民出版社，1994：89．

经营权试点企业数量增加到了6000个；1983—1984年推行的两步“利改税”是企业税后留利的进一步提高；1987年推行企业的“承包制”，以收入递增的方式承包所得税乃至全部税金，稳定中央财政收入。这一系列改革措施使得利润收入进一步向企业分散，同时中央赋予了企业必要的经济管理权力，为企业的独立经营创造了条件。

2. 制度创新阶段（1992—2000年）

1992年邓小平南方谈话和党的十四大召开，中央明确提出了大力发展市场经济，建立社会主义市场经济体制的目标，为合理建构中央与地方关系提供了根本的体制基础。市场经济的不断深入发展，倒逼中央与地方关系制度创新，以适应社会主义市场经济发展的需求。

（1）加快政府机构改革，转变政府职能。党的十四大明确提出在中国建立社会主义市场经济体制，并决定进行行政管理体制与政府机构改革，切实做到转变职能、理顺关系、精兵简政、提高效率，提出合理划分中央与省、自治区、直辖市的经济管理权限，充分发挥中央与地方两个积极性，以及理顺国家与企业、中央与地方分配关系，从而为理顺中央与地方关系提供了理论依据和现实动力，使得政府职能越来越适应、服务社会主义市场经济。

（2）加快产权制度改革，建立现代企业制度。党的十四大确立了企业改革的目的，即建立“产权清晰、责权明确、政企分开、管理科学”的现代企业制度，更加明确积极地推动政企分开，从制度上改变政府对微观经济活动的直接干预和控制。

（3）在财税制度方面，实行分税制。1994年国务院下达《国务院关于实行分税制财政管理体制的决定》，分税制的核心在于划分权限、划分税种、分设机构。在划分了中央政府事权和地方政府事权的基础上，按照财权服从事权的原则，建立起中央税收和地方税收体系。① 分税制的实施，初步理顺了中央与地方的财政分配关系，建立起规范的财政运行机制。财政的厘清，为中央与地方事权划分创造了前提条件，从而为中央与地方关系的规范化奠定了基础。

（4）改革中央银行管理体制，加强金融宏观调控。1998年11月，中共中央、国务院决定对中国人民银行管理体制实行改革，撤销32个省级分行，跨省（区、市）设置9家分行（包括20个金融监管办事处）、2个营

① 庄序莹．公共管理学［M］．上海：复旦大学出版社，2006：158.

业管理部、333 个中心支行、1660 个县（市）支行。[①] 这使得中国货币政策决策和实施进一步统一，增强了金融宏观调控的有效性，确定了中央在货币金融领域的权威，同时摆脱了地方各方的干预，使地方失去了驾驭企业的一大法宝。

3. 中央与地方关系再调整阶段（2001 年至今）

2001 年 12 月 11 日，中国正式加入世界贸易组织（WTO），成为其第 143 位成员。加入 WTO，首先是政府的“入世”，而中央与地方关系再调整在一定程度上是政府能否“入世”的试金石。因此，为了适应中国加入 WTO 的环境变化，必须对中央与地方关系进行再调整。[②]

（1）中央与地方财政体制再调整。国家能力在很大程度上是财政汲取能力，因此为了适应加入 WTO 后的新型中央与地方关系，必须改革财政体制。第一，按照社会主义市场经济体制的客观要求和公共财政原理，明确界定政府的事权范围，廓清政府与市场、政府与社会等的职责边界。第二，以事权划分为基础，明确界定中央政府与地方政府的支出责任。第三，根据政府事权和支出责任的划分，按照中央财政主导地位和调动两个积极性的原则，建立中央和地方税收体系。第四，按照预算统一性和完整性原则，规范政府分配行为和分配形式。第五，逐步加大转移支付力度、规范转移支付形式。第六，建立规范的分级财政预算制度。

（2）中央与地方事权的再调整。在行政审批制度改革方面，2002 年国务院与各级地方政府大幅度削减行政审批项目，赋予了地方或企业更多自主权。但总体来说，“入世”后的中央与地方关系事权划分，采取授权的原则来处理，这也是单一制国家处理中央与地方关系的重要形式，即地方政府作为中央政府的下级政府，其权力实质上是中央最高权力机关授予的，凡是法律规定没有授予地方政府的职权，都属于中央政府。采用授权制原则处理中央与地方关系，有利于形成全国统一的法律、法规，保持国民经济和全国市场的统一和开放，有利于实现全国范围的资源合理配置，有利于加强中央政府对国民经济的宏观调控，保证国民经济持续、稳定和协调发展。

（3）中央与省级政府宏观调控再调整。基于监管的宏观调控是现代市场经济正常运行的基本条件。中央宏观调控与省级中观调控的关系是加入 WTO

---

① 庞湖．国务院 28 个组成部门的前世今生［EB/OL］．中国宏观经济信息网，2003-03-17.

② 李文良．WTO 与中国政府管理［M］．长春：吉林人民出版社，2003：132-141.

之后中央与地方关系的重要内容。改革开放以来，在宏观调控方面遇到了一些新问题：一是纵向上中央集权过多；二是横向上调控权不集中，政出多门，调控不协调；三是调控主体身份混淆；四是中央与地方调控缺乏必要的法律规范，中央与地方两级调控的权限一直没有明确。在宏观调控上，既要发挥中央政府的主导作用，也要发挥地方的承接作用和中观调控的功能，从而实现中央和地方在宏观调控中的合理调适。

（二）中央与地方关系发展中的问题

改革开放40年，打破了中央与地方关系集权制的旧格局，中央与地方关系趋于合理、平稳，改革总体思路和基本趋势反映了市场经济、民主政治和现代化建设的要求，取得了很大成效，主要表现在以下方面：[①] 在坚持中央财力主导地位的同时兼顾了地方利益，开始探索用法律规范中央与地方关系，开始尝试正确划分中央与地方事权，以及中央与地方关系改革通过经济体制改革来推动，并渗透于经济体制改革中。[②]

党的十一届三中全会以后，我国陆续出台了一系列以“放权让利”为主线的重大改革措施，摸索出了一系列旨在尽可能充分体现中央政府和地方政府“两个积极性”这一“互动”原则的机制性手段。在中央政府和地方政府的关系上，原有体制下中央集中过多、管得过死的状况，以及地方政府权力与职责长期相背离的不合理运行状态已有较大改观，地方政府拥有越来越多的自主权，决定和处理本行政区域内的政治、社会和经济事务。在政府管理层次上，中央政府逐步向地方政府下放财权和经济管理权，特别是实施了分税制等一系列较为充分地考虑地方政府利益的制度和做法，大大激发和增强了地方政府的经济活力和地方政府管理的自觉性，同时也使其在许多方面分担了中央政府的调控压力，增加了宏观协调的深度和广度，促进了中央关于地方政府发展目标和总体协调目标的实现，不仅有效地推动了国民经济的整体发展，而且有效地推动了经济体制改革的深入。但从现阶段的实际情况看，中央政府与地方政府的关系还存在以下几个方面的问题：

1. 权责关系不畅，中央宏观调控落实不力

改革开放以来，由于非制度化的放权让利、新旧体制并存，以及配套改

---

① 陈振明．公共管理学——转轨时期我国政府管理的理论与实践［M］．北京：中国人民大学出版社，1999：144.

② 金太军，赵晖．中央与地方政府关系建构与协调［M］．广州：广东人民出版社，2005：48.

革没有跟上等综合因素，地方政府行为失范难以避免。地方政府为了局部利益，置整体利益、全局利益于不顾，对中央欺瞒抗争，不顾中央政策法令，自行其是，你有政策、我有对策，造成了中央权威流失、中央功能弱化、宏观调控乏力。主要表现在以下方面：

中央宏观调控能力是以中央财政汲取能力为基础的，财政汲取能力的下降必然导致宏观调控能力的下降。权力下放后，中央与地方功能重新划分，地方功能膨胀。中央对地方约束无力，地方向心力的发育与离心力的抑制失去了基础和依托。现在的问题不是中央统得过死，而是中央缺乏承担自己责任的权力。中央应有的权力，有的弱化，有的虚化，有的下放到地方政府。

从政府的结构来看，我国中央政府缺少自己的执行机构，中央政策的执行依赖于地方政府。我国中央行政机构，国务院的部、委、局、署是分别履行国务院基本的行政管理职能的机关。这些部门的职责主要是政策的制定以及宏观规划与指导，几乎都没涉及政策的执行。我国的国务院主要起到政策的宏观调控和指导以及总的最高的监督职能作用，中央的政策是通过中央—省—市—县—乡镇这种金字塔式的层级结构逐级向下执行的。地方政府毕竟不等同于中央政府的执行部门，代表地方的利益，并且更容易产生自己独立的利益（分税制加剧了这个情况）。中央立法委托各地方政府执行，在执行上，中央依赖于地方，这是中央政令不畅的重要原因。中央受制于地方，地方也受制于中央，做事的时候两级政府很难行动，难以发挥“两个积极性”。

2. 地方政府权力利益膨胀，行为失范

随着市场体制的转型，原先被强行压制的各种利益纷纷凸显，中央与地方利益开始走向分化。地方政府立足于本地政府利益所展示的行为呈失范倾向。由于地方官员的晋职、升迁主要取决于上级政府，而上级政府对地方官员政绩通行的考评标准是 GDP。地方官员为了任期内政绩，急功近利，局部利益至上，导致短期行为，大搞各种形象工程。改革初期，地方政府主要通过直接控制国有企业进行投资，投资主体更加多元化，地方政府也可以运用强大的行政力量，通过贷款、项目审批等手段把民间投资纳入政府项目，给予企业更多的优惠政策。地方政府大规模介入投资行为，严重扭曲了要素市场的价格信号，造成企业投资的要素成本、土地成本和环境成本严重低估，误导了企业的投资预期与投资决策，导致了一轮又一轮的投资过热。[①]

据统计，2014 年国有土地使用权出让收入和 11 个房地产相关税种税收占当年全国商品房销售额的 81.7%。而土地财政贡献了地方财政收入的 35.63%，与土地、房地产关联的税收占地方一般预算收入已接近 28%，可见其因果关系。2003—2015 年，土地转让金与地方一般预算收入之比平均为 49.74%，支撑了地方收入的半壁江山。[②] 既然土地成为各级地方政府财政的重中之重，就在一定程度上影响了房地产价格。

出于地方保护主义，地方政府在处理全局利益与局部利益的关系时，只考虑地方利益，不考虑全局利益，甚至为了地方利益而牺牲全局利益。现实中地方政府为了本地区经济利益，争夺资源，分割市场。首先，对产品原材料保护和封锁，转型初期主要是对粮食、棉花的争夺，后期主要是针对医药、汽车以及电力等产品和资源的争夺。其次，对企业保护与封锁，限制本地优秀企业对外扩张，“肥水不流外人田”。最后，对资本市场的争夺，20 世纪 90 年代的招商引资浪潮掀起了政策优惠大战，以此来争夺外来资本落户本地，近年来又出现了抢人才大战。总之，地方政府实行区域性的经济管制，以政府的竞争代替市场的竞争，把全国性高度统一的政经一体化，分割成一个个相对独立的区域经济实体，妨碍市场要素的自由流动。随着改革开放的推进，中央的放权使得当前地方保护主义越来越明显，地方政府采取“上有政策，下有对策”的策略，各自为政，各行其是，甚至直接抗衡中央的调控；各地方政府之间相互攀比，盲目发展，大搞形象工程，政府行为短期化；为了满足本地区经济发展，采取地方保护主义，人为割裂市场，阻碍统一市场的形成。地方保护主义很大程度上是中央让权过程中的非制度化造成的，使得很多权力被地方滥用了。

传统的制约机制大量瓦解，而新的制约机制尚未形成，地方政府可以充分利用自己拥有的权力资源获取各种利益。这种利益不断膨胀，从追求预算最大化到追求政府自身利益最大化，再到追求官僚利益最大化，地方政府行为失范在所难免。比如，2015 年 1 月 8 日，财政部巡视组在甘肃省气象局下属防雷中心的 2011—2013 年财务账目中发现违规资金 1000 多万元，另有 500 多万元被时任省气象局局长张书余，伙同防雷中心主任张华，转往某公司

---

① 陈崇良．转型期中央与地方关系的建构［D］．重庆大学硕士学位论文，2006.

② 任泽平．土地出让金和税收占房价八成，你还指望它控房价？［EB/OL］．https：//www.sohu.com/a/117112662_ 481486，2016-10-25.

（防雷所下属企业）套取现金后私分。可见只要有权力行使的地方，都可能存在"权力寻租"的空间。这种权力和改革的受益者相结合形成利益集团，同时为进一步维护和扩大自身的利益，会想方设法从中央获取更多的权力，从社会和市场中索取更多的权力。如果地方政府的权力长期得不到有效制约，这种垄断既得利益集团就会进一步强化，加剧经济社会发展的不公平。

3. 地方与中央条块关系矛盾突出

在市场经济中，地方政府也是一种重要的利益载体，其行为受地方利益的驱动，尤其在如投资、税收、财政、资源等关键领域，地方政府会对中央政府的宏观调控"讨价还价"，与中央政府展开利益博弈，"上有政策，下有对策"是地方政府在执行中央政策过程中软性对抗中央的写照。尽管中国市场经济逐步确立，但是条块关系矛盾在政府间关系中依然存在，具体体现为权力关系中的集中与分散矛盾、行政关系上的政策之间的矛盾和财政关系上的分权与分钱的矛盾三个方面。这些矛盾严重影响了政府间关系正常健康的发展，使政府间关系陷入失衡和扭曲。首先，由于"条条"与"块块"之间很难形成平衡点，双方的矛盾所带来的不是"条条专政"就是"地区分割"。其次，统一领导、分组管理的计划管理原则，在条块矛盾冲击下所塑造出的管理体系是领导集中、权力分散的体系。①

2010年12月28日，经国务院批准，江西省共青城市正式成立，但江西省政府之前明确要划给共青城市的原属星子县的苏家垱乡、泽泉乡这两个乡，却迟迟没有划归。结果，两个乡的民众就处于"两头空"状态，办事很不方便。共青城市原本只是鄱阳湖畔的一片滩涂。1955年，98位上海青年响应号召来到这里垦荒创业，之后这里成为国营垦殖场。1992年，这里成为开发区。2002年，明确共青城管委会为九江市的派出机构（副厅级），直到2010年共青城正式升级为县级市。但为了更多地享受原本开发区的优惠政策，共青城在"冲市"时扩容，兼并了周边县的区域，这就形成了星子县的两个乡迟迟没能正式划给共青城市的矛盾。应该说，无论是基于行业垂直管理的石油、港口的"条条"，还是开发区的管委会对上负责的"条条"，其垂直管理机制原本具有合理性。但当"条条"不得不越来越多地参与属地的行政管理时，其势必与既有属地管理产生矛盾。

① 林尚立．国内政府间关系［M］．杭州：浙江人民出版社，1998：307-312.

4. 地方政府间横向关系阻隔，合作机制不畅

美国学者多麦尔在《政府间关系》一文中指出，“如果说政府间关系的纵向体系接近于一种命令服从的等级结构，那么横向政府间关系则可以被设想为一种受竞争和协商的动力支配的对等权力的分割体系”。① 可见，“竞争”与“协商”是横向政府间关系中的两个重要维度。

随着市场经济的发展以及政府间关系的不断调整，地方政府间的横向合作关系有所变化，在一系列具体政策（如财政、税收、价格）的调整中承认了个人、企业与地方独立经济利益的存在，多元经济利益主体（国家、地方、企业）取代了一元经济利益主体（国家），地方、企业等经济利益主体的地位不断增强。地方政府间的横向合作也形成了整体经济效应，促进了合作地区经济的发展，有力地改变了中央与地方政府的博弈格局。但从总体来说，地方政府间横向的协调与合作关系离市场经济的要求还有一定的差距，地方政府间的协调与合作能力也有待加强。

从实际情况来看，我国区域经济合作的阻碍因素仍然存在，比如以中心城市为基础的区域经济圈的建立有可能对周围地区造成“虹吸”现象，甚至在很多时候聚集效应大于辐射效应，形成了人才、资源逐渐向中心城市集中、周边地区发展相对迟缓的局面。由于中国缺乏有权威的上级协调机构，国家控制力在区域经济层面上出现调控“真空”，很难排解行政区划造成的利益冲突，省份经济空间格局一直难以突破，甚至出现“板结化”倾向等现象。

从法治角度来考量，当下我国中央与地方关系上的问题突出表现在以下几个方面：一是中央与地方法定权利、义务划分不明，权限重叠、权限冲突严重，缺乏稳定性。尽管我国宪法、地方组织法等法律规范对中央与地方的职权划分做出了一些规定，但这些规定带有很强的原则性、概括性，无法有效规范和约束双方的权力行为。更严重的是，不同法律、法规关于中央与地方的权限规定存在明显冲突，直接导致中央与地方相互推诿责任或相互侵犯对方权力范围。中央与地方间的权限变动缺乏应有的稳定性，目前我国权力下放不规范、不配套，权力缺乏严格的限定，权力行使缺乏严格的监督和制约，一些地方滥用权力等问题，导致我国中央和地方关系长期摇摆于“集权主义”和“地方主义”两个极端。

---

① ［美］理查德·D. 宾厄姆，等. 美国地方政府的管理：实践中的公共行政［M］. 北京：北京大学出版社，1997：162.

二是调整方式的单向性和落后性。中央政府把握了中央与地方权力变革的主导权，因而可以根据现实需要随时收权或放权。地方政府缺乏自己应有的独立地位，在纵向的国家权力结构调整中长期处于被动处境。为了维护自己的利益，地方政府往往采取一些“对策性”措施，导致中央的决策在地方实际执行过程中逐级衰减，甚至被异化。我国过多地依赖政策来处理中央与地方间的权力矛盾，而忽视法律规范及制度的作用。尽管依靠政策来调整中央与地方关系具备灵活性、成本低的优点，但从长远来看，这种做法会带来很多弊端。在“依法治国”背景下，中央与地方关系改革只有在法律框架下推进，通过法律法规的颁布、实施，为中央与地方的关系改革提供法律上、制度上的依据和保证，才可能避免改革中出现随意性和不确定性问题。忽视法律在国家政治、经济生活中的调整作用，无疑在一定程度上增强了人为等主观因素的影响，给维护中央与地方关系的良性发展带来许多现实障碍。

三、政府间关系现代化的思考

中央与地方关系一直是我国政治生活中的重点和难点问题。1956 年，毛泽东在《论十大关系》中指出，“中央和地方的关系也是一个矛盾。解决这个矛盾，目前要注意的是，应当在巩固统一领导的前提下，扩大一点地方的权力，给地方更多的独立性，让地方办更多的事情。这对我们建设强大的社会主义国家比较有利。我们的国家这样大，人口这样多，情况这样复杂，有中央和地方两个积极性，比只有一个积极性好得多。我们不能像苏联那样，把什么都集中到中央，把地方卡得死死的，一个机动权也没有”，“现在几十只手插到地方，使地方的事情不好办”。[①] 可见，理顺中央与地方关系的总体原则和目标是：既要维护中央权威，保证中央在政治上“统得住”，在法律、政令上“行得通”，在经济上“控得动”；又要尊重和保护地方利益，允许和保证地方在不违背法律和中央政策的前提下，能够积极、主动、合理地处理各种地方性事务。上述这两个方面是有机统一的，不可偏废其中的任何一个方面。为此，从我国目前中央与地方关系存在的问题来看，至少应在以下几个方面做出努力：

（一）转变政府职能，合理划分中央与地方权限范围

进一步理顺中央与地方关系，最基本的前提是实现政府职能转变。长期

① 毛泽东著作选读（下册）[M]. 北京：人民出版社，1986：729.

以来，中央与地方权限不清，深层次原因就在于政府职能模糊。主要表现在：一是政企不分；二是政府机构效率低下；三是地方政府组成与运行方式不合理。要理顺中央与地方关系，必须先弄清政府在转型时期应扮演的角色，科学定位政府职能。

1. 要明确政府与企业的职能关系

“协调中央与地方政府关系需要两次分权，即政府与社会分权是第一分权，中央与地方分权是第二分权，其中，第一分权是第二分权的基础和前提。”① 其中，政府与企业关系的厘清是建立中央与地方协调均衡结构的关键。改革以前，中央与地方关系经过多次调整，但每次都没有贯彻政企分开原则，企业作为各级政府附属物状态一直没有改变。党的十一届三中全会以来，虽然经过了放权让利、承包制、利税分流等改革措施，但传统的政企关系仍未真正改变。当中央下放权力时，这些权力就被地方截留，地方仍旧干预企业活动，在此状况下，企图理顺中央与地方关系，往往事倍功半。因此必须实现政企分开，建立现代企业制度，“凡是国家法令规定属于企业行使的职权，各级政府都不要干预，下放给企业的权力，中央政府和地方都不得截留”,② 这样才能克服“集权”体制和“诸侯经济”的弊端。同时中央借助经济杠杆和法律手段以及健全宏观调控体制，实现地方和企业的自律，地方政府则主要履行监督与服务的职能，通过法规与条例规范市场秩序，以保证本地区经济健康运行。

2. 要进一步加快政府机构改革

改革开放以来，我国政府机构多次改革，取得了较大成绩，许多措施难能可贵，但仍有着较大的局限，表现在以下方面：其一，各级政府改革目标设计、步骤实施仍有待规范；其二，机构精简和人员裁撤目标还有待深化；其三，作为机构改革的难点的干部分流问题，在解决中产生了“虚流”现象，即政府职能部门干部分流在体内循环，或摇身变为翻牌公司或压到下属企事业单位。除了政府机构改革外，在纵向上政府体制也应做相应的变化，目前我国政府体制主要以“中央—省（自治区、直辖市）—市—县—乡（镇）”五级制构成，政府机构臃肿、效率低下，层级结构众多，等级制过严，不利于地方政府尤其是基层政府的发展。政府机构改革是理顺中央与地方关系，

① 谢志岿．协调中央与地方关系需要两次分权［J］．江海学刊，1998（1）．

② 中共十四届全国代表大会文件汇编［M］．北京：人民出版社，1992：25．

克服“条块分割”的重要条件，因此，必须按照“精简、统一、效能”原则，建立与社会主义市场经济要求相一致、具有现代公共行政管理基本特征的新型服务型政府。

3. 要改革地方政府组成和运行方式

目前我国地方政府领导群体的组成方式，一般分为上级任命制和地方民选两种。[①] 在传统体制下，中国地方政府主要领导人更多地通过中央任命方式产生，以保证中央意志在各地得到贯彻，实现对地方政治、经济的控制。随着经济、社会发展，客观上要求地方干部人事实行民选制，这既符合民主政治的基本要求，也有利于提高地方政府的工作效率和加强对地方的民主监督。因此，应积极改革现行政治与立法体制，下放适度的政治权力给地方政府，在人事上努力让民众参与本地区干部的选择，以合理调整地方政府的运行方式，适应经济和社会的发展要求。

4. 要科学界定中央与地方权限范围

在科学界定中央与地方职能和角色的基础上，配备相应的职权，并做整体划分，即中央与地方的权限尽可能以整体加以区分，改变对等分配、总量分割的方式，使它们各自有相对合理的划分，必须坚持合理集中和适当分权的有机结合。要创建伙伴型政府间纵向关系。在市场经济体制下，打破“职责同构”的政府管理体制，建立合理的政府间权力结构，奠定中国政府间纵向关系调整的框架性基础。创建伙伴型政府间纵向关系，必须建立相应的权力结构框架，即要在实现政府间纵向分权的基础上，强调中央政府的“再集权”，促进政府间合作与互相依存关系的形成，完善政府间纵向权力监督保障体制。

政府是有限政府，政府的权力是有限的，无论是中央政府权限还是地方权限，都要受到监督和制约。中央与地方的职权划分，归根结底是由中央与地方的经济政治利益关系决定的。中央与地方之间的关系，归根结底还是两者之间的利益分配关系。利益均衡是中央与地方关系动态平衡的实质性内容。改革开放的经验已经证明，一个有权威的、能对社会发展进程实施有效领导的中央政府，是社会变革时期能以较小代价赢得快速平稳发展的重要保证。但是，中央所集之权只能是依法应属于中央的那部分权力，而不应是所有的国家权力；中央不应侵犯依法应属于地方的那部分权力。党的十六大提出要“依法规范中央

---

① 汪雷．转型时期中央与地方关系建构的路径分析［J］．中国行政管理，2003（8）．

和地方的职能和权限”，以保证国家法制统一、政令统一和市场统一，提高工作效率、降低管理成本、增强行政活力。从政治学的角度看，权力是基于特定的社会经济基础所形成的政治权力主体对政治权力客体的一种制约能力。中央与地方之间权力行使的相对平衡是中央与地方之间权限划分所应达到的直接目标。当然，这里说的权力行使上的相对平衡，并不是说中央与地方在权力的种类和数量上必须相同，而是说与它们各自的职责相对应的权力平衡。

（二）建立利益协调机制，实现中央与地方利益分配合理化

从本质上说，中央与地方关系就是利益关系，即国家的整体利益和地方（局部）利益的关系。理顺中央与地方关系，促进中央与地方各种关系整合，重塑中央与地方政治秩序，归根结底需要正确处理和协调好中央与地方的政治、经济利益关系。当前，中国中央与地方的利益关系在多种政治、经济和社会力量的作用下出现了许多阻碍其正常发展的压力，必须要化解中央与地方利益关系的矛盾，使其走上合理化发展的道路。

1. 完善利益协调机制

毛寿龙认为，“在人类生活中存在着三种市场，即经济市场、政治市场和道德市场”。[①] 作为政治生活中的政府，本身就是政治性、经济性和道德性的集合体，因此，中央与地方的利益关系应包括政治利益关系、经济利益关系和社会利益关系三个方面。所谓中央与地方关系的政治利益关系，是中央政府和地方政府在实现各自的政治目标的过程中所表现出来的各种关系体制，包括中央与地方的立法、行政、司法、干部人事等方面的相互利益关系；经济利益关系主要是指中央政府与地方政府作为不同的利益主体，代表不同层次的利益群体，在行使调节经济运行、为社会提供公共物品等职能时所形成的利益关系；社会利益关系则主要是指中央政府与地方政府在分权过程中，所形成的政府与社会之间的关系。中央与地方政府的利益关系，具有一致性和差异性的特点，既矛盾又统一。统一性和一致性主要表现为不论中央政府还是地方政府都是一定范围内公共利益的代表，具有共同的利益追求。但由于二者之间都存在“自利”属性，有其具体而又特殊的利益偏好，中央政府与地方政府之间在利益上必然存在矛盾性和差异性的一面，这种矛盾性和差异性会随着市场经济的发展表现得愈加明显。随着我国以市场为导向的改革与中央权力下放的深入，地方政府的主体性日趋增强，地方利益动机愈加明

① 毛寿龙．中国政府功能的经济分析［M］．北京：中国广播电视出版社，1996：13.

显，地方业已成为具有相对独立的经济社会利益和发展目标的利益主体，中央与地方关系已由改革前单纯的行政服从关系，转向了以相对经济实体为基础的对策博弈关系。因此，如何在中央政府利益与地方政府利益，即整体利益与局部利益之间找到一个平衡点，建立一种合理有效的利益协调机制，是理顺中央与地方关系、实现中央与地方利益分配合理化的重要保障。

2. 提供制度化的政策安排

经济关系和利益格局的合理化需要制度化安排。在制度化安排过程中，必须要保证中央的权威，在此基础上，通过中央权威为中央与地方关系提供秩序安排，这是中央与地方关系制度化政策安排的两个方面。

首先是权威保证，我国市场化改革是在地方分权化的经济环境中进行的。如果没有中央权威，就不可能有效地消除地方主义的封锁，也难以形成全国统一的市场体系。改革的深入、市场作用的扩大，使得原有的利益关系和利益格局的调整幅度越来越大，程度也越来越深，特别是不同地区、行业、经济形式发展上的不平衡，造成差距扩大、收入悬殊问题，面对经济和社会转型导致社会的资本结构重组，必须依靠中央的权威协调。如果没有中央的权威，不断强化地方的利益就可能损害国家经济的统一性。同时，通过权威来激励社会各种力量参与政治，又是发展中国家顺利进入现代化的必经之路。由此，制度化过程中必须有中央的权威。

其次是秩序供给，国家必须在现代化快速变革的过程中，提供社会有序发展的秩序结构，并且要注意加强对制度安排的监控。实行中央与地方的分权体制并不是让地方不受制约。中国是一个单一制国家，是一个统一的不可分割的国家，因此中央政府负有对地方政府实施管理和监督的重要责任。实际上在实行分权制后，中央对地方的监督是处理中央与地方关系的重要内容。要变直接的行政干预为间接的法律监督、财政监督、司法监督和行政监督等；要变事前行政审批为事后合法性监督、效率监督，以保证地方政府在法律授权的范围内自由行使权力，同时要建立和完善监督程序。

3. 建立地方利益表达与平衡机制

一般来说，如果没有正常的表达渠道，地方利益就会通过非正常渠道表达，并导致地方之间不公平竞争等一系列负效应。为了克服这些负效应，使地方利益能够得到及时有效的反映，同时也为了实现中央决策的科学化和民主化，必须通过体制改革和制度创新，建立科学合理的地方利益表达与平衡机制，提升地方参与中央决策的概率，这是实现中央与地方利益分配合理化的重要条件。

在我国中央集权体制下，地方政府相对于中央来说处于权力弱势地位。因此，建立地方利益表达与平衡机制，一个很重要的原则就是平等参与原则。所谓平等参与，即不分大省小省、富省穷省，在中央决策过程中具有平等的表达权和参与权，一省一票，多数决定。① 这一原则以“一对多”的谈判取代“一对一”的谈判，从而能够产生更多的合作策略。当将各地方政府资源分配纳入中央决策过程时，实行“一地一票”，各地方政府的独立利益就相互联系、互受牵制，各地方政府的谈判地位可以相互削弱，中央的谈判地位反倒可以提高。因此，建立地方利益表达与平衡机制，不仅是实现中央与地方关系规范化、制度化的一项重要措施，而且有助于提高中央决策民主化和科学化水平，减少宏观决策失误，并有助于实现中央与地方相互之间合作的愿望。

4. 建立利益分享与利益补偿机制

利益分享与利益补偿是建立新型中央与地方利益协调机制的重要内容。利益分享强调在市场经济关系基础上，通过中央政府的政策协调，建立一种新型的地区利益关系，在平等、互利、合作的基础上形成地方之间既竞争又协作的关系，并通过地区间利益的分享来实现地区的共同进步。要尽可能照顾地区经济利益，使中央与地方之间能够按照合理的比例分享不同产业的利益，同时在地方政府之间实现不同产业利益的分享，使发展中出现的利益差别在不同的地区间达到合理分布。利益补偿主要是通过规范的制度建设，实现中央与地方之间、地方政府之间的利益转移，实现各种利益的合理分配，同时通过合理的财政制度实现较为公平的利益运行，将在市场机制中利益调节的损失降到最低限度，将地方之间的利益放在市场调节的基础上，实现地区间的利益补偿和平衡，推进社会发展的公平性。②

（三）加强法治建设，实现中央与地方关系法治化

党的十五大提出“依法治国，建设社会主义法治国家”的基本方略，中央与地方关系的规范化、法治化是建设社会主义法治国家的一项重要内容，主要是指中央与地方关系不能靠人事任免关系来维持，不能因人事变动而变化，更不能建立在一对一的谈判基础上，必须建立在严格的制度和法律基础

① 胡鞍钢．胡鞍钢文集：中国迈向21世纪的十大经济关系［M］．哈尔滨：黑龙江教育出版社，1993：30.

② 庞立昕．当前中国中央与地方利益关系研究［D］．山东大学硕士学位论文，2007.

上。规范化、法治化是世界各国调整中央与地方关系的基本原则。有学者指出，“西方国家中央和地方关系不仅都建立在明确而广泛的宪法和法律基础之上，而且都努力通过法律化、制度化、程序化的手段来协调中央与地方的关系和矛盾”①。在我国，中央与地方关系规范化、法治化的总体目标是通过建立和完善相关法律体系与制度设计来实现的，做到在调整和处理中央与地方关系时有法可依，保证中央与地方关系的相对稳定性，提高中央与地方关系变更的严肃性和规范性，发挥中央与地方的两个积极性。根据我国的现实国情，实现我国中央与地方关系的规范化、法治化，当前可以以下几点为“抓手”：

1. 建立和完善有关中央与地方关系的法治体系

首先，增加《宪法》中关于中央政府与地方政府关系的内容。我国现行《宪法》规定了中央与地方政府的组织形式和中央与地方国家机构职权划分的总原则，但没有明确中央政府和地方政府各自的职责权限范围。《宪法》列举了国务院的一般职权，但没有明确哪些职权是国务院专有的，哪些是与地方政府共有的。因此，今后在修改《宪法》的过程中，可以适当增加中央与地方关系的内容，可考虑设专章规定中央与地方关系的原则、中央政府的职权范围、地方自治权限范围，以及剩余权的归属原则等。

其次，修订《地方各级人民代表大会和地方各级人民政府组织法》（以下简称《地方政府组织法》）。目前，我国现行的《地方政府组织法》在政府间关系规定上存在不少缺陷。如对地方人民政府的定位不明——所谓地方人民政府“是地方各级人大的执行机关，是地方各级国家行政机关”（注：《地方组织法》第五十四条）。语焉不详，缺乏准确的定性。又如，在地方人民政府与其上、下级人民政府的关系上，现行法仅规定，全国地方各级人民政府都是国务院统一领导下的国家行政机关，都服从国务院（注：《地方组织法》第五十五条第二款）。这一规定确实重要，但规定在《地方政府组织法》中而没有规定在《国务院组织法》中，不能不说是我国行政组织立法技术的失误。再如，在同级地方政府相互之间的关系方面，现行法也未涉及，而这在西方现代法治国家的地方关系法中十分重要；等等。因此，修订《地方政府组织法》，进一步明确规定地方政府的权利义务，明确地方各级人民政府的性质、地位、组成、任期、职责权限和工作方式等，对于理顺政府间关系具有非常重要的意义。

① 金太军，赵晖，等．中央与地方政府关系建构与调谐［M］．广州：广东人民出版社，2005：246.

再次，制定《中央与地方关系法》。中央与地方关系的制度创新，必须通过法律的形式加以固定，只有在法律的强制性规范下，中央与地方关系的制度创新才能真正有实践成果。制定《中央与地方关系法》，以法律来规范、界定和保障权力的调整界限及其运作过程，明确规定中央与地方政府的法人地位，有利于克服现有体制改革方法的缺陷，突破中央与地方关系调整中“人治”的束缚，实现“法治”，使中央与地方之间的权力运行有法可依、有据可查。实质上，制定《中央与地方关系法》也是落实《宪法》所规定的民主集中制原则的需要，因为以法律界定中央与地方各自拥有的权力，并使之互相监督，才是民主集中制处理中央与地方关系问题的真谛。

最后，无论是修订《宪法》和《地方政府组织法》，还是制定《中央与地方关系法》，都应当注意修订或制定过程中，增强法律的可操作性，使中央与地方之间出现的矛盾和冲突能够及时得到解决，避免随意性、不规范性和不稳定性。

2. 建立中央与地方关系的违宪审查和司法裁决制度

《宪法》要发挥国家根本法的作用，就要真正得到实施，而设立合理可行的违宪审查机制是实现这一目标的根本途径。我国现有的违宪审查范围有限，法律、部门规章及地方政府规章应当被纳入合宪审查的范围。现有立法规定的提起违宪审查的主体有限，公民在启动违宪审查程序时发挥的作用是国家机关等其他主体不能替代的，应当赋予公民启动违宪审查的权利。[①] 对中央与地方在权限问题上出现的争执和纠纷，由全国人大或全国人大常委会进行违宪审查。只有不断突出国家最高权力机关的作用，才能实现中央与地方关系的制度化、法治化。

中央与地方之间、地方与地方之间有可能发生权益冲突。调处纠纷除了行政的、协商的途径外，司法的途径是最终有效途径。可以考虑由最高人民法院行政审判庭受理中央政府与地方政府、地方政府与地方政府之间的一般权限争议案件和利益分配纠纷案件。建议在修改《行政诉讼法》时，将中央与地方、地方与地方之间的权属纠纷、利益分配纠纷等方面的案件列入人民法院的受理范围。[②]

党的十一届三中全会之后，权力下放成为中国全面改革的突破点和出发

---

① 邓志宏．违宪审查机制的建立与完善［J］．人民论坛，2014（35）．

② 夏天．中国中央与地方关系改革的研究［D］．华东师范大学硕士学位论文，2006．

点，开始打破传统高度集中的管理体制，但也造成了国家宏观调控乏力、地方保护主义和市场割据、区域发展不平衡等问题。中央与地方关系，实质是权力配置关系、利益关系，也是一种法律关系。理顺中央与地方关系，必须在合理划分事权、财权的基础上，明确中央与地方的职能关系，并用法律形式固定下来。中央政府代表着国家整体利益和全局利益，承担着整个国家的宏观管理职能，提供全国性的公共物品，同时承担着对地方政府的监督职能和服务职能。地方政府一方面是国家利益在地方的代表，另一方面又是地方局部利益的代表，承担着中央宏观政策的执行职能和对本地区公共事务的管理职能，提供地区性的公共物品。理顺中央和地方、上级和下级的职能关系，在指导原则上要坚持有利于发挥中央和地方两个积极性，改变过去中央和上级过度集权的问题，实行中央与地方各级政府适度分权，做到责权利相一致，形成中央政府与地方政府之间合理协调分工的合作关系；坚持既要有利于维护国家政令统一，防止地方割据，加强中央权威和宏观调控能力，又要有利于增强地方和基层活力，充分调动地方和基层的积极性；坚持既要有利于建立统一的全国市场，充分发挥市场在资源配置中的基础性作用，也要有利于全国各地经济和社会协调发展。

3. 以“法律保留”为重心来推进中央与地方关系法治化

“法律保留”意味着法律对被授权主体及授权主体的双向约束，在调整中央与地方权限时必须通过相应的协调机制来进行，即中央与地方权限调整必须经由双方沟通、协商，遵循法定的程序来进行，而不是由中央单方面决定。鉴于立法这一法律行为所固有的局限性，中央与地方的权限纠纷不可避免，那么，我们必须确立和完善相应的纠纷解决机制，从而保证在中央与地方之间、地方与地方之间因具体职责权限划分发生分歧时，能够由相应的法律机构进行裁决。在“法律保留”指导下，明晰中央与地方的权限划分。中央与地方关系法治化意味着要依靠宪法、法律和自治法律来解决中央与地方关系问题，通过确立和完善中央与地方的权力划分机制来明确中央与地方各自的职权范围。

一是健全相应的监督机制。为了保障中央与地方都能依法行使权力，必须改变过去的直接行政干预方式，而采取以法律手段为主，行政手段、财政手段等多种途径共同作用的方式。尽管“法律保留”可以在很大程度上明晰中央与地方的权限划分，从而为中央与地方关系走向法治化提供了可能，但我们必须意识到，仅对双方的具体职责、权限进行划分是远远不够的，要保证中央与地方关系走上法治化轨道，必须通过立法来明确中央对地方进行监督的程序、方式和手段，以及权力滥用、越权行使权力、权力行使中的消极不作为应当承担的惩罚性责任等。

二是确立和完善相应的权限协调机制和纠纷解决机制。中央与地方的权限界定是一个动态的发展过程，出于国家宏观调控的需要，中央与地方的权力配置会根据现实国情而进行调整。那么，中央与地方的权限调整应当如何进行？过去在“中央集权”“地方权力来自中央授权”的口号下，我们过分强调中央对于双方权限调整的主导权和决定权，这在很大程度上导致了中央在权限调整中的任意性，也不利于双方权限调整的科学性，甚至直接引发了中央与地方的矛盾冲突。中央向地方授权的范围和程序必须在宪政的框架下，依据法定程序进行，而地方在向下授权时也必须在法治的框架下进行，接受严格的法律程序制约。

总之，尽管“法律保留”在我国法治实践中仍处于尝试阶段，但是以“法律保留”为重心，同时完善相应的监督和纠纷解决机制来处理中央与地方的关系，从而将中央与地方之间的关系纳入法治化轨道，接受法律的规范和调控，可以在一定程度上维护中央与地方关系的相对稳定性，加强中央对地方的监督，防止地方政府出于局部利益或者地方政府官员出于个人私利而违背国家根本利益，进而既充分维护中央政府的权威，又能从另一个角度来规范中央权力行为，有效防止中央在收权放权中的主观性、盲目性、随意性，减少中央对地方权限范围内事务的过分干预，防范中央对地方的越权冒犯，保障地方的自治权力，从而最终确立起一种相互尊重、相互协调、互利互惠的中央与地方关系。①

① 张艳．我国中央与地方关系的法治困境与出路［J］．内蒙古大学学报（哲学社会科学版），2008（4）．

第三部分

治理工具现代化篇

好的治理工具是执行力提升的关键，政府能力、政府行为、政府绩效评估是政府提升执行力的有效治理工具。随着企业执行力研究的兴起，“政府执行力”一词也逐渐进入了公共管理学者的研究视野。执行力可分为狭义与广义，狭义的执行力是指一个人的执行力或某一件事的执行力等；广义的执行力是指一个组织的执行力，也即组织在达成目标过程中所有影响最终目标达成效果的因素，对这些影响效果的因素都进行规范、控制及整合运用以提高执行力。政府执行力是指“在政府组织内所存在的通过认同、支持和准确理解政府的目标及方向，精心设计方案和实施方案，并对政府各种组织资源包括人财物、信息、法例、制度等进行集中有效的使用、调度和控制，从而有效地执行实施公共政策、决策、法令、战略、计划以及执行政府日常性公共事务和完成政府既定目标任务的政府内在力”。[①] 从这个定义出发，政府执行力主要包括政府能力、政府的行为规范能力和政府绩效评估能力。政府能力是指建立政治行政领导部门和政府行政机构，并使它们拥有制定政策和在社会中执行政策，特别是维护公共秩序和维护合

① 莫勇波．公共政策执行中的政府执行力问题研究［M］．北京：中国社会科学出版社，2007：28.

法性的能力。政府行为规范包含宏观和微观层次，宏观上主要是政策的一致性、稳定性和可预测性，微观上主要是官员行为的一致性和可预测性，因此决定了政府行为规范的首要目标是政府职责的有效履行和整体绩效的提高，并建立政府与社会之间的良性互动关系。① 这一方面需要政府能力的提高，另一方面又需要政府绩效观的正确及科学的评估，因此决定了在政府执行力的建设过程中，首要的是提高政府能力，强化行为规范，梳理科学的政绩观，加强对政府的绩效评估。目前我国正处于改革的攻坚期和政府发展的转型期，服务型政府和责任政府建设的目标要求政府加强执行力，全国还没有形成统一的政府执行规范和执行机制，政府的组织制度还不够健全，科学的政绩观和政府绩效评估制度还没有完全建立。温家宝在2006年的《政府工作报告》中指出，要“建立健全行政问责制，提高政府执行力和公信力”。这是“政府执行力”第一次被写入中央政府文件。2006年9月温家宝进一步指出：“执行力是政府工作的生命力。执行力弱，政令不畅，有令难行，甚至有令不行，政策落实就可能出现‘雷声大雨点小’的状况，也会使政府的公信力受到损害。”② 这充分显示了政府执行力建设的迫切性。

进入21世纪后，执行力将对一个国家的发展起着越来越重要的作用，它是构成综合国力的重要促进因素，从而成为决定经济发展成败的一个重要因素。如果没有执行力，无论战略蓝图多么宏伟或者政府结构多么科学合理，都无法发挥其本身的威力。在激烈的国际竞争中，一个政府的执行力如何，将决定民族的兴衰。改革开放以来中国取得了显著成就，主要因为政府执行力较强，执行上没有出现重大失误。因此政府执行力现代化是提高政府效率的必然途径，是一项重要的管理科学。

---

① 周志忍．政府行为规范化与公共政策［J］．国家行政学院学报，2001（4）．

② 温家宝．在加强政府自身建设推进政府管理创新电视电话会议上的讲话［J］．中国监察，2006（18）．

第七章
治理工具现代化核心：政府能力建设

以智慧政府建设推进社会治理现代化

2020年新冠肺炎疫情的暴发是社会治理的大考，凸显了推进社会治理现代化的必要性和紧迫性。事实证明，信息技术的有效运用是打赢疫情防控阻击战不可或缺的坚实力量。数字空间、网络社会和智慧政府成为人类活动的重要场景。作为智慧政务、智慧社区、智慧城市、智慧国家、智慧地球等各种“智慧体”建设的重心，具有决策科学化、办公快速化、治理高效化与服务便捷化特征的智慧政府建设已成为社会治理体系和治理能力现代化的重要支撑和关键环节。与数字政府相比，智慧政府不仅体现为办公的无纸化、自动化和标准化，而且更多地体现为政府治理的科学化与智慧化。智慧政府强调尊重事实、追求精确、推崇理性和逻辑、注重满足多元化服务，是精细化、智能化、人本化、平等化的深度融合。智慧政府具备“主体”集聚、动态决策、即时响应和智慧联动等基本特征，显示出在社会治理领域的巨大效能，引领社会治理朝着智慧、理性、动态精细化的方向变革。

——摘自余敏江：《以智慧政府建设推进社会治理现代化》，
《中国社会科学报》2020年4月24日

中国特色社会主义进入新时代，我国社会主要矛盾已经转化为人民日益增长的美好生活需要和不平衡不充分的发展之间的矛盾。改革发展稳定各项工作都必须围绕这个重大历史性变化接续展开，这对新时代党的领导提出了新的要求。党的领导必须是全面的、整体的，哪个领域、哪个方面、哪个环节弱化或缺失了，都会损害党和人民的事业，必须把党的领导体现到治国理政的方方面面，贯穿到经济社会各个领域、改革发展每个环节，确保党始终总揽全局、协调各方、领导一切；党的领导必须有高度、有力度，要解决好发展不平衡不充分的突出问题，处理好交织叠加的各种矛盾，加强国家治理体系和治理能力，只有自身硬起来、强起来，有智慧、有本领，才能从容应对风险挑战、抢抓发展机遇。政府是国家治理的主要载体，要保持和提升政府能力，确保中国社会经济的可持续发展和政治稳定，维持和扩大政府合法性基础，增进政府权威，就有必要对社会转型期中国政府能力发展的趋势与规律进行深入研究，加强政府能力建设，推进社会经济的稳定和可持续发展。

一、政府能力概述

（一）政府能力的概念

政府能力（Governmental Capacity）是一个比较复杂的概念，目前不论是在国内还是国外，学术界对政府能力的概念都众说纷纭。如美国学者阿尔蒙德认为，政府能力是指政府能否成功地适应环境挑战的程度。① 具体来讲，政府能力是指建立政治行政领导部门和政府行政机构，并使它们拥有制定政策和在社会中执行政策，特别是维持公共秩序和维护合法性的能力。② 林特莱认为，政府能力是指提升机关在自主情况下明智而有效地运作的能力。③ 布朗指出，政府能力建立的最重要目标在于发展各机关的能力，管理自己的事务，更为有效地维护与增进自己的利益，减少外来破坏造成的弱点。④ 施贝斯曼等指出，政府能力的建构包括发展政府自身的潜力以及完成好正在履行的职能。⑤ 另外，科尔曼认为，政府能力主要是指政府获取应有资源，用以满足其公民的基本需求的生存能力。⑥ 兰兹则不同意把政府能力界定为简单的生存能力，他认为政府能力还应当包括政府在与环境系统的互动关系中求得成长与

① Gabriel A. Almond and G. Bingham Powell Jr. Comparative Politics：A Development Approach Boston [M]. Little，Brown & Co.，1966：29.

② ［美］加布里埃尔·A. 阿尔蒙德．比较政治学：体系、过程和政策［M］．上海：上海译文出版社，1987：43.

③ Christopher Lindley. Changing Policy Management Responsibilities of Local Legislative Bodies [J]. Public Administration Review，1975（35）：797.

④ Antony Brown. Technical Assistance to Rural Communities：Stopgap or Capacity Building [J]. Public Administration Review，1980，40（1）：21.

⑤ 施雪华．政府权能理论［M］．杭州：浙江人民出版社，1998：306.

⑥ John P. Coleman. Local Government Viability - Do the Data Speak，Paper Presented at American Society for Public Administration National Conference [M]. Chicago，1975：14.

发展的能力。[①] 在国内，按照学术视角不同，可以将对政府能力的理解大致梳理为以下几种观点[②]：

（1）行政主体角度。从政府本位或者行政主体的角度界定政府能力，一般将其描述为主体的一种特征或主体从事活动的条件。如王绍光等将政府能力（特指中央政府）界定为政府“将自己意志目标转化为现实的能力，包括汲取财政能力、调控能力、合法化能力以及强制能力”。[③] 从这个角度界定政府能力，强调了政府活动的单方面性、主观性和自主性。

（2）行政环境（客体）角度。该角度的学者将政府能力界定为政府对行政环境的适应程度和反作用状况。有学者认为，政府能力是指一个政府能够符合时代的趋势，具有国际上的竞争力与合作力，增进国民生产力，提升社会水准的整体能力。[④]

（3）政府与环境互动关系角度。如胡宁生、张成福等在分析政府形象时认为，“政府能力的本质是政府与社会互动关系中政府活动的可能性与限度。政府能力作为政府在治理社会过程中所表现出来的潜力（可能性）和效力”，它“绝非政府一厢情愿的事情……在政府与社会互动关系中，政府治理能力一方面体现了政府实现自主目标的潜能，另一方面则体现了政府向社会提供服务的供给状况”。[⑤]

（4）政府政策（手段、工具）角度。从该角度认识政府能力的学者强调政府能力表现为政府能否恰当运用政策、计划等工具。沈荣华认为，所谓政府能力，就是指政府能不能制定一个切合实际的政策，能不能有效地推行和贯彻这种政策，能不能持续稳定地将这种政策引向深入的能力。[⑥] 郭爱君认为，政策能力是政府能力的主要表现，它“为衡量政府能力提供了一个分析框架”，从这个框架看，政府能力是由政策各个环节的能力所构成的一种综合能力，具体包括以下内容：政策问题的确认能力、利益整合能力、政策规划

---

① R. T. Lenz. Strategic Capability: A Concept and Framework for Analysis [J]. Academy of Management Review, 1980, 5 (2): 225-234.

② 汪永成．中国现代化进程中的政府能力：国内学术界关于政府能力研究的现状与展望［J］．政治学研究，2001（4）．

③ 王绍光，胡鞍钢．中国国家能力报告［M］．沈阳：辽宁人民出版社，1993：222.

④ 张世贤．公共政策析论［M］．台北：台湾五南图书出版公司，1986：149.

⑤ 胡宁生，张成福，等．中国政府形象战略［M］．北京：中共中央党校出版社，1998：222.

⑥ 沈荣华．关于转变政府职能的若干思考［J］．政治学研究，1999（4）．

能力、政策执行能力、政策输出能力、政策评价能力。[①]

（5）政府活动的结果角度。从该角度看，有学者认为，政府能力是政府活动的效果。如刘世军认为，政府能力是政府在行使其功能、实现其意志过程中体现出的政府绩效，具体可表述为政治绩效、经济绩效、文化绩效、社会绩效四个基本向度，并认为这几个方面绩效的大小强弱反映的是政府能力的大小强弱。[②] 张成福等也认为，政府能力反映了政府在治理社会过程中政府目标达成情况的好坏。[③]

（6）政府职能角度。从该角度阐述政府能力的学者比较多。如施雪华认为，政府能力是"为完成政府职能规范的目标和任务，拥有一定的公共权力的政府组织所具有的维持本组织的稳定存在和发展，有效地治理社会的能量和力量的总和"。[④] 汪永成同样认为政府能力"是一个政府在实现自己职能、从事某项活动过程中所拥有的资源、能量"。[⑤] 在基于这个角度进行研究的学者中，陈国权的概括是最具有代表性的。他提出，政府能力是指政府在管理社会的过程中所实际拥有的能量和能力，如果政府职能是政府"想干什么"或"要干什么"，政府能力则是政府"能干什么""会干什么"。[⑥]

（7）综合因素角度。持这种观点的学者试图将以上几个角度综合起来，对政府能力进行比较全面的概括。如辛向阳从主体、客体、职能、过程、工具、目标、绩效等要素结合的综合角度认为，政府能力是指政府依据自己的权力和权威，通过制定政策和组织动员，实施自己承担的职能、贯彻自己的意志、实现自己目标时所具有的能量。[⑦]

（二）政府能力的结构

政府能力的结构是指政府能力的内部构成。施雪华认为，政府具有多项能力，它们之间的有机联系构成"群结构"，主要包括政府的社会行为能力群、政府的公共职能能力群、政府的公共产品生产过程能力群、政府的社会资源配置能力群、政府的政策过程能力群、政府的政治社会化能力群、政府

① 郭爱君．论政策能力［J］．政治学研究，1996（1）．
② 刘世军．现代化过程中的政府能力［J］．中国经济政治评论，1999（9 月创刊号）．
③ 胡宁生，张成福，等．中国政府形象战略［M］．北京：中共中央党校出版社，1998：207.
④ 施雪华．政府权能理论［M］．杭州：浙江人民出版社，1998：309.
⑤ 汪永成．新时期我国政府能力建设的意义与任务［J］．深圳大学学报，2004（11）．
⑥ 陈国权．政府能力的有限性与政府机构改革［J］．求索，1999（4）．
⑦ 辛向阳．新政府论［M］．北京：中国工人出版社，1994：197，198.

的社会发展能力群，以及政府的国际关系能力群。[①] 刘靖华等认为，对地方政府来说，最重要的能力体现在调控能力、合法化能力、财政汲取能力、强制能力四个方面。[②] 臧乃康认为，转型时期的政府能力主要体现在政府政治统治能力（包括政府民主能力、政府强制能力和政府行政能力）、政府经济调控能力（包括政府公共产品的供应能力、政府资源配置能力和政府宏观调控能力）、政府社会治理能力（包括政府市场规制能力和政府社会调节能力）三个方面。[③] 金太军认为政府能力由若干功能性能力构成，包括社会抽取能力、社会规范能力、维持社会秩序的能力、社会整合能力、维持社会公正能力、创新能力、宏观调控能力和自我更新能力。[④]

自 1978 年党的十一届三中全会以来，政府工作重心转移，经济建设和改革开放成为新时期政府工作的重点，政府发展经济和管理社会的职能逐渐成为政府的主导。尤其是随着经济全球化的不断推进、社会主义市场经济体制的不断完善，我国政府面临着双重挑战，亟须加快政府行政管理体制改革，转变政府职能，提高政府能力，建设现代服务型政府。因此，从建设服务型政府的角度，政府能力体现为以下各项能力的综合：

1. 制度创新和社会汲取能力

政府制度创新能力是指政府在面对社会内部或外部挑战时进行制度改革或制度创造的能力，它是保持政府活力、防止政府能力衰退的前提，也是实现政府治理能力现代化的制度基础。亨廷顿认为，“制度化程度低下的政府不仅是一个弱的政府，还是一个坏的政府”。[⑤] 与个人、团体相比，政府的制度创新具有成本低、影响面大、效果好的优势。针对我国传统的制度安排的不足，我国政府制度创新可以从以下方面入手：一是修改或取缔无效率的制度，如行政审批制度；二是填补制度真空，制定务实高效的、更具适应性和回应性的新制度，如政务公开制度；三是完善、优化制度体系，坚决杜绝制度制定的地方和部门保护主义，避免制度冲突，防止政出多门；四是增强制度的刚性约束力。通过制度创新来提升政府自身的制度化程度，从而提高政府的

---

① 施雪华．政府权能理论［M］．杭州：浙江人民出版社，1998：312-323.

② 刘靖华，姜宪利，等．中国政府管理创新·施政卷［M］．北京：中国社会科学出版社，2004：78-84.

③ 臧乃康．论政府能力［J］．江苏行政学院学报，2001（1）.

④ 金太军．政府能力引论［J］．宁夏社会科学，1998（6）.

⑤ ［美］塞缪尔·P. 亨廷顿．变化社会中的政治秩序［M］．北京：三联书店，1989：26.

整合程度和公共权力运行的规范性，有效地避免不受约束的权力对经济和社会领域的过度掠夺，形成社会对政府的良好预期。

政府社会汲取能力表现为政府从社会中获取财政支持和人力服务的能力。任何组织的存在与发展都离不开一定的物质资源供给，尤其是财政来源。政府作为一种高级形态的政治组织，要维持军事力量和庞大的官僚机构的运转，推行其政策，离不开一定的财政资源。有学者甚至认为，"国家汲取财政能力是最重要的国家能力"，财政汲取能力"是国家能力的核心，是国家实现其他能力的基础"。[①] 一般来讲，"穷政府"是干不了多少事的，财政能力过低，常常会导致政府功能的丧失和政府行为的扭曲。除了政府的财政汲取能力外，政府的社会汲取能力还包括人力资源的汲取能力。在古代，这一能力主要表现在徭役、兵役制度和官僚选拔制度等方面；在现代社会中，则主要通过国家公务员的选拔来体现。

2. 市场监管和公共服务能力

政府市场监管能力是政府为了保证市场秩序、公平竞争的有效规范程度，实现市场与政府之间利益合理平衡的能力。其功能主要表现在弥补市场失灵、进行经济调控上。如保持国民经济的综合平衡和稳定协调的发展；遏制市场竞争走向垄断；调节收入和财富分配；划定市场主体的产权边界和利益分界；实现市场的统一、开放、竞争、有序等。政府市场规制能力对于处于市场化进程初期，正由计划经济体制向市场经济体制转型时期的中国而言尤为重要。目前我国市场发育尚不完全，市场体制也不完善，同时又面临经济全球化的挑战，这就需要政府承担起培育市场、部分地替代市场、稳定市场和推进市场化改革的治理职能。因此，增强和提升政府的监管能力是完善我国市场经济的现实需要，也是全球化语境下我国市场经济健康发展和社会全面进步的必然要求和选择。

政府公共服务能力是指政府提供优质的公共服务（包括公共物品），满足社会和民众的需要，为市场经济的发展提供良好的外部环境的能力。这种能力的大小主要体现在政府服务意识的强弱、服务体系和服务措施的完善程度，特别是服务的数量和质量上。随着社会经济的发展，以及人们的主体意识和民主观念的增强，要求政府强化公共服务意识，提升公共服务能力，为社会服务、为公民服务、为市场服务，从过去重权力控制轻服务的"以政府为中

---

① 王绍光，等. 中国国家能力报告［M］. 沈阳：辽宁人民出版社，1993：9.

心”转为注重公共服务的“以顾客为中心”。政府公共服务能力还表现在公共物品的提供上。“公共物品”是指那些能够同时供许多人享用的物品和劳务，并且供给它的成本与享用它的效果并不随享用它的人数规模而变化。公共物品消费的非排他性和非竞争性，决定了市场不能实现充分供应，必须由政府对公共物品的供应进行制度安排，政府公共物品的供应能力由政府公共物品的总体生产能力和社会对公共物品的总体需求之间的关系决定。一般而言，市场经济越发达，对政府公共物品供应能力的要求就越高。政府公共物品供应能力反映出政府在社会中的地位和作用，特别是政府对于社会的依赖和制约程度。①

3. 公共政策制定与执行能力

“政策能力是政府能力的核心和命脉。或者说，政策能力是政府能力的综合体现。”② 所谓政府公共政策制定与执行能力，是指地方政府根据预定的目标，制定合理的公共政策，并使之得以有效贯彻执行的能力。这具体体现在政策问题的选择、政策目标的确定、政策方案的制定、政策资源的调配、政策的实施等若干具体的政策环节上。与一般决策相比，政府公共行政决策所涉及的范围较广，影响面大，后果严重，因此，公共行政决策的明智与否、正确与否，将直接影响政府行政的效率和效果，影响公共行政的合法性、正当性和公正性。作为公共决策的主体，政府必须会决策、懂决策，必须建立科学的决策机制，掌握科学决策的方式和方法；此外，政府还是公共政策的执行者，公共政策的执行效果与政府的执行能力密切相关，有效的执行能够确保政策目标的实现和政策的预期效果。事实上，我国各级政府管理中经常存在的“上有政策，下有对策”“曲解政策”“歪曲政策”等问题，在很大程度上与政府执行能力不足和执行能力较弱有着一定的关系。

4. 维持社会公正与秩序和公共危机处置能力

政府维持社会公正与秩序能力是指政府维护法律、社会正义和公理的能力。它是政治、经济、文化等体制改革的重要保障，是市场经济的内在要求，是加入经济全球化的必然选择。社会公正意味着“所有社会价值——自由和机会、收入和财富、自尊的基础——都要平等地分配，除非对其中的一种价

① 臧乃康．论政府能力［J］．江苏行政学院学报，2001（1）．

② 金太军．政府能力引论［J］．宁夏社会科学，1998（6）．

值或所有价值的一种不平等分配符合每一个人的利益”①，“人当然可以有秩序而无自由，但不能有自由而无秩序”②。当代社会的社会公正与秩序问题经常表现在以下三个方面：①社会财富的分配问题。尤其在经济快速增长的社会里，如何相对合理地分配迅速增加的社会财富，避免财富的“马太效应”，常常是政府面临的重大现实问题，这就需要政府通过税收、公共财政、社会保障救济等多种途径正确处理好效率与公平问题。②市场公平竞争问题。一是没有给不同的所有制企业以同等的法人地位，造成初始起点的不平等。二是在市场竞争中存在着许多不规范甚至违法的不公正行为，如制假贩假、恶意倾销、偷漏骗税、欺行霸市、金融诈骗等。③腐败问题。主要表现为政府公共权力的“寻租现象”或政府官员的腐败，涉及的大多数是公共权力与经济财富之间的交换。在现代化过程中，对政府能力最大、最直接的威胁和耗损来自腐败，“腐败浪费了一个国家拥有的最重要的资源，即政府的合法性”③。

政府公共危机处置能力是指政府通过法律、制度、政策等，在资源支持系统的支持下，通过整合的机制和科学的管理方法，消弭、回应和化解各种自然或社会的突发性事件的能力。一般来说，公共危机的来源包括：一是自然灾害，如洪水、暴风雨雪、地震、台风、塌方等；二是社会灾难，如大面积的火灾、重大交通事故、突发公共卫生事件等严重的流行疾病的蔓延以及集体中毒事件；三是社会矛盾激化，如大规模的罢工、示威、社会骚乱、聚众械斗、集体抢劫等；四是敌对势力的破坏，如恐怖袭击、外敌入侵、颠覆活动等；五是经济的大面积破产或基本信用制度的崩溃，典型的如亚洲金融危机、阿根廷的银行挤兑风潮等。④ 在当今社会，各种风险因素的相互作用，使得各种灾难和危机出现的概率增加，也使得灾难和危机的危害程度扩大。危机是考验政府魄力和能力的重要时刻。因此构建现代化的政府危机管理体系，提升政府公共危机处置与管理能力，是政府危机管理所面临的最大挑战和任务。

---

① ［美］约翰·罗尔斯．正义论［M］．北京：中国社会科学出版社，1988：58.

② ［美］塞缪尔·P．亨廷顿．变化社会中的政治秩序［M］．北京：三联书店，1989：7.

③ ［美］约瑟夫·纳伊．腐败与政治发展：成本—效益分析［A］// 王沪宁．腐败与反腐败［M］．上海：上海人民出版社，1990：351.

④ 李江涛．论政府能力［J］．开放时代，2002（3）.

"政府能力是一个因变量，受到许多因素的制约。"① 一般说来，在我国，影响政府能力的因素主要有：一是政府权力。拥有一定的公共权力的政府组织为完成政府职能规范的目标和任务，其获取、运用和整合相关资源并将其转化为新的产品和服务的能力，会因政府组织的权力大小和管理方式的不同而发挥出不同的能力强度。二是政府职能。政府职能与政府能力是一种互动关系。政府能力是实现政府职能的基础，而政府职能是政府能力在公共权力领域运行的具体化，并为其形成和发挥提供制度保障。"政府职能框定了政府能力的基本内容和发展方向，政府能力的大小强弱则决定了政府职能的实现程度。"② 三是执政党的执政能力。执政党的执政能力，是指执政党在领导、管理国家事务和社会事务过程中表现出来的能力。③ 中国共产党的执政能力，"就是党提出和运用正确的理论、路线、方针、政策和策略，领导制定和实施宪法和法律，采取科学的领导制度和领导方式，动员和组织人民依法管理国家和社会事务、经济和文化事务，有效治党、治国、治军，建设社会主义现代化国家的本领"。④ 因此，党的执政能力的大小直接影响着政府能力的大小。总之，政府能力是一个复杂系统，由互相依赖、互相制约又相对独立的众多单项能力综合而成。政府能力大小不仅取决于以上各单项政府能力的大小，它还是多种因素共同作用的结果。

二、改革开放以来中国政府能力建设发展与问题

"一切社会变迁和政治变革的终极原因，不应当在人们的头脑中，在人们对永恒的真理和正义的日益增进的认识中去寻找，而应当在生产方式和交换方式的变更中去寻找；不应当在有关的时代的哲学中去寻找，而应当在有关的时代的经济学中去寻找。对现存的社会制度……日益清醒的认识，只是一种征象，表示在生产方法和交换形式中已经静悄悄地发生了变化，适合于早先的经济条件和社会制度已经不再和这些变化相适应了。"⑤ 1978 年改革开放使中国进入了以经济建设为中心的新的历史时期，随着党和国家工作重心的转移，以及国家与市场、社会的关系的大调整，政府能力结构已经发生了巨

① 江秀平. 国家能力与政治发展［J］. 厦门大学学报（哲学社会科学版），2000（4）.
② 金太军. 政府能力引论［J］. 宁夏社会科学，1998（6）.
③ 姚柏林. "本领恐慌"与执政能力［N］. 解放军报，2004-09-24（3）.
④ 《中共中央关于加强党的执政能力建设的决定》辅导读本［M］. 北京：人民出版社，2004：4.
⑤ 世界银行. 1997 年世界发展报告［M］. 北京：中国财政经济出版社，1997：2.

大的变化，在促进我国经济、政治、文化发展等方面起到了积极的作用。

（一）改革开放以来中国政府能力建设的成效

党的十一届三中全会后，经过 40 年的调整与改革，中国政府逐步摆脱了计划经济体制的束缚，从扮演无所不包的“全能政府”角色转变为扮演“有限政府”的角色。过去那种部门林立、分工过细、职能交叉、冗员充斥以及官僚主义现象在一定程度上得到了缓解；政府办事不讲成本、浪费严重、行政效率低下，以及决策缺乏民主化和科学化的状况也有较大改观；政府与市场、政府与社会的关系得到进一步的规范，政府与个人、企业、非政府组织等主体之间的权利与职责日趋分明，中央政府与地方政府之间的关系也得到了较大的调整。由此所体现出的政府能力也有了较大的提升，对我国经济社会的发展起到了极大的推动作用。具体表现在以下方面：

1. 政府能力的提升促进了国家经济的发展

改革开放以来，我国社会主义建设特别是经济建设取得了举世瞩目的成就，不仅使中国的经济实力和综合国力不断增强，人民的生活水平和国民福祉也得到了实质性的提高。政府在这一过程中起了非常重要的作用。事实上，我国与其他后发展国家一样，走的是一条“政府主导型”的发展道路。30 年爆发式的持续的经济增长证明了我国政府是一个强大且有能力的政府。

（1）经济实现了持续快速增长，综合国力明显提高。党的十八大以来，我国经济运行保持在合理区间，综合国力和国际影响力显著增强。2013—2016 年，国内生产总值年均增长 7.2%，高于同期世界 2.6%和发展中经济体 4%的平均增长水平，平均每年增量 44413 亿元（按 2015 年不变价计算）。2018 年 GDP（国内生产总值）超过 90 万亿元（13.6 万亿美元），比 2017 年增加了近 8 万亿元，增长 6.6%，完成了 6.5%左右的预期增长目标。而且，中国经济增长对世界经济增长的贡献率接近 30%，远超美国成为世界经济增长贡献率第一名（贡献率=GDP 增量/全球 GDP 增量，美国 2017 年对世界经济贡献率为 16.14%）。2018 年，全年城镇新增就业 1361 万人，比 2017 年多增 10 万人，连续 6 年保持在 1300 万人以上。2018 年全国人均可支配收入实际增长 6.5%，全国居民人均可支配收入 28228 元，快于人均 GDP 6.1%的增速。其中，农村居民收入增长高于城镇居民收入增长。据国家统计局测算，我国中等收入群体人口已经超过 4 亿人。2018 年全国居民恩格尔系数 28.4%，比 2017 年下降 0.9 个百分点（发达国家为 30%以下）。

（2）民生得到显著改善，人民安居乐业。党的十八大以来，城乡居民人均可支配收入年均增长速度不仅远远超过物价增长速度，而且超过人均 GDP 年均增长速度。大众消费活跃时代开始到来。2017 年，我国居民家庭消费的恩格尔系数（食品支出占消费总支出的比重）已经降到 30%以下，通信、教育、旅游、休闲、健身等新兴消费快速发展。我国收入差距总体上呈现逐步缩小态势，中等收入群体总规模已达到 3 亿多人，形成了世界上最大规模的中等收入群体。2011—2017 年，我国城镇居民人均可支配收入从 21810 元增加到了 36396 元，预计未来我国城镇居民人均可支配收入增速将维持在 7%～8%，到 2021 年将达到 48000 元。人民安居乐业，在经济增速换挡期保持了就业稳定。近年来，我国处于经济增速换挡期和转变发展方式、优化经济结构、转换增长动力的攻关期，以大学生为主的青年就业、农村劳动力转移就业以及去产能产业的就业安置任务繁重，同时国际经贸形势的深刻变化对就业产生了不利影响。在这种情况下，我国采取一系列更加有效的促进就业政策，就业形势总体保持稳定。2013—2017 年，我国每年城镇新增就业 1300 多万人，城镇调查失业率控制在 5%左右这一历史较低水平，2017 年农民工总数超过 2.86 亿人。就业工作取得较大成就，为整个社会和谐稳定奠定了坚实基础。改革开放以来，我国农村贫困人口减少 7.4 亿人，取得举世瞩目的减贫成就，为国际减贫事业做出了突出贡献。2013 年 11 月，习近平同志在湖南考察工作期间，首次提出“精准扶贫”理念。5 年多来，中央大力实施精准扶贫、精准脱贫，开创了扶贫开发事业新局面。2013—2017 年，我国农村贫困人口减少 6800 多万人。2018 年，全国又有 125 个贫困县通过验收脱贫，1000 万农村贫困人口摆脱贫困。到 2020 年，我们实现了现行标准下农村贫困人口全部脱贫，消除了绝对贫困，建成了小康社会。这是一项世所罕见的减贫工程，已深刻改变了农村贫困地区面貌。

（3）适应经济发展的市场经济体制已经建立。经过 40 多年的努力，以公有制为主体、多种所有制经济共同发展的基本经济制度已经确立，社会主义市场经济体制初步建立并在完善过程中，资源配置由原来的行政分配逐步过渡到市场发挥基础性作用。一系列的改革成效逐步显现，农村经济体制改革不断深入，从 2006 年起，我国全面取消了农业税，农民负担大幅度降低。国有企业改革不断取得突破，符合社会主义市场经济要求的现代企业制度的基本框架全面确立，国有经济的主体地位进一步巩固。所有制结构不断调整，非公有制经济发展的服务体系和信用担保体系建设步伐加快。收入分配和社会保障制度日臻完善，建立了把按劳分配与按生产要素分配结合起来的机制，社会保障改革的力度不断加强。宏观调控体系逐步健全，宏观调控由原来的以行政手段和计划手段为主逐步转变为以财政政策和货币政策为主、以其他手段相配合。市场价格机制开始发挥基础性作用，已将原来计划价格“一统江山”的局面改革为市场价格起主导作用。①

40 多年来，我国改革从农村到城市、从经济领域到其他各个领域全面展开并不断深化；开放从沿海到沿江沿边，从东部到中西部，形成了开放型经济体系。经济体制上，从高度集中的计划经济，经历“计划经济为主，市场经济为辅”“有计划的商品经济”“计划经济与市场经济相结合”，到建立社会主义市场经济体制。资源配置上，从不允许市场存在，到发挥市场在资源配置中的基础性作用，最后到使市场在资源配置中起决定性作用。经过 40 多年的改革开放，我国已成功实现了从计划经济向市场经济体制的转型。

在农村经济体制方面，从人民公社体制下的统一经营、集中劳动、平均分配体制，到家庭承包经营为基础、统分结合的双层经营体制，并不断加以完善。同时，取消了种植计划，大幅度提高粮食价格。

基本经济制度从单一的公有制（国营和集体）发展成以公有制为主体、多种所有制经济共同发展的初级阶段的基本经济制度。特别是民营经济有了较大的发展。中小微企业占我国企业总数比例已达 99.5%。它们用近 40%的资源，创造了我国 60%以上的 GDP，缴纳了 50%以上的税收，贡献了 70%以上的发明专利，提供了 80%以上的就业岗位，成为我国经济发展中最为活跃、最为重要的力量和主力军。

在现代市场体系方面，商品由国家统一定价到实行“双轨制”，到最后价格基本放开，完全由市场机制发挥作用。到了 2017 年，商品市场定价已在 98%以上，包括资本、劳动力、土地等要素的市场作用也进一步体现。国有企业从计划经济体制下行政化的国有企业经营机制，开始扩大企业自主权，到引入经济责任制，然后在经济责任制的基础上开始了两步“利改税”，到探索国有企业所有权和经营权的分离，建立现代企业制度，发展混合所有制经济。

在财税体制方面，由统收统支财政体制到中央和地方“分灶吃饭”财税体制、财政包干制、分税制、公共财政体系的构建和现代财政制度。金融体

① 李佐军．三十年改革的成就［N］．中国经济时报，2008-01-24.

制方面由统一的计划金融模式，实行“统存统贷”的管理办法，到建立起以中央银行为主导、以国有商业银行为主体、多种金融机构并存的现代金融体系。投融资体制从计划经济体制下的高度集中的单一国家投资主体和中央财政资金来源，到投资主体多元化、资金来源多渠道、投资方式多渠道、投资建设市场化。从强调“发挥投资对经济增长的决定性作用”，到强调“发挥投融资对优化供给结构的关键性作用”。

在外贸经济体制方面，由国家统一经营、统负盈亏的高度垄断的外贸体制，开始从放权、让利、分散，到推行外贸承包制和放开经营，对外经营主体形成了多层次、多元化的市场经济经营格局。社会保障制度从无到有相继建立了城镇职工社会统筹和个人账户相结合的养老保险制度、医疗保险制度、失业保险制度、农村合作医疗制度、城乡居民最低生活保障制度。对外开放经历了从封闭半封闭状态开始局部试点到全范围开放的渐进式开放，形成了经济特区、沿海开放城市、沿海经济开放区、沿江沿边开放区、地级开放城市，全方位、宽领域、多层次的对外开放格局。从“引进来”外资到“走出去”投资；从利用外资和引进外国先进技术，到学习和借鉴外国经营管理的有益经验；从劳动密集型到资金和技术密集型，从一般制造业和服务业到高端制造和现代服务业，对外开放布局不断优化。

2. 政府能力的提升促进了政治建设的发展

政府民主能力是政府能力的重要组成部分，也是政府属性的重要体现。从主体层面而言，政府民主能力表现为政府容纳、鼓励、支持、引导公民和利益群体民主参与、民主选举、民主决策、民主监督的能力。从组织层面而言，政府民主能力表现为建立和维护政治性和社会性的政治参与的组织，包括政党组织和社会团体，从事社会协商对话、社会监督，调节和整合各种社会矛盾或冲突的能力。① 我国民主政治发展的历程实际上就是我国政府民主能力不断优化和提升的过程。改革开放以来，中国特色社会主义民主政治的发展取得了巨大的成就。

（1）中国特色社会主义民主政治建设取得新成就。习近平总书记深刻指出，每个国家的政治制度都是在这个国家历史传承、文化传统、经济社会发展基础上长期发展、渐进改进、内生性演化的结果，不能想象突然就搬来一座政治制度上的“飞来峰”，否则就会“水土不服”，就会“画虎不成反类

① 臧乃康．论政府能力［J］．江苏行政学院学报，2001（1）．

犬”，强调坚持中国特色社会主义道路，最根本的是坚持中国特色社会主义政治发展道路。这些重要论述进一步澄清了社会上的一些模糊认识，使“四个自信”更加深入人心。

一是积极稳妥推进政治体制改革。党中央在坚持我国根本政治制度、基本政治制度上立场坚定、旗帜鲜明，同时把健全权力运行制约和监督体系作为政治体制改革的重要内容，坚持用制度管权、管事、管人，在加强党内监督、民主监督、法律监督、舆论监督的同时，决定成立国家监察委员会，实现公务人员监督全覆盖，北京、山西、浙江等地已经试点。这些举措进一步拓展和维护了人民群众享有的政治权利、民主权利，营造了风清气正的社会氛围。

二是不断提升中国特色社会主义政治发展道路的影响力。党中央坚持以我为主、兼容并蓄，以更加开放的胸襟和更加恢宏的气魄，在积极吸收借鉴人类政治文明有益成果的同时，鲜明地确立中国民主的模式。与西方国家比较，我国的政治发展道路最鲜明的优势就是坚持党的领导，形成了包括各民主党派、无党派人士在内的全体人民的共同信念、共同目标、共同行动。我们的政治制度具有鲜明特点，在实践中取得了显著成效，能够集中力量办大事，具有强大的组织动员和贯彻执行力，能保证政局持续稳定，确保战略规划的连续性。我国的政治发展道路，为人类政治文明发展贡献了中国智慧、提供了中国方案。现在，越来越多的国家开始认同和研究中国政治制度和发展道路，不少发展中国家领导人都羡慕我们国家的制度，连一些西方媒体也表示，中国的政治模式比西方更有效率、更为成功。

（2）基层民主建设成就显著。党的十八大以来，以习近平同志为核心的党中央把握时代大势，适应实践新要求，顺应人民新期待，提出推进中国特色社会主义民主政治建设的新理念、新思想、新部署，进一步丰富发展了中国特色社会主义理论体系，标志着我们党对社会主义民主政治基本规律的认识达到了新高度，为健全基层群众自治制度和发展基层民主指明了前进方向、提供了根本遵循，我国基层民主建设取得新的显著成就。

党的领导在基层民主建设中充分体现。截至 2016 年底，全国村民委员会中党员人数约占成员人数的 57. 78%；村党组织书记和村民委员会主任“一肩挑”约占村民委员会主任人数的 34. 23%。居民委员会中党员人数约占成员人数的 53. 92%；社区党组织书记和居民委员会主任“一肩挑”约占居民委员会主任人数的 41. 05%。形成村（居）民委员会、村（居）民小组、村落、楼院、门栋上下贯通、左右联动的基层群众性自治组织体系，一大批党组织推荐的人选通过法定程序进入村（居）民委员会班子，成为村、社区带头人，为党的路线方针政策在基层落地见效提供了有力保证。

基层民主制度建设取得重大进展。第十二届全国人民代表大会第五次会议审议通过《中华人民共和国民法总则》，明确了村民委员会、居民委员会具有基层群众性自治组织特别法人资格，可以从事为履行职能所需要的民事活动。截至 2016 年底，全国 25 个省（自治区、直辖市）制定或者修订村民委员会组织法实施办法，27 个省（自治区、直辖市）制定或者修订村民委员会选举办法。《中华人民共和国城市居民委员会组织法》的修订工作也在积极推进。党中央、国务院就城乡社区协商、城乡社区治理、乡镇政府服务能力建设等下发文件，中央有关部门先后就农村基层组织建设、社区服务体系建设、社区减负增效等出台政策措施。民主选举有序推进，截至 2016 年底，全国 27 个省（自治区、直辖市）实现了村民委员会和居民委员会换届选举统一届期、统一部署、统一指导、统一实施，参选率达到 90%以上，优化了村（居）民委员会班子结构。民主管理机制得到完善，全国 98%的村制定了村规民约或村民自治章程，城市社区普遍制定了居民公约或居民自治章程，社会主义核心价值观得到充分体现。民主监督稳步推进，农村实现村务监督委员会全覆盖，城市社区居务监督形式日渐丰富，普遍实行村（居）务公开。述职、问责等机制逐步健全，全国每年约有 170 万名村干部进行述职述廉，对 23 万余名村干部进行经济责任审计，民主评议村干部近 210 万人次。农村基层组织建设不断加强，加大对“村霸”和宗族恶势力的整治力度，严惩各种违法违纪行为。有序推进以村民小组或自然村为基本单元的村民自治试点工作，推动实现村民自治地域范围与农村实际情况、农民意愿相一致。

基层协商民主渠道不断拓展。截至 2016 年底，各省（自治区、直辖市）都出台了关于加强城乡社区协商的实施意见，各级党委、政府把城乡社区协商纳入重要议事日程，结合实际制定了具体办法。有些地方还围绕涉及基层群众利益的事项制定协商目录，明确协商内容，为开展社区协商提供制度保障。全国约 85%的村建立村民会议或村民代表会议制度，89%的社区建立居民（成员）代表大会，64%的社区建立协商议事委员会，57%的村每年召开一次以上村民代表会议，“有事要商量、有事好商量”已经在城乡社区蔚然成风。“村（居）民议事”“小区协商”“业主协商”“村（居）民决策听证”等协商形式在全国城乡社区逐步推广，群众有序参与的形式不断丰富、渠道不断拓展。

基层民主作用充分呈现。各地坚持围绕中心、服务大局，注重发挥基层群众性自治组织的基础作用，引导群众支持和参与城乡社区治理创新，普遍建立基层政府及其派出机关与基层群众性自治组织的沟通协调等机制，依法厘清权责边界，促进政府行政管理和基层群众自治有效衔接、良性互动。支持基层群众性自治组织依法依规对驻区单位、社区社会组织、物业服务企业等开展监督，充分发挥社区多元主体作用，推进驻区单位共建共享，形成多方参与、共同治理格局，健全覆盖城乡、体系健全的社区服务网络，不断增强基层发展活力。基层群众性自治组织积极宣传宪法、法律法规和国家政策，推进文化教育科技知识普及，促进男女平等，开展形式多样的社会主义精神文明建设活动，为满足群众利益协调、诉求表达、矛盾调处、权益保障等需求发挥了积极作用。①

3. 政府能力的提升促进了科教文卫与其他社会事业的发展

党的十八大以来，适应经济转型升级的需要，我们党把优先发展教育事业摆在更加重要的位置，用法律形式保障国家财政性教育经费支出达到当年 GDP 的 4%，同时采取各种措施普及和扩大各层次教育，提高人口素质，创造新的人口红利。目前，我国劳动年龄人口平均受教育年限达到 10.5 年，新增劳动力中接受高等教育的比例超过 45%，平均受教育年限达到 13.5 年，高于世界平均水平。教育事业的快速发展，为把我国建设成为人才强国夯实了基础。我国建成世界上规模最大、覆盖人口最多的社会保障体系，拉动世界社保覆盖率提高 11 个百分点。截至 2018 年 6 月，基本养老保险、失业保险、工伤保险参保人数分别达到 9.25 亿、1.91 亿、2.3 亿，基本医疗保险覆盖人口超过 13 亿；社会保障卡持卡人数达 11.5 亿，覆盖全国 82.81%人口。人民健康水平不断提高，人均预期寿命达到 76.7 岁。②

在卫生医疗方面，改革开放 40 多年来，我国医疗卫生事业发生了翻天覆地的变化，其中令人感触最深的就是公民基本医疗保障方面取得的成就。截至 2017 年，我国基本医保参保人数已达 13.5 亿，参保率稳定在 95%以上。对一个人口众多、幅员辽阔的国家来说，这无疑是一项惊人成就，得益于国家的巨大投入。《民调蓝皮书：中国民生调查报告（2015）》指出，62.7%的

---

① 中国民政部党组．党的十八大以来中国特色基层民主建设的显著成就［J］．求是，2017（11）．

② 李培林．全面深化改革推动社会建设迈上新台阶［N］．人民日报，2019-03-13．

受访者认为生活比5年前好了，医保对缓解家庭医疗压力有积极意义。我国医保制度还得到国际上的高度评价，权威医学期刊《柳叶刀》称赞中国医疗保障体系的发展举世瞩目，值得他国借鉴。

（二）改革开放以来中国政府能力建设的问题

一般来说，在现代市场经济和社会转型条件下，衡量与评价政府能力大小强弱可以从四个方面进行：一是政府有效程度。如亨廷顿认为，“国与国之间最大的政治分野，其实不在于政府的组织形式，而在于政府的有效程度”。[①] 政府有效程度是政府能力的外在尺度。二是政府权威程度。政府权威是政府能力的重要条件，它体现着政府与民众之间双向互动的心理关系，它是决定政府目标、意图、倾向、能力能否为民众所接受或在多大程度上被接受的一个重要因素，并直接影响着公众的心理、行为。三是政府法治程度。政府法治的核心在于权力必须受法律的制约、限制、监督，而法律必须代表民众意志和利益，政府法治是政府能力的保障和实现形式。四是政府透明程度。透明度是政府能力现代化的标志，是民主社会政府运作的基本特征，政府的政策过程与结果公开化可以使公众有明确预期，做出有效政策选择，体现政府与公众的双向互动。

从纵向角度来看，改革开放以后我国政府能力有了整体的全方位发展，对促进我国经济社会发展起到了至关重要的作用。但横向比较就会发现，我国政府能力与快速发展着的中国社会对强化政府能力的要求还有一定差距，存在许多亟待解决的问题，主要体现在“三个不协调”上。

1. 政府自身运行机制与政府能力不协调

统筹规划、科学配置是未来机构改革的重点之一，这包括统筹配置党政资源，统筹管理使用各类编制资源，使得政府机构设置和综合管理更加灵活。在政府间关系上，需要释放基层活力。回顾我国改革之路，地方政府多年来持续进行各类探索创新，同时也存在两方面的主要困惑：一是受制于基层权限不足，有些基层探索与创新止步于权限天花板；二是基层政府存在权力和管理结构分散的情况，对于以政策执行为主的基层政府，这或有碍于基层权力整合与效能提高。激发基层活力要从赋权增能做起。党的十九大报告指出要赋予省以下政府更多自主权，特别强调要在省市县整合党政行政管理权力，

---

① ［美］塞缪尔·亨廷顿．变革社会中的政治秩序［M］．北京：三联书店，1989：1.

对职能相近的党政机关探索合并设立或合署办公。这将在赋权基层的同时，增强基层政府的权力整合，从而增强政府的执行能力。

2. 政府市场监管能力与市场体制发展不协调

政府要守护市场。“守护”的具体含义包括规则制定与有效监管。在规则制定上，政府不替代市场机制配置资源，这是构建政府与市场关系的基础保障。此方面，党的十九大报告强调要继续发挥市场在资源配置中的决定性作用，推进简政放权，深化商事制度改革，打破行政性垄断，防止市场垄断，加快要素价格市场化改革。在监管上，要求政府强化监管效果、创新监管方式。目前政府监管机制建设及社会综合管理征信体制建立尚处于起步阶段，如何利用有限行政资源撬动多方力量，实现有效政府监管，需要在监管方式上深入探索，需要创新监管方式，增强政府公信力和执行力。

另外，政府要激活市场。“激活”的要义为需要引导性政策。“科技创新”是新时期构建政府与市场关系的关键词。党的十八大以来，我国在创新型国家建设上成果丰硕，未来将持续推进科技兴国、科技兴军，不仅要跻身创新型国家前列，更将以创新驱动发展，通过科技创新带动综合国力的提升。国家科技创新战略将为企业自主创新提供新的契机和政策支持。“十二五”时期，在国家“工业 4. 0”“中国制造 2025”的政策支持下，我国企业在民族品牌与核心技术的自主创新方面达到了新高度。

3. 政府改革服务能力与人民对美好生活的需要之间不协调

党的十九大报告明确提出新时期将建设人民满意的服务型政府，保证全体人民在共建共享发展中有更多获得感。提升人民的获得感是衡量服务型政府绩效的重要参考指标之一。新公共管理运动背景下，西方理论与实践界强调政府向企业学习，将公民视为客户，以客户至上的精神为公民提供服务。在我国，党的领导与人民当家做主是有中国特色社会主义道路的有机组成部分。要坚持把人民群众的小事当作自己的大事，从人民群众关心的事情做起，从让人民群众满意的事情做起。这赋予了服务型政府具体的内涵，对政府获取人民需求、回应需求，以及绩效评估提出了更高的要求。

综上，目前我国政府的整体能力与改革开放之前相比已大为增强，但与世界其他国家，尤其是市场经济工业化国家的政府相比，与日益成长中的中国社会相比，我国政府能力还存在许多不足。

三、政府能力现代化的思考

我国政府一直以来都存在“强权力、弱能力”的状况，政府职能扩张到很多不该管和管不好的领域。党的十九大的召开，意味着中国特色社会主义步入新时代，我国社会的主要矛盾发生了历史性的变化。我国政府唯有提升创新能力建设的路径，才能适应新时代对政府提出的新的、更高的要求。

（一）以推进机构和体制改革促进政府能力现代化

习近平总书记在党的十九大报告中就深化机构改革做出重要部署，并在2018年出台了《中共中央关于深化党和国家机构改革的决定》和《深化党和国家机构改革方案》，明确指出“深化党和国家机构改革是推进国家治理体系和治理能力现代化的一场深刻变革”，就此拉开了新一轮政府机构改革的序幕。此次国务院机构改革是坚持和发展新时代中国特色社会主义的重要举措，实现了机构改革的新突破：打破党政界限，对国务院机构与党中央的机构进行统筹设置；打破部门界限，对国务院组成部门进行系统性重构；打破精简的改革模式，机构改革方式取得新突破，从而强调优化协同高效；打破固化的利益藩篱，政府职能转变取得新突破。①

推进机构和行政体制改革，首先，必须完善党政关系，要从政治层面进一步凸显党对国家治理的政治统领和战略规划，保证政府建设与国家战略规划同向同步。中国共产党的领导是中国特色社会主义最本质的特征，中国共产党在国家政治体系中居于核心地位，坚持党的领导在新时代政府治理能力现代化中发挥着核心作用。坚持党的领导，一是要在横向上推进贯彻落实新一轮机构改革中关于党和中央机构设置的决定，并在横向上健全组织配置格局。二是要改善领导方式。明确党委领导角色定位，发挥好总揽与协调作用，整合社会资源，调动多元治理主体的积极性，促进各方在国家治理中发挥优势力量；同时统筹好党委与政府各部门关系，协调好与其他治理主体之间的关系，优化治理结构，提高治理效率。②

其次，要进一步优化行政系统内部分工协作关系，深入推进大部制改革。随着市场经济的发展和新时代社会主要矛盾的转变，政府应该重新审视其在

---

① 张金才.2018国务院机构改革的突破和影响［J］.人民论坛，2018（23）.

② 肖丹.基于角色转型和职能转变的政府治理能力提升路径研究［J］.领导科学，2019（6）.

经济领域的管理作用，并不断强化公共服务和社会管理职能。公共服务和社会管理涉及社会经济生活的方方面面，因此，新时代政府要在大部制改革推动下，不断打破部门界限，从更宏观的层面统筹考虑政府机构设置，科学设置组织机构、优化各部门职能、合理分配行政资源，从而实现各部门之间的协作，进一步提高行政效率。

再次，要加强政府各部门之间的优化协同高效。在新一轮政府机构改革中，国务院正部级机构减少 8 个，副部级机构减少 7 个，但精简机构已不再是改革的主旋律，而是针对自身机构设置和职能设置中不完全适应的体制机制弊端，对政府部门进行大重组和大整合，更加强调了政府部门之间的优化协同高效。优化就是要科学合理、权责一致，要优化的是政府机构和职能的设置，避免在一些领域出现政府机构之间职能重叠和交叉、权责脱节的问题，坚持一类事项原则上由一个部门统筹、一件事情原则上由一个部门负责，避免政出多门、责任不明、推诿扯皮。协同就是要有统有分、有主有次，主要指的是通过政府各部门之间的相互配合，使权责更加协同、监督监管更加有力。高效就是要履职到位、流程通畅，减少纵向管理层级，坚强流程公开透明。①

最后，要敢于打破固化的利益藩篱，坚决破除制约市场在资源配置中起决定性作用、更好发挥政府作用的体制机制弊端。基于新时代背景，党的十九大重申了要继续深化机构和行政体制改革，落实党的十九大以来国家关于深化机构和行政体制改革部署是新时代提升政府能力建设的必然要求。提升能力建设，政府必须找准角色定位，合理界定政府、市场和社会的权力界限，把那些政府管不了也管不好的事情交还给市场和社会，减少政府对微观经济领域的行政干预。② 政府部门要勇于转变陈旧固化的管理观念，真正做到从“管理政府”转化为“服务政府”，从“无限政府”转化为“有限政府”。

（二）以合作治理引领政府能力现代化

随着科技进步和生产力飞速发展，社会关系变得日趋复杂，社会成员间、组织间的交流日益频繁，单一主体的管理模式已失去了原有优势，政府管理的范围、内容、层次不断丰富，逐渐超出政府的能力范围，倒逼政府不断向其他社会主体放权，从管理走向治理，这就需要合作治理。

---

① 陶立业，刘桂芝．新时代中国特色社会主义新型政府建构的三重逻辑［J］．马克思主义研究，2018（9）．

② 马文杰，孙洁．多中心治理趋势下对政府能力建设的新思考［J］．行政与法，2015（10）．

党的十八届三中全会指出，要推动国家治理体系和治理能力现代化，强调了国家治理的主体应当是多元化的而不是单一化的，不能仅仅包含政府，还应当包含市场、社会、组织和公民个体。国家治理是不同领域、不同层次和不同主体共同治理的结果，由于其领域不同，那么主体也必然不同。[①] 基于新时代国家治理维度多重性和治理目标多元化的基础，政府的职能和作用范围逐渐从无限转变为有限，建立有限政府意味着政府要向市场、社会、组织和公民合理分权，加强合作治理，并协调好各治理主体之间的关系，充分发挥各主体在国家治理方面的优势。

在政府向市场和社会分权过程中，市场与社会两类主体的成长成熟并不意味着政府的权力与职能的弱化，恰恰代表着政府的不断成熟。政府通过简政放权，实现“四两拨千斤”的治理效果，这正是治理现代化的体现。简政不是无政，仍要抓住关键的经济、社会、政治职能；放权不是无权，放开的是政府治理乏力而社会、市场可以做得更好的领域。在此过程中，政府要通过完善组织架构，进一步承担起多元共建、共治、共享中的宏观调控、监督管理、服务市场、横向协调的责任，构建有限政府，弥补市场失灵、社会失灵以及治理失灵的缺陷，为多元治理创造和保持必要的制度环境条件。在合作治理能力建设方面，一直以来，我们探讨更多的是政府与市场之间的关系以及如何发挥市场在合作治理中的作用，面对新时代社会发展的趋势和需求，政府可从两方面寻求创新突破的路径：

第一，加强智库建设。习近平总书记在关于中国特色新型智库建设的重要批示中指出，要把智库发展提高到国家战略高度，视之为国家软实力的重要组成部分；指出我国智库发展相对滞后，应发挥更大作用；提出中国特色新型智库的建设目标；要求探索中国特色新型智库的组织形式、管理方式；要求加强智库自身建设，为中央的科学决策提供高质量的智力支持。[②] 从党和政府层面来讲，应该给研究机构必要的研究时空，营造宽松的政治氛围，不要设置太多的禁区，努力倡导实事求是、解放思想，真正做到科学无禁区、研究无禁区、探索无禁区。[③] 只有解放思想，才可能冲破传统的束缚和教条的束缚，提出新的观点和见解，使政治家和学者们能真正为国家发展与改革建言献策。从研究机构自身来讲，研究机构要有社会使命感。智库要立足于国

① 肖杰．新时代我国国家治理的主体逻辑及其型塑路径［J］．长江论坛，2018（3）．
② 陈振明．政策科学与智库建设［J］．中国行政管理，2014（5）．
③ 俞可平．大力建设创新型政府［J］．管理观察，2013（24）．

家利益和社会公共利益，具有独立性、公共性和高端性。此外，我国智库要服务于能力政府建设需要，还必须推进制度创新，大力发展民间智库，民间智库是社会层面参与国家治理的重要形式。①

第二，提高公众参与渠道的有效性。这主要包括保障民意表达的真实性与充分性、参与渠道的开放性与畅通性、公众参与的自主性等。首先在制度层面，政府需要加强公民参与社会治理的各项制度保障。一方面解决参与利益和参与代价方面的问题，调动公众参与国家治理的积极性；另一方面要不断拓宽公众参与国家治理的合法渠道，为社会公众依法理性表达诉求、向政府建言献策提供制度保障。其次培育公共精神，引导社会公众积极参与公共服务与社会治理。引导公众认知参与公共事务的重要性和必要性，提升公众的公共意识、社会责任感，普及公众参与的相关法律法规知识，促进公众了解参与的渠道与方式，提升公众参与的水平与能力；完善制度安排和治理架构，建立公众参与项目试点，以点带面、以小促大，搭建公众参与平台；树立公众参与的典型，培养一批积极分子，通过他们带动更多公众参与公共事务；积极参与监督政府，促进政府的勤政廉政，增进公务员的行政道德，改善服务，促进社会公平正义。

（三）以智慧政府建设促进政府能力现代化

目前，我们国家正在推行“社会体制的创新、治理水平的提高”。在信息化社会，要实现政府能力建设的提升，政府部门就应当顺应智慧社会的时代要求，充分展现新时代特点，充分依托并深度应用现代科技，全面推进智慧治理，开创善治新时代，加快建成数字政府，利用科学有效的方法提高社会管理能力。智能政府是“遵循‘体制创新+技术创新+管理创新’三位一体架构所形成的一种新型政府运行模式，以数字化、协同化、透明化、智慧化的推进策略与实施路径为特征，以大平台共享、大数据慧治、大系统共治为顶层架构，以政府部门横纵贯通、跨部门跨层级跨系统跨地域业务高效协同、数据资源流转通畅、网上服务一张网供给、社会治理精细运转、决策支撑精准高效、基础保障安全可管可控为落脚点，以提升政府体系和治理能力现代化为主要目标的政府运行新形态”。②

智慧政府作为新时代政府能力建设的创新路径，要真正发挥作用，需要

① 魏淑艳．能力政府建设与中国政府治理现代化［J］．贵州省党校学报，2017（6）．

② 傅昌波．全面推进智慧治理，开创善治新时代［J］．国家行政学院学报，2018（2）．

从以下几点考虑：首先，要树立智慧治理思维。在信息时代，互联网和大数据思维应该被运用到政府管理和国家治理当中来。在公共领域，政府要善于综合运用协商、协调、协作和协同四种工作方式，借助统一的大数据平台，实现真正的互联、互通、互助。要做到政府治理工具理性和价值理性的平衡，在利用智慧治理手段的同时也要注意治理中可能存在的价值争议和伦理问题，防止政府治理陷入技术决定论的困境。

其次，要重塑治理格局。通过推动现有政府治理结构的变革，实现政府治理结构适应智慧治理的需求。在智慧治理时代，需要将现有的科层制组织结构变成适应智慧治理模式需求的扁平化的结构，增加政府机构设置的灵活性。在新时代政府和社会关系构建过程中，应以人民为中心，利用信息技术掌握民众的需求，利用大数据的思维模式，分析在不同阶段民众的需求，从而提高社会管理能力。① 同时，政府应以用户创新、大众创新、开放创新、共享创新为特征，创建以政府为龙头的治理平台，并以此为基础实现政府、市场、社会多方协同的公共价值塑造，最终实现政府治理和公共服务的精细化、智慧化、社会化和专业化。

再次，要完善共治设施。要提高政府信息化水平，完善信息共享机制，建立国家治理大数据中心。数据系统的构建可以尝试由政府的统计部门和大数据管理机构来主导，通过编制统一的大数据平台和制定大数据使用相关的法律法规，推动政府部门内部数据的统一和共享，加速各类应用平台数据与国家大数据系统的对接，实现政府对大数据的统一监管，规避由少数企业主导大数据发展而引发的数据霸权的风险。此外，还要加强运行数据交换共享、处理分析和监测预警机制，增强宏观调控和决策支持能力；推进人口、企业基础信息共享，支撑户籍制度改革和商事制度改革；推进政务公开信息化，加强政务信息数据服务平台和便民服务平台建设等。②

最后，要推进数据融合。智慧政府作为一种新型政府，是一种技术导向的组织架构，对智能技术的依赖非常大。要推动体制机制创新，加强大数据与物联网、智慧城市等相关政策、规划的协同。要加快法规制度建设，建立政府部门数据资源统筹管理和共享复用制度。要建立标准规范体系，加快建立政府部门、事业单位、平台企业、社会组织等共同遵循的数据标准和交换标准体系。

---

① 甄旭雷．新时代政府部门如何提高社会管理能力探究［J］．办公室业务，2018（12）．

② 陈鹏．比较视野下的政党体制与政府治理能力关系研究［J］．领导科学论坛，2016（3）．

第八章

治理工具现代化载体：政府行为规范

将“最多跑一次”改革向纵深推进

“最多跑一次”改革作为浙江全面深化改革的重要突破口、“放管服”改革的精准抓手，经过一年多的探索实施，已经形成比较成熟的制度规范与标准体系，改革红利不断释放，积累了丰富的实践经验，具有在全国复制推广的价值。第一，领导重视是推进“最多跑一次”改革的关键所在。浙江省委、省政府把“最多跑一次”改革作为贯彻落实习近平新时代中国特色社会主义思想、坚定不移沿着“八八战略”指引的路子走下去的生动实践。省委主要领导亲自谋划、亲自决策、亲自部署、亲自协调，全过程、全方位倾力加以推动，为改革注入强大动力、提供坚实保障。第二，“一窗受理、集成服务”是推进“最多跑一次”改革的重要抓手。浙江全力打造“前台综合受理、后台分类审批、综合窗口出件”的政务服务新模式，稳步推进“无差别全科受理”。推进便民服务中心乡镇（街道）全覆盖，在村（社区）打造“代办点+自助服务终端+村干部集中服务”便民服务模式，推进政务服务“就近能办、同城通办、异地可办”。第三，“打破信息孤岛、实现数据共享”是推进“最多跑一次”改革的重要支撑。浙江以政府数字化转型为目标，构建统一架构、覆盖全省的浙江政务服务网，省级前 100 高频事项已实现系统对接和数据共享，积极推进民生事项“一证通办”。第四，“聚焦优质高效的营商环境”是推进“最多跑一次”改革的重点领域。针对企业投资项目审批部门多、环节多、周期长的问题，推进企业投资便利化改革；针对市场准入领域“办照容易办证难”“准入不准营”的问题，推进市场准入便利化改革；针对群众日常生活中最渴望解决、最难办的事情，推进民生服务便利化改革，推进“一件事情”全流程“最多跑一次”。第五，“规范化标准化”是推进“最多跑一次”改革的重要基础。浙江注重以制度形式巩固推广改革成果，把制度化作为基础工作和长效机制，研究起草《浙江省保障“最多跑一次”改革规定》地方性法规，公布实施《政务办事“最多跑一次”工作规范》《一窗受理、集成服务》《行政服务大厅现场管理工作规范》等地方标准，初步形成具有浙江特色的标准体系。

——摘自2018年7月9日《人民日报》

政府管理是由行政人组成的行政组织实施的。政府目标必然要依靠政府组织及其行政人的行为来达到。可以说政府行政行为是履行政府职能、实现政府目标的唯一途径和基本方式。因此，政府行政行为的规范就显得极为重要。正因如此，20世纪40年代在批判传统公共行政理论的过程中引入了管理学中的行为科学理论，行政行为成为公共行政理论研究的重要组成部分。① 中国社会正处在一个伟大的变革与发展的历史时期，目前改革已经进入攻坚期，各种矛盾开始凸显，此时政府的行为规范问题就更为重要了。政府行为规范，各种矛盾就可以化解或者逐步缓解，而不规范的政府行为可能会成为矛盾爆发的导火索，激化矛盾并加速其爆发。因此，从传统计划经济体制转轨的中国政府必将经历一个从传统规范的逐步打破、废止到新规范的逐步塑造、建设和确立的过程，这个过程就是政府失范行为的矫正过程，是规范政府行为的建设过程，是中国特色社会主义政治、经济、文化、社会、生态发展的应有之义。②

一、政府行为规范概述

（一）行政行为内涵界定

行政行为目前在我国仍然没有统一的概念。从最广泛的意义上说，国家行政机关的一切行为都可以视为行政行为，但在法律、政策和管理等不同层面，行政行为可以有许多具体的规范。国内普遍认同的概念认为：“行政行为是指行政主体在实施行政管理活动、行使行政职权过程中所做出的具有法律

① 贺恒信．试论行政行为的分析框架［J］．政治学研究，1997（4）．

② 左然．转型时期中国政府行政行为的规范化及其限度［J］．改革与理论，1996（5）．

意义的行为。”① 对于行政行为的概念还有以下几种观点：第一种观点认为，行政行为是指一切与国家行政管理有关的行为，包括行政主体的行为，也包括行政相对方的行为，还包括行政诉讼中的行为等，与民事行为相对应而存在。第二种观点认为，行政行为是指行政机关所做的一切行为，意在从机关角度来划分行政机关不同于其他国家机关的行为。第三种观点认为，行政行为是指行政机关进行的行政管理活动行为的总称，排除了行政机关非行政方面的行为，但该观点实际上包括了行政机关进行行政管理的各种活动。第四种观点认为，行政行为是指行政机关在行政管理活动中所做的具有法律意义的行为。也就是说，无论行政机关制定和发布普遍性的规范性文件，还是针对某一具体事件或特定人所做的处理决定，凡是具有法律后果的行政管理行为，都属于行政行为。第五种观点认为，行政行为是指行政机关针对特定人或者事件所采取的具体行政措施，即实际上的具体行政行为。②

实际上这些行政行为不外乎广义的概念和狭义的概念。从广义上讲，行政行为是指国家行政机关及其行政人员实施行政管理活动的总称，包括决策行为、计划行为、指挥行为、领导行为、执行行为、监督行为等。从狭义上讲，行政行为仅指国家机关及其行政人员在行政管理活动中，基于行政权力所实施的能够发生法律效果的行为，如行政命令、行政处分、行政裁量等。③

总之，行政行为是国家机关及其行政人员执行公务、实施行政管理所产生的行为。由于其面向的对象是全社会，因此行政行为的规范性和效果直接关系到社会矛盾能否得到有效的解决、社会问题能否得到有效的处理，可以说，行政行为的有效性关系到政府工作成败。行政行为的公共性决定了其规范和有效性关系到人民的合法权利、正当权益的保障，人民的生活状况、福利待遇的改善，政府威信、政府权威的提高，党的执政能力、执政基础的巩固。

当前我国的行政行为概念中不包括准行政行为、行政事实行为（行政指导行为）、行政合同行为等，实际上这样的范畴界定不仅在行政法学理论上使人困惑，而且导致了司法实践的困难，引起了行政行为在现实中的失范。随着公共行政环境的变化和公共行政改革的深入，必然需要将具有公共管理职

---

① 罗豪才．行政法学［M］．北京：北京大学出版社，1996：105-106.

② 罗豪才．行政法学［M］．北京：北京大学出版社，1996：106.

③ 张国庆．行政管理学概论［M］．北京：北京大学出版社，2000：423.

能的机关、组织及其工作人员实施的、与行使行政职权有关的、影响行政相对人权益的全部行为纳入行政行为的范畴，参照功能模式，从命令到服务，从事实到意思、到效果等全方位扩大行政行为的范围，以便明确政府的职责范围，加强对政府行为的规范和监督，以提高其有效性和规范性。①

从现实看，正是因为行政行为的不规范，才引发了政府的信任和能力危机。左然指出，在转型期中国政府行政行为出现了以下失范现象：一是“部门主义”行政行为；二是“地方主义”行政行为；三是“政企不分”的行政行为；四是导致“寻租活动”的行政行为；五是严重侵害农民利益的行政行为；六是“浮夸主义”的行为。② 这些失范行为与决策不当、部门本位主义和地方利益有关，但共同点是它们都与审批权滥用和审批程序不规范有关。政府出台的政策最后大都落实在了行政审批这个具体的行政行为上，通过审批权的设定，就可以保住部门利益、地方利益，干预企业，寻租牟利，滥用审批，侵害农民利益。可以说，审批权的滥用是政府行为失范的最主要的表现形式。因此，行政审批制度改革已经成为规范政府行为的一个重要的途径和手段。

行政审批制度作为政府管理的重要手段和重要工作制度，在协调平衡市场秩序、公共利益与私人利益，在保护公民、法人和其他组织的合法权益及生态平衡和自然资源保护等方面起到了积极作用。但是由于计划经济体制对审批权的滥用，使得行政审批的效能发生了扭曲，随着社会主义市场经济体制的建立和 WTO 对国际统一市场的要求，我国行政审批制度中存在的审批事项过多、审批范围过广、审批环节过多、审批时间过长、自由裁量权过大，以及重审批、轻监管等现象，已经严重影响了政府的工作效率和公共形象，极大地损害了政府的合法性和权威性，行政审批带来的效率低下、腐败蔓延已经到了无法容忍的地步。必须加大行政审批制度改革的力度，进一步规范政府行为。

（二）政府行为规范与行政审批制度改革

1. 行政审批制度概述

行政审批是指行政机关（包括有行政审批权的其他组织）根据自然人、法人或者其他组织依法提出的申请，经依法审查，准予其从事特定活动、认

① 周伟．对行政行为概念的反思［J］．河南省政法管理干部学院学报，2008（1）．

② 左然．转型时期中国政府行政行为的规范化及其限度［J］．改革与理论，1996（5）．

可其资格资质、确认特定民事关系或者特定民事权利能力和行为能力的行为。[①] 它一般包含以下行为：批准行为，即国家行政机关在受理某一特定行政法律关系相对一方提出的申请以后，决定予以同意的行政活动，如工商行政管理部门对团体或个人申请营业执照，经审核后予以同意的行为；否定行为，即国家行政机关在受理某一特定行政法律关系相对一方提出的申请以后，经过审核，决定不予同意的行政活动；备案行为，即国家行政机关为了掌握有关情况、统计有关数据，由下级机关或企事业单位向主管机关报告有关事项存案以备查考的行为。

目前，行政审批的形式多样，有审批、核准、批准、审核、同意、注册、许可、认证、登记、鉴证等。在行政审批的具体行为中，一般应当分为审批、核准和备案三种类型。审批是按照有关法律法规和规章进行，具有一定的裁量权。由于受资源数量及其他条件的限制，虽申报的事项符合条件，但不一定全部得到批准。核准则没有弹性，只要所申报事项符合法律法规和规章规定的条件，原则上都应予以许可。尽管审批形式多样，只要符合“必须经过行政审批机关同意”这一实质条件，就可以判定其属于行政审批行为。

行政审批制度是国家行政机关实施行政管理活动的重要方式，是政府对各种资源进行分配的行政行为和手段，并依据一定的法律、法规和有关政策，共同遵守相应的办事规程和行为准则，包括行政审批的设定权限、设定范围、实施机关、实施程序、监督和审批责任等内容。

行政审批是行政机关依法对社会、经济事务实行事前监督管理的一种重要手段。作为政府直接调控经济、规制社会的重要手段，行政审批被运用到许多行政管理领域。目前我国法律、行政法规和部门及地方行政规章都对行政审批做出了规定，这些规定构成了我国行政审批制度的基本框架。

行政审批制度的基本性质表现为：法律规范在特定领域中设立普遍禁止的义务，以维护社会公共利益，但是为了不以牺牲个体利益为代价换取公共利益的暂时增长，法律又出于社会整体利益（包括公共利益与个体利益两方面）的需要，解除部分禁止，使得符合法定条件与标准的相对方享有某种行为的法律权利或法律资格。可以说，行政审批制度在价值取向上体现为公共利益与个体利益相结合；在管理手段上表现为强力控制与灵活运用相结合；

① 欧桂英，等．行政审批制度改革若干问题解说［M］．北京：中共中央党校出版社，2003：104.

在管理形式上强调普遍禁止与部分许可相结合；在管理方式上则是典型的直接管理，即政府直接面向企业、社会、个人的管理。实行行政审批制度的目的是使政府对经济和社会其他方面的事务进行宏观调控，维护统一的经济与社会秩序，以及保护相对方的合法权益等。从实践过程看，我国行政审批制度的存在和发展对保障与促进我国经济体制改革确实发挥了重要作用。

2. 行政审批制度改革在政府行为规范中的作用

行政审批制度作为行政管理的主要手段和重要工作制度，在协调平衡市场秩序、公共利益与市场主体的私人利益，在保护公民、法人和其他组织的合法权益及生态平衡和自然资源等方面起到了积极的作用。但计划经济对行政审批权的滥用的确败坏了行政审批的效能和声誉，特别是随着市场经济的建立和加入 WTO，审批制度中存在着审批事项过多、审批范围过广，审批环节过多、审批时间过长，自由裁量权过大，重审批、轻监管等现象。这些问题制约了市场经济体制的发展，违反了公平竞争的原则，增加了企业和人民群众的负担，降低了行政工作效率，也容易滋生腐败，必须改革。转变政府职能的关键就是要在审批制度改革的基础上依法规范政府行为。为此必须规范行政审批的权力、简化行政审批的程序、提高办事效率和提供优质服务。在颁布实施《行政许可法》以后，抓紧时间全面地清理行为不规范和减少行政审批的事项，撤销于法无据的项目，严格依法设定行政审批事项，是当前各级政府的一项紧迫任务。行政审批制度改革对政府行为规范的重要意义体现在以下方面：

（1）加快社会主义市场经济体制建设，促进政府职能转变。建立社会主义市场经济体制，从根本上说，就是要充分发挥市场在资源配置中的决定性作用，这就要求政府必须从原来对微观经济特别是企业的大量干预中退出，否则，就不能建立真正意义上的市场经济体制。从目前情况看，我国政府所推行的社会主义市场经济体制的改革方向是和 WTO 的原则与要求相一致的，但由于我们长期受计划经济的影响和约束，政府还没有完全从微观的、直接的经济管理活动中摆脱出来，许多政府部门的管理内容和管理方式并没有发生根本改变，仍然热衷于具体的行政审批事务，而没有把精力集中到抓好经济调节、市场监管、社会管理、公共服务等方面上来。因此只有对行政审批制度进行改革，市场经济体制才能真正得以确立。与此同时，改革行政审批制度，一方面把不符合政企分开和政事分开原则、妨碍市场开放和公平竞争以及实际上难以发挥有效作用的行政审批予以取消；另一方面可以用市场机制代替行政审批，使政府由社会资源指令性计划配置者和直接生产者转变为市场经济中的服务者和宏观控制者，政府的职责就由划桨转变成掌舵。

（2）加快行政管理的规范化、制度化和法制化，提高依法行政水平。坚持依法行政，必须加强行政管理的规范化、制度化和法制化建设，逐步实现由行政手段管理向依法管理的转变。按照依法行政的要求，各部门的审批事项应该依法设立、依法进行规范。但从实际运行情况看，有些审批事项还缺乏法律、法规方面的依据；有的是属于法律、法规及行政规章已经明确不再审批的事项；有的是属于法律、法规及行政规章只要求“出具意见”“监督落实”“办理有关手续”的，而被有关部门变成了审批事项；有的是属于有关规定制定较早，目前的情况已发生变化，应该修改的审批事项；有的属于各部门自行设立的审批事项。这就需要对现有的审批事项进行认真清理，对法律、法规依据不足和部门自行设立的审批事项予以取消，对继续保留的审批事项依法进行规范，对今后新设立的审批事项从严控制，实行依法设立、依法监管。通过这些改革措施，使政府各部门领导乃至每一个工作人员都牢固树立法治观念，自觉地依法办事、依法行政。

（3）从体制上和源头上规范政府行政行为，预防和治理腐败。调查显示，绝大多数官员腐败案件都与行政审批有关。现有的行政审批制度，由于缺乏有效的权力约束机制，为个别人以权谋私、搞权钱交易提供了便利条件。如有的审批事项只公布审批内容，不公布审批条件，或者虽然公布了审批条件，但条件之外还有条件，标准之外还有标准。有些条件的表述模糊不清，用词模棱两可，审批人的自由裁量权过大，很容易进行“暗箱操作”。有些符合条件的审批事项，就是久拖不办；有些不符合条件的事项，也给予了审批，甚至出现了“不给好处不批，给了好处乱批”的违法违纪现象。加上对审批行为缺乏有效的行政监督，一旦出现问题，往往难以追究审批部门和审批人的责任。因此，必须合理确定社会主义市场经济条件下行政审批的范围和权限。改革行政审批制度，取消不必要的审批事项，规范行政审批程序，可以有效减小行政审批过程中腐败的概率，从体制上和源头上预防和治理腐败。

鉴于行政审批制度改革在规范政府行为中的重要作用，本书主要回顾改革开放以来行政审批制度改革取得的成就和问题，并探讨行政审批制度进一步改革的趋势，为规范政府行政行为提出对策性建议。

二、改革开放以来中国政府行为规范发展与问题

改革开放以来，经过多轮行政审批制度改革，我国行政审批项目大幅减少、设置更趋科学合理，行政审批程序更加简化便捷，行政审批时限逐渐缩短，行政审批方式不断创新，行政审批制度得到了进一步发展和完善。

（一）我国行政审批制度改革的基本历程

我国行政审批制度改革随着经济体制改革和行政管理体制改革的深入而渐进发展，大体经历了以下几个阶段：①

1. 第一阶段是从20世纪70年代末到80年代初

改革主要围绕中央政府与地方政府之间的权力分配，表现为政府行政系统内部的放权或收权。当需要“发挥地方积极性”时就放权；当经济和社会发展出现某种不规范或秩序混乱时便又收权，重新恢复原先的体制和权力格局。这样循环往复，在传统计划经济下的审批制度圈子里徘徊。

2. 第二阶段是从1983年到1988年

行政审批制度改革着重下放权力，减少层次。这次改革提出了转变职能，下放权力，调整结构，精减人员，国家部委内部设司、处两级，省级厅局内部只设处，以减少内部的行政层次；同时把直接管理企业的职能转移出去，把直接管钱、管物的职能放下去，使政府对企业由直接管理转为间接管理。这一阶段的行政审批制度改革主要是在原有体制框架内进行的，其特点是逐步减少对企业生产经营活动的审批，把分配权和生产经营管理权放给企业；将审批权在上下级政府机关之间进行转移调整，由中央集中审批逐步变为各级政府分散审批，改革带有探索的性质。

3. 第三阶段是从1993年到1997年

行政审批制度改革侧重于经济领域。这一时期改革的特点是开始从行政体制之外来审视政府的审批权，把理顺政府和企业的关系、政府和社会的关系提上了议事日程，着手界定国有企业法人财产使用权与国家所有者权益的关系，政府对企业的行政审批已经不再是所有者对其财产的直接控制，而是公共事务管理者对市场主体的宏观管理活动。1993年3月，八届全国人大一次会议在北京召开。时任国务院秘书长罗干在关于国务院机构改革的说明中

① 颜廷锐，等．中国行政体制改革问题报告［M］．北京：中国发展出版社，2004：242-244.

提出，要按照建立社会主义市场经济体制的要求，加强宏观调控和监督部门，强化社会管理职能部门，减少具体审批事务和对企业的直接管理。要坚决把属于企业的权力放给企业，把应该由企业解决的问题交由企业自己去解决。这一阶段的行政审批制度改革主要集中于经济领域，把许多投资项目由审批制逐步改为登记备案制。

4. 第四阶段是从 1998 年到 2003 年

这是行政审批制度改革广泛开展阶段。在中央及地方的行政管理体制和机构改革中，要转变政府职能，实现政企、政事、政社分开，建立廉洁高效、运转协调、行为规范的行政管理体制，必须在精简（减）机构和人员的同时，大力改革行政审批制度。这一阶段的改革与以前的改革有着重要区别：首先，为了加强统一领导和组织协调，保证这项工作的健康开展，2001 年 9 月，国务院成立了由李岚清任组长的国务院行政审批制度改革工作领导小组，并在监察部设立了负责日常工作的办公室。2001 年 10 月 24 日，国务院召开了电视电话会议，对在全国范围内推行行政审批制度改革工作做了统一部署，李岚清做了重要讲话。领导小组的成立为我国行政审批制度改革提供了组织保障。其次，颁布《关于行政审批制度改革工作的实施意见》作为指导性文件。2001 年 10 月 18 日，国务院批转了监察部、国务院法制办、国务院体改办和中央编办《关于行政审批制度改革工作的实施意见》。在这部文件中明确提出了当前我国行政审批制度改革的指导思想和总体要求，以及改革应遵循的五项原则，制定了详细的实施步骤，提出了需要注意的问题，为我国行政审批制度改革指明了方向。

5. 第五阶段是从 2003 年到 2012 年

这是行政审批改革深入发展的阶段。2003 年 8 月 27 日，十届全国人大常委会第四次会议通过了《中华人民共和国行政许可法》。这部法律总结和肯定了几年来行政审批制度改革的经验和成果，按照合法与合理、效能与便民、监督与责任的原则，对行政许可的设定和实施做出了全方位的规范。这有利于行政审批制度改革的进一步深化，使政府的行政审批和行政管理工作步入法制化、规范化的轨道，也有力地推进和保证了行政机关的依法行政。依据该法，各省（区、市）的首要工作就是对省一级政府部门审批项目进行初步清理和处理，全国 31 个省、自治区、直辖市的审批项目精简平均在 50% 左右。总的来看，西部地区的省份改革力度稍微小一些，进展稍微慢一些。

国务院各部门行政审批制度改革工作取得明显进展。2003 年以来，国务院行政审批制度改革工作领导小组办公室已对国务院各部门其余的2000多项行政审批项目进行了认真审核。2004年5月，国务院下发《关于第三批取消和调整行政审批项目的决定》（国发〔2004〕16号），再一次公布了385项国务院决定取消的行政审批项目目录，39项国务院决定改变管理方式、不再实行行政审批而实行自律管理的行政审批项目目录，以及46项国务院决定下放管理层级的行政审批项目目录，对行政审批项目进行了再一次清理。2004年6月，国务院公布了《对确需保留的行政审批项目设定行政许可的决定》，规定由法律、行政法规设定的行政许可项目，依法继续保留；对法律、行政法规以外的规范性文件设定，但确需保留且符合行政许可法规定的500项行政审批项目予以保留并设定行政许可。根据国务院的要求，各地迅速行动，依法对本地区本部门现有的行政审批事项进行了清理和规范，为《行政许可法》正式颁布实施做好衔接工作。2004年7月，《行政许可法》正式实施。《行政许可法》的实施重新明确规定了行政许可范围和设定权限，规范了行政机关审批行为，以此为标志，我国政府行政审批制度逐渐走上了法治化、规范化的道路。

6. 第六阶段是从2013年至今

党和政府对行政审批制度改革的认识随着形势的变化逐渐深入。党的十六大报告仅仅在提出“完善政府的经济调节、市场监管、社会管理和公共服务的职能”之后一笔带过地提到了“减少和规范行政审批”。党的十七大报告则进一步提出“减少和规范行政审批，减少政府对微观经济运行的干预”。党的十八大报告首先强调“深化行政审批制度改革，继续简政放权”，再进一步阐述“推动政府职能向创造良好发展环境、提供优质公共服务、维护社会公平正义转变”。党的十八届三中全会做出的《中共中央关于全面深化改革若干重大问题的决定》中，党中央详细描述了行政审批制度改革的路线：进一步简政放权，深化行政审批制度改革，最大限度减少中央政府对微观事务的管理，市场机制能有效调节的经济活动一律取消审批，对保留的行政审批事项要规范管理、提高效率；直接面向基层、量大面广、由地方管理更方便有效的经济社会事项，一律下放地方和基层管理。这也说明当前中央对行政审批制度改革的侧重点主要体现在以下三个方面：政府进一步向市场放权；在政府责任范围内提高效能；处理好纵向政府间关系。这既表明了中央推进行政审批改革的决心，也说明了中央的改革思路已经非常明确。

（二）我国行政审批制度改革取得的成就

总体来看，改革开放以来中国政府行政审批制度改革取得了重要的阶段性成果：

1. 行政审批项目大幅减少，市场活力进一步被激发

改革前，审批事项过多过滥是我国行政审批制度的突出问题。2001年，据有关部门初步统计，国务院各部门对审批项目进行了认真清理，摸清了底数，即国务院所属部门共有审批项目3605项，各省级政府一般也有2000项左右。这些审批事项涉及几乎所有的行业和社会活动，对人们行为的限制太多。审批的形式多样，名称不一，有批准、核准、审核、同意、注册、许可、认证、鉴证、核定、加强管理等。经过严格审核和充分论证，国务院于2002年10月、2003年2月、2004年5月和2007年10月分四批决定取消和调整行政审批项目1905项，对设定依据涉及法律条款的69项审批项目提出了取消或调整的建议。在对审批项目逐一严格审核、科学论证的基础上，以国务院决定和全国人大常委会审议通过相关法律修正案的形式，至2008年共取消和调整审批项目1974项，占总数的54.7%。各省、自治区、直辖市也取消和调整了一半以上的审批项目。2015年3月24日，中共中央办公厅和国务院办公厅联合印发了《关于推行地方各级政府工作部门权力清单制度的指导意见》，系统地对地方政府职能部门权责进行了统筹，全国31个省级政府公布了权力清单。2015年5月12日，“放管服”改革推出，各级政府及职能部门都推出了一系列措施，简政放权，大量的行政审批事项进一步被削减，市场活力进一步得到激发。

2. 监管流程进一步优化

按照统一部署和要求，国务院各部门加强对本系统行政审批制度改革工作的指导与协调，提出了审批项目上下衔接的意见和办法；各省、自治区、直辖市对照国务院部门取消和调整的审批项目，从审批部门、审批对象、审批依据、审批内容等方面进行全面核对，并根据不同情况对审批项目分类做出处理，形成了行政审批制度改革上下衔接、整体推进的良好态势。[①] 比如江苏南通市，2015年成立行政审批局，将审批部门由15家缩减为1家。国土局、环保局、规划局等部门都派人进驻行政审批局，“一枚印章管审批”。并

---

① 李玉赋．行政审批制度改革与规范政府行为［J］．经济研究参考，2006（74）．

且，审批流程再造后，受理单有了二维码，只要一扫就知道进行到哪个环节、在哪个办事员手里。审批条件互为前置或者部门之间需要统筹协调，是审批局成立之前各类审批经常遇到的问题之一。什么叫互为前置呢？比如一个企业家想投资办养老院，去发改委立项，被要求到民政局办理民办非企业证书，到民政局又被要求先建好场所，到住建局申请批准建房，却得知项目必须先立项。这个案例中的审批条件就是互为前置。流程再造后，再遇到这样的问题，马上启动预审服务。比如一家企业申报改扩建项目，按照流程要分别完成环评、立项、规划、施工许可等 20 多个审批环节。具体操作中，在土地准备和挂牌期间就同步进行了环评、施工图等项目的预审，为企业节约了大量的时间。某集团曾先后在南通启东开发了两个房地产项目。前一次从取得核准批文到拿到施工许可证用了 112 个工作日，后一次只用了 43 个工作日。改革前，该集团的项目需要分别向环保局、经信委、抗震办等部门提供申请材料 303 份，多项材料向 20 多个部门反复提交；改革后，只需要到行政审批局一个部门的办事窗口办理，提供的材料可以通过内部平台共享，不再要求重复提供。

3. 管理方式创新促进政府职能进一步转变

行政审批是一种重要的行政管理手段，是行政权力运行的一个重要模式，对公民、法人和其他组织的经营活动有普遍影响。行政审批项目的设立应当是严肃谨慎的，运行应当是规范的。但长期以来由于缺乏必要的制度约束，行政审批项目的设立存在很大随意性，宏观调控部门、行业管理部门各自设立审批项目，形成多头审批。许多审批项目的设立权、解释权和实施权属于同一机关或其对应的下级机关，审批中发生争议和矛盾，随时可以做出有利于自己的解释。一些审批项目程序不合理，部门相互以对方的审批结果作为受理的必要条件，让申请人无所适从。审批项目或者与之有关的鉴定、检验和年检都要收费，有些审批机关还与鉴定、检验机构争相收费，或者形成利益同盟参与收费。没有完成审批的具体时限规定，审批结果不向社会公开，逃避监督，从而导致审批机关成为只行使权力、不承担责任和义务的特殊主体，掌握审批权的政府工作人员可以任意而为，给腐败留下了极大空间，行政审批成为腐败的温床。实施中的行政审批没有相应的评估机制，一些过时的、不必要的行政审批项目不能及时废止，长期作为一个必需的工作环节在行政机关运行。大量的行政资源消耗在不必要的审批环节上，越管问题越多，反过来又把原因归结为审批关口没有把好，进一步扩大审批管理的范围，提高审批条件，形成一种病态的循环。改革的成果需要以法律制度的形式相对固化，这是预防改革出现反复的一个必然要求，实现制度创新是改革的一项重要任务。行政审批制度改革进入第四阶段时，提出了改革要实现的三个目标，即建立科学合理的行政审批管理机制、建立高效规范的行政审批运行机制、建立严密完善的行政审批监督制约机制，并在改革实践中予以坚持和发展。行政审批制度改革为《行政许可法》的制定和实行提供了丰富的实践经验，促进了制度创新。《行政许可法》的制定实施，是行政审批制度改革工作成效的一个重要标志，对设定行政许可的事项范围、权力机关，对行政许可的实施机关、具体方式、收费办法、法律责任、评估机制等都做了具体规定，为科学合理地设立行政审批项目、规范运行提供了制度保障，对今后规范行政审批必将发挥积极的作用。

4. 行政权力运行机制探索取得重要进展

行政审批是政府直接面向社会的行政权力运行方式，是公众与政府交流的一个重要窗口，是否规范运行，对政府形象具有重要影响，但仅靠上下级之间的层级监督和各实施机关的内部监督难以实现行政审批的规范运行。各级政府在行政审批制度改革中创建的行政服务中心，把各部门的行政审批事项集中在一起办理和监督，对于规范行政审批权力运行发挥了很好的作用。一是提高了行政效率；二是方便了申请人；三是有利于对行政权力进行监督。行政服务中心的出现，也为今后进一步整合行政资源提供了一个可资探讨的模式。基层政府的职能，主要是监督法律和政策的贯彻落实，维护社会稳定，为经济社会发展创造条件。其基本手段主要有两个：一是通过行政审批，控制从事特殊产品生产、提供特殊社会服务的机构数量，对社会资源进行合理配置，防止过度竞争导致市场混乱，危害社会稳定。二是通过监督检查，督促法律和政策落实，维护社会秩序，即把行政审批事项集中在服务中心管理方面，将其他部门整合为几个监督执行机构，可以大规模减少机构设置总数，消除政府各部门在管理中的推诿扯皮、争权夺利现象。①

在中央政府方面，改革初期就成立了国务院行政审批制度改革工作领导小组，组长为时任国务院副总理李岚清。当时的主要成员包括（原名称）监察部、国务院法制办公室、国家经济体制改革委员会、国家发展计划委员会、

① 秦亦夫. 里程碑意义的改革：行政审批制度改革回顾和展望［J］. 中国经济周刊，2006（46）.

国家经济贸易委员会、财政部、对外贸易经济合作部、国家工商行政管理总局、中央机构编制委员会办公室等，其中牵头单位为监察部。随后又增加了民政部、银监会等部门。到2013年，国务院明确行政审批制度改革工作由中央编办牵头。这反映了中央政府与时俱进的组织建设思路。

在地方政府方面，继中央成立改革工作领导小组之后，不少省、市政府也相继成立了相应的改革领导小组，统筹安排地方行政审批制度改革。四川省人民政府还在2013年首设行政审批制度改革处，专门统筹该省行政审批改革。短短十几年间，全国已有约270个地级以上城市自发建设行政服务中心。这些中心的功能在于把审批职能向审批处室集中、审批处室向中心窗口集中，优化流程，提高工作效率。为了方便企业和市民办事，各市行政服务中心一般都设计了网上预约、短信叫号、政府信息咨询点等措施。同时还协调银行、快递、印章刻制、数字证书等配套服务单位入驻中心，为企业和市民提供一站式、人性化的服务。

（三）我国行政审批制度改革存在的问题

虽然行政审批制度改革取得了相当大的进展，但是这些成绩离《行政许可法》提出的要求还有相当大的距离。目前政府审批的权限远远超出了《行政许可法》规定的范围。《行政许可法》规定，只有全国人大及其常委会、国务院和省级地方人大及其常委会可以依法设定行政许可，省级人民政府可以依据法定条件设定临时性行政许可，其他国家机关一律不得设定行政许可。可以说，目前大多数的审批项目正是由那些依法无权自行设定行政许可事项的政府机构设立的。清理上述超范围审批，有成千上万份的政府公文要修改、作废或者重新履行法定程序。不可否认，尽管中国政府行政审批制度改革取得了巨大成就，但仍然存在许多问题有待在今后的改革中解决。

1. 行政审批制度改革存在形式化问题

经过大力度的清理，我国已经清理和调整了上千个行政审批项目，但行政审批仍存在表面化和形式化问题，还未完全触及行政审批制度改革的实质。如有的部门把一些早就不用的审批项目上报充数，还有的部门把一些早就废除的项目分解成多项，通过合并、变换名称等方式把关系到部门利益的审批项目留存下来，改革显然不彻底。在改革标准上，因缺乏普遍适用的依据和统一的标准，各地区之间、部门之间也难以协调一致，根本原因还是政府职能转变不到位。政府职能转变事关行政审批制度改革的成功，从某种意义上说，行政审批项目的范围来自政府职能的范围，不属于政府职能范围内的事项自然不需要审批。在计划经济时期，政府通过审批实现了资源的分配；而在市场经济体制下，政府应将资源配置的职能交给市场，行政审批仅用于稀缺资源的开发和利用、有限公共资源的配置、垄断行业的准入等。

因为职能转变不到位，政府事项的管辖范围和各自权力来源划分不合理，地方政府与各行政部门都从自身利益出发争夺立法权、管辖权，导致立法事项的混乱、重叠，从而破坏了法治的统一。行政审批制度改革必然要削减审批部门的利益，基于利益驱使，各部门争相设置有利于自身的审批事项，出现多头审批、交叉审批就在所难免，一些部门通过审批乱收费，严重阻碍了市场的发展。此外，对政府与市场界限的认识仍然不够清晰。紧紧围绕市场在资源配置中所起的决定性作用，推动经济更有效率、更加公平、更可持续发展，加快形成科学、有效的社会治理体制，确保社会既充满活力又和谐、有序，这是党的十八届三中全会以后新一轮改革的指导思想。历经十多年，中央与地方政府已经改革了大部分原有的行政审批制度。其中很大一部分审批事项属于计划经济体制的残留，理应被革除，但也有部分社会领域亟须政府的行政审批职能发挥相应的监管作用。例如，近年来在环境污染评估和食品、药品安全等领域，由于政府部门审批不严格，出现了多起公共安全事故，给我们带来了惨重的教训。因此，行政审批制度的改革者不应一味地追求向市场放权，而应当明确在哪些领域的审批事项需要改革，在哪些领域的审批事项需要保留甚至加强。

2. 经济利益和部门利益阻碍着行政审批制度改革的进展

自行政审批制度改革以来，一直有来自不同部门的阻力。审批权力与利益的高度结合依然是深化行政审批制度改革的绊脚石，掌握行政审批权的部门为了保护既得利益，使用各种方法拖延改革。审批权力会带来巨大的经济利益，加之部门利益和地区利益，导致行政审批中的乱收费现象不断增多。一些有审批权的部门固守已有的审批权力，设法增加审批事项、扩大审批范围；没有审批权的部门也想方设法获得行政审批权，导致重复审批和交叉审批现象不断出现，有时甚至会出现故意拆分行政审批事项的现象。

3. 中介机构的评估成为变相的行政审批

随着行政审批制度改革不断深入，行政审批门槛变低，但中介机构“审批”的门槛却有所提高。尽管行政审批的事项在缩减，但需要中介前置评估的事项数量却在增加，比如国土局、规划局、发改委等部门都需要提供前置评估，这些政府部门进行的审批是以中介机构提供的评估结果为前置程序的。虽然报送的固定资产投资项目环评报告书和节能评估文件需要审批局通过公开招标的方式选择第三方评估机构进行评估，但我国目前没有明确的法律法规对中介机构的评估进行监督和管理，导致中介机构服务收费高、耗时长。行政审批制度改革的目的是清理不规范行为和减少审批事项，不停地在做“减法”，下放审批权力，简化审批流程，然而中介机构却在做“加法”。法律法规没有对中介机构评估的时长作硬性规定，而且评估时间不计入审批时长，肯定会影响审批时间。事实上，有些中介机构或者收费高，或者用各种理由拖延评估时间，甚至形成垄断；还有中介机构只要付费就能出具评估报告，使得很多前置评估流于形式。

4. 行政审批缺少统一的标准

行政审批的不规范主要表现为网上公布的审批流程与实际审批流程存在差异，申请人不清楚各部门的办事流程和审批程序；审批程序缺乏公正性，如听证制度不完善；政府部门之间相互掣肘和推诿扯皮等造成违法责任不明。由于行政审批缺乏标准化规范，工作人员自由裁量权过大，容易出现不公平。由于缺乏统一标准，各级政府及职能部门之间的信息不对等，上下级政府缺乏沟通协调，影响了改革的整体效果，比如有的地方把公文批签、行政备案等不是行政审批的项目也纳入了行政审批制度改革的范围。我国现行的法律法规也缺少对申请主体通过审批后从事经营活动的法律规范，更偏重对申请主体准入条件进行较为严格、具体的规定，所以政府部门也难以形成常规有效的监督制度。同时，法律在约束审批行为和追究责任方面的规定也不够具体，当审批出现问题之后很难找到责任人，有时只能简单地追究领导者的责任。

5. 行政审批制度改革的法治化水平有待提升

行政审批制度改革也需要以法律为依据，即完善的法律制度是行政审批制度改革顺利进行的前提和保障。行政审批需要在法律上对其进行定义、定位，与行政许可区分开。没有清楚界定清理规范性文件的标准，取消或调整审批事项就难以展开，但清理规范性文件是各部门自行处置的，可能会出现出于部门利益阻挠改革的行为。不从法律上厘清行政审批和行政许可的关系，还可能导致政府部门以规范性文件为依据或是以本部门出台的部门规章为依据设置审批，增加整体清理的难度。《行政许可法》规定地方政府可以自行设置行政许可，目的是让地方政府根据辖区发展情况调整行政许可，但也会带来改革标准不一致问题。由于各地之间标准不同，跨区域审批时就会因审批标准存在差异给申请人造成困扰。《行政许可法》于 2004 年 7 月 1 日起正式实施，为行政审批制度改革提供了法律依据，然而并非所有的问题都能依靠《行政许可法》来解决。由于缺少行政审批事项设定、审批程序方面的法律，很多行政审批在设定和实际审批中没有法律依据，在审批条件上也缺少严格的法规，这样就会加大权力机关的自由裁量权，进而导致审批结果的不公正和随意性。在责任追究方面也缺少明确的法律规定，这就为行政审批的随意操作和不正当操作提供了方便，导致行政审批行为很难在法律框架内运行。如一些行政审批事项是根据地方政府的规章来设立的，由于政出多门，因此规章与规章之间经常出现矛盾；还有一些地方行政审批的权限是按照上级政府的规章来设立的，地方政府没有权限停止其执行。①

三、政府行为规范现代化的思考

改革开放以来，我国行政审批制度改革成就与问题并存。党的十六届三中全会提出进一步深化行政审批制度改革，切实把政府经济管理职能转到主要为市场主体服务和创造良好发展环境上来。党的十六届五中全会又提出继续推进政企分开、政资分开，以及政府与市场、中介组织分开，减少和规范行政审批。党的十七大报告提出，要加快推进政企分开、政资分开、政事分开，以及政府与市场、中介组织分开，规范行政行为，加强行政执法部门建设，减少和规范行政审批，减少政府对微观经济运行的干预，其目的就是要大力规范政府行为，为“转变职能、理顺关系、优化结构、提高效能，形成权责一致、分工合理、决策科学、执行顺畅、监督有力的行政管理体制”打下坚实的基础。党的十九大报告指出，要转变政府职能，深化简政放权，创新监管方式，增强政府公信力和执行力，建设人民满意的服务型政府。为此，必须进一步深化行政审批制度改革，规范政府行为。

（一）坚守依法行政，完善法律法规体系

在服务型政府视野下，行政审批制度改革首先要遵循的原则就是法治原则。依法行政是国家各级行政机关在行使权力过程中必须遵循的国家行政事

① 王慧军．进一步深化行政审批制度改革问题研究：以天津市×区为例［J］．行政与法，2018（12）．

务管理的原则。服务型政府的构建和行政审批制度的改革要始终体现依法行政精神，政府在行政审批制度改革过程中必须要有明确的法律法规，并按照规定的程序进行审批。在深化行政审批制度改革过程中，为了保证审批结果的公平性和公正性，一方面要做到符合法定权限和程序，另一方面要严格规范行政审批的自由裁量权。①

行政审批制度改革需要强化法治引领，调整相关法律法规的顶层设计。行政审批制度涉及多个层面，特别是涉及相关法律法规的修改和调整，因此要把行政审批事项清理与法律法规的立改废协调一致。首先，要从整体上构建顶层制度安排，至少要从省级层面考虑“政府、市场、社会、法律”等综合因素，明确行政审批的内容、事项、环节、方法和标准等。其次，法律法规的完善要确保审批各环节与政府内部的运行规则、市场机制的运行规则以及现行的法律框架有机衔接，形成行政审批制度改革的联动机制。最后，行政审批事项的清理与法律法规的立改废，需要各级人大、政府和法务机构积极主动地对自身制定的法律、法规和规章进行清理，确保法规清理和行政审批清理的协同。要充分发挥全国人大的主动性，要开门立法，尤其是要积极采纳行政审批相对人和企业的意见建议，以方便群众办事为宗旨，提高修改调整相关法律法规的效率。地方需要根据具体情况自行立法时，应当由全国人大做出明确授权，防止法律法规滞后于行政审批制度改革步伐，已经确定削减、下放或者转移某个行政审批事项时，应该同步完成相应法律依据的修改。

通过鼓励地方依法开展先试先行，能够对调整后的行政审批条款进行提前测验。中央采取先试先行的授权机制，经过中央授权后，可以逐步允许那些具有改革需求并且具备改革条件的地方，根据自身的实践经验，对法律和行政法规设置的审批事项以及审批程序进行适当调整，以符合地方行政审批事实，激发地方改革活力。对地方基层政府来说，行政审批制度改革需要进行大幅度变革，基层政府的行政审批责任扩大，需要适时增强地方基层的审批力量，使其在承担改革工作压力的时候能够做到有效承接。这就需要地方各级政府通过加强学习培训，优化审批人才队伍。加强专业培训能够提高基层审批人才队伍的责任意识、业务能力和执法水平，促进其适应行政审批制

① 刘宇清．服务型政府视野下我国行政审批制度改革研究［D］．天津师范大学硕士学位论文，2015.

度改革的新要求。

基层审批人才队伍的培训工作，可由中央统筹，各地方结合自身行政审批改革进度，提升审批队伍的专业化水平，比如在专业性较强的重点领域有针对性地引进专业人才，通过提高专业审批人员的薪资待遇，让专业人才到一线行使审批职能。此外，还可以采用灵活的聘用形式招聘基层急需的专业审批人才，及时跟进行政审批改革的进度。从长远看，为了提高现有审批人员队伍的专业化素质，可以各级行政学院为依托，加大基础知识、新政策和专业技能的轮换培训力度，通过分类开展有针对性的专业培训，提高现有基层审批队伍的专业化水平，保证地方基层的审批活力，确保地方审批队伍满足当前政府行政审批制度改革的新要求。①

（二）建立标准统一的审批平台，实现行政审批标准化和信息化

行政审批制度的信息化和标准化是推动行政审批走向规范化和程序化的基础。行政审批的标准化对于规范审批机关的裁量权限至关重要。目前政府各职能部门信息平台大部分都是独立操作平台，相互之间信息资源流动性差，部门沟通不畅。②行政审批制度改革的最终目标是在全国建立统一的行政审批体系，实现统一规格、统一职责和统一财政保障。同一个行政审批事项要实行统一的办理名称、统一的办理流程、统一的办理时限和统一的责任监察制度。行政审批服务系统要使用统一的办公平台和统一的后台管理，实现“一台电脑+一个网络”就能随时随地办理各项行政审批。③因此，标准化体系建设要完成信息对接、申请材料及其他相关流程的标准化建设。要统一信息对接标准和申请材料标准，在每个环节阶段确定牵头部门，设立跨部门统一登记收件窗口，实行内部流转、并联审批、同步办理和信息共享，最大限度地减少申请方的办事环节。

行政审批的标准化要自上而下推行，从中央到地方进行权力清单编制，建立统一的行政审批体系，对地方各审批、监管部门的信息管理系统进行整合，形成统一的管理系统，实现审批信息的实时传送和共享。继续深入推行大部制改革，整合烦琐的审批流程，完善地方政府整体治理体系。在现行制度安排下，一个行政事项的审批流程往往在多个部门之间相互交叉。虽然开展了部分并联审批，但对于审批相对人来说仍然过于烦琐。通过大部制改革，

①②③ 吴明，甄贞．深化我国行政审批制度改革的路径选择［J］．河北大学学报（哲学社会科学版），2016（2）．

合并职能重合的部门，对行政流程进行再造，实行一体化管理，精简审批事项和环节，减少申请人员往返次数，提高审批效率。行政审批制度的标准化和规范化需要在全国范围内吸收各个地方的有益经验，在中央层面集中形成各个行政审批事项的办事指南、申请材料、技术规范、审批条件、审批规范、收费标准、办理时限、审批运作流程和操作方法等各个要素的标准化，进而实现行政审批的规范化和程序化。①

在行政审批制度改革中，信息化是提高行政审批效率的重要工具。要统一标准，推动行政审批信息化。信息化过程的第一步是实现审批条文的电子化，承认电子批文，各审批部门统一采信电子批文，构建批文共享平台，实现电子批文共享互认。批文共享平台将各审批部门出具的审批文件及办事结果统一上传到政务信息资源共享平台，能够实现“批文入库，资料共享”，当后续审批需要前置审批的批文时，可直接从批文共享平台上调取相关批文。此外，还可以通过启动电子营业执照应用平台颁发电子营业执照，审批部门可直接从电子营业执照平台获取与社会法人或个人相关的电子执照信息，可极大地节省行政审批的时间和人力成本。行政审批制度改革还可以通过充分利用信息化技术成果，及时更新和运用新的信息化技术成果，进一步推行电子化审批和审批信息共享，提升审批效能。

在信息化系统建设方面，可建设“多规合一”的跨部门业务协同平台，为同一审批事项的审批部门协同开展工作提供技术支持，为后续审批环节提供数据支撑。一是要构建项目审批信息管理系统和各部门对接审批系统，在进入审批阶段后，依托各部门对接审批系统，根据项目策划生成决策信息、申报信息、各部门审批意见等，实现在多部门之间自动互联和实时共享。二是要完善项目审批电子监察系统，为政务中心和检察机关开展在线监控提供技术支撑，督促审批部门依法审批和限时审批，防范和遏制体外循环。②

（三）完善“放管服”改革，加强事中、事后监管

“放管服”改革是供给侧结构性改革的重要抓手，对营造稳定、公平、透明、可预期的营商环境具有决定性作用。习近平总书记指出，“改革推进到今天，比认识更重要的是决心，比方法更关键的是担当”。党的十八大以来，以

① 栗燕杰，等．深化行政审批制度改革：成效、问题及解决路径［J］．中国党政干部论坛，2015（1）．

② 张敏．行政审批电子监察系统的设计与实现［D］．电子科技大学硕士学位论文，2013.

习近平同志为核心的党中央从战略和全局高度出发，将“放管服”作为全面深化改革的先手棋、转变政府职能的“当头炮”，做出一系列重要部署。各地区各部门深入落实党中央决策部署，在改善营商环境、加强便民服务、释放市场活力、推动职能转变、减少权力寻租等方面取得突破性成就，积累了一批可复制可推广的经验。

简政放权不是一放了之，而是要放管结合，在放权的同时加强事中、事后监管，维护正常的市场秩序，使市场活而不乱。同时，在建设现代化经济体系、推动高质量发展的背景下，迫切需要通过创新监管，探索更加有效的监管模式，有效维护公平竞争、优胜劣汰的市场环境，促进新旧动能转换，进而破除无效供给、增加有效供给，实现高质量发展。过去的行政审批制度以事前监管为主，缺少事中及事后的监管。加入事中、事后监管环节，能够让相关经济主体和社会主体承担起相应的责任，对于无视法律法规、缺乏社会责任的经济和社会主体，建立起更加严苛的行政处罚和刑事处罚机制，加大惩戒力度。通过引入便捷高效的司法救济手段，建立代价高昂的民事赔偿机制，提高违法成本，能够有效减少违法行为，同时建立和深化社会信用体系，限制违法企业及其实际股东和高管等实际控制者的违法行为。

对事中、事后的监管可以通过“两个明确”来集中一线的监管力量，将事中、事后的行政监管责任主体由事前的审批部门向具体的监管部门转移，有效实现事中、事后的监管职能。要明确责任，进一步强化一线监管人员的地位，可通过明确监管主体、监管责任、监管程序和监管手段等方式，赋予一线监管人员相对独立的监管处置权。要加强经费保障，提高监管独立性，可在有条件的地区将一线监管部门的财政预算独立列支。由于监管跨行业和跨地区特性，需要对监管知识进行及时更新，也需要进行跨地区监管的交通费用等成本支出。此外，由于监管的随机性和工作力度较大，工作环境不稳定，需要适当提高一线监管部门工作人员的各类补贴来激发其工作积极性。

实施好“一制三化”是加强行政审批监管的重要方向，在取消、下放和调整审批项目过程中，要做好“放”与“管”的结合，避免出现“一管就死，一放就乱”的局面。要对监管方式进行完善，真正落实《行政许可法》中对加强事中、事后监督的规定。要进一步健全监管制度，不断强化信用监管和惩戒。要进一步明确监管主体，加强对行业组织的规范，推动行业自律。要进一步加强社会监管，调动社会共管共治的积极性，建立完善的社会监督机制。要重视社会舆论的监督作用，对典型案例进行曝光，达到有效震慑违法行为的效果。①

（四）完善权责清单制度，加强监督制约和惩戒机制

推行权责清单管理是深化“放管服”改革的制度保障。目前建立权责清单已取得明显进展，全国省、市、县三级政府部门已全部公布权责清单；2014年国务院各部门已集中公布行政审批清单，2015年确定7个部委权责清单编制试点，并在总结经验后全面推行。在改革过程中，无论是编制清单，还是运用清单，都要体现深化“放管服”改革的要求，把该放的权力放到位，把该管的事落实到位，把该服务的列清楚，在清单内容、权责分类、法律依据等方面加以统一规范，提供参考样板。清单越规范、越清晰，在实行中就越具有操作性和实用性。要更加清晰地界定政府与市场社会的权责边界，确保政府严守边界，非清单，不可为。在政府内部，要使权责清单列入各个部门职责规定，进入网上政务平台，并建立监督检查和问责追责机制，督促政府部门依照清单办事；在政府外部，应设计一整套利企便民的清单网上运行系统，在阳光下运行，实现监督投诉、核实处理、结果反馈的闭环管理，方便企业和公众使用清单，监督权力行使，发挥好清单作用。②

完善行政审批制度，必须建立行政审批的监督制约机制。加强外部监督是监督制约机制的外在拉力，外部监督包括公开行政审批信息、建立互动机制和引入激励机制，打造透明政府，实现审批信息公开，提高政府公信力，强化外部监督。行政审批最终服务的对象是广大人民群众，老百姓是能够真切感受到政府提供的审批服务是否科学合理的第一受众，因此在公开行政审批信息的基础上，建立有效的互动机制能够为公众提供咨询、投诉和发表建议的渠道，只有广泛地征集和采纳群众意见，才能让行政审批改革真正落到实处。要引入激励机制，调动群众参与监督的积极性，建立监督奖励机制，同时要保护好举报人的个人信息和人身安全。

要加强内部监督，单独设置审批部门和监督部门，提高监督部门的独立性，才能有效发挥监督部门的监督职责。对不同职能部门要明确划分各自职

① 王慧军，等．“一制三化”：天津市深化行政审批制度改革的创新［J］．中国行政管理，2018（11）．

② 沈荣华．新时代深化“放管服”改革的重点［EB/OL］．人民论坛网，http：//news.cnr.cn/theory/gc/20180308/t20180308_524157953.shtml，2018-03-18.

责，避免出现审批主体自己监督自己的情况。要将审批责任落实到人，实现专人专权，权力界限清晰，建立责任追究和倒查机制，使内部监督更具针对性。要提高监督者地位，监督者应该比被监督者拥有更高的权力地位，才能保证监督者的监督权力落到实处，确保以权制权。要不断创新内部监督方式，利用信息化手段，开发审批监督的移动客户端平台，及时对行政审批环节中出现的问题进行检查、举报或投诉。要强化监督制度的建设，建立科学合理的责任追究制度、评估监测制度和抽查评议制度等，实现监督监管常态化，形成监督监管的长效机制。①

① 王慧军，等．“一制三化”：天津市深化行政审批制度改革的创新［J］．中国行政管理，2018（11）．

第九章

治理工具现代化关键：政府绩效评估

2018 年部委政府网站绩效评估结果出炉

评估结果显示，当前部委网站建设发展呈现几大亮点，包括以机构改革为契机优化网站内容、网站解读回应能力加强、政务信息系统整合共享推进等。此外，政务数据社会化应加深。据统计，约 1/4 网站建立“数据”类专栏，集中向社会开放政府数据，19.7%的网站通过图表图解等可视化方式展现和解读数据，9.8%的网站定期更新数据集并提供下载功能。同时，技术应用带来网上服务新模式。发改委、水利部、商务部等通过自然语言处理等技术开通智能咨询服务功能；近 1/3 网站利用智能搜索等技术优化站内搜索功能；一半部委开通了政务微博，超六成部委开通政务微信公号。然而，部委网站建设仍然存在不少问题。评估显示，政务服务内容规范实用性有待提升，约 30%网站办事指南展现形式、内容要素标准不统一，约 16%网站办事指南未提供办事流程或不清晰。此外，约一半网站信息公开目录未与文件资料库、有关栏目内容关联融合；约 46%网站未建立政策文件与解读材料的相互关联。需要注意的是，智能便捷化服务水平有待提高，仅有少数网站初步实现“搜索即服务”，约 33%网站未提供首页和其他页面内容分享功能。

——摘自 2019 年 5 月 21 日《人民日报》

党的十九大报告指出，要建立全面规范透明、标准科学、约束有力的预算制度，全面实施绩效管理。政府绩效评估作为新公共管理的重要内容，承载着增强政府责任、提高政府效率的重任，政府绩效评估具有监督政府行为、提高政府绩效和改善政府形象等作用。20 世纪以来，随着信息科学的高速发展和经济全球化格局的逐步形成，西方国家传统的行政管理模式受到了普遍质疑。为了走出政府财政危机、管理危机和信任危机，新公共管理运动和政府再造运动风起云涌，主张在公共行政管理中引进企业管理理论，将市场竞争机制、目标管理、绩效评估和成本核算等方法应用于公共行政领域，以改善政府绩效，提高政府服务的质量和水平。其中，绩效评估作为提高政府绩效管理水平的有效工具，在公共管理领域取得了显著的成效，以至于西方学术界惊呼：现代“评估国家”正在取代传统的“行政国家”。随着科学发展观和正确政绩观的提出，建立高效、廉洁、公正、透明并具有责任感和回应性的政府，已成为我国行政管理体制改革和发展的方向。

一、政府绩效评估概述

（一）绩效、政府绩效与政府绩效评估

1. 绩效

从现代管理学角度看，对“绩效”的内涵，学界众说纷纭。如伯纳丁等认为，绩效是在特定时间范围，在特定工作职能、活动或行为上产生的结果的记录。凯恩贝尔、迈克罗依、奥普勒和塞格提出，绩效是员工自己控制的与组织目标相关的行为；绩效是多维的，没有单一的绩效测量；绩效是行为，并不必然是行为的结果，这种行为必须是员工能够控制的。波曼和摩托维德勒又提出了任务绩效和关系绩效的概念。这些概念后来都被广泛地运用于人力资源管理和工商管理的实践中，主要是指社会经济管理活动的结果及成效，包括个人绩效和组织绩效两个层面。

2. 政府绩效

在西方国家中，政府绩效又称“公共生产力”“国家生产力”“公共组织绩效”“政府业绩”和“政府作为”等，其字面意义是指政府所做的成绩和所获得的效益，但其内涵较为丰富，既包括政府“产出”的绩效，即政府提供公共服务和进行社会管理的绩效表现，又包括政府在行使职能过程中的绩效表现。①

衡量政府活动效果的“绩效”概念较为复杂，不仅包括政绩层面，还包括政府成本、政府效率、政治稳定、社会进步、发展预期等含义。总体看，政府绩效主要包括五个方面：①政治绩效。在市场经济条件下，政治绩效最

① 中国行政管理学会课题组．绩效评估最新研究报告［R］. 2006-03-21.

经常地表现为制度安排和政策落实的实际效果。市场经济的游戏规则或社会秩序的供应是一种政府制度安排，这是政府的核心能力之一。在公共行政中，政府制度政策的安排与落实能力越强，政治绩效就越容易体现。②经济绩效。经济绩效表现在经济持续发展上。国民经济不仅要有量的扩张，而且要在结构合理的前提下有质的提升，良好的经济绩效还包括经济可持续发展程度较高、政府能提供推进经济与社会协调发展的宏观经济政策。③社会绩效。社会绩效是经济发展基础上的社会全面进步。社会全面进步内涵丰富，包括人们的生活水平和生活质量普遍改善和提高，社会公共产品供应及时到位，社会治安状况良好，人民安居乐业，社会和谐有序，没有明显的对抗和尖锐的冲突。④文化绩效。文化绩效主要指精英文化与大众文化的互补与渗透，以及文化的繁荣与整合。[①] ⑤生态绩效。生态绩效表现为政府在多大程度上适应了自然规律的客观要求，政府实现可持续发展的能力大小。

其中，政治绩效是整个政府绩效的中枢和核心，是实现经济、社会、文化和生态绩效的法律和制度保障。经济绩效是政府绩效的主要内涵和外在表现，在整个政府绩效体系中发挥着基础作用，没有经济绩效，社会绩效、政治绩效、文化绩效和生态绩效就缺乏物质基础，难以持续。社会绩效是政府绩效体系中的价值目标，没有社会绩效，经济绩效就没有实现的意义和价值，政治和文化绩效也就失去社会基础。政府绩效体现在政府行政管理的每一个层面和领域。这种绩效既不是政府短期投入的回报，也不是政府终端产品的累积，而应该是较长时期经济发展、社会进步、政治文明的总成果。[②]

3. *政府绩效评估*

绩效评估（Performance Appraisal）尚未形成一致定义。如史密斯·穆飞认为，绩效评估是组织对雇员价值秩序的决定。朗格纳斯认为，绩效评估是基于事实，有组织地、客观地评价组织内每个人的特征、资格、习惯和态度的相对价值，确定其能力、业务状态和工作适应性的过程。[③] R. 韦恩·蒙迪等认为，绩效评估是定期考察和评价个人和小组工作业绩的一种正式制

---

① 陈振明．公共管理学：一种不同于传统行政学的研究途径［M］．北京：中国人民大学出版社，2003：273.

② 陈金亮．政府绩效评估的现状及在我国的发展［J］．法制与社会，2007（11）.

③ 左林．我国政府绩效评估的困境及其对策分析［J］．云南行政学院学报，2006（6）.

度。① 伊山顷太朗认为，绩效评估是对雇员与职务有关的业绩、能力、业务态度、性格、业务适应性等方面进行评定与记录的过程。② 张一弛认为，绩效评估是对员工一个既定时期内对组织的贡献做出评价的过程，从数值的方面对其工作的优缺点进行系统的描述。③

对政府绩效评估的认识显然不能仅从个人层面来理解，个人绩效评估与组织绩效评估相结合已经成为政府绩效评估的趋势。“但组织层面的绩效确切界定则更为困难，因为政府的行为，即便是一种简单的服务，也是个复杂、多面的概念，在过去无法定义它已成为阻碍测评发展的关键因素之一。”④ 詹姆斯·Q. 威尔逊（James Q. Wilson）认为，政府绩效评估意味着这样一种制度设计：在该制度框架下以取得的结果而不是以投入要素作为判断政府部门的标准。⑤ 奥斯本与盖布勒认为，政府绩效评估就是改变照章办事的政府组织，谋求有使命感的政府；就是改变以过程为导向的控制机制，谋求以结果为导向的控制机制。⑥ 美国审计总署提供的政府绩效评估的定义最具代表性：政府绩效评估“是便于公共决策者获取相关信息的一种方法，比如关于某一问题，为解决或缓解该问题所采用策略的相对有效性，关于特定方案的实际有效性”⑦。

政府绩效评估可从三个方面来理解：在微观层面，绩效评估是对个人工作业绩、贡献的认定；在中观层面，是对政府分支的各部门，包括事业单位、非营利组织如何履行其职能的评估，如政策实施的效果、提供公共服务的数量和质量的评估等；从宏观层面来说，是对整个公共部门或狭义上所指的政府绩效、政府为满足社会和公众的需求所履行的职能的测评，体现为政治的民主与稳定，经济的健康、稳定与快速发展，人们生活水平和生产质量的持续提高，社会公正与平等，国家安全和社会秩序的改变，精神文明的提高等

---

① ［美］R. 韦恩·蒙迪，罗伯特·M. 诺埃．人力资源管理［M］. 北京：经济科学出版社，1978：296-297.

② 吴国存．企业职业管理与雇员发展［M］. 北京：经济管理出版社，1996：250-251.

③ 张一弛．人力资源管理教程［M］. 北京：北京大学出版社，1999：185-186.

④ 于军．英国地方行政改革述评［M］. 北京：国家行政学院出版社，1999：168.

⑤ ［美］詹姆斯·Q. 威尔逊．美国官僚政治：政府机构的行为及其动因［M］. 北京：中国社会科学出版社，1995：444.

⑥ David Osborne & Ted Gaebler. Reinventing Government：How the Entrepreneurial Spirit is Transforming the Public Sector［M］. New York：Addison-Wesley Publishing Company，Inc.，1992：108-138.

⑦ Eleanor Celinsky，Evaluating Public Programs［A］//James L. Perry（ed.）. Handbook of Public Administration［M］. San Francisco，CA：Jossey-Bass，1989：259.

方面的评估。[①] 就政府绩效评估的功能而言，主要包括四个方面，即对产出与后果提供早期的预警、改善资源的分配、改善生产与政府过程的效率和效益、改善政府责任等方面的评估。[②]

（二）改革开放以来中国政府绩效评估发展阶段

20 世纪 70 年代，西方国家兴起了一股结果导向的“重塑政府”潮流，其目标就在于以绩效评估来提升政府效能。改革开放后我国也开始大力推行政府绩效评估改革工作。从 2012 年中央纪委监察部绩效管理监察室统计数据来看，当年已经有 27 个省（市、区）开始推行政府绩效评估，然而这种改革势头在近些年却逐渐有所放缓。从近十年来我国政府绩效评估相关数据资料的统计结果来看，现实中政府绩效评估，甚至与政府绩效相关的事业均出现了一定程度的停滞。40 多年来，我国政府绩效评估改革大致经历了五个阶段。以历史长镜头观之，政府绩效评估在我国的兴起源于中央激发地方政府积极性、主动性的改革，是不断“放权”“搞活”并保证政府履责的持续探索。[③]

1. 初创阶段（1978—1993 年）

党的十一届三中全会后，中央开始探索激发地方政府、全国机关干部积极性的各类办法，其中一个关键措施便是尝试建立健全领导干部绩效考评制度。1979 年 11 月，中共中央组织部下发了《关于实行干部考核制度的意见》，明确提出要“鼓励先进，激励后进，调动干部积极性”，并指明了绩效评估的方向在于“考核干部的工作成绩，主要看对现代化建设直接或间接所做的贡献”。在这项基础性制度的推动下，政府绩效评估开始在我国逐渐发展。初创期间我国主要形成了岗位目标责任制、效能监察、社会服务承诺、机关效能建设等几种政府绩效评估的模式。

1982 年，原劳动人事部下发《关于建立国家行政机关工作人员岗位责任制的通知》；1984 年，中共中央组织部、原劳动人事部又联合下发《关于逐步推行机关工作岗位责任制的通知》，强调今后地方政府领导干部晋升，必须贯彻这些文件精神。在此后几年中，在落实岗位责任制的过程中，山西运城、黑龙江、辽宁、北京等地将国外兴起的目标管理与本地现状结合，推出了岗

① 陈振明．公共管理学：一种不同于传统行政学的研究途径［M］．北京：中国人民大学出版社，2003：275.

② 阿里·哈拉契米．政府业绩与质量测评问题与经验［M］．广州：中山大学出版社，2003：8.

③ 尚虎平．激励与问责并重的政府考核之路：改革开放四十年来我国政府绩效评估的回顾与反思［J］．中国行政管理，2018（8）.

位目标责任制，这既是中国式目标管理，也是最早的政府绩效评估探索。

1988 年中组部下发了《关于实施地方党政领导干部年度工作考核制度的通知》，提出地方干部需要在国民生产总值、工业生产总值、农业生产总值等 18 项指标上达到一定的目标，这进一步推动了岗位目标责任制的普及。1989 年 12 月举行的第二次全国监察工作会议指出，行政监察机关的基本职能“既包括效能监察，又包括廉政监察”。这次会议确立了“以效能监察解决廉政问题”的思路，是利用绩效评估来推进绩效问责在我国的最早探索。效能监察在山东省实施得最有成效，仅在开始三年间就提出建议 3037 项，依据效能监测结果立查案件 1412 起，处分党员干部 1005 人。与山东稍有不同，深圳市的效能监察强调对大型公共项目的控制，北京市效能监察强调改善管理效能。在这些改革典范影响下，效能监察扩展到了全国 23 个省区市。社会服务承诺借鉴了英国的“公民宪章”制度，它通过政府公开承诺的方式，以“对标建设”的思维来评估每项工作与公开承诺绩效水准的差距。1994 年 6 月，烟台市建委率先实施社会服务承诺制，此后中宣部和国务院纠风办决定在全国推广该项制度。

机关效能建设是福建省在 20 世纪 90 年代率先垂范的改革探索，它最早兴起于漳州市，后来在福建省推行并走向全国，成为浙江、江苏、上海、北京、陕西等地的普遍性做法。2002 年，习近平同志曾简明扼要地概括了效能建设的内涵：“效能建设是一个新生事物，它是以效能为基本目标，把管理的诸要素有机结合在一起的高层次管理活动。主要内容包括深化行政审批制度改革、推进政务公开、实施效能告诫等，追求的目标是提高工作效能，提高党政机关为基层、为群众、为企业服务的质量。”

2. 偏重 GDP 评价阶段（1994—2002 年）

1994 年开始实施的分税制改革使中央与地方之间由行政性分权迈入了经济性分权探索阶段，使得地方政府享有了发展的剩余索取权，主动、积极地采用更有效的方式激励所辖地区的政府、领导干部做出更大贡献。同时，由于这种制度也保障了中央从地方发展中获得的收益，中央也有了动力激励地方政府充分发展经济，因此偏重经济指标 GDP 的政府绩效评估形式便逐渐在各地兴起，最严重时甚至发展到了“唯 GDP”程度。1995 年 2 月，中共中央颁行了《党政领导干部选拔任用工作暂行条例》，开始探索将领导干部绩效评估导向与分权化体制改革相匹配，明确提出选拔任用领导干部必须坚持“注重实绩”。在新的党政干部任用条例的指导下，中组部于 1996 年出台了《县级党政领导班子政绩考核办法及考评标准体系》，确定了经济发展、社会发展、精神文明建设和党的建设4大类实绩评价指标。1998年，中组部下发了《党政领导干部考核工作暂行规定》，指出“地方县以上党委、政府领导班子的工作实绩主要包括……各项经济工作指标的完成情况，经济发展的速度、效益和后劲”。2000年，中共中央办公厅出台了《深化干部人事制度改革纲要》，提出要“研究制定以工作实绩为主要内容的考核指标体系”。2002年《党政领导干部选拔任用工作条例》出台，开始规范GDP考核方式。

为了在全国推进县级政府绩效评估工作，中组部在1996年成立了干部考核委员会，开始推动在全国16个地市、150多个县市大范围试点政绩考核工作。中组部的试验带动了全国各地、各级政府在中央新政策精神指导下的各种绩效评估探索。山西、浙江、广东、福建、陕西等地开始探索凡是由各级人大选举任命的领导干部，都需要向同级人大常委会述职，由人大常委会进行评议的制度。这种评议是对GDP增长、财政增长、公共服务改善等方面进行“当面锣、对面鼓”的逐项报告与审查，是一种“对答、质询”式的绩效评估方式。据统计，1996年之后，浙江省各级人大对所选领导干部的政绩评议比例超过了90%，山西省的比例甚至超过了95%。这项活动在全国引起了较大反响，各地人大竞相学习效仿，曾先后召开了5次全国性的经验交流会。

与此同时，河北省还探索了一种整合性机制，将目标责任机制、考核评价机制、激励约束机制纳入一个评价系统，山东、山西、江苏等地也跟进了这种绩效考核模式。虽然这些评价也强调社会发展、党的建设等指标，但主要侧重点都聚焦在了经济类指标上。在经济类指标中，又以GDP所占的权重最大，甚至直接左右了领导干部的晋升。据统计，1979—2002年中国省级领导干部的升迁情况中，“省级官员的升迁概率与省份经济绩效尤其是GDP的增长率呈显著的正相关关系”，“如果省份平均GDP实际增长率提高6个百分点，那么，省级领导的晋升概率可提高2.4个百分点”。

3. 突破“唯GDP”评价阶段（2003—2006年）

过于偏重GDP的评价模式使得各地只重视“形象工程”“面子工程”等显绩，忽视了人民幸福、长远发展、资源节约等民生发展的绩效，引发了社会各界反思与批判。2000年左右，沈阳、珠海、南京等地推行“万人评议政府”“群众评议政府”活动，从中央到地方都开始探索突破过度看重GDP的评价模式。2002年，以《党政领导干部选拔任用工作条例》出台为标志，在旧有绩效考核指标“德、能、勤、绩”之外又增加了“廉”，明确了不仅要看 GDP 这种显绩，还要考察获得显绩时所呈现的廉洁状况、责任状态。此后全国各地探索了各类不同的模式，力图摆脱“唯 GDP”评价的刻板印象，使得评估更加科学。

2003 年，广东省继续深化环境保护考核改革，制定了《广东省环境保护责任考核试行办法》和《广东省环境保护责任考核指标体系》及实施细则。广东省的做法很快被湖南邵阳市仿效，2002 年邵阳开始推行“优化经济环境综合测评”，此后，上海、江苏、山东均跟进推广环境绩效评价工作。还有一种突破“唯 GDP”评价的模式是将原有的效能建设升级成新模式。2005 年烟台市尝试在行政审批中心推行标准化管理体系，采用了 ISO9001 标准化质量管理体系来改进政府服务方式，政府就是服务“提供者”，社会公众就是来政府办事的“顾客”，通过这种“顾客—服务”的标准管理体系，政府提供高质量的公共服务。在当年稍晚，杭州市开始对原有的政府考评办法进行改革，推行了融目标考核与满意度评价于一体的新型考核模式，在保证 GDP、财政收入等刚性发展指标的基础上，充分兼顾了群众的感受与满意问题。

2005 年 1 月 17 日，时任浙江省委书记习近平同志在《浙江日报》头版“之江新语”栏目以“哲欣”为笔名发表了《“潜绩”与“显绩”》一文，辩证地指出了突破“唯 GDP”评价理论的基础在于弄清潜绩与显绩的关系：“‘潜’与‘显’是对立统一的一对矛盾。‘潜’是‘显’的基础，‘显’是‘潜’的结果，后人的工作总是建立在前人基础之上的，如果大家都不去做铺路石，甘于默默无闻地奉献，‘显绩’就无从谈起，就成了无本之木、无源之水，即使有‘显绩’，充其量也只是急功近利的‘形象工程’。”自此，浙江省率先开始探讨潜绩与显绩相结合的综合评价模式，真正突破了“唯 GDP”的做法。“浙江模式”在很短时间内就成为全国学习的对象。2006 年中组部颁发了《体现科学发展观要求的地方党政领导班子和领导干部综合考核评价试行办法》，这标志着探索突破“唯 GDP”考核进入了国家顶层设计的范畴，我国政府绩效评估进入了新阶段。

4. 科学化与顶层设计阶段（2007—2012 年）

在突破“唯 GDP”式绩效评估过程中，中央逐渐意识到应该在各地分散探索基础上，从不同地区政府共性的角度出台政府绩效评估的顶层设计，以统筹全国政府绩效评估工作。这个阶段始于《体现科学发展观要求的地方党政领导班子和领导干部综合考核评价试行办法》的实施。在 2013 年新一轮机构改革中，因为绩效评估职能与各级纪委监察部门所承担的主体职能的相异性，在该职能被调整出各级纪委监察部门之后，政府绩效评估工作的推进有所放缓。

2008年，《关于深化行政管理体制改革的意见》明确提出推行政府绩效管理和行政问责制度，建立科学合理的政府绩效评估指标体系和评估机制，将推进政府绩效评估提到了完善国家行政管理体制的高度。2009年，中共中央办公厅发布《关于建立促进科学发展的党政领导班子和领导干部考核评价机制的意见》，同年中组部颁布了《地方党政领导班子和领导干部综合考核评价办法（试行）》，使得政府绩效评估的顶层设计更加全面化、系统化。

在顶层设计基础上，中央开始探索成立顶层中央机构来推动政府绩效评估工作在全国的普及。2010年7月，中央纪委监察部绩效管理监察室由中央纪委书记办公会批准成立；2011年3月，政府绩效管理工作部际联席会议制度由国务院批准建立。国务院随后部署财政部、质检总局，北京市、吉林省、广东省深圳市等14个国家部委局与一批地方政府为试点，在全国推动政府绩效评估工作。2012年底，全国已有超过27个省区市在全面推行政府绩效评估工作。据2012年统计数据，当时全国就已经有100多个冠名为“模式”的政府绩效评估改革实践，比如“岳阳模式”“思明模式”“北京模式”等。

5. 政府绩效评估发展的新时代阶段（2013年至今）

党的十八届三中全会出台的《中共中央关于全面深化改革若干重大问题的决定》再次强调，要“完善发展成果考核评价体系”“改革政绩考核机制，着力解决‘形象工程’‘政绩工程’以及不作为、乱作为等问题”。然而，随着我国新一轮机构改革的落实，随着各级纪委监察部门职能梳理、机构设置更为科学，政府绩效评估工作在从各级纪委移出之后却有所停顿，这是在反思中进行革新的针对性改进阶段。2013年，中央纪委监察部按照中央转变职能的要求，对本部门的内部机构进行了大范围改革与重组，对那些职能交叉、职能重叠的机构进行了合并，经过改革，其内设机构由125个精简到了39个。这次机构调整，“按照履行职责的要求，对确需纪检监察机关参加的予以保留、属于其他部门职责范围的不再参与，其核心是明确定位、转变职能，有利于分清责任、做好本职”。地方各级纪委及监察部门也按照中央的体制模式进行了改革，加强了本身职能建设。为了让“专业人做专业事”，各级纪委、监察机关将各类与纪律检查、廉政职能无关的工作转移了出去，这其中就包括政府绩效评估与管理事项。在改革过程中，政府绩效评估职能被移交给了各级编制委员会，这却使得原来开展的卓有成效的改革事业有所放缓。

就职能设置的初衷而言，各级编制委员会是“统一管理各级党政机关，人大、政协、法院、检察院机关，各民主党派、人民团体机关及事业单位的机构编制工作”的单位，它自身职能使命在于处理好机构编制工作，缺乏政府绩效管理与评估的基本经验，尤为关键的是，它们也缺乏专业人才储备、知识储备。各级编制委员会中仓促设置的政府绩效管理与评估办公室更像是临时机构，而非常设性地推进这项工作的部门，这大大制约了我国政府绩效评估工作的进一步开展。这就需要深入反思我国政府绩效评估事业，洞悉其中的经验与不足，以便巩固科学合理的做法，弥补各类不足，使这项为政府“掌舵”的事业继续向前发展。①

二、改革开放以来中国政府绩效评估发展与问题

西方发达国家政府绩效评估的实践最早可以追溯到第二次世界大战以前，其发展过程大致经历了三个阶段：一是起步阶段（20 世纪 40—70 年代），主要内容是政府绩效审计与绩效预算改革；二是大规模发展阶段（20 世纪 70—90 年代），绩效评估开始向世界各主要发达国家扩展；三是规范深化阶段（20 世纪 90 年代至今），绩效评估走向科学化、制度化和规范化，已经成为一种世界性潮流。

作为政府治理能力现代化的重要推手，党和政府非常重视政府绩效管理的完善。党的十七届二中全会上通过的《关于深化行政管理体制改革的意见》中明确提出，要“推行政府绩效管理和行政问责制度”。“十二五”规划纲要更进一步明确了“建立科学合理的政府绩效评估指标体系和评估机制”的目标。但总的来说，与西方国家相比，我国政府绩效评估发展起步较晚，无论是理论还是实践都处在初级阶段，无可避免地会面临在任何国家推行政府绩效评估都会遇到的困难和障碍。

（一）改革开放以来政府绩效评估的成效

改革开放以来，面对经济全球化、一体化的现实挑战，我国各级政府持续进行了行政管理体制的改革，在变革观念、转变职能、调整结构、改革行为方式的同时，借鉴和引进新的国际管理机制、技术和工具，根据自身的具

① 此发展阶段部分，主要参考了尚虎平．激励与问责并重的政府考核之路：改革开放四十年来我国政府绩效评估的回顾与反思［J］．中国行政管理，2018（8）．

体情况，进行了一系列的管理制度创新，其中以政府为对象的绩效评估成为一个不可分割的组成部分，并取得了一定的成效。为了激发地方政府活力、调动各级领导干部的积极性，中央一直在鼓励各级政府推进绩效评估工作。在近40年的持续实践中，我国政府绩效评估经过了初创、偏重GDP评价、突破“唯GDP”评价、科学化与顶层设计几个阶段的探索，目前进入了需要反思与提高的新阶段。从实践来看，我国政府绩效评估的探索主要集中在以下方面：

1. 目标责任制

目标责任制在我国始于20世纪80年代，其最初的主要表现形式是“目标管理”。特点是组织目标分解并落实到各个部门或各个工作岗位，目标完成情况考核也相应针对各个部门或岗位。随着行政管理体制的改革和完善，目标管理的思路和原则逐渐得到拓展，发展到面向行政首长的目标责任制。由于行政首长的目标责任与所在政府层级或部门的目标责任基本上一致，对行政首长目标完成情况的考核实际上等同于组织绩效的评估与考核。

青岛市在这方面进行了创新性的探索和实践，2002年，青岛市开始实行《青岛市目标责任制管理实施细则》。每年年初，市委、市政府要求各部门、区、县将当年该部门、该单位要完成的目标计划报给市委、市政府审核，然后再交给区县委、区县政府修改，经过详细修改后再将定论交给目标管理办公室汇总并输入电脑存档。年中围绕目标完成的情况进行监控督察落实。到年底，由该市委、市政府派出专门的考核小组检查评估并对结果进行全市大排名。这一新的目标绩效管理方法称为“青岛模式”。①

在目标责任制考核指标设置方面，江苏南通市的经验值得借鉴。2003年江苏南通市以“创新、规范、高效、廉洁”为目标，从“优化服务质量”“提高办事效率”“降低办事成本”“提升办事水平”和“加强组织领导”等方面确定了5个考核目标，并将每个考核目标分解为若干个考核指标，总共设置了20个考核指标，对南通市直机关的作风建设共性目标进行综合量化考核，以切实加强政府自身建设，全面推进目标责任制的实施。②

2. 效能建设

1989年12月，监察部在第二次全国监察工作会议上首次提出了“效能监

---

① 中国行政管理学会联合课题组．政府机关工作效率标准研究报告［EB/OL］．http：//www.gdpas.gov.cn/InfoShow.asp，2005-11.

② 范柏乃．政府绩效评估与管理［M］．上海：复旦大学出版社，2007：79-80.

察”任务。1990 年效能监察工作涉及了政府行政效能领域，1995 年福建省率先出台行政效能监察的具体做法，被中央认可并在全国推广。到 1999 年底，全国已有 23 个省（自治区、直辖市）不同程度地开展了效能监察工作。1997 年福建省漳州市在拓展效能监察活动基础上形成了新的思路和新的运作机制，启动“效能建设”试点，引起强烈反响。2000 年 6 月，在推广漳州市经验的基础上，福建省机关效能投诉中心正式挂牌办公。至 2001 年 8 月底，福建省有 600 多人被诫勉教育，422 人受到效能告诫，135 人被辞退。[①] 由此改变了这样一种事实：以往对公务员的惩戒一般只有道德规范、纪律约束和法律惩处三个层次，对那些不违反纪律，更没有触犯法律的行为，如办事低效、态度恶劣、消极怠工等无法触及，诫勉教育或效能告诫填补了公务员惩戒管理上的一个空档。[②] 到 2002 年 9 月，广东潮州、重庆合山等地也不同程度地开展了这一活动。

3. 万人评议政府

评议是近年来兴起的一种监督形式，也是测量公民对政府绩效满意程度的一种手段。20 世纪 90 年代末以来，沈阳、杭州、厦门、南京、宁波、珠海等城市开展了以“让人民评判，让人民满意”为导向的万人评政府活动。1998 年 12 月初到 1999 年 1 月中旬，拥有 570 多万人口的特大城市沈阳举行了大规模的市民评议政府活动，这次活动在近两个月的时间里采取问卷调查形式，组织广大市民对市政府 1998 年的主要工作进行了评议。2000 年 2 月，珠海市政府向市民发放了 1 万份问卷，由群众对 85 个政府机关单位进行测评，评出三个“作风差”的单位。随后，又组织 200 名各界人士组成测评团，深入这 85 个机关单位明察暗访进行测评，两项结果相加即为该单位“机关作风”的年终成绩。

2000 年 10 月，杭州市成立了满意不满意评选活动领导小组办公室，首次在市级 54 个单位全面展开“满意不满意”单位评选活动，评选的主要内容是各单位的全局观念、服务宗旨、服务质量、办事效率、勤政廉洁、工作业绩六个方面。此后杭州市每年都进行一次公众对政府的评议活动。2001 年 12 月起，南京市开展了“万人评议机关”的活动，对市级机关及直属单位的工作、作风进行广泛评议，对在“万人评议机关”活动中排在前 10 名的部门和单位

① 周凯．政府绩效评估导论［M］．北京：中国人民大学出版社，2006：60-61.
② 陈虹．“顾客导向”与我国政府绩效评估［J］．云南社会科学，2005（1）.

予以表扬，对排在末位的 5 个部门的主要领导分别进行了处理，或免或降。

无疑，这些地方政府的实践活动有助于提升政府部门为人民服务的水平，也体现了人民当家做主的社会主义民主政治本质，对增强服务意识、改善服务质量、提高服务效率、树立良好的政府形象具有重要的作用。① 具体来说，万人评议政府增强了各部门的目标意识、服务意识和责任感；提高了行政人员的服务质量和办事效率；强化了机关内部管理，提升了管理过程的透明度，完善了管理制度；促进了机关的廉政建设，加大了监督力度，进一步开放了公众参与渠道，提高了政府部门的政治合法公共信誉；提高了工作人员的素质和激励水平，推动了各项工作任务的完成。

4. 社会服务承诺制

英国是世界上较早推行社会服务承诺制的国家，1991 年梅杰任英国首相后，发动了公民宪章运动（The Citizen's Charter），在全国大力推行社会服务承诺制，引起了国际社会的普遍关注，许多国家政府纷纷效仿。社会服务承诺制的基本内容是：公开办事内容、办事标准和办事程序，确定办事时限，设立监督机构和举报电话，明确赔偿标准，未实现承诺的责任单位和责任人要按规定给当事人以赔偿。② 其核心是顾客协商，顾客真实需求的确认，设立和公开服务标准。政府根据这些标准评价实际工作结果，在未达标准时承担责任并采取有效的改进措施。这是一种具有契约性质的服务机制，服务标准的具体化和公开化为社会公众的评价和判断提供了明确依据，便利的投诉渠道、明确的投诉受理机构和处理投诉的程序为社会公众提供了比较完善的监督机制。③ 但社会服务承诺制中的绩效评估属于合格评价，即评价是否达到预先确定的标准，与一般意义上的绩效评估略有不同。

1994 年 6 月，山东省烟台市建委借鉴英国公民宪章运动和中国香港公共服务承诺制的经验，率先在烟台市建委系统实施社会服务承诺制。1995 年 5 月，烟台市政府在全市邮政、电业、交通、工商等 12 个部门推广建委的经验。至 1996 年，烟台市建委实行社会服务承诺的内容多达 81 项、服务标准 117 条，基本包含了建委系统工作的主要内容，涵盖了从城市建设、社会维护到居民生活服务的方方面面。1996 年 7 月，在总结烟台市社会服务承诺制经验的基础上，中宣部和国务院纠风办决定“把宣传和推广社会服务承诺制度

① 薛凯，孙爱东．各地干部制度改革的八大亮点［J］．半月谈，2004（6）．

② 胡宁生．中国政府形象战略［M］．北京：中共中央党校出版社，1998．

③ 周凯．政府绩效评估导论［M］．北京：中国人民大学出版社，2006：61．

作为加强行业作风和职业道德建设，推进社会主义精神文明建设的一项重点工作，建设部、电力部等八个部委将先行一步，推广社会服务承诺制度”。随后，上海、济南、北京、杭州、天津、长沙、株洲等许多城市的社会服务行业相继推行社会服务承诺制。从目前的情况看，各地已经实行和正在推行社会服务承诺制的，包括城建、供水、燃气、房管、公交、铁路、民航、邮电、电业、银行、旅游、商业、饮食、医院等部门。

5. 政府绩效评估

2001 年 11 月，厦门市思明区政府成立“公共部门绩效评估”项目领导小组，受项目领导小组委托，厦门大学法学院卓越教授组建“公共部门绩效评估”课题开发组，开展公共部门绩效评估项目研究，建构了一套公共部门绩效评估的指标体系，开发了一套公共部门绩效评估的系统软件。[①] 该软件的核心是评估模式的构建。课题组对绩效评估理论转化为评估系统软件进行了探索性研究，通过对评估模式的分析，完成软件开发需求分析报告、数据库设计和源程序写作，并通过反复调试与验证最终完成评估系统软件的研制开发。同时，把绩效评估体系和绩效评估软件的相关内容制成演示动画并制作演示光盘和宣传材料。在该套软件中，评估模式的构建分为评估主题的确定、评估维度的划分、评估指标的建立三个层次，三者内在严密的逻辑联系构成了整个绩效评估的基础与核心。[②] 2003 年福建省厦门市思明区在全国首创的“公共部门绩效评估体系”获得了中国地方政府创新奖。该系统的开发与应用为解决公共部门管理的瓶颈探索出新路径，对推进政府职能转变、促进管理机制更新、提升政府服务质量具有实质性的应用价值。

2004 年 8 月 2 日，原国家人事部“中国政府绩效评估研究”课题组又提出了一套适用于我国地方政府绩效评估的指标体系，该体系在总结国内外相关指标体系设计思想和方法技术的基础上，将社会保障、社会稳定、廉洁状况和行政效率等 33 个指标纳入考核范围。评估的重点放在了整体管理水平和生活改善水平上，而非只有 GDP 增长率和就业率。2009 年颁行的《关于建立促进科学发展的党政领导班子和领导干部考核评价机制的意见》强调“坚持注重实绩、科学发展”的原则。在中央注重实绩导向下，各地在不同时间段探索确定的各类政府绩效评估模式，也都实践、贯彻了实绩评价原则，甚至

① 郑云峰，卓越 . 21 世纪行政发展的新亮点：福建省厦门市思明区开展公共部门绩效评估的探索［J］. 中国行政管理，2003（2）.

② 郭济 . 绩效政府：理论与实践创新［M］. 北京：清华大学出版社，2005：4-5.

有些地方、有些模式在“结果导向”的追求下，将“实绩评价”原则贯彻得有些过度，形成了“拜物”倾向。[①] 党的十八大以来，各地政府开始探索第三方评估机制，如2015年，民政部出台《民政部关于探索建立社会组织第三方评估机制的指导意见》，从基本原则、总体思路、政策措施和组织领导等方面明确了建立社会组织第三方评估机制的思路，开始了政府绩效外部评估工作的科学化探索。同时政府绩效评估的信息化水平也上了一个新台阶，各级政府基本都建立了政府绩效评估信息系统，开展了网上绩效评估及绩效结果公布、查询和监督等。

总之，随着我国政府绩效评估体系的完善，政府绩效评估也由此走上了实践的舞台，充分体现了政府绩效评估的现代化发展。

（二）改革开放以来政府绩效评估存在的问题

改革开放后，我国政府管理改革不断推进，从总体上来看，我国政府绩效评估仍处于探索阶段，在实践中也暴露出一些值得深思的问题。彭国甫认为：“它之所以成为国际公认的难题，是由政府绩效评估目标的多元性、产出的特殊性、劳动的密集性、评估标准指标的准确性、评估信息的稀缺性、文化背景的交叉性以及认知效应的偏差性等决定的。”[②] 张梦中等认为：“困难首先来自企业与政府两种组织的性质差异，政府行政行为的非营利性、垄断性以及公益性这些特点决定了政府的绩效管理与企业的绩效管理从内容到形式都有不同。其次，政府行政组织所特有的弊端也会增加政府绩效管理的难度，如‘帕金森定律’会给政府的绩效管理增加很大的阻力。最后，是观念障碍。”[③] 具体来说，我国政府绩效评估存在的问题主要体现在：政府绩效评估理论和认识上的不足、政府绩效评估体制上的缺陷，以及政府绩效评估方法和技术上的困难等三个方面。

1. 政府绩效评估理论和认识上存在的问题

绩效评估存在理论指导缺乏、盲目性大、认识不够、缺乏人才和制度支撑等问题。

（1）政府绩效评估缺乏系统理论指导，实践中带有盲目性。我国学术界

---

① 尚虎平．激励与问责并重的政府考核之路：改革开放四十年来我国政府绩效评估的回顾与反思［J］．中国行政管理，2018（8）．

② 彭国甫．对政府绩效评估几个基本问题的反思［J］．湘潭大学学报（哲学社会科学版），2004（3）．

③ 张梦中，等．中国公共管理评论：公共管理的机遇与挑战［M］．广州：中山大学出版社，2004：362-364.

对政府绩效评估的关注开始于 20 世纪 90 年代，目前还处于不成熟的状态，学者们就政府绩效评估的基本概念、价值取向、作用机理、评估模式、指标体系、实施程序等都还没有形成共识，对国外政府绩效评估的理念与实践也缺乏系统的介绍和研究。相对于我国政府绩效评估实践的发展要求，评估的知识体系准备明显不足。有学者认为“由于政府绩效评估是一个公认的国际性难题，很多内容难以量化，有的甚至不能量化，而需要量化并可以量化的内容的客观研究，要求研究者有较扎实的数学、统计学、运筹学等自然科学功底，更何况政府绩效受多种因素的制约，错综复杂，研究难，见效慢，特别是政府对其绩效评估没有予以应有的重视，以致学术界对政府绩效评估研究动力不足，热情不够，成果不多”。① 再加上“我国公共管理学者取得的政府绩效成果多以项目报告形式出现，且研究成果分享又局限于极少数专家范围内，这使得政府绩效评估这一在国外应用性很强的理论研究到我国却变成了纯理论性的研究，不仅严重影响了政府绩效评估研究的深入，而且大大降低了政府绩效研究的理论成果在公共管理实践中的应用价值”。② 由于缺乏系统性的理论指导和成熟的实践经验，致使我国政府实践中出现盲目性特征，随意性很大。

（2）政府绩效评估工作及其价值尚未引起足够的重视和认同。绩效评估是对政府的管理绩效、社会效果和公共管理过程中所存在的问题的衡量，然而我国政府内部的绩效评估往往以个人绩效评估为主，忽视对政府组织整体的绩效评估，没有实现二者的有机结合，致使个人绩效的提高并不完全带来组织绩效的提高。而且同个人绩效评估相比，组织绩效评估具有更多方面的功能和作用。评估往往意味并伴随着批评和改革，在评估日益成为一种对政府监督的手段的今天，这种作用更加明显。③ 政府绩效评估必然涉及对政府决策者和相关执行人员工作成果和领导能力以及工作能力的评价，对于这一部分人来说，并不全是好事。成果不佳或者能力稍低者会感到威胁的存在，往往会对评估采取逃避的态度。这种“不是把政府绩效评估作为提高政府管理水平的正确措施，而是作为消极防御的手段”的政府绩效评估导向，④ 进一步强化了对绩效评估工作及其价值的不理解，以至于政府绩效评估的资金投入

① 彭国甫．对政府绩效评估几个基本问题的反思［J］．湘潭大学学报（哲学社会科学版），2004（3）．

② 李文艳，陈通．政府绩效评估的价值取向及我国政府绩效评估的完善［J］．唯实，2004（6）．

③ 陈振明．公共管理学：一种不同于传统行政学的研究途径［M］．北京：中国人民大学出版社，2003：311．

④ 彭国甫．对政府绩效评估几个基本问题的反思［J］．湘潭大学学报（哲学社会科学版），2004（3）．

不足，没有国家和地方单独的评估经费拨款的保证，常常难以为继，极大地影响着政府绩效评估工作在我国的展开。

2. 政府绩效评估体制上存在的问题

在评估体制上，存在着评估处于自发状态、缺乏法律规范的约束和保障、评估主体不明确甚至缺失、社会参与不足等问题。

（1）政府绩效评估处于自发状态，缺乏相应的法律及制度保障。从整体上看，我国政府绩效评估多处于自发或半自发状态，没有相应的制度和法律做保障。政府绩效评估作为政府行政执法行为的一种，目前依然缺乏国家层面的法律对其进行规制。政府作为执法机构，其行政管理行为本身属于执法活动，绩效评估作为政府的行政管理活动当然也不例外。从执法的基本规律而言，“有法可依”是依法行政的首要条件。从横向对比来看，国外政府绩效评估也都建立在“立法先行”的基础上，如英国在1989年出台了《中央政府产出与绩效评价技术指南》，美国在1993年通过了《政府绩效与结果法案》，日本在2002年出台了《政府政策评价法》，加拿大在2004年颁布了《管理问责制框架》，新西兰在2008年颁行了《绩效评估：关于如何建立有效框架的建议和实例指南》。从这些经验来看，政府绩效评估作为政府执法行为的一种，必须要有国家法律的授权、指导和规制，否则就存在着“无法可依”的问题，甚至会使得这项行政行为本身存在违法风险。虽然我国某些地方政府在绩效立法方面做了探索，但现在依然缺乏国家层面的专门法律对政府绩效评估进行规制。

（2）政府绩效评估主体缺乏“多元化”，社会公众参与不足。有学者指出，“到目前为止，几乎所有对政府的评估都是上级评下级或组织，宣传人事部门评其他部门，说到底是政府自己的内部评价”①，而社会公众以及其他机构在政府绩效评估中的评价与监督作用很小。造成政府绩效评估主体缺乏“多元化”的原因是多方面的：一是“官本位”思想严重，缺乏民主观念，低估或忽略民众的参与意识和素质；二是政府绩效评估揭露政府中存在的各种各样的问题，而这些问题的揭露会直接影响领导者的政治或经济利益，致使领导者严格控制评估的各项因素，以便形成有利于自身的结果；三是高度集权的政府管理体制也使政府绩效评估可能存在暗箱操作，这样很不利于社

① 转引自刘江，等. 学术机构独立评价政府：衡量民意与决策间的距离［J］. 瞭望新闻周刊，2004（5）.

会组织以及公众参与评估。政府绩效评估主体单一，社会公众参与不足，导致绩效评估过程中相关利益群体和个人话语权的缺失，使得政府绩效评估结论所涵盖的观点不够全面，弱化了社会公众对政府行政活动的参与、制约与监督的功能。此外，政府绩效评估中专业评估组织的缺位，导致政府绩效评估结果的真实性、科学性、权威性及公信力等容易受到公众的质疑。

另外，在这一过程中未处理好“第三方评估”中“外行评价内行”问题。我国理论界和实践界对政府绩效评价普遍有一种误解，认为它可以分为“内部评估”和“第三方评估”两种截然不同的方式。在该误解之下，我国由政府推动的绩效评估往往不采用“第三方评价”方式，在绩效评估实施中完全以政府内的公务人员作为评价执行者，受制于内部人员的知识结构、本位主义、上下级关系等，使得评估功能难以充分发挥。而由政府外部所谓“第三方”发起的政府绩效评估，又生硬地将政府工作人员排除在外，但这些评估机构本身并不了解现实中政府的运行情况，以致产生了“外行评价内行”的问题，最终使得绩效评估结果明显偏离实际。甘肃省在 2004 年、2005 年曾委托学术界进行了“第三方评价”，但其结果与政府中的现实差距过大，使得省政府最终放弃了这种理论上科学、现实中“外行评价内行”的做法。目前我国缺乏融合内外、兼顾理论与实践、充分考虑利益相关方参与的政府绩效评估做法。

（3）政府绩效评估结果的实际利用不到位，缺乏与之相配套的改革措施。在政府绩效评估得出结果后，并不意味着评估工作的结束，将评估结果加以分析和应用，从根本上改善政府管理和服务、提高政府绩效才是评估的最终目标。然而，我国有一些地方政府是单纯为评估而评估，是为了迎合当今公共管理领域的流行趋势，将其视为一项政绩工程。一般来说，政府绩效评估的结果主要应用于两方面：一是将现在的评估结果与以前的结果比较，确定政府一定时期内工作的成绩与不足；二是作为对评估部门实施奖惩的依据。在实践中，我国的政府绩效评估更多的却是关注“过程”，而不注重“结果”，导致出现“三多三少”的弊端。即形式主义多，实实在在少；虎头蛇尾多，善始善终少；空头支票多，真正兑现少。其原因主要在于我国的政府绩效评估往往陷入“单兵作战”的境地，没有与预算制度、人事制度、奖惩制度、政府组织优化等相关制度改革形成配套，违背了“把业绩评估看作业绩管理改善过程中内在的、不可或缺的一部分是至为重要的”① 这一理念。

---

① 马克·霍哲．公共部门业绩评估与改善［J］．张梦中，译．中国行政管理，2000（3）．

3. 政府绩效评估方法和技术上存在的问题

自中央到地方，我国缺乏专业的负责政府绩效评估工作的职能部门。虽然自改革开放之始，中央就一直在通过各种制度、方法鼓励地方政府推进政府绩效评估工作，激发地方的积极性，但中央一直未明确指定具体负责这项工作的机构。随着政府绩效评估在各地的普及，其推动地方发展的功效逐渐显现，中央决定由中纪委监察部来负责这项工作。然而，随着中纪委监察部机构改革的推进，这项工作由于与它的专业使命差距过大被调整到中央编制委员会负责，但这项工作与中央编制委员会的专业职能也不相融，这使得该项工作依然缺乏专业职能机构负责。地方上的情形与此基本一致。因此，这就导致在政府绩效评估方法和技术上还存在着指标体系不科学、信息系统不完善、评价方法落后等问题。

（1）政府绩效评估的指标体系不够科学。政府绩效评估的关键就是评估指标体系的构建，对此，中组部和原人事部分别于 1996 年和 2004 年出台了两套评估体系，即“县级党政领导班子政绩考核办法及考评标准体系”和“中国政府绩效评估研究”课题组提出的指标体系，这两套评估体系都存在不够科学之处。前者共分经济发展指标、社会发展指标、精神文明建设和党的建设指标 3 大类，18 个指标。实践证明，这套指标体系存在偏重经济发展的内容和按照全能政府设计的缺陷。后来，原人事部“中国政府绩效评估研究”课题组在总结国内外相关指标体系设计思想和方法技术的基础上提出了一套适用于我国地方政府的绩效评估指标体系，该体系共分三层，由职能指标、影响指标和潜力指标 3 个一级指标、11 个二级指标以及 33 个三级指标构成，社会保障、社会稳定、廉洁状况和行政效率等多个指标被纳入考核范围。有学者认为，该绩效评估体系以以人为本的科学发展观作支撑，代表了目前建立政府绩效评估体系的大方向，但还有待完善，比如该体系中基本都是做“加分”，而没有做“减分”的内容，应该有“减分”的内容才能更旗帜鲜明地将“转变职能的理念引入政府评估之中”。[①] 毛寿龙指出了这一体系的不足：“有些指标不合适。比如就政府的潜力指标来说，领导班子团队建设应该不是潜力，而是现在的能力，因为领导班子应该是有任期的，本届领导班子到了下届并不一定完全连任”“有些指标不完整。比如公共服务只包括基础设施和政务信息公开，而没有包括教育等大量的公共服务；市场监管只包括法

① 浦兴祖．新政府绩效评估体系方法：将科学发展观引入政绩观［N］．解放日报，2004-08-03.

规完善程度、执法状况、企业满意度等主观指标，而没有类似其他指标那样的客观指标”。[①] 也有专家指出，在此指标体系中需要内部评估的指标太多，比如，上级交办的事项、内部法规制度的遵守执行等，而且开放程度不够，不利于公众监督和民间评估。至于各项指标权重问题，现行指标体系中缺乏合理的设置。的确，“对各自承担着不同职责、通过不同方式履行职责的各政府部门进行工作绩效评估，既要体现公共部门的共同部分，又要反映各个部门的特殊之处，具有很大的难度”。[②]

（2）政府绩效评估的信息系统尚未建立。政府绩效评估活动的过程实际上就是信息的筛选、加工、输出、反馈的过程，评估的有效性在很大程度上取决于信息本身及其传输的质量。目前，我国政府部门尚未建立健全绩效评估的信息系统，严重制约了评估工作的展开。一方面，获取评估工作所需的信息非常困难，而如果所搜集到的信息不全面、不真实、不可靠，那么势必影响到评估的准确性和有效性，也不能全面、客观、可靠地反映政府公共管理过程中存在的问题。如一些地方政府和部门领导好大喜功，追求表面政绩，总喜欢在统计数字上做文章，以致数据作假、虚报指数等欺上瞒下行为不断出现，使得整个绩效信息系统中充斥着虚假数字，严重脱离了政府绩效信息客观实在性的本质要求。另一方面，信息沟通的障碍。信息交流与沟通是政府绩效评估特征的重要体现，因为社会公众只有充分了解政府及其活动，才能做出客观的评价；政府只有充分了解社会公众，才能提供他们所需的服务。然而，公众要表达自己的意愿常常受制于信息传递渠道，不能及时、准确、畅通地表达，这显然不利于公众与政府之间的沟通和了解，极大地降低了评估质量。[③]

（3）政府绩效评估的评价方法使用不当。从技术角度看，我国政府在绩效评估信息收集和甄别技术、服务质量的量化技术、以复杂数学模型等为代表的分析技术的引入和应用方面还很落后，整个评价技术在操作上还处于“手工操作”阶段，科学化、信息化水平很低，导致了政府绩效评估结果不够全面、准确。从评价方法上看，在我国政府绩效评估实践中，没能把定性分析与定量分析的方法很好地结合起来，严重影响了评估的效度。另外，由于

① 毛寿龙．重视政府绩效评估的制度效应［N］．新京报，2004-08-03.

② 郭济．绩效政府：理论与实践创新［M］．北京：清华大学出版社，2005：71.

③ 陈振明．公共管理学：一种不同于传统行政学的研究途径［M］．北京：中国人民大学出版社，2003：304-305.

缺乏定量的测评标准和专业的定量分析人员，我国目前的政府绩效评估仍然以定性考评为主。[①] 凭经验、凭印象、凭感情，缺乏数据支持和科学分析，必然导致政府绩效评估随意性和片面性的结果。同时，在评估方法的选择上，一些地方政府还存在着一种“一劳永逸”的倾向，企图以一种评估方法或测量工具对所有的评估对象或项目进行绩效评估。事实上，“不管是哪个政府层级或地方特征，诸如城市与乡村环境，都不太可能发现几个可服务于所有机构的测评方法”。[②] 因此，评估方法使用上的混乱和不当，给我国的政府绩效评估工作带来了很大不便。

“一票否决”指标泛滥，使地方政府不堪重负。“一票否决”这种极端的绩效问责式评价模式，充分吸纳了关键绩效指标评价法（KPI）的优点，有效增强了地方政府的责任意识。然而，随着“一票否决”的泛滥，地方政府所承受的压力越来越大，由此引发的荒唐事逐渐增多，并有愈演愈烈之势。针对“一票否决”的泛滥，全国人大代表李东辉直言：“否决越来越多，工作都很重要，让地方官员无所适从。”

三、政府绩效评估现代化的思考

党的十九大报告明确提出，“建立全面规范透明、标准科学、约束有力的预算制度，全面实施绩效管理”。与党的十八大报告关于“创新行政管理方式，推进政府绩效管理”以及党的十八届三中全会报告在加快转变政府职能、优化政府组织结构中关于“严格绩效管理，突出责任落实，确保权责一致”要求相比，在国家财政预算领域全面实施绩效管理是完善中国特色政府绩效管理的全新切入点。财政预算制度是公共权力的重要组成部分，是国家机关和公职人员全面正确履职的基础和保障，将绩效理念和方法深度融入财政预算执行和监督的全过程，覆盖所有财政资金和预算单位，强化支出结果和政策目标实现程度，体现了权责对等、放权与问责相结合，对于推动政府职能转变、提升政府绩效管理水平、规范权力运行具有重大意义。

（一）完善政府绩效管理法律法规，加强绩效管理制度建设

法治是政府绩效评估的根本保障，政府绩效评估的制度化、法治化是政

① 芦刚．我国地方政府绩效评估现存问题的理性分析［J］．行政与法，2006（5）．

② GASB. State and Local-government：Case Studies on Use and the Effects Performance Measures for Budgeting，Management，and Reporting［EB/OL］．http：//www. seagov. org，1999.

府绩效评估领域的世界性趋势。根据西方各国的经验，政府绩效评估的实施一般都通过发布法律予以保障。如美国国会 1993 年颁布的《政府绩效与结果法案》、英国 1997 年颁布的《地方政府法》、日本 2002 年出台的《政府政策评估法》，都以法律的形式肯定了政府绩效评估制度，将绩效评估作为政府的法定要求。政府绩效管理的长效机制需有完善的法律法规保障。党的十八大以来，习近平强调全面依法治国的重要性，法治兴则国家兴。只有政府带头有法必依、严格执法，国家才能在法治的轨道上有序前进，政府在绩效管理方面的依法行政是开展一切管理工作的基础。在我国，由立法部门牵头制定政府绩效管理相关法律法规，保障政府绩效管理的法治化和权威性，明确绩效管理在政府工作中的重要地位，为政府绩效管理改革提供法律依据和保障，是政府绩效管理现代化的基础。应在充分调查研究和实践的基础上，加快制定《中国政府绩效评估法》，从立法上确立绩效评估的地位，保证绩效评估成为公共部门公共管理的基本环节，促使公共管理部门开展评估工作，以提高公共管理水平。

完善绩效管理制度，建立长效机制。借鉴国外有关经验，尽快完善绩效管理方面的法律与制度。政府绩效管理经过多年探索，各地区发展差异较大，可以对绩效管理的法律落实方面进行不同层级的考量设计。现阶段一些地方政府已经在规范性法律方面进行了尝试，结合我国绩效管理的实践和立法的相关经验来看，我国可以遵从渐进性立法原则，边实践边立法，将绩效管理立法上升到国家层面。① 就立法的主要内容而言，绩效管理在法律实现方面还处于初级阶段，可以重点关注中央宏观系统的绩效内容，而地方层次关注微观的绩效内容，各地区根据本地情况进行创新和创造，探索我国绩效管理的各种模式，二者相互配合、相互补充，从而进一步完善政府绩效管理的法律规范。

政府绩效管理是复杂的系统工程，需要全面而细致的制度保障来规范绩效管理全过程。政府绩效管理强调经验研究与规范研究相结合。在现实中，人们往往注重经验而忽视规范。所以加强地方政府绩效管理既要看到经验研究对实践的显性价值，也要重视对绩效管理手段的制度化建设，在以规范为主的理论研究中要注重政府绩效管理的法律制度建设，逐步完善政府绩效管理。② 绩效管理是一个持续改进过程，必须把绩效管理改革纳入制度化轨道，

① 谢能重．政府绩效管理法制化：导向、体系与原则［J］．领导科学，2018（23）．

② 曹堂哲．打造政府绩效管理升级版，全力保障经济高质量发展［J］．中国行政管理，2018（11）．

确保改革的连续性。要在遵从绩效管理基本法律前提下，通过制度形式将绩效管理原则、理念及必要的环节措施确定下来，对政府绩效管理的范围、内容、形式、方法、步骤等在法律上加以确定，使政府绩效管理工作有章可循，明确政府绩效管理的组织、领导、协调和监督机构，并从制度上保障这些机构的地位、权力和权威性，保证其能顺利地开展工作。

加强对政府绩效管理的地方性法律规章，根据分工负责原则，明确政府人员的任务和分工，责任到人，针对失范现象，加大对相关责任人和组织的追究力度。加强公众参与的制度化建设，在充分尊重宪法和法律赋予公民的政治权利和自由的前提下，对政府绩效管理中公众参与的内容、方式、途径做出明确规定，并用法律固定下来，使公众参与经常化、制度化、法治化，健全公众参与的方法和渠道。

（二）坚持科学政绩观，推动新时代下政府绩效管理的科学化

政绩观是指领导干部对履行职责所取得的成绩和贡献的总体看法和根本观点，有狭义和广义之分。狭义的政绩观是指领导干部从政的价值取向。[①] 广义的政绩观是指公众对什么样的政府工作业绩能够满意的价值取向，公众的满意度是其核心。[②] 然而，我国社会主义初级阶段的现实国情让一些领导班子和领导干部对什么是政绩、如何创造政绩、创造怎样的政绩等一系列的问题缺乏正确的、科学的认识，从而在创造政绩时出现认识上的误区，片面地认为“只要把经济搞上去，政府的政绩就好”，导致实践中出现了好大喜功，急功近利，只重短期效益，不顾长远发展，大搞“数字”工程、“形象”工程和“政绩”工程等现象。

在政府绩效管理理念上，要更加注意协调公共效益和经济效率的矛盾，加强二者的统一。我国政府坚持以人为本、执政为民，把维护人民权益放在重要位置。政府作为公共管理机构，并非凌驾于社会之上，而是社会公众的服务者和保护者，是执行社会公共管理的主体，保障人民的公众利益是政府行为的本质价值取向，也是我国政府行政行为的前提。近些年来，针对政府效率低下的情况，我国从加强政府职能转变、引入内部竞争、强化政府行为监督和约束机制等方面做出了一系列创新。[③]

---

① 王宪魁．坚持科学发展观加强党的执政能力建设［J］．求是，2004（22）．

② 曹满云．构建科学发展观导向的地方政府绩效评估体系［J］．云南行政学院学报，2006（1）．

③ 贾凌民．加强绩效管理　深化政府改革［J］．中国行政管理，2009（3）．

政府为民服务必然要追求效率，但是当追求经济效率体现为提供政府公共物品和服务时，过于强调成本与产出的比例，就有可能降低服务质量，出现效率与公共权益之间的冲突。为了维护社会公众的基本利益，要坚持效率与公共利益之间方向一致。随着政府工作目标逐步转变到为社会提供公共服务上来，政府要更加注重公共性和公平性。公共利益是决策合理性和合法性的充分条件，面对日益复杂的利益格局，政府要秉持公共利益导向，将其贯穿于组织工作的所有层次和全部过程，对各类资源进行有效协调整合，效率只有用来满足公众的需要和实现公共利益时才有现实意义。政府要在维护社会利益的前提下，重视经济指标，提高工作效率。① 政府的高效率只有真正满足社会公众的所有意愿，效率与社会公众满意度成正比，才是真正的高效率。

政府绩效指标体系中要突出民生类指标是政府绩效管理科学化、现代化的表现之一。进入新时代之后，我国社会主要矛盾发生了变化，新时代人民需求更加广泛，要求也更高，既需要更高层次的物质文化生活水平，也需要民主、法治、公平、正义、安全、环境等方面的不断提升和完善。随着政府绩效管理改革发展进入新的阶段，各级政府绩效管理评价指标也应更加关注民生、改善民生和保障民生，不断提升民生在政府绩效评价指标体系中的地位。

面对长期以来政府绩效管理指标经济化、数据化的现实，必须要从绩效管理指标入手，重视人民群众的切实需求，加强指标合理性，改善“数据即为政绩”的片面做法，着眼于能看得到的指标。可以借鉴关键绩效指标（KPI）、平衡计分卡（BSC）等企业绩效考评的指标。政府绩效管理的指标更应该强调政府绩效管理的价值取向，多重视公共责任和公民满意度。政府绩效评估指标体系，除加强激励政府工作效率的经济指标外，更要注重与人民群众密切相关的民生指标，并且能够动态调整，增加民生指标的开放性和包容性，将体现社会民生状况的居民收入、社会保障、医疗卫生、就业比例等因素纳入考察范围，既要有反映人文进步的健康水平、教育水准等指标，又要有体现环境改善的节能减排、污染治理等指标，真正实现政府绩效管理效率与价值的统一。②

加强政府绩效管理评价中的公民参与权。公民参与原则是政府绩效管理的基本原则，公众参与的程度高低是衡量政府绩效管理有效性的一个重要指

① 徐菡．绩效管理在我国公共部门的适用性探究［D］．山东大学硕士学位论文，2017：13.

② 孙洪敏．创新政府绩效管理的重点难点及其实现路径［J］．学习与探索，2018（7）.

标。[①] 习近平总书记特别强调，要提高人民群众依法管理国家事务、经济社会文化事务、自身事务的能力。政府政策及其行为是否代表社会公众利益、能否满足社会公众的合理要求，是衡量和检验各级政府施政理念与实践是否合法有效的关键，要实现公共价值，真正提高公众满意度，必须知道公众最需要什么、最想解决什么，完成这一目标的关键就是提高公众的话语权，鼓励公民主动参与到政府绩效管理中来，不断完善“自下而上”的政府绩效评估模式。评估主体在政府绩效评估中占有非常重要的地位，到底谁有权评估政府直接决定着政府绩效评估的客观性、准确性和权威性。传统上政府部门通常采取自上而下的方式来评估，表现出非常强的单向性和不平衡性。特定的评估者都有自身特定的评估角度，有着不可替代的作用，但同时各单一主体也有着难以克服的评估局限。[②] 只有以广大公众为代表的外部视角在政府绩效评估中发挥作用时，才可能最大限度代表广大人民群众的利益，表达出对政府行为及其绩效的正确要求，指引政府提供有针对性的公共产品和服务，减少政府资源使用的盲目性。因此，必须建立公众参与政府绩效评估的多元平台和渠道，建立及时有效的公众诉求回应机制，以此推动政府行为转变。

（三）完善政府绩效激励机制，加强绩效管理监督

政府绩效评估本身是一项复杂的系统工程，必须与其他配套措施有机地融为一体，形成“制度合力”，这样才能保障评价结果的客观公正以及对结果的科学使用。当前应建立以下相应的配套机制：[③]

首先，加强政府绩效评价成果的利用体系。绩效管理是为了改进工作，提高政府工作效率，降低行政成本，提高行政效能，实现公共价值。要强化政府的公共责任，提高政府内部管理的水平与效率，以真正发挥绩效管理“助推器”的功能。[④]

其次，要将评价结果与政府自身建设相结合，将评价成果与组织优化相结合。通过对绩效管理成果和目标的比照分析，找寻不足，吸取经验，不断拓展管理目标、调整管理思路，以优化部门绩效。将绩效评价的结果用于政府决策优化、绩效评价方案的完备、机构改革以及资源的有效配置等。将评估结果与相关工作人员的考核、选拔任用、职务升降等有机结合。对人员做

---

① 孙洪敏．论政府绩效管理中的公众参与机制［J］．人民论坛，2013（17）．

② 卓越．公共部门绩效评估的主体构建［J］．中国行政管理，2004（1）．

③ 包国宪，董静．政府绩效评价结果管理问题的几点思考［J］．中国行政管理，2006（8）．

④ 吴丹．中国政府绩效管理的制度性障碍分析［D］．中国政法大学硕士学位论文，2008：40．

到奖惩明确、奖优罚劣，方能鼓励先进、鞭策落后。重视提拔实绩突出的人员，对注重形式主义、忽视真才实干的员工进行批评教育及职务调整。坚持树立注重绩效的用人导向，促使其不断提高工作绩效，充分发挥政府绩效管理对人员的优化功能。

再次，要加强政府绩效管理信息公开机制。国务院大力推进“互联网+政务服务”，加快构建全国一体化网上政务服务体系，建立公开、透明的互联网信息披露机制，充分利用互联网的便利性公开政务信息，满足公民对政府公共服务信息的需求，使公民通过及时、准确、透明的信息对政府的公共服务绩效做出客观、公正的评价，进而积极参与到政府公共决策制定程序中去，进一步推动政府绩效管理改革的深化和发展。在网络问政环境下，政府既要保证信息来源的公开性，又要保证信息的安全性。通过网站、微博、公众号等新媒体途径对公众公开政府绩效信息已经成为常态，必须完善互联网政务平台建设，政府定期通过平台及时向内部及外部公开绩效管理正式法规政策文件及绩效管理责任主体等制度信息，以及绩效计划、目标、考评、改进等运行信息。

最后，加强对政府绩效管理的内外部监督制度。在政府绩效管理实践中，既需要内部监督，也需要外部监督。在政府行为过程中，由于部门利益和人性缺陷，难免存在形式主义、官样文章，甚至编造政绩等。因此必须通过监督，严格落实管理责任，推进“督考合一”，政府要结合自身实际制定完善的检查工作的相关制度，将绩效目标作为督查的重要依据。要完善问责机制，实现强有力的监督问责，形成“整改—反馈—再整改”的绩效改进和回应机制，以有效地提高政府治理绩效。① 要明确规定因行政失误或错误而造成的重大事件中，相关领导和责任人所应承担的责任、具体问责的形式，比如公开道歉、停职检查、引咎辞职、责令辞职、罢免等问责方式和程序也应当明确。要重视政府外部监督，外部力量可以跳出政府内部的利益圈，在绩效管理过程中采取线上及线下相结合的方式，加大绩效信息及绩效改进的公开力度，以确保人民的知情权、监督权。要进一步加强舆论监督。新媒体对政府政务的关注度也越来越高，媒体带领下的社会舆论是十分有效的监督方式。

① 白皓，等. 以治理现代化为导向的政府绩效管理研究 [J]. 人力资源管理，2017 (11).

第四部分

治理制度现代化篇

道格拉斯·C. 诺斯认为，“制度是一个社会的游戏规则或在形式上是人为设计的构造人类行为互动的约束”“制度是一系列被制定出来的规则、守法程序和行为的道德伦理规范，它旨在约束追求主体福利或效用最大化的个人行为”。[①] 就制度构成来说，诺斯把制度分为宪法规则、操作规则和规范性行为准则三个层次，文森特·奥斯特罗姆等区分了宪法层次、集体行动层次和操作层次的制度选择。[②] 樊纲通过综合研究制度的构成和相互关系，用一个图说明了制度的层级结构及其相互关系（见图 004-1）。

本书的研究对象是政府制度，或者说是行政制度（为研究方便起见，本书界定的制度一般都指政府制度，在这里我们把政府制度等同于行政制度，事实上它们是有广义和狭义区分的）。根据新、旧制度主义者对制度的定义，结合中国政府制度创新的实践，我们把政府制度界定为：政府制度是指一系列被制定出来用以配置行政权以约束和规范行政人和行政行为及政府组织的规范、惯例的总和。它在外延上既包括法定政治——行政体系基于对政府组织同社会公民间权利安排的判断，颁发的有关行政行为的规则

① 道格拉斯·C. 诺斯．经济史中的结构与变迁［M］．上海：上海三联书店，上海人民出版社，1994：225-226.

② ［美］文森特·奥斯特罗姆，等．制度分析与发展的反思：问题与抉择［M］．北京：商务印书馆，2001：134.

和约束性规范，又包括行政体系基于长期演化而在实践中积累的各种惯例和习俗。① 也就是说，政府制度既包括正式制度，也包括非正式制度。

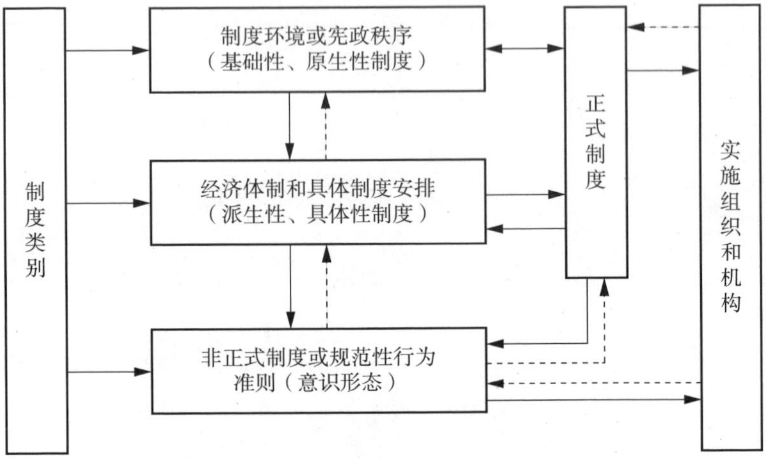

图 004-1　制度的层级结构及其相互关系②

注：——► 代表决定作用；---► 代表反作用；⇄ 代表替代关系。

从一定意义上讲，政府现代化主要可以看成是政府的制度创新，是创新的制度促进了治理结构的变化和发展，这种制度重点是正式制度，包括宪法层面、集体行动层面和操作层面的制度。按照诺斯的分类，宪法秩序是第一类制度，它规定确立集体选择的条件的基本规则，这些规则是制定规则的规则，这一类规则包括"确立生产、交换和分配的基础的一整套政治、社会和法律的基本规则"。③ 这一类制度在中国政府发展现实中主要表现为指导政府实践的政府理论的创新和发展。第二类制度指的是宪法安排，是在宪法秩序框架内所创立的，也就是说，这些制度都是宪法制度的派生，包括法律、规章、社团和合同等。这一制度的重点在操作层面，是一种操作规则，这一类制度在中国政府发展的现实中主要表现为法治政府的建设。第三类制度是指规范性行为准则，这一类准则对赋予宪法秩序和制度安排以合法性来说是很重要的，也就是柯武刚所说的外部制度必须以内部制度为基础，外部制度才能更好地运行。这一类准则更多的是文化背景和意识形态，在中国的政府发展现实中主要表现为政府文化的现代化。

---

① 江美塘．制度变迁与行政发展：公共行政之制度理论的比较研究［M］．天津：天津人民出版社，2004：45-46.

② 樊纲．渐进式改革的政治经济学分析［M］．上海：上海远东出版社，1986：18.

③ ［美］文森特·奥斯特罗姆，等．制度分析与发展的反思：问题与抉择［M］．北京：商务印书馆，1992：134.

第十章
治理制度现代化核心：政府理论创新

治理现代化呼唤政府治理理论创新

2016年5月，习近平总书记在哲学社会科学工作座谈会上的讲话中指出，“社会总是在发展的，新情况、新问题总是层出不穷的，其中有一些可以凭老经验、用老办法来应对和解决，同时也有不少是老经验、老办法不能应对和解决的”。当前政府治理面临一些传统治理理论不能解释的问题。回顾历史，中国的宏观经济调控、基本公共服务，尤其是互联网在经济社会中的应用，催生了新的商业模式，推动了中国特色理论的建设，发展了中国学术的话语体系。改革的不断深入呼唤理论创新，在政府与市场、政府与社会、市场与社会的关系上的确需要有一个根本性的、适合中国国情的研究和理论上的全新解释。李克强总理在2017年3月15日答记者问时再一次承诺政府要“壮士断腕”和“自我革命”，展示了本届政府在政府改革问题上坚定不移的决心。而为政府全面改革创新提供理论支撑是学术界的责任。

——摘自《国家行政学院学报》2017年第3期

全面建成小康社会和建设社会主义现代化国家必须完善现代国家制度，提升国家治理能力和水平。在现代国家制度建设过程中，政府自身改革和建设十分重要。政府理论问题至关重要，没有革命的理论就没有革命的行动。政府理论作为政治学研究的一个分支，是以政府作为独立的客体和研究对象，揭示政府的本质和现象、内容、表现形式及其运动规律的知识体系。[①] 政府理论主要研究政府理念、政府作用、政府管理模式、政府价值、政府伦理、政

① 乔耀章．政府理论［M］．苏州：苏州大学出版社，2003：1.

府发展等问题。政府理论不同于政府管理学等理论，它不提供具体的政府政策、政府设计、政府模式等现实操作层面的具体思路，它提供的是一定的政府理念、政府认识及政府发展指导。其作用不是在现实操作层面指导并规范政府行为，而是在理论层面以一定的政府理念、政府认识解释现实的政府实践模式，并通过政府理念与政府理论的反思、批判来创新政府理论。政府理论是在更高的层次上为政府实践提供理论基础及发展导向。①

政府理论来源于政府管理运行的实践，政府实践检验政府理论的正确与否，反过来，政府理论又指导着政府实践，指引着政府发展的方向。政府的性质决定着政府理论与政府实践的关联性。但在现实中，政府理论与政府实践并不是一贯联系紧密，正如罗伯特·登哈特所言："行政实务者常常抱怨行政理论家（从行政学之父到当前的行政学者）都生活在象牙塔，他们离行政实务如此之远，以至于他们的原理和观点难以与现实世界相适应。然而，即使那些最关注行政理论与行政实务相联系的学者们，也抱怨公共机构的实务者总是过于关注行政管理的操作模式，而对行政管理不能从一个理论的视角进行综合考察。理论与实践之间鸿沟如此之大，以至于难以弥合。"② 登哈特所提到的现象并不是美国政府所独有，全世界的政府理论和实践之间都或多或少存在此现象。究其原因是政府施政环境的变化使得政府职能在现实中会随着经济社会发展情况的变化而变化，这种变化就体现在不同时期政府管理的目标和任务方面。政府职能具有相对稳定性，但是政府管理目标和任务具有多变性，目标和任务必然随着施政环境和国家中心任务的变化而变化。事实上，政府管理目标和任务就是在一定历史条件下政府职能在政府管理的各个方面的展开和具体化。因此，一定时期的政府管理目标和任务体现着这个阶段的政府职能的重点方向，体现着国家工作的重心。新的政府管理目标和任务的出现，必然要求政府治理模式的转变，从而推动政府理论创新。

一、公共管理创新理论概述

1887 年，威尔逊发表了著名的《行政（学）之研究》，标志着公共行政学的诞生。随着各国行政实践的变化，公共行政理论也逐渐进行着演变与创

① 文炳勋．政府理论的基本问题初探［J］．中国行政管理，2006（5）．

② ［美］罗伯特·登哈特．公共组织理论［M］．北京：中国人民大学出版社，2003：2-4.

新。尤其是20世纪80年代以来，围绕着政府行政环境的变化而产生的政府职能转变带来的政府治理模式变迁，从西方国家开始掀起了波及全球的政府改革运动。西方发达国家、新兴工业国家、东欧国家及发展中国家都卷入了改革浪潮中，形成了世界范围的政府改革浪潮。这次全球性的政府改革运动被形象地称为“政府重塑”“治道变革”和“政府再造”等。政府实践创新的热潮直接促进了西方公共行政学研究的活跃，一批学者从批判传统公共行政研究的价值观和研究方法入手，先后提出了不少新的、值得重视的理论观点，并受到广泛关注。这些理论观点被称为“政府再造”理论。这些理论观点开启了重建或革新公共行政的历史时期，从而形成了政府创新的主要理论，这些政府创新理论对各国政府改革实践产生了较大影响，其中的科学合理部分也必然会对我国政府改革的实践起到重要的借鉴作用。

（一）新公共行政理论

20世纪20年代左右形成的公共行政学传统由于其内在的缺陷在30年代末开始受到了严厉的批评，罗伯特·达尔、赫伯特·西蒙等都对传统的公共行政学进行了切中要害的严厉批判。1968年，由美国《公共行政学评论》的主编沃尔多发起在雪城大学召开了一场研讨会，会议的召开标志着新公共行政学的诞生。新公共行政学的出现既是公共行政学的学科自身发展的必然结果，也是20世纪60年代美国社会改革在公共行政理论研究上的一种回应，体现了理论与现实的密切联系。新公共行政理论提出了一系列不同于公共行政学传统的新范式，乔治·弗雷德里克森总结的公共行政的首要原理可以视为新公共行政理论的基本主张：[①] ①公共行政活动包括国家的活动……还包括集体的公共行为的行政或执行层面的各种形式与表现；②公共行政的任务在于高效、经济及公平地组织和管理所有具有公共行政功能的（包括政府、准政府及非政府）机构；③公共行政的范围是执行公共政策，有效地组织与管理公共机构，不带任何党派偏私地支持公共机构，为了全体公民的利益而维护政体的价值；④公共行政，无论在学术研究方面还是在实践领域，均应公平地把关注的焦点放在美国联邦体制下的各级政府层级上；⑤要增强变革的前瞻性、回应性及公民参与意识，管理公共组织和机构；⑥在民主政治环境下，公共管理者最终应向公民负责；⑦无论在理论上还是在实践上，公共行

① ［美］乔治·弗雷德里克森．公共行政的精神［M］．北京：中国人民大学出版社，2002：196-204.

政对公平与平等的承诺，都应该与对效率、经济和效能的承诺同等重要；⑧公共行政的精神是建立在对所有公民的乐善好施的道德基础之上的。

新公共行政理论出现在进一步要求公共行政“合法化”的进程中，它体现了一种新的理念，从本质上更为偏向于人本主义。新公共行政重视社会公平、代表性、回应性、参与度及社会责任感。它支持公民更多地参与公共政策及公共服务的发展、管理与评估以确保更高程度的社会公平。新公共行政试图识别并澄清公共行政学所要研究的方向，带来了包括公共行政目的、领导艺术、经济有效性、管理和评估系统、人事管理、教育与培训，以及公共领域中的相互影响与关系等方面的新变化。新公共行政的价值观及政府理念逐渐渗透到“二战”后的政府机构中去，影响和改变着政府的治理模式。[①]

（二）新公共管理理论

20 世纪 70 年代起，西方各国的政府管理遇到了前所未有的严峻挑战，这在客观上引发了 20 世纪七八十年代以来的政府改革浪潮。在改革实践中，无论是传统的公共行政学理论，还是新公共行政学理论等均无法解释政府管理所面临的新问题，更无法为当时的政府管理实践尤其是政府改革和发展提供有效的理论指导和方向指引。在公共部门管理实践以及社会科学发展的推动下，20 世纪 80 年代后期在美国出现了一种新的公共管理运动，这个运动是以政府和其他公共部门管理问题为目标，融合各种学科相关的知识和方法，创立了一个公共管理的知识新框架，以适应当时公共管理实践发展的迫切需要。来自行政学、经济学、政策分析、组织与管理理论等学科的学者的研究逐渐形成了新公共管理理论。

新公共管理理论是当代国外政府改革的主要理论基础，影响很大。费斯勒和凯特尔将新公共管理改革划分为精简、重建和不断改进三种改革思想，并比较了彼此之间的改革目标、改革动力、改革手段、政策支持等方面的内容。[②] 劳伦斯 · R. 琼斯和弗雷德 · 汤普逊从重构（Restructuring）、重建（Re-engineering）、重塑（Reinventing）、重组（Realigning）、重思（Rethinking）五个方面，以一种合理和有序的方式，阐述了现实组织的革新和变迁，提供了理解构成新公共管理分散概念的一个框架。经济合作与发展组织（OECD）在

---

① ［美］康特妮，等 . 新公共行政：寻求社会公平与民主价值［J］. 中国行政管理，2001（2）.

② ［美］詹姆斯 · W. 费斯勒，唐纳斯 · F. 凯特尔 . 行政过程的政治：公共行政学新论［M］. 北京：中国人民大学出版社，2002.

关于发达国家政府改革的研究报告中对新公共管理的主要内涵也做了总结归纳。

一般认为，新公共管理与传统行政管理有所不同，其主要理论主张有：①在公共部门中实施专业化管理，让公共管理者自己管理并且承担责任；②确立明确的目标，设定绩效测量标准并且进行严格的绩效测量；③特别强调产出控制，对实际成果的重视甚于对国产或程序的关注；④打破公共部门中的本位主义，对部门进行撤分与重组，破除单位与单位之间的藩篱；⑤取消公共服务供给的垄断，在公共部门中引入竞争机制，降低管理成本，提高服务质量；⑥强调对私营部门管理方法和风格的吸收和运用；⑦强调对资源的有效开发和利用。①

目前学界多认为公共选择理论是新公共管理理论的理论渊源，企业型政府理论和治理理论是新公共管理理论的具体体现。下面对这三种理论做一简介。

1. 公共选择理论

公共选择理论产生于20世纪40年代末，形成于20世纪五六十年代。被称为“公共选择理论之父”的英国北威尔士大学的经济学教授邓肯·布赖克1958年发表的《委员会和选举理论》，成为公共选择理论方面的代表作。今天在国际上最有影响的公共选择理论研究的学者当属美国著名经济学家詹姆斯·布坎南。从1949年布坎南在《政治经济学杂志》上发表《政府财政的纯理论》以来，他为人们在公共选择理论领域贡献了一系列名作，包括《自由、市场和国家》、《同意的计算：立宪民主的政治基础》（与塔洛克合著）、《宪政经济学》（与澳大利亚的杰佛瑞·布伦南合著）等。布坎南因为其在公共选择理论方面的贡献于1986年获得了诺贝尔经济学奖。以布坎南和塔洛克为首形成了公共选择理论中的弗吉尼亚阵营，该阵营突出的标志是强调方法论上的个人主义和宪政政治经济学。

公共选择理论的基本假设：一是理性经济人假定。“像经济学一样，公共选择理论的基本假设是，人是一个自利的、理性的、追求效用最大化的人。”②

二是公共物品和“搭便车”假定。因为公共物品具有非竞争性和非排他性的特点，这两个特点导致公共物品消费过程中的“逃票乘车问题”（Free Rider）。由于消费者无论是否对公共物品的供给支付费用，他都可以消费公共

① C. Hood. A Public Management for All Seasons?［J］. Public Administration, 1991 (69).

② 方福前. 公共选择理论：政治的经济学［M］. 北京：中国人民大学出版社，2000：2.

物品，这就可能产生两个结果：“①消费者力图使他对公共物品的贡献小于他从公共物品中获得的利益；②消费者力图隐瞒他对公共物品的真实偏好。”[①] 由此决定了公共物品应当通过集体行动做出选择，如果由市场来组织公共物品的生产，就会出现不是公共物品供给过剩就是供给短缺的局面。

三是个体自由主义假定。公共选择理论认为，有关“普遍意志”的社会选择是偏离实际情况独立演绎出来的，“个体的人是一个社会集团的成员，在这个社会集团中，集体的行动由一组规则指导，要不他们就是一个不存在任何这样的规则的社会集团的成员”[②]，“可以把国家或政体构想为一个规则或制度集，个体的人通过这个规则或制度集，集体地而非个体地或私下地行动”。[③] 这样，规则就在个人和集体之间架起了一座桥梁，为公共选择的个体自由主义奠定了基础。

四是政府失灵假定。公共选择理论反对福利经济学和凯恩斯主义经济学的市场失灵理论，竭力为自由市场辩护，认为“与某一给定活动相连的外部性的存在，并不必然就要求政府以税收和补贴形式干预”。[④] 科斯定理得出这样的结论：“在不存在交易成本和谈判成本的条件下，受外部性影响的各方将会就资源配置达成一致意见，使这种资源配置既是帕累托最优的，又独立于任何事先的产权安排。”[⑤]科斯定理说明，自由市场中的问题并不能构成政府介入的理由，“直接的政府管制未必会带来比自由市场和企业更好的解决问题的结果。但同样也不能认为这种政府管制不会导致经济效率的提高”。[⑥]公共选择理论以政府失灵假定出发，要求政府退回到“守夜人”政府。

公共选择理论主要从经济学的角度来分析政府的管理活动，强调个人自由和市场作用，打破政府垄断，建立公私机构之间的竞争机制，从而使公众获得自由选择的机会，并认为这是解决政府困境的根本出路。公共选择理论根据观点上的差别可以划分出罗切斯学派、芝加哥学派和弗吉尼亚学派。其

① ［澳］休·史卓顿，莱昂内尔·奥查德．公共物品、公共企业和公共选择：对政府功能的批评与反批评的理论纷争［M］．北京：经济科学出版社，2000：4.

② ［美］詹姆斯·布坎南，戈登·塔洛克．同意的计算：立宪民主的政治基础［M］．北京：中国社会科学出版社，2000：15.

③ ［美］詹姆斯·布坎南，戈登·塔洛克．同意的计算：立宪民主的政治基础［M］．北京：中国社会科学出版社，2000：335.

④⑤ ［美］丹尼斯·缪勒．公共选择理论［M］．北京：中国社会科学出版社，1999：36.

⑥ ［美］R. 科斯，等．财产权利与制度变迁：产权学派与新制度经济学派文集［M］．上海：上海人民出版社，1994：23.

中罗切斯学派主要对政治团体进行实证研究；芝加哥学派将政治团体看成实现个人私利的工具，而且市场永远出清，反对任何市场干预政策；弗吉尼亚学派以一种规范研究范式，为解决政府失灵开出了制度建设和宪法改革的政策建议。不论何种公共选择理论流派，都同意以下三条政策选择：①增加服务主体，让私人企业、非营利公共组织等与政府机构一道参与公共产品的生产与提供；②创造市场机制和形成竞争格局，用公私组织之间和公共组织之间的竞争服务为公众提供“用脚投票”的机会；③破除垄断，允许不同组织在职能和管辖范围上重叠交叉。

2. 企业型政府理论

所谓企业型政府，并不是要把政府作为企业来运作，而是指用企业家在经营中所追求的重质量、讲效率、善待消费者和力求完美服务的精神，以及企业中广泛运用的科学管理方法，改革和创新政府管理方式，使政府更有效率和活力。企业型政府理论领军人物、美国学者戴维·奥斯本和特德·盖布勒在他们合著的《改革政府——企业精神如何改革着公营部门》中，提出了以企业家精神改革政府的十大基本原则，并认为新的政府治理模式终将会代替传统的官僚主义模式。这十大原则是：建立掌舵而不是划桨的政府；建立“社区的政府”，实现服务对象的自我控制；建立竞争性政府，把竞争机制渗透到所提供的服务中；建立具有使命感的政府，改变照章办事的组织；建立追求效果的政府，按效果而不是按投入拨款；建立受顾客驱使的政府，满足顾客的需求而不是官僚政治的需求；建立有事业心的政府，讲收益而不浪费；建立有预见的政府，注重预防而不是治疗；建立分权政府，从等级制过渡到参与和协作制；建立以市场为导向的政府，通过市场力量实现政府变革。[①]《改革政府》一书将20世纪60年代后期以来公共行政的典范革命推向了高潮，受到西方一些国家领导人的推崇，成为20世纪90年代一些西方国家，特别是美国政府改革的主导理论。

3. 治理理论

治理理论是从抨击官僚制度开始的。官僚制度模式的突出特征包括公共服务的垄断供给、权力的高度集中、等级与层级节制、规则为本与过程控制、专门化、非人格化等。这些是适应“大工业时代”的产物，与信息时代的政

① ［美］戴维·奥斯本，特德·盖布勒．改革政府：企业精神如何改革着公营部门［M］．上海：上海译文出版社，1996.

府管理需求相去甚远。治理理论的核心观点是主张通过合作、协商、伙伴关系、确定共同的目标等途径，实现对公共事务的管理。其理论观点是："①治理是指出自政府但又不限于政府的一套社会公共机构和行为者；②治理明确指出，在为社会和经济问题寻求解答的过程中存在的界限和责任方面的模糊之点；③治理明确肯定涉及集体行为的各个社会公共机构之间存在的权力依赖；④治理指行为者网络的自主自治；⑤治理认定，办好事情的能力并不在于政府的权力，不在于政府下命令或运用其权威。政府可以动用新的工具和技术来控制和指引；而政府的能力和责任均在于此。"①

治理理论的核心观点是：①治理意味着管理主体的变化，政府不再是国家唯一的权力中心，各种公共和私人机构也可成为一定层面上的权力中心；②公共产品的供应可以由私人部门和第三部门承担，与政府部门相互依赖、互通资源，分担政府的责任；③治理的目的是达到善治，实现管理者与被管理者的协调与合作。其实质上强调治理主体的多元化，从政府的一家治理走向多中心治理。

（三）新公共服务理论

在对新公共管理理论的反思和批判中，新公共服务理论逐渐形成。它基于对新公共管理价值的重新考量，使公共管理中那些具有价值性的理念重新回归，所谓新公共服务，指的是关于公共行政在以公民为中心的治理系统中所扮演的角色的一套理念，包括以下基本的理论观点：①政府的职能是服务，而不是"掌舵"，公务员就是要帮助公民表达并满足其利益需求，而不是控制或"掌舵"，使社会朝着新的方向发展；②公共利益是目标而非副产品，公共行政官员必须致力于建立集体的、共享的公共利益观念；③公共行政在思想上要具有战略性，在行动上要具有民主性；④要为公民服务，而不是为顾客服务；⑤责任并不简单，公务员所关注的不应只是市场，而更应该关注宪法法律、社区价值观、政治规范、职业标准以及公民利益；⑥重视人，而不是只重视生产率；⑦公民权和公共服务比企业家精神更重要，政府的所有者是公民，而不是政府官员。②

新公共服务理论是对新公共管理理论的一种扬弃。周晓丽对二者进行了

---

① ［英］格里·斯托克．作为理论的治理：五个论点［J］．国际社会科学杂志，1999（1）．

② 丁煌．当代西方公共行政管理理论的新发展：从新公共管理到新公共服务［J］．广东行政学院学报，2005（12）．

比较（见表 10-1）。周晓丽认为，新公共服务理论纠正了新公共管理理论单一的经济学基础中对人性的假设，把人视为具有公民美德的公民；新公共服务理论抛弃了新公共管理理论追求“3E”的单一价值取向，把公平、公正、民主、正义等看作公共管理的重要价值取向；新公共服务理论纠正了仅仅把服务对象当作顾客的倾向，不仅注重服务对象以顾客身份参与公共管理，更关注他们的社会身份；新公共服务理论认为私人部门的管理理论和方法并不能应用于公共部门。①

表 10-1 新公共管理理论与新公共服务理论的差异的比较②

	新公共管理理论	新公共服务理论
理论基础	经济学的交易成本理论、委托代理理论和公共选择理论	民主公民权理论、社区和公民社会理论、组织人本主义理论和后现代主义对话理论
治道变革	市场配置：强调市场作用	多元配置：注重政府作用的回归
人性假设	经济人的自利：个人利益高于公共利益	公民美德：私人利益服从公共利益
政府角色	掌舵	服务
公共利益	个人利益的聚合	以共同价值观为基础、以对话方式实现
公共参与	以消费者的身份有选择性地参与	积极主动地自主参与
公民角色	顾客/消费者	公民
价值导向	经济、效率、效能	经济、效率、效能和公平
公共责任	市场驱动，对广大顾客所希望的结果负责	多元的，关注公共职业伦理等多元的公共责任
组织结构	分权的组织结构	合作性的组织结构
管理目标和动机	市场化或民营化，缩小政府规模的愿望	公共服务，为社会贡献的愿望

可以说，新公共服务理论对公共性、合法性、公民精神、政府责任在公共管理中作用的重新倡导，强调公民社会与政府资源互相融合与协调，成为现代公共管理的改革新的方向，在中国建设社会主义和谐社会和服务型政府过程中，新公共服务理论或许可以成为有效的理论借鉴。

（四）整体性政府理论

整体政府是指一种通过横向和纵向协调的思想与行动来实现政府预期目标的改革模式。“整体政府”改革主要是作为与部门主义、视野狭隘和各自为

①② 周晓丽．新公共管理：反思、批判与超越：兼评新公共服务理论［J］．公共管理学报，2005（1）．

政等相反措施提出来的，用于解决犯罪、环境保护、社会排斥等跨部门问题的政府改革理论。它主要包括四方面内容：排除相互破坏与腐蚀的政策情境；更好地使用稀缺资源；促使某一政策领域中不同利益主体团结协作；为公民提供无缝隙而非分离的服务。“整体政府”改革在批判与继承传统官僚制组织与新公共管理“企业家政府”组织的基础上，结合当代政府管理面临的新问题，不断地进行组织创新，形成了一种“整体政府”的组织模式及方法，开辟了后公共管理背景下政府改革的新视野。[①] 1997年，英国首相布莱尔在《公民服务会议》上首次提出“整体政府”的施政理念。1999年，英国出版了《现代化政府》白皮书，提出了一个推行“整体政府”改革的10年规划，并从政策制定、公共服务供给、信息技术运用和公务员管理等方面提出了具体实施方案。澳大利亚、新西兰等公共行政改革先锋国家先后进行了“整体政府”的改革实践，加拿大、美国等国家的地方政府也进行了类似实践探索。目前，“整体政府”已成为当代西方政府改革的新趋向。

整体政府有四个基本目标，即通过消除不同政策之间的矛盾和张力，直接有效地增加公共政策的效能；通过消除不同项目方案的重叠和冲突而充分利用资源；在政策部门的不同利益主体之间加强合作、加强协同；以公民需要为导向，提供一套无缝隙的服务而不是碎片化的服务。这四个目标共同反映了整体政府的基本逻辑，即公共政策目标的实现不能通过现存组织的分裂活动实现，也不能通过建立一个超级管理机构来实现。实现公共政策的目标关键是在不消除组织边界本身的条件下，跨过组织边界进行协同活动的联合工作。实现联合的关键就是用不同的文化、动机、管理制度与目标相结合，形成工作联盟和伙伴关系，由公共组织、私人组织、志愿者组织等联合完成工作任务。总之，整体政府意味着这样一种政府改革的治理模式，即在公共政策与公共服务的过程中，采用交互的、协作的和一体化的管理方式与技术，促使各种公共管理主体（政府、社会组织、私人组织以及政府内部各层级与各部门等）在共同的管理活动中协调一致，达到功能整合，并有效利用稀缺资源为公民提供无缝隙服务的思想和行动的总和。[②]

---

① 杨海锋．西方整体政府对我国大部制改革的启示［J］．中北大学学报（社会科学版），2010（4）．

② 曾维和．当代西方“整体政府”改革：组织创新及方法［J］．上海交通大学学报（哲学社会科学版），2008（5）．

（五）西方政府创新理论下的政府治理模式

理论的重要作用在于对实践的指导。上述几种政府创新理论在实践中对各国的政府治理实践产生了积极影响，形成了四种主要的政府治理实践模式：

1. 新公共管理模式

英国学者 E. 费利耶等在《行动中的新公共管理》一书中认为，在当代西方政府改革运动中，至少有过四种不同于传统的公共行政模式的新公共管理模式，它们有着重要的差别和明确的特征，代表了建立新公共管理理想类型的几种初步尝试。依费利耶的论述，这四种模式及其特征分别如下：

（1）效率驱动模式（NPM Modle 1：The Efficiency Drive）。

这是当代西方政府改革运动中最早出现的模式，往往被称为撒切尔主义的政治经济学。它在 20 世纪 80 年代初、中期居于支配地位，但目前受到了挑战。这种模式代表了将私人部门管理（工商管理）的方法和技术引入公共部门管理的尝试，强调公共部门与私人部门一样要以提高效率为核心。效率驱动模式的基本内容及特征有：强烈关注财政控制、成本核算、钱有所值和效率问题，关心信息系统的完善；建立更强有力的一般管理中心，采用层级管理和“命令与控制”的工作方式，要求明确的目标定向和绩效管理，权力向资深管理者转移；发展正式的绩效评估方法；强调对顾客负责，让非公共部门参与公共物品的提供，以市场为基础，以顾客为导向，以及在边际上进行类似于市场的试验（准市场）；解除劳动力市场的规制，加快工作步伐，采用绩效工作制以及短期聘用合同；雇员自我调节权力减少，权力向管理者转移，吸收部分雇员参与管理过程，采用更透明的管理形式；增加更具有企业管理色彩而较少官僚色彩的授权，但更强调责任制；采用公司治理的新形式，权力向组织战略顶层转移等。

（2）小型化与分权模式（NPM Modle 2：Downsizing and Decentralization）。

这种模式虽然没有像效率驱动模式那样在 20 世纪 80 年代处于支配地位，但其影响力正在不断增强，这与 20 世纪组织结构的变迁密切相关。它的诞生是基于 20 世纪前 3/4 世纪（1900—1975 年）组织结构向大型化、合理化、垂直整合等级（科层制）的历史转变已走向它反面的论证，因为 20 世纪最后 25 年出现了组织发展的新趋势，包括组织的分散化和分权、对组织灵活性的追求、脱离高度标准化的组织体制、日益加强的战略和预算责任的非中心化、日益增加的合同承包、小的战略核心与大的操作边缘的分离等。这些趋势既出现在私人部门，同样也出现在公共部门。从历史上看，公共机构提供大众服务和大规模提供标准化产品以及控制市场都可看作一种“福特主义”的生产方式——它在“二战”后达到了顶峰。用组织理论的术语来说，福特主义的企业也可以看作高度官僚化的企业，有着办公室的层级、规章制度和正式的关系气候，它与公共部门具有同样多的官僚主义症状。20 世纪 70 年代末以来，无论是在私人部门还是在公共部门，都出现了向“后福特主义”组织结构模式迅速转变的趋势。这种新的组织形式以垂直整合组织形式的解体和组织灵活性的日益加强为特征，大型的组织缩小规模，合同承包被越来越多采用，并分散为更具自主性的商业单位。

作为当代公共部门组织结构变迁趋势反映的小型化和分权模式的要点是：从早期强调以市场为中心向更精致和更成熟的准市场扩展，从计划到准市场的转变成为公共部门配置资源的机制；从层级管理向合同管理转变；较松散的合同管理形式出现；小战略核心与大操作边缘分离，市场检验和非战略职能采用合同承包；分权和小型化——公共部门领取薪金者大量减少，向扁平型组织结构转变，组织高层领导与低层职员减少；公共资助与独立部门供应相对分离，购买者和提供者分离；组织以及作为一种新组织形式的购买型组织出现；从“命令与控制”的管理方式向诸如影响式管理、组织网络形式相互作用一类的新风格转变，对组织间的战略日益重视；从标准化的服务向灵活多样的服务系统转变等。

（3）追求卓越模式（NPM Model 3：In Search of Excellence）。

这种模式与 20 世纪 80 年代兴起的企业文化（公司文化）的管理新潮相关——特别是受《公司文化》（Deal 和 Kennedy）和《追求卓越》（Petters 和 Watterman）两本畅销书的影响，也部分反映了那种强调组织文化重要性的人际关系管理学派对公共部门管理的影响。该模式拒绝了理性化的小型化与分权模式，强调价值、文化、习俗和符号等在人们的实际行为形成中的重要性，它对组织及管理的变迁与革新具有强烈的兴趣。这种模式可以分为从下而上（Bottom-up）和从上而下（Top-down）两种途径。前者强调组织发展和组织学习（20 世纪 80 年代末的“学习型组织”运动是其表现）；后者强调将已经出现的东西看作可塑造的、可变化的公司文化，引导公司文化的发展，强调魅力的影响或示范作用。

追求卓越模式的要点是：在由下而上的形式中，强调组织发展和组织学习，将组织文化看作组织发展的黏合剂；强调由结果判断绩效，主张分权和非中心化。在由上而下的形式中，努力促进组织文化的变迁，管理组织变迁项目；重视领导魅力的影响和示范作用（并在新型的公共部门中，应用魅力型的私人部门角色模式，要求更强有力的组织培训项目）；公司口号、使命、声明和团结的加强，明确的交往战略，更具战略性的人力资源管理职能等。

（4）公共服务取向模式（NPM Model 4：Public Service Orientation）。

该模式代表了私人部门管理观念和公共部门管理观念的新融合，强调公共部门的公共服务使命，但又采用私人部门的“良好的实践”中的质量管理思想。它赋予新型的公共部门——它们既与以往旧的公共组织决裂，又保留了明确的认同感和目标使命——合法性。

该模式的基本内容及特征是：主要关心提高服务质量（如应用质量诱因，采用全面质量管理方法），强调产出价值，但必须以实现公共服务使命为基础；在管理过程中反映使用者（而不是一般的顾客）的愿望、要求和利益，以使用者的声音而非顾客的退出作为反馈回路，强调公民权理念；怀疑市场机制在公共服务中的作用，主张将权力由指派者转移到民选的地方委员会；强调对日常服务提供的全社会学习过程（如鼓励社区发展、进行社会需要评估）；要求一系列连续不断的公共服务的使命与价值，强调公民参与和公共责任制等。[①]

2. 企业型政府模式

该模式包含十大基本原则，我们在前面已经论及。孙学玉在总结奥斯本企业型政府的基础上归纳了企业型政府的六个特征：①“顾客至上”的服务型政府；②重视成本收益分析的廉价政府；③间接服务的掌舵型政府；④非垄断的竞争型政府；⑤放松管制的创新型政府；⑥贴近公众的扁平型政府。[②]

3. 治理型政府模式

彼得斯在《政府未来的治理模式》一书中，通过系统研究和评价全球的政府改革运动，在总结这些改革经验的基础上，提出了未来的四种政府治理模式：市场式政府、参与式政府、弹性化政府和解制式政府。根据不同的政府体制所采用的不同政府治理模式，作者从问题的诊断、政府的结构、管理、政策制定和公共利益五个方面对这四种政府治理模式进行了深入的分析（见表 10-2）。

---

① See E. Ferlie, L. Ashburner, L. Fitzgerald and A. Pittigrew. The New Management in Action [M]. Oxford: Oxford University Press, 1996: 10-15.

② 孙学玉．企业型政府论［M］. 北京：社会科学出版社，2005：97-118.

表 10-2　四种政府治理模式的主要特征①

特征 模式	市场式政府	参与式政府	弹性化政府	解制式政府
主要诊断	垄断	层级节制	永久性	内部管制
结构	分权	扁平组织	虚拟组织	没有特别的建议
管理	按劳取酬；运用其他私人部门的管理技术	全面质量管理；团队	管理临时雇员	更多的管理自由
决策	内部市场；市场刺激	协调；谈判	试验	企业型政府
公共利益	低成本	参与；协商	低成本；协调	创造力；能动性

市场式政府与前面所说的市场化政府以及效率驱动型政府模式很相似，市场式政府从传统官僚制存在的无法提供充分的激励机制出发，主张运用市场或类似的竞争机制来提高社会资源的分配效率。因此，市场式政府主张下放决策和执行权力，把大的公共部门分解成若干小的像企业那样可以相互竞争的运作部门，将大量的服务职能下放给低层机构、私营部门或者半私营部门来承担，从而避免公共部门的垄断性控制，达到降低成本、减少服务费用、增加服务种类、提高服务质量的目的。在管理上，市场式政府强调政府行为和个人责任的积极进取，主张公共部门建立扁平式的网络式结构，以保障各公共部门的低投入和高收益；在公务员管理体制和方法上，市场式政府主张吸收私营部门的管理理念，打破集体化的工资分配制度，建立以功绩制为主的个性化绩效工资制度；在公共政策的制定上，市场式政府主张以市场反馈的信息为基础，并下放决策权，由具有企业精神的部门领导根据自己的分析判断来决定政策。

参与式政府又被称为授权式政府，强调政府在管理和决策中要注重较低阶层的员工和组织的服务对象。参与式政府主张分权放权给基层，让基层管理者具有参与权、决策权；给服务对象更多的权利，由于他们身处一线，对政府服务最具有发言权。在政府结构上，参与式政府主张压平层级制，减少中间管理层次，实现分权制度化，从组织上保证下层自主权；在政府管理上，参与式政府注重组织内部的参与管理，如自上而下的观念，全方位的信息沟通，全面质量管理的推行，小组化、集体化的评估和奖惩方式等；在公共政策的制定上，倾向于自下而上的政策过程，组织的低层员工对政策制定有相

① ［美］盖伊·彼得斯. 政府未来的治理模式［M］. 北京：中国人民大学出版社，2001：19.

当的影响力，同时也注重从体现和满足公众的利益出发吸收公众参与决策。

弹性化政府是指政府及其机构有能力根据环境的变化制定相应的政策，而不是用固定的管理方式来迎接新的挑战，强调政府对问题的回应和处理效率。弹性方法的基本设想是在政府内部采取可选择的结构机制以取代那些自认为拥有政策领域永久权力的传统部门和机构。弹性化政府主张不断撤销现有组织，并根据新情况的需要设置新组织，比如建立一些临时性机构。在人事制度上，采取短期使用或者临时雇佣，在决策上对不同的政策问题采用不同的决策方式，跨部门的问题可以建立临时协调组织。

解制式政府认为传统的政府内部的管制措施阻碍了政府效率和效能目标的实现，因此主张取消公共部门众多的规章制度，简化内部规章制度，取消过程取向的控制机制等。解制式政府相信公务员个人的责任心和能力，通过强化对公务员的个人道德和职业道德的教育，实现公务员公共责任的内在化，从而使公务员不再靠外部控制而是靠内心觉悟来保证公共利益的实现。解制式政府不太看重结构问题，其着眼点在于程序和有效行动的能力方面，就其本质来讲，是用其他的控制方式来代替法令规章的控制，以克服规章制度的僵化和滞后。解制式政府还主张公众的参与和监督是政府确保公共利益实现的一个重要手段，认为公共利益可以通过一个更积极、束缚更少的政府来实现。①

从上述政府创新理论和政府治理实践模式的内容来看，其目的都是要克服传统官僚制政府模式的缺陷，提高政府的治理能力。传统公共行政模式以韦伯的科层化官僚集权模式为主体，这个模式包含的主要因素有：①实现劳动分工，明确规定每一个成员的权力和责任，并使之合法化；②各种工职或职位按权力等级组织起来，形成一个指挥链或者等级原则；③根据通过知识考试或者训练和教育而获得的技术资格来挑选组织中所有的成员；④所有担任公职的人都是任命的，而不是选出的；⑤行政管理人员领取固定的“薪金”；⑥他们是行政管理人员而不是他所管辖的那个企业的所有者；⑦行政管理人员要遵守有关他的官方职责的严格规则、纪律和制约。② 这种基于专业化分工的原则设立的不同的科层化政府机构成为社会的实际统治力量，并形成强大的“科层化扩散或者溢出效应”，导致组织成本（如协调成本、信息成

① 黄永东，等. WTO与政府创新［M］. 北京：中国社会科学出版社，2004：67-69.

② ［美］丹尼尔·雷恩. 管理思想的演变［M］. 北京：中国社会科学出版社，2000：256-257.

本、摩擦成本、监督成本等）越来越高。[①] 因此，作为传统的公共行政模式基石的官僚体制（科层制）已被证明是一种过时、僵化和无效率的政府体制模式，正如奥斯本等所言：“工业时代发展起来的官僚体制，专注于各种规章制度及其层叠的指挥系统，已不能有效运转；它变得机构臃肿、浪费严重、效率低下；它在变化迅速、信息丰富、知识密集的90年代已不能有效地运转了。”[②] 由此看来，各国政府改革浪潮的必要性和合理性就毋庸讳言了。中国也是这个改革浪潮中的一分子，自改革开放以来，中国政府从理论到实践，从来也没有停止改革创新的步伐，中国在嬗变中逐渐发展。

4. 整体性政府模式

回顾西方各国政府再造过程，不难发现整合与协力合作正在成为新的公共管理的主题。因为社会需求的复杂化和多元化、公共服务需求的增加、政府财政的窘困和组织的弹性化及自主化等困境，成为世界各国面临的共同难题。长达20年之久的新公共管理改革之后，改革的重点已经从结构性分权、机构裁减和设立单一职能的机构转向整体政府（Whole－of－Government，WOG）。其实早在20世纪初，美国著名的行政学理论家古利克通过对美国早期改革的研究就提出“相关的工作应该作为一个单元来完成、所有的机构应该合并成一些部门”等原则。所以压缩层级、减少中间管理层次、对政府部门的整合成为当今世界各国政府改革的主流与趋势。有“民众行政理论家”美誉的帕金森也早已在组织活动中发现这样一个事实——组织结构所完成的工作与工作人员的多少这两者之间并没有什么联系，管理层次的增加也与工作本身无关，即帕金森定律，所以管理层次的减少并不会出现部分人所担心的政府管理不力的现象。[③]

在英国，这场改革模式也被称为合作政府（Joined－Up Government），其目的是“获得水平和垂直的协调性的思维模式与行动范式”。英国工党提出合作政府是试图建立一个跨组织的、将整个社会治理机构联合起来的治理结构，包括中央与地方政府、公共组织、私人组织以及志愿者团体，通过将这些机

① 一项研究表明，24个经合组织国家1960年关于GDP的政府最终消费支出平均为11.9%，1971年上升为14.3%，1983年达到17.8%，呈直线上升趋势。岳仲伟．粉碎层级金字塔［N］．中国信息报，2001－07－19．

② ［美］戴维·奥斯本，特德·盖布勒．改革政府：企业精神如何改革着公营部门［M］．上海：上海译文出版社，1996：12－13．

③ 臧雷振．国外政府再造与我国“大部制”改革刍议［J］．中共南京市委党校南京市行政学院学报，2008（3）．

构联合起来实施整体战略，最后建成一个无缝隙的、以公民为中心的政府。

在澳大利亚和新西兰，改革被冠以整体型政府（Whole-of-Government）的名义。整体型政府作为公共服务提供机构，通过跨越部长职务边界的工作方式解决特定的问题，以此作为政府对这一问题的整体性回应。加拿大的目标是建立水平政府（Horizontal Government）。美国的改革模式被命名为协同政府（Collaboration Government），主要使命是在州以及地方政府建立以公民为中心的一站式服务体系。OECD 将政策一致作为这场改革的主要目标。在寻求政策一致的过程中，要调整不同国家的政策领域，推动不同国家的合作，以保持地区以及国际发展战略和标准的一致。

整体型治理包括三个方面的整合：首先是不同层级或者同一层级上治理的整合，它包括地方政府、地方以及中央政府的代理机构、国际社会范围内全球治理网络的整合；其次是治理功能的整合，它既有同一机构内不同功能上的整合，也有不同功能部门之间的整合；最后是公私部门之间的整合，有政府部门、私人部门以及非营利性机构之间的合作，合作成为主线。传统的官僚制组织结构是按照功能来设置的，新公共管理强调组织之间的竞争是按照绩效来设置的，而整体型政府和前两种行政学范式的最大区别在于：它是以解决人民的生活问题为政府运作的核心，而前两种典范都是以解决政府的问题为核心。由于整体型政府关注人们的生活问题，这不仅需要政府自己的努力，更需要政府各部门共同努力，因此就必须要有政府的整合型运作。基于整体型治理在三个组织结构上的整合需求，政府的运作将以治理的结果为核心，扩大授权给各个治理单位，以整合性的预算来完成任务。

二、改革开放以来中国政府理论的嬗变发展

我国的改革开放尤其是政府改革正处于西方新公共管理运动的中后期，西方政府模式中的弊端得以全面暴露，其公共管理理论也在百家争鸣中日渐成熟，为我国的政府改革进程提供了正反两方面的理论和实践借鉴。由于我国采取的是渐进式改革模式，党和政府又尤其重视和倡导实事求是地解决改革中面临的问题，因此在借鉴西方新公共管理理论的同时，从本国的国情出发，着重建设符合中国国情的公共行政理论。“二战”后西方国家的行政理论趋势是从传统的公共行政走向新公共行政，从新公共行政走向新公共管理，又从新公共管理走向新公共服务。我国经历了 40 年的改革开放，政府改革又

处在世界政府改革的浪潮之中，因此我国的政府理论趋势是从传统的计划经济体制下的全能政府向适应社会主义市场经济的有限政府转变，从有限政府向有为政府转变，从有为政府又向促进科学发展的服务型政府转变。在这一转变过程中，实际上形成了邓小平行政理论、“三个代表”行政思想、科学发展观政府理论、习近平新时代中国特色社会主义政府理论。这四个理论是一脉相承的，后者均是对前者的继承和发展，体现了理论的传承和创新。

（一）邓小平行政理论

邓小平行政理论是邓小平科学理论体系中的重要组成部分，在中国政府理论发展中具有重要的地位。邓小平行政理论是在改革开放和现代化建设的伟大实践中逐步形成的。党的十一届三中全会以后，我们党重新恢复了解放思想、实事求是的思想路线，确立了以经济建设为中心，集中力量进行现代化建设的伟大战略部署。随着经济体制改革的逐步展开和深入，包括行政管理体制在内的政治体制改革的问题逐渐被提上日程，成为改革深入必须尽快解决的问题。在对中国社会主义现代化建设进行整体构思和设计的过程中，邓小平同志逐步在实践中提出了一系列改革和完善行政管理体制的重要观点和思想。这些思想随着改革的深入也逐步深入和发展，形成了理论体系。

邓小平行政理论内容非常丰富。这个理论是在对传统行政体制弊端深刻揭示过程中、在逐步对新的行政体制道路的具体设计与选择过程中、在对新的行政体制目标的思考与确定中逐渐形成的，其基本内容主要有：①

1. 关于政府职能转变问题

在政府职能转变上，邓小平行政理论强调：首先要党政分开，这是邓小平行政职能思想的逻辑起点。1980 年，邓小平提出，只有“着手解决党政不分、以党代政的问题”，才能加强和完善党的领导，“建立各级政府自上而下的强有力的工作系统”②。其次强调经济管理职能，弱化政治统治职能。邓小平认为，政府的根本职责和任务是必须把经济建设搞上去，他指出：“现代化建设的任务是多方面的，各个方面需要综合平衡，不能单打一。但是说到最后，还是要把经济建设当作中心，离开了经济建设这个中心，就有丧失物质

① 胡明海．邓小平行政管理思想论析［EB/OL］．中国期刊网优秀硕士论文库，2005：9-17.

② 邓小平文选（第 2 卷）［M］．北京：人民出版社，1994：339.

基础的危险。”[①] 1978 年以来，邓小平做出了坚持以经济建设为中心的重大决策，提出了社会主义的根本任务是发展生产力的重要论断，在此基础上我党形成了“一个中心，两个基本点”的基本路线。邓小平强调这个基本路线要管一百年，其他各项工作都要紧紧围绕经济建设，而且必须服从服务于经济建设，这就为从根本上实现政府职能结构的重大调整提供了指导方向和战略支点。再次是在职能转变上，必须既突出效率又重视公平。中国作为发展中国家，发展起步晚，在经济建设过程中必须讲求效率。邓小平深刻指出，社会主义国家应该使经济发展得比较快，人民生活逐渐好转起来，经济长期处于停滞状态总不能叫社会主义。为了提高效率，鉴于中国的国情，他创造性地提出了让一部分地区、一部分人先富起来，并最终走向共同富裕的战略思想，但他也十分重视社会公平问题，他曾严肃地指出：“发展经济要走共同富裕的道路，始终避免两极分化。”[②] 最后强调正确处理政府与市场的关系，调动两方面的积极性。政府与市场的关系是市场经济条件下必须正确处理并且必须处理好的一对关系，实际上即使在计划经济条件下也有市场，也必须处理好市场与政府的关系，充分调动这两种手段配置资源的作用。早在 1979 年 11 月，邓小平就提出了“社会主义也可以搞市场经济”的论断。1985 年 10 月，邓小平又指出：“从某种意义上说，只搞计划经济会束缚生产力的发展。把计划经济和市场经济结合起来，就更能解放生产力，加速经济发展。”[③] 1992 年邓小平在南方谈话中提出：“计划多一点还是市场多一点，不是社会主义与资本主义的本质区别。计划经济不等于社会主义，资本主义也有计划；市场经济不等于资本主义，社会主义也有市场。计划与市场都是经济手段。”[④] 这段精辟的论断不仅廓除了束缚人们的思想禁锢，也为我国在建设社会主义市场经济过程中正确处理政府与市场关系提供了纲领性的指导。

2. 关于行政管理体制和机构改革问题

行政管理体制改革指的是对行政权力结构及其运行方式的改革，主要解决的是行政权力如何配置和运行的问题；机构改革指的是对行政权力的组织载体的改革，主要解决的是组织形式和规模的问题。邓小平指出：“体制问题，

---

① 邓小平文选（第 2 卷）[M]. 北京：人民出版社，1994：250.
② 邓小平文选（第 3 卷）[M]. 北京：人民出版社，1993：149.
③ 邓小平文选（第 3 卷）[M]. 北京：人民出版社，1993：148-149.
④ 邓小平文选（第 3 卷）[M]. 北京：人民出版社，1993：373.

实际上同消肿是一个问题的两个方面。要消肿，不改革体制不行。”① 因此，邓小平主张建立精简高效的行政管理体制是行政改革的目标，实行党政分开、政企分开，下放权力，是行政管理体制和机构改革的关键和根本方向。同时邓小平指出，机构改革是一场革命，必须坚持党的领导，坚持从实际出发、因地制宜的原则，综合推进，配套进行。机构精简不仅包括行政机构，也包括党群机构和军队机关。机构除了精简以外，还“包括要有完善的规章制度、工作方法、领导方法，要随着机构改革，加强部委的工作，加强部委处理问题的责任和能力，部里要加强司局的责任和工作能力。相应地也要加强厂矿企业、一些公司的责任”。② 机构改革还要与权力下放、人员分流、选择人才、严格定编相结合。

总之，邓小平一再指出，“实事求是，一切从实际出发”是马克思主义、毛泽东思想的精髓，他要求我国的行政改革既要认真设想研究，比较各国的经验，又要从自己的国情出发，致力于建设有中国特色的行政管理体制和组织结构。

3. 关于行政运行问题

行政运行机制一般是指在既定的行政体制下，行政组织系统各构成要素之间相互联系、相互作用的过程及其功能发挥的方式，其核心是行政权力运转的制度化、行政管理的规范化。其主要内容是行政权力责任机制、干部选拔任用机制、行政监督机制等。

邓小平强调要建立严格的行政责任机制，1975 年邓小平就提出要“恢复和健全规章制度，关键是建立责任制”。③ 邓小平高度重视和强调改进领导制度，认为这是建立行政责任制的关键。为此他明确要求各级党委和政府都实行集体领导分工负责制。要完善责任制，就必须建立和完善行政监督机制。邓小平很早就重视行政监督问题，1957 年他在《共产党要接受监督》一文中，就明确提出了建立党委领导下的群众监督制的思想。在《党和国家领导制度的改革》中，他深刻地指出了权力不受监督的危害和表现，他说：“不少地方和单位，都有家长式的人物，他们的权力不受限制，别人都要唯命是从，甚至形成对他们的人身依附关系。”④ 因此必须加强行政监督。邓小平认为，

---

① 邓小平文选（第 2 卷）[M]. 北京：人民出版社，1994：287.

② 邓小平文选（第 2 卷）[M]. 北京：人民出版社，1994：409-410.

③ 邓小平文选（第 2 卷）[M]. 北京：人民出版社，1994：30.

④ 邓小平文选（第 2 卷）[M]. 北京：人民出版社，1994：331.

首先要加强专门监督机构，“最重要的是要有专门的机构进行铁面无私的监督检查”。[①] 此后我国重新建立了从中央到地方的各级行政监察部门，并制定和逐步完善了相应的法律法规。其次要加强对执政党的监督。改革开放以后，在邓小平的领导下，我国恢复和重建了各级党的纪检委，以加强党的专门监督工作。邓小平还进一步指出了行政监督的途径、原则和方法。他认为最根本的是法制建设和制度建设。他精辟地指出：“我们过去发生的各种错误固然与某些领导人的思想、作风有关，但是组织制度、工作制度方面的问题更重要。这些方面的制度好可以使坏人无法任意横行，制度不好可以使好人无法充分做好事，甚至会走向反面。”[②] 所以，“为了保障人民民主，必须加强法制。必须使民主制度化、法律化”。[③]

选拔什么样的人和怎样选拔人，是邓小平在改革开放过程中高度重视的关键问题之一。邓小平认为，改革开放能否成功，关键在人才。因此他认为人才是行政运行的最重要的保障。“选拔干部，选拔人才，只要选得好，选得准，我们的事业就大有希望。道理很明显，只是确定了正确的思想路线和政治路线，确定了实现四个现代化的目标还不够，还需要人才。”[④] 选拔人才必须坚持“四化”方针和德才兼备的原则。1992 年在南方谈话中邓小平再次强调：“要按照革命化、年轻化、知识化、专业化的标准，选拔德才兼备的人进班子。我们说党的基本路线要管一百年，要长治久安，就要靠这一条。”[⑤] 邓小平的这些思想确立了党和政府的干部人事工作的方针和原则，为我国实行公务员制度、建立和完善选拔干部的科学机制打下了坚实的基础。

总之，邓小平作为中国改革开放的总设计师，在行政管理思想方面进行了一系列的创新，邓小平理论成为我国改革和完善行政管理体制、不断提高行政管理水平的指导思想。

（二）“三个代表”行政思想

人类社会进入 21 世纪后，世界政治格局发生了急剧变化，经济全球化浪潮扑面而来，知识经济发展势头方兴未艾，科技领域革命性的突破层出不穷。

① 邓小平文选（第 2 卷）［M］. 北京：人民出版社，1994：332.
② 邓小平文选（第 2 卷）［M］. 北京：人民出版社，1994：333.
③ 邓小平文选（第 2 卷）［M］. 北京：人民出版社，1994：146.
④ 邓小平文选（第 2 卷）［M］. 北京：人民出版社，1994：225.
⑤ 邓小平文选（第 3 卷）［M］. 北京：人民出版社，1993：380.

中国的现代化建设事业正在蓬勃发展，但在全球化的浪潮中机遇和挑战并存。中国共产党自身建设也出现了新的情况，面临着新的挑战。2000 年 2 月，江泽民在广东省高州市考察工作时首次提出了“三个代表”思想，在随后的一系列党政军会议上，特别是在 2001 年“七一”讲话中进一步将它升华为治党治国的理论。党的十六大又将其写入党章，确立为我党的指导思想。“三个代表”思想中“三个代表”相辅相成，缺一不可，其核心是代表先进的生产力，灵魂是代表先进文化的前进方向，根本目的在于代表最广大人民群众的根本利益。党的领导是通过执政来实现的，改革开放以来，我国的政治经济、人民生活方式等都发生了深刻的变化，作为党执政的主要载体的政府，其施政环境也发生了翻天覆地的变化。因此，在党和政府以邓小平理论为指导，解决政府面临的新情况、新问题的过程中，逐步形成了系统的“三个代表”行政思想。

“三个代表”行政思想是对邓小平行政理论的继承和创新，是发展了的邓小平行政理论，其基本内容有：

1. 在政府行政理念上，强调以邓小平理论和“三个代表”重要思想为指导，适应社会主义市场经济体制，坚持社会主义政治制度的根本原则，保障人民当家做主

党的十四大以来，按照建设社会主义市场经济体制的要求，党和政府在深刻分析我国国情的基础上，提出了进行政治体制改革和行政管理体制改革的一系列理论与实践，江泽民同志在党的十六大报告中指出：要深化行政管理体制改革，进一步转变政府职能，改进管理方式，推行电子政务，提高行政效率，降低行政成本，形成行为规范、运转协调、公正透明、廉洁高效的行政管理体制。这为我国行政管理改革提出了新的目标和方向。

行政体制改革是政治体制改革的重要组成部分，也是社会主义政治制度自我完善和发展的内在要求，是建设社会主义政治文明的需要，因此，行政管理体制改革必须确保有利于社会主义民主政治发展，有利于人民当家做主。江泽民指出：“我们进行政治体制改革，就是在党的领导下，发展人民民主，健全国家法制，改革政府机构，改革领导制度和干部制度，努力建设有中国特色的社会主义民主政治，政治体制改革要同经济体制改革和经济文化发展相适应，有步骤有秩序地向前推进。”①

---

① 江泽民．论有中国特色社会主义［M］．北京：人民出版社，2002：302.

2. 在政府体制改革上，强调继续进行机构改革，进一步转变政府职能，推进人事制度改革，健全公务员制度等

行政权力的结构及其配置，行政组织的有限运行一直是行政管理体制的核心问题，因此机构改革和政府职能转变是必须持续进行的改革内容。江泽民在党的十五大和党的十五届二中全会上，明确提出了进行政府机构改革的总目标，即适应经济发展和社会全面进步的要求，建立办事高效、运转协调、行为规范的行政管理体制，完善公务员制度，建设高素质专业化的国家行政管理干部队伍，提高为人民服务的水平。李鹏同志在全国人大八届一次会议上所做的政府工作报告中也指出，今后政府要重点加强宏观调控和监督部门，强化社会管理部门。通过改革，把政府专业经济管理部门逐步改组为不具有政府职能的经济实体，或者改为国家授权经营国有资产的单位和自律性行业管理组织，继续转变政府职能，推动政企分开，为国有企业的改革创造条件，为健全社会主义市场经济的法制创造条件。

在干部人事制度改革上，“三个代表”行政思想提出要“深化人事制度改革，引入竞争激励机制，完善公务员制度，建设一支高素质的专业化的国家行政管理干部队伍”。[①] 行政干部掌握着国家经济、政治、文化、社会各方面的管理权力，其素质高低直接关系到国家的前途和命运，决定着党的执政能力和政府形象，因此选好、用好优秀的行政管理人才是政府能力提高的前提和关键。为此，必须努力造就马克思主义的政治家和领导干部队伍，领导干部要树立正确的权力观，坚持执政为民，全心全意为人民服务。同时要建立健全选拔任用和管理监督机制，以科学化、民主化和制度化为目标，改革和完善干部人事制度，健全公务员制度，努力形成广纳群贤、人尽其才、能上能下、充满活力的用人机制，把优秀人才集聚到党和国家的各项事业中来，为国家发展创造良好的人才环境。

3. 在政府执行力上，强调创新行政管理方式方法，实现决策科学化，实现行政管理现代化、信息化、规范化

创新是人类社会一个永恒的主题，也是行政管理活动的永恒主题。为了适应知识经济时代的需要，我国的行政管理必须紧紧跟上时代的步伐，不断总结新的实践经验，借鉴国外的先进经验，促进行政管理方式方法的创新。

首先，在提高政府效率方面，大力推行电子政务，改进管理方式。其次，

① 中共中央文献研究室．十五大以来重要文献选编（上）［M］. 北京：人民出版社，2000：30.

实现政府管理方式方法的科学化，完善决策机制，形成深入了解民情、充分反映民意、广泛集中民智、切实珍惜民力的决策机制。

提高政府的执行力，必须建设廉洁、勤政、务实、高效的政府，要减少专业经济部门，加强执法监督部门，实行国家机构组织、职能、编制、工作程序的法定化，实行执法责任制和评议考核制，加强对公务员的绩效评估。

4. 在政府制度建设方面，强调要正确处理依法行政、依法治国和坚持党的领导的关系，加强权力监督，建设法治政府

正确处理依法行政、依法治国和党的领导的关系是建设法治政府的前提。江泽民强调，依法行政是依法治国的重要基础，“干部依法决策、依法行政是依法治国的重要基础”。① 依法行政同时要求一切政党、国家机关、社会组织和公民个人都必须遵守法律，服从法律。江泽民强调：“坚持有法可依、有法必依、执法必严、违法必究，是党和国家事业顺利发展的必然要求。维护宪法和法律的尊严，坚持法律面前人人平等，任何人、任何组织都没有超越法律的特权。一切政府机关都必须依法行政，切实保障公民权利，实行执法责任制和评议考核制。”② 为此必须加强和健全权力监督机制，加强对行政执法的监督，把党内监督、法律监督、群众监督、舆论监督结合起来。

建设法治政府必须加强政府的法治建设，党的十四大以来为提高行政执法水平，进一步规范政府行为，加强对行政机关的法律监督，我国相继制定了《国家赔偿法》《行政处罚法》《行政监察法》《行政许可法》等一批重要法律法规，为我国政府走向法治化奠定了坚实的法律基础。

（三）科学发展观政府理论

党的十六大以来，新的中央领导集体提出了科学发展观和构建和谐社会的战略构想。在此背景下，中国的行政管理体制改革成为必须重点突破的领域，如何在市场经济条件下建设一个治理完善与公共服务创新的强政府成为全面深化改革的关键。目前的政府结构及整个政治体制本来不是为市场经济组建的，从传统计划经济中的政府到现代市场经济中的政府，该过程具有体制转轨的鲜明特色，要求政府全面发展，而不是进行单纯的行政改革。因此

---

① 江泽民．江泽民总书记在中共中央举办的法制座谈会上的讲话［N］．人民日报，1996-02-09（1）．

② 江泽民．高举邓小平理论伟大旗帜把建设有中国特色社会主义事业全面推向二十一世纪［M］．北京：人民出版社，1997：30．

在新的改革实践中，党和政府通过一系列措施加强了政府改革，逐渐形成了科学发展观政府理论的框架。

1. 在政府理念上，以贯彻落实科学发展观为要务，政府发展新理念得以确立

党的十六大以来，坚持贯彻落实科学发展观成为我国政府改革的新指导思想，政府改革更加注重职能转变，注重促进经济社会和人的全面发展，注重为构建和谐社会和全面建设小康社会提供体制和机制保障。党的十七大则提出了实现全面建设小康社会奋斗目标的新要求，继续坚持贯彻落实科学发展观的指导思想，对政府改革提出了更高的要求，增强发展协调性、扩大社会主义民主、加强文化建设、加快发展社会事业以及建设生态文明。当前体制不顺是中国经济社会全面协调可持续发展的根本性障碍。政府作为经济社会管理者所处的位置，以及我国正处于转轨关键时期的国情，决定了政府在改革发展中的主导地位和其对体制改革深入的特殊制约作用。完善的社会主义市场经济体制，从体制构架本身来说，应该建立在社会主义经济制度之上，是自主、能动的微观主体，开放、有序的市场体系，科学、有效的调控机制，普惠、适度的保障体制和严整、完备的法律制度的有机统一体，这其中哪方面的完善都取决于政府改革的深入推进。① 因此政府自身发展已经成为落实科学发展观的突破口和重要保障。

2. 在政府职能转变上，推行大部制改革，进一步加强公共服务职能，建设服务型政府

党的十六大要求完善政府的经济调节、市场监管、社会管理和公共服务四项职能，基本明确了政府职能的内容和重点，总体划清了政府与市场、企业、事业、社会的范围和边界。中央政府基本建立了以经济手段和法律手段为主的宏观调控体系，市场在资源配置中的基础作用日益增强。各级政府以强化政府社会管理和公共服务职能为主线，在加强社会流动人口管理、培育和规范民间组织、教育医疗卫生体制改革等方面加大改革力度，努力提高基本公共服务的均等化。2007 年 10 月，党的十七大报告提出“加大机构整合力度，探索实行职能有机统一的大部门体制，健全部门间协调配合机制”，首次明确提出大部制改革的方向。大部制就是在“政府的部门设置中，将那些职

---

① 商灏．深化改革：排除实现科学发展的体制障碍：专访参与中央经济工作会议重要文件起草的经济学家范恒山［J］．中国改革，2007（1）.

能相近、业务范围雷同的事项，相对集中，由一个部门统一进行管理，最大限度地避免政府职能交叉、政出多门、多头管理，从而达到提高行政效率、降低行政成本的目标”①。

为了进一步推进政府职能转变，2008 年 2 月党的十七届二中全会审议通过了《关于深化行政管理体制改革的意见》和《国务院机构改革方案》，提出“深化行政管理体制改革的总体目标是，到 2020 年建立起比较完善的中国特色社会主义行政管理体制”。要求加快政府职能转变，厘清政府与企业、事业单位之间的关系，推进政企分开、政资分开、政事分开、政府与市场中介组织分开；进一步优化政府组织结构，既要深化国务院机构改革，又要推进地方政府机构改革，同时也要按照政事分开、事企分开和管办分离的原则对事业单位进行分类改革；加强法治政府建设，在制度层面积极推进政府绩效管理和行政问责制度，健全对行政权力的监督制度，在行政人员层面加强公务员队伍建设，营造良好的党风、政风，加强廉政建设。2008 年 3 月全国人代会通过以大部制改革为主题的国务院机构改革方案，国务院组成部门设置变为 27 个，正部级机构减少 4 个，机构精简取得阶段性成果；国务院工作部门由 100 个减到 52 个左右，精简约 50%；人员编制由 51000 个减到 16700 个，精减约 67.3%。在转变政府职能和理顺部门职责关系，实现职能有机统一，合理配置宏观调控部门职能，加强能源环境管理机构，整合完善工业和信息化、交通运输行业管理体制，以改善民生为重点加强与整合社会管理和公共服务部门等方面迈出了重要一步。

3. 在政府执行力上，政府管理方式进一步创新，危机处理能力提高，加强效能政府建设

政府自身建设和管理方式取得新进展。随着职能转变，政府决策机制日趋科学化、民主化；公务员制度逐步得到完善；政府管理走向公开透明化；行政审批制度改革取得重要阶段性成果；电子政务推进加速；以人为本、执政为民的导向不断增强，公民权利受到重视和尊重；政府绩效优化，各地的公民评价政府绩效、一站式办公等探索取得了良好成效，政府办事效率有效提升。

2008 年以来，“三定”工作切实展开，各部门纷纷发布文件（通知）对各自部门的主要职责、内设机构和人员编制做出明确规定；2008 年 5 月《中

① 汪玉凯．冷静看待“大部制”改革［N］．中国经济时报，2007-12-10（5）．

华人民共和国政府信息公开条例》正式实施，对信息公开的体制问题、信息发布协调机制问题、信息的保密审查问题、主动公开政府信息问题、依申请公开政府信息问题、监督保障问题以及公共企事业单位的信息公开工作等方面形成有效规范，充分保障公民的知情权。

政府危机处理能力提高，和谐社会构建稳步推进。从“非典”事件之后，中央及地方政府制定了一系列预防风险和危机的应急机制，把风险和危机管理上升到国家战略高度来认识。党的十六大以来，我国初步建立了国家宏观经济和各个行业、产业经济监控预警系统，把金融、财政、就业、安全作为重中之重，并建立了快速反应机制和人财物保障系统，政府把危机管理经费纳入预算并建立国家反危机基金。2006 年以来全国应急预案体系初步形成，国务院发布了《国家突发公共事件总体应急预案》，包括 25 件专项预案、80 件部门预案，全国 31 个省（区、市）制定了总体预案，各级政府保障公共安全和处置突发公共事件的能力得到提高。

2007 年第十届人大会议通过《中华人民共和国突发事件应对法》，把政府危机处理体系的建设提升到立法层次，初步建立起国家统一领导、综合协调、分类管理、分级负责、属地管理为主的应急管理体制。2009 年开展推进安全生产“三项行动”，对存在安全生产隐患的各生产领域开展执法行动、治理行动和宣传教育行动，切实保障人民群众的生命财产安全。2010 年国务院发布《国务院关于进一步加强防震减灾工作的意见》，针对地震等自然灾害，提出构筑防震减灾体系的目标是“到 2020 年，建成覆盖我国大陆及海域的立体地震监测网络和较为完善的预警系统，地震监测能力、速报能力、预测预警能力显著增强，力争做出有减灾实效的短期预报或临震预报”。2011 年修订《国家食品安全事故应急预案》，建立健全食品安全事故运行机制，完善食品安全事故分级制度，明确处置食品安全事故的组织机构及其职责。由此可见，政府正在逐步健全危机管理运行机制，不断完善危机管理体系，充分保障公民的生命和财产安全。

4. 在政府运行机制上，行政审批制度继续深入，政务公开迅速发展，廉洁政府建设取得新进展

党的十六大以来，中国政府在推进政务公开，打造阳光政府、透明政府、亲民政府方面，取得显著成效。国务院所有部委和省级政府都建立了新闻发言人和新闻发布会制度，全国 80%以上的县级政府及其所属部门建立了网站。全国建立各类行政服务中心 2100 多家。2006 年 1 月 1 日，中央政府门户网站

正式开通。截至 2006 年 6 月，使用“. gov. cn”域名的政府网站接近 1. 2 万个。根据 2015 年 11 月第一次全国政府网站普查结果，目前各地区、各部门共开设政府网站 84094 个。

行政审批制度改革继续深入。党的十六大以来，行政审批制度改革进一步深化，政府行为规范化取得新进展。据统计，31 个省、自治区、直辖市政府和 58 个国务院部门，共清理行政许可项目 25797 项，取消 8666 项，调整 1841 项；清理行政许可依据 25554 件，废止 3981 件，修改 2493 件；清理行政许可实施主体 2389 个，保留 1932 个，取消 302 个，调整 71 个。[①]

党的十七大以来，我国继续深入推进行政审批制度改革。2008 年 10 月，监察部等部门共同发布《关于深入推进行政审批制度改革的意见》，提出深入推进行政审批制度改革的总体目标是，“行政审批事项进一步减少，审批行为实现公开透明、规范运作，行政审批相关制度和制约监督机制较为健全，利用审批权牟取私利、乱收费等现象得到有效遏制，人民群众的满意度有新的提高”。党的十七大以来的五年中，我国分两轮取消和调整行政审批事项 498 项，国务院各部门取消和调整的审批项目总数达到 2497 项，占原有审批项目的 69. 3%。

党的十六大以来，随着《中共中央办公厅　国务院办公厅关于进一步推行政务公开的意见》的下发，国务院有 55 个部门及直属单位建立了政务公开领导小组及其办事机构，36 个部门和单位建立了政务公开制度。85%以上的县级和 83%的地市级行政机关实行了政务公开，全国乡镇普遍推行了政务公开。湖北、甘肃等地方政府在全国率先进行了财政与编制两公开，产生了巨大的示范效应。目前已有 80 多部法律、行政法规包含有关政府信息公开的规定，12 个省（区、市）和 16 个较大的市制定了专门规范政府信息公开活动的地方性法规或规章。2007 年 1 月 17 日，国务院通过《中华人民共和国政府信息公开条例（草案）》，为推动我国的政务公开工作提供了制度保障。

随着阳光政府建设的深入，政府廉政建设取得新进展。2007 年 9 月，国家预防腐败局成立，标志着国家反腐败工作机制取得新成果。中国签署和加入了《联合国反腐败公约》，同时深化了干部人事制度、司法体制和工作机制、行政审批制度、财税制度、投资体制、金融体制、商业贿赂治理等方面改革，工程建设招投标、经营性土地使用权出让、产权交易和政府采购等制

① 曹康泰．十六大以来政府依法行政的新进展［J］．求是，2007（18）．

度逐步推进，从源头上铲除腐败产生土壤的工作取得重要进展。[①] 公共财政体系特别是预算管理制度得到进一步完善，把预算外资金全部纳入预算管理，扩大国有资本经营预算实施范围，深化部门预算改革，推进政府预算、决算公开。截至2012年，98个中央部门和北京、上海、广东、陕西等省市公开“三公经费”。由此可见，政府监督机制不断完善，运行机制逐渐规范，政府廉政建设取得良好成效。

5. 在政府制度建设上，加强了行政执法体制改革，规范行政执法行为，加强法治政府建设

国务院全面清理行政法规和规章，正本清源，从源头上厘清依法行政的法律依据，着力推进基层政府依法行政，夯实基础，法治政府建设取得新进展。2004年3月，国务院颁发了《全面推进依法行政实施纲要》，明确了全面推进依法行政的指导思想和具体目标、基本原则和要求以及主要任务和措施。随着《中华人民共和国公务员法》《行政许可法》等法律的颁布实施，以及2009年8月对《中华人民共和国行政复议法》的修正，政府行为的法治化、政府决策的民主化科学化、政府信息的公开化、政府职能的有限化、政府管理权力的多中心化取得了实质性的成果。随着新的《国务院工作规则》的颁布，依法行政工作会进一步深入。

行政审批电子监察系统和行政执法责任制在全国各地普遍推行。25个省级政府和15个部门建立健全了行政执法人员资格管理制度、行政执法责任追究制度、行政执法奖励制度、行政行为目录引导制度、规范行政处罚自由裁量权制度、行政执法案卷评查制度、行政执法监督制度以及行政处罚、行政许可、听证、重大处罚备案等执法程序制度，完善了行政执法的层级监督。

总之，党的十六大以来党中央、国务院非常重视行政管理体制改革，着力推进政府发展。党的十六届三中、四中、五中、六中全会都明确提出了推进行政管理体制改革的重大任务，“十一五”规划更是把加快推进行政管理体制改革作为全面深化改革和提高对外开放水平的关键，体现了政府发展的迫切性。党的十七届二中、三中、四中、五中、六中全会继续深化行政体制改革，着力推进政府自身改革与建设。“十二五”规划在明确推进行政体制改革、加快建设法治政府和服务型政府的基础上，提出建立健全基本公共服务体系、加强和创新社会管理的要求。政府改革与发展责任重大，必须通过进

① 杨海蛟．十六大以来全党反腐倡廉工作的新经验［J］．新长征，2007（12）．

一步深化改革，消除影响科学发展观贯彻落实、制约经济社会协调发展的政府体制机制障碍。①

（四）习近平新时代中国特色社会主义政府理论

党的十八大以来，以习近平同志为主要代表的中国共产党人，顺应时代潮流，从中国发展实际出发，对马克思列宁主义、毛泽东思想、邓小平理论、“三个代表”重要思想和科学发展观进行继承和发展，并在党的十九大正式提出中国特色社会主义进入新时代的科学判断。新时代我国社会主要矛盾已转化为人民日益增长的美好生活需要和不平衡不充分的发展之间的矛盾。习近平新时代中国特色社会主义思想，是对马克思主义的坚持和发展，也是马克思主义中国化的最新理论成果，更是中国共产党人长期努力的智慧结晶。

中国特色社会主义建设和发展进入新时代，对政府改革也有了更高的要求，需继续深入行政体制改革，加快政府职能转变，创新社会治理体制。政府改革更加全面，必须整体推进社会发展，统筹推进“五位一体”总体布局和协调推进“四个全面”战略布局，加快发展市场经济、民主政治、先进文化、和谐社会、生态文明，不仅要构建人与人之间、人与社会之间的和谐关系，更要构建人与自然之间的和谐关系。新时代政府改革面临的重要挑战就是如何推进国家治理体系和治理能力的现代化，从“管理”到“治理”的转变，不仅要推进政府组织、结构、运行机制的现代化，更要实现政府理念、逻辑、思维的现代化。

1. 在政府理念上，以习近平新时代中国特色社会主义思想为指导，坚持以人民为中心

党的十八大以来，党和政府深入贯彻习近平新时代中国特色社会主义思想，全面推进依法治国，加快建设法治政府、创新政府、廉洁政府和服务型政府。机构改革得到进一步深化，政府组织结构更加合理，大部制改革稳步实施，并在2013年和2018年先后两次开展国务院机构改革，进一步精简政府部门，转变政府职能，完善政府体系和组织结构。

坚持以人民为中心，全心全意为人民服务是党和政府工作的宗旨。李克强总理在2014年《政府工作报告》中一再强调，“政府工作的根本目的，是让全体人民过上好日子。要坚持建机制、补短板、兜底线，保障群众基本生

① 仲崇东．进一步深化行政管理体制改革面临的冲突与挑战［J］．中国行政管理，2007（4）．

活，不断提高人民生活水平和质量”。以人民为中心的政府治理的政府主导价值得到再确认。[①] 政府改革的出发点和落脚点是人民的利益，更好地维护和增进社会公共利益，为人民提供更多、更好的公共产品和公共服务是政府改革所追求的目标，李克强总理提出要动政府“奶酪”的“放、管、服”改革，也是为了向人民提供更优质、高效的服务。

党的十八届三中全会提出全面深化改革的总目标是“完善和发展中国特色社会主义制度，推进国家治理体系和治理能力现代化”。国家治理现代化的内涵，就是“治理制度和治理能力作为现代政治要素，不断地、连续地发生由低级到高级的突破性变革的过程”。[②] 国家治理现代化的主要内容包括四个方面的现代化：第一，国家基本政治制度。国家的基本政治制度是关于国家权力的性质、组织、分配、运作等方面的基本规范法度，其内容包括政党体系、选举制度、立法机构、政府组织、司法体系、军队体系、政府—市场关系等。第二，价值体系。价值体系是在国家治理领域中社会意识的集中反映，包括社会主义核心价值观等。第三，治理体系。这是国家各类治理组织的功能、结构和运行机制等方面的集中体现。第四，国家治理能力。这是国家为实现治理目标所拥有的动员资源、配置资源和使用资源的能力。[③] 从“管理”到“治理”，不仅是政府行为方式的转变，更是政府理念和政府角色的转变，政府从单一的管理主体转变为治理的主体之一，构建以政府、市场和社会为主体的多元主体治理模式，充分发挥政府、企业、社会组织的积极性和创造性，提高政府解决社会问题的水平和能力，促进社会治理方式创新。“市场在资源配置中起决定性作用，深化经济体制改革”，要更加明确政府的角色定位，政府要成为市场经济的监管者，维护市场秩序，保证市场经济有效运行。

2. 在政府职能转变上，继续深化机构改革，更好地发挥政府作用

党的十九大报告提出，“深化机构和行政体制改革。统筹考虑各类机构设置，科学配置党政部门及内设机构权力，明确职责。统筹使用各类编制资源，形成科学合理的管理体制，完善国家机构组织法”。因此，为适应新时代的时代条件和社会发展要求，必须加快转变政府职能，完善政府组织体系，大力推进政府职能的现代化，破除制约市场在资源配置中起决定性作用的障碍和

① 张成福．政府治理创新与政府治理的新典范：中国政府改革 40 年［J］．国家行政学院学报，2018（2）．

② 胡鞍钢．中国国家治理现代化的特征与方向［J］．国家行政学院学报，2014（3）．

③ 薛澜．顶层设计与泥泞前行：中国国家治理现代化之路［J］．公共管理学报，2014（4）．

约束，更好地发挥政府作用。

2013 年 3 月第十二届人大一次会议审议通过了《国务院机构改革和职能转变方案》，本次机构改革重点围绕转变职能和理顺职责关系，稳步推进大部制改革，实行铁路政企分开，整合加强卫生和计划生育、食品药品、新闻出版和广播电影电视、海洋、能源管理机构。改革后，国务院正部级机构减少 4 个，其中组成部门减少 2 个，副部级机构增减相抵数量不变。除国务院办公厅外，国务院设置组成部门 25 个。2018 年 3 月，国务院又展开了最新一轮的机构改革，结合新的时代条件和实践要求，着力推进重点领域和关键环节的机构职能优化和调整，构建起职责明确、依法行政的政府治理体系，提高政府执行力，建设人民满意的服务型政府。这一次改革力度大、范围广、影响深远，组建自然资源部、生态环境部、农业农村部、文化和旅游部、退役军人事务部、国家卫生健康委员会、应急管理部等部门，重新组建司法部和科学技术部，进一步优化了政府组织结构，推进了政府职能现代化，更好地适应了新时代的社会发展要求。

3. 在政府执行力上，打造共建共治共享的社会治理格局，提高社会治理现代化水平

进入新时代，要全面提升政府治理能力，保证政府执行力，必须要创新社会治理的体制和方式。在方式上，坚持系统治理，加强党委领导，发挥政府主导作用，鼓励和支持社会各方面参与。坚持依法治理、综合治理、源头治理。在体制上，创新有效预防和化解社会矛盾的体制，健全公共安全体系，并且激发社会组织活力。构建包括政治建设、经济建设、社会建设、文化建设和生态文明建设在内的“五位一体”的社会治理体制，而治理的价值取向在于治理要符合中国国情、为了人民的幸福生活以及实现公平正义三个方面。①

党的十九大报告提出，“打造共建共治共享的社会治理格局。加强社会治理制度建设，完善党委领导、政府负责、社会协同、公众参与、法治保障的社会治理体制，提高社会治理社会化、法治化、智能化、专业化水平”。“共建共治共享的社会治理格局”要求在主体层面，政府、市场和社会都应成为社会治理的主体，并各自发挥积极作用。在方式上，首先要坚持党的领导，加强党的建设，“习近平大国治理思想的关键在于维护政党权

① 袁忠．习近平公共治理思想探析［J］．观察与思考，2017（10）．

威、推进政党治理”。[1] 其次要全面推进民主治理、系统治理、综合治理、以德治理、依法治理等方式方法。在目标上，实现国家治理的现代化，坚持人民的主体地位，把人民的利益放在首要地位，切实保障和改善民生，“国家治理现代化的最终目标，是不断调动人民的积极性，不断解放人民的生产力、创新力、创造力”。[2]

全面提升“四化水平”则要做好以下四个方面：第一，在社会方面，不仅要做到有效地治理社会，还要做到让社会来治理，“国家治理现代化的核心就是要实现政府与市场、政府与社会的协同共治”。[3]要将社会治理的重心下移，充分发挥社会组织的作用。第二，在法治方面，全面推进依法治国，建设法治政府，虽然我国现在已经构建起包括《行政诉讼法》《行政复议法》《国家赔偿法》等在内的行政法律体系，但是还需要制定《行政程序法》等规范行政行为的法律来约束行政主体的行政活动。第三，在智能化方面，加快建设电子政府，推进电子政务。根据第一次全国政府网站普查的统计，截至 2015 年 11 月，各地区、各部门共开设政府网站 84094 个，其中发现存在严重问题并关停上移的有 16049 个，全国政府网站总体合格率为 90.8%，因此，电子政府的建设“量”已经足够，重要的是提升“质”，建设高效、优质的政府网站。第四，在专业化方面，政府要不断提高专业水平与能力，建设和完善政府智库体系。2017 年湖南省湘西自治州政府智库的成立为其他地方政府树立了典范，各级政府应当建设各自的政府智库，以应对新时代各方面的挑战。

4. 在政府运行机制上，深入推进“放、管、服”改革，全面推进政务公开，反腐败斗争形成压倒性态势

党的十八大以来，在行政审批制度方面，全面深入推进简政放权、放管结合、优化服务改革；大力推动阳光政府的建设，全面推进政务公开，形成政府工作的“鱼缸效应”，切实保障人民群众的知情权、监督权；整顿党风党纪，严肃政治纪律，出台“八项规定”，开展“三严三实”以及“两学一做”的宣传教育活动，进一步规范行政人员的工作作风，坚决与腐败现象作斗争。

“放、管、服”改革是行政审批制度的进一步深化，是动政府“奶酪”

[1][2] 严书翰，等．百位专家谈习近平大国治理思想摘录［J］．人民论坛，2017（25）．

[3] 姜晓萍．国家治理现代化进程中的社会治理体制创新［J］．中国行政管理，2014（2）．

的改革，更是一场政府的自我革命。“放、管、服”的实质是正确处理政府与市场之间的关系，减少政府对经济事务的微观干预，加强政府宏观调控、市场监管和公共服务的职能。2018 年《政府工作报告》显示，党的十八大以来，国务院部门行政审批事项削减 44%，非行政许可审批彻底终结，中央政府层面核准的企业投资项目减少 90%，行政审批中介服务事项压减 74%，职业资格许可和认定大幅减少。中央政府定价项目缩减 80%，地方政府定价项目缩减 50%以上。推行“互联网+政务服务”，实施“一站式”服务等举措。市场活力明显增强，人民群众办事更加便利。2013 年国务院先后公布《国务院关于取消和下放 50 项行政审批项目等事项的决定》和《国务院关于取消和下放一批行政审批项目的决定》，对取消和下放的 125 项行政审批项目涉及的行政法规进行了清理。2018 年，李克强总理在“两会”记者会上明确表示，放宽市场准入要在六个方面着力，可形象地说成六个“一”：企业开办时间再减一半；项目审批时间再砍一半；政务服务一网办通；企业和群众办事力争只进一扇门；最多跑一次；凡是没有法律法规依据的证明一律取消。这就是用政府权力的“减法”，换取市场活力的“乘法”，通过减少政府行政审批的事项，给予市场和社会更多、更大的活力，充分发挥市场和社会在国家治理中的重要作用。

2016 年 2 月，中共中央办公厅、国务院发布实施了《关于全面推进政务公开工作的意见》（以下简称《意见》），提出了政务公开的工作目标是，到 2020 年政务公开内容覆盖权力运行全流程、政务服务全过程。依法积极稳妥实行政务公开负面清单制度；公开内容覆盖权力运行全流程、政务服务全过程；公开制度化、标准化、信息化显著提升；公众参与度高；用政府更加公开透明赢得人民群众更多理解、信任和支持。《意见》要求各级政府继续推进政务阳光透明；扩大政务开放参与；提升政务公开能力；加强政务公开工作的组织领导，建立健全协调机制；强化激励和问责，把政务公开工作纳入绩效考核体系，确保各项工作任务落到实处。

2016 年 11 月，国务院发布《〈关于全面推进政务公开工作的意见〉实施细则》，进一步推进决策、执行、管理、服务、结果公开，继续深入推进各级政府政务公开。《2017 年政务公开工作要点》强调以政务公开助力稳增长、助力促改革、助力调结构以及助力惠民生；《2018 年政务公开工作要点》提出着力加强公开解读回应工作、提升政务服务工作实效、推进政务公开平台建设以及推进政务公开制度化规范化。如今，从中央到地方各级政府的门户网站，都已设置了政府信息公开指南的专栏，政府公开机制得到有效完善，责任政府、法治政府、效能政府、廉洁政府建设的进程进一步加快。

党的十八大以来，政府廉政建设取得重要成果，全面从严治党不断纵向发展，反腐败斗争已形成压倒性态势。2012 年 12 月，中共中央政治局审议通过了中央政治局关于改进工作作风、密切联系群众的八项规定，坚决反对“四风”（形式主义、官僚主义、享乐主义和奢靡之风），由此拉开了党的十八大反腐斗争的序幕。《十八届中央纪委向党的十九大的工作报告》表明，在党的十八大以来的五年中，各级纪检监察机关共查处违反中央八项规定精神的问题 18.9 万起，处理党员干部 25.6 万人；巡视工作取得重要成效，中央巡视工作领导小组召开 115 次会议，组织开展 12 轮巡视，共巡视 277 个党组织，完成对省区市、中央和国家机关、中管企事业单位和金融机构、中管高校等的巡视，在党的历史上首次实现一届任期内巡视全覆盖；更加严明政治纪律，五年来，共立案审查违反政治纪律的案件 1.5 万件，处分 1.5 万人，其中中管干部 112 人；坚持“老虎”“苍蝇”一起打，党的十八大以来，经党中央批准立案审查的省军级以上党员干部及其他中管干部 440 人。当前，在新时代的条件下，党和政府面临着“四大考验”（执政考验、改革开放考验、市场经济考验、外部环境考验）和“四大危险”（精神懈怠的危险、能力不足的危险、脱离群众的危险、消极腐败的危险），必须牢固树立政治意识、大局意识、核心意识和看齐意识，加强公务员的行政伦理和道德建设，构建良好的政治生态。

5. 在政府制度建设上，进行国家监察体制改革，全面推进依法治国，完善法治政府

党的十八大以来，政府不断加强自身建设，全面推进依法治国，建设法治政府，不断增强政府执行力和公信力。法治化是国家治理现代化的必由之路，法治现代化的基本价值取向在于秩序、公正、人权、效率、和谐五大方面。[①] 党的十八届四中全会做出了《中共中央关于全面推进依法治国若干重大问题的决定》，明确了依法治国的总目标和原则。2013 年，国务院做出《国务院关于修改部分行政法规的决定》，对 16 部行政法规的部分条款予以修改。随着《中华人民共和国公共文化服务保障法》的颁布，以及对《中华人民共和国国家赔偿法》《中华人民共和国立法法》《中华人民共和国行政诉讼法》

① 张文显．法治与国家治理现代化［J］．中国法学，2014（4）．

《中华人民共和国招标投标法》《中华人民共和国计量法》的修订，政府法律制度不断完善，政府行为更加规范，依法治国水平得到有效提高。2013 年和 2018 年的《国务院工作规则》都明确指出依法行政作为政府工作的准则，国务院及各部门要坚持科学民主依法立法，不断提高政府立法质量。

国家监察体制改革是党的十八大以来最重要的政治体制改革，是新时代全面深化改革开放、尽快推进社会主义民主政治建设的重要举措，将监察职能从行政系统中分离出来，进一步保证了监察机关的独立性，有利于监察委员会开展各项监察工作，有利于全面推进依法治国和全面从严治党，政府各项制度得到有效完善。早在 2016 年 11 月，中共中央办公厅就印发了《关于在北京市、山西省、浙江省开展国家监察体制改革试点方案》，在三省市部署设立各级监察委员会，从体制机制、制度建设上先行先试、探索实践，为在全国推广积累经验；2017 年 11 月，全国人大常委会通过在全国各地推开国家监察体制改革试点工作的决定；2018 年的国务院机构改革，将监察部并入新组建的国家监察委员会，国家预防腐败局并入国家监察委员会，不再保留监察部和国家预防腐败局。从中央到地方各级设立监察委员会，国家监察委员会是最高检察机关，由全国人民代表大会产生，向人大负责，负责全国监察工作；地方各级监察委员会由本级人民代表大会产生，负责本行政区域内的监察工作；监察委员会依照法律规定独立行使监察权，不受行政机关、社会团体和个人的干涉。2018 年 3 月第十三届全国人大通过了《中华人民共和国监察法》，在立法层面保障了国家监察体制改革的稳步推进。

三、政府理论现代化的思考

2016 年 5 月，习近平总书记在哲学社会科学工作座谈会上的讲话中指出："社会总是在发展的，新情况、新问题总是层出不穷的，其中有一些可以凭老经验、用老办法来应对和解决，同时也有不少是老经验、老办法不能应对和解决的。"当前政府治理也面临一些传统治理理论不能解释的问题。全球化的深入发展和新的全球政治经济形势的发展给各国政府管理带来了新的挑战，各国政府都在开展系统的政府创新工程，希望通过理论与实践创新来构建适应时代发展需求的政府治理理论和模式。政府理论的现代化需要对政府治理现代化进程及其问题进行诠释和分析，提出适应新时代发展需要的现代化政府理论。

（一）以人民为中心，完善新时代中国特色社会主义政府理论体系

政府管理所体现的价值理念在不同的时代和不同的经济体制下是不同的，价值理念影响着管理机制的构建、运行和效率的评价等。政府权力来自人民，我国的宪法也规定国家“一切权力属于人民”。国家或政府与人民之间本质上是一种委托代理关系。作为代理人的政府应该以维护群众利益为目标，通过合法的方式管理国家各项事务，这是人民政府的根本特征，也体现了人民主权的原则。建设服务型政府，广大公职人员要摒弃官本位思想，弱化行政管理中的官僚色彩，树立以人民为中心的服务理念。增强政府公信力和执行力，建设人民满意的服务型政府，是新时代深化行政体制改革的应有之义。要推进服务型政府建设，必须提升公众参与公共事务的程度，确立以人民为中心的思想，强化政府的公共责任，并通过信息技术创新改善政府服务方式。在当前中国，社会主义市场经济体制新的发展和模式转型需要新的理论体系来支撑。在政府创新体系中，政府理论创新最为重要，它是其他政府创新环节的方向指引，是政府过程创新的基础，并直接为其提供理论服务和智力支持。因此，必须加强中国特色社会主义政府理论研究，着力构建新时代中国特色社会主义政府理论体系。

在构建中国特色社会主义政府理论体系过程中，我国作为发展中国家，有必要借鉴西方公共行政理论适应市场经济体制发展的有益做法，但不能照抄照搬西方的政府理论。随着经济规模扩大和市场经济体制的完善，市场力量在资源配置中起决定性作用，政府的工作重点逐渐从经济领域转向社会领域，必然要求国家同时在公共政策、公共服务、公共行政等方面进行理论创新与实践变革，从政府新功能的培育角度发展政府新理念，从而奠定相当长时期内有关政府立法、执法、司法等理论的基石，这必然需要政府理论的自主创新。各国公共管理体系无不与该国的政治体制和文化传统有着密切关联，我国建设的中国特色社会主义市场经济体制和中国传统文化的因子如何结合，对政府理论现代化必然产生深刻的影响，这就需要在理论与实践结合的基础上，探寻政府管理的客观规律，构建适合社会主义市场经济体制的现代化的有中国特色的社会主义政府理论体系。

（二）促进政府理论现代化，必须协调好政府创新体系之间的关系

政府现代化是一个系统工程，必须在实践中综合推进才能得到协调创新的结果。中国政府创新包括两个方面和三个层次（见图 10-1）。两个方面是

政府自身创新和政府面向社会的创新；三个层次为宏观层次、中观层次和微观层次。

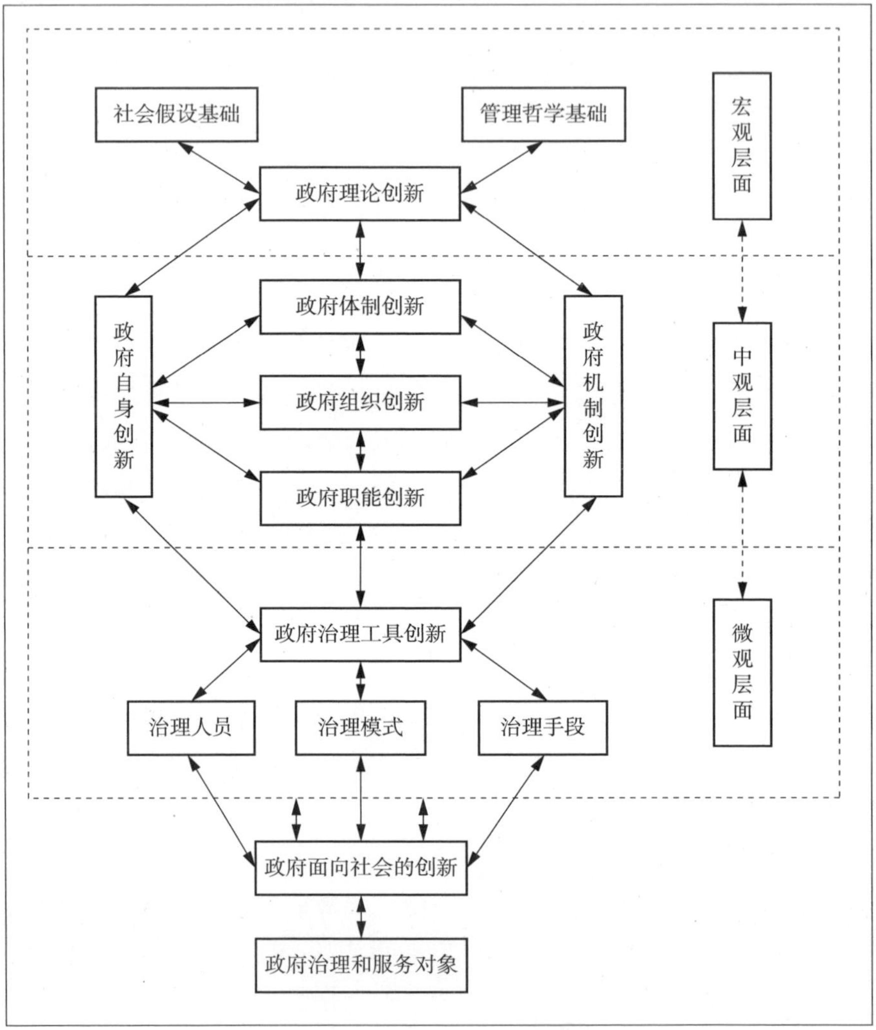

图 10-1　中国政府创新体系①

从图 10-1 中可以看出，政府创新的两个方面是互动的，并且政府自身创新的目标和宗旨是为了更好地促进政府面向社会的创新，更好地服务和治理社会。政府创新的三个层次也是互动闭合而又开放的系统。政府创新的层次必然是由宏观主导微观，由高层次主导低层次。但是随着公民社会的兴起和

① 李习彬．中国政府管理创新体系研究［J］．国家行政学院学报，2002（6）．

公民政治参与程度的提高，低层次的政治诉求通过正当的渠道提升到高层次，必然产生互动，影响政府的高层创新活动，并为之提供决策参考。

从宏观层面看，主要是政府理论创新。在政府理论创新层次，“必然受到我们现有制度和体制的社会基础的影响，或者说是体制文化的影响”。[①] 当然也会受到中国传统文化的影响，因此政府理论创新必须注意吸收传统文化的优秀因子和当代体制文化的先进因素。政府理论创新还会受到管理哲学的影响，在确立社会主义市场经济体制并加入 WTO 后，我们的管理哲学基础从无限全能政府转变为有限有效政府，因此要求我们必须吸收借鉴西方市场经济体制比较成功国家的政府治理理论和经验，结合中国国情加以本土化，构建出在社会主义市场经济体制条件下有中国特色的政府理论。

从中观层面看，政府创新的主体是政府体制创新，体制创新是在国家现有的社会治理结构基础上的创新，也即政府创新必须坚持中国共产党的领导，坚持人民民主专政的国体和政体。政府体制是指政府系统的权力划分、组织结构、职能配置、运行机制等的关系模式。因此政府体制创新包括政府权力重新划分、组织结构设置创新、政府职能配置创新、政府运行机制创新等。政府体制的核心内容是政府行政权力的划分和行政职能的配置。从科学的角度讲，必然是权力划分决定职能配置，职能配置又会影响到政府组织结构设置和行政运行。政府组织结构是政府体制的表现形式，又是政府权力和职能实现的载体。政府运行机制则是政府体制的灵魂，没有政府决策、执行、反馈的有效运行，政府体制就无法运转，政府职能就无法实现。当然，我们在这里说的是政府的狭义概念。其实政府体制和立法体制、司法体制共同构成国家的管理体制，政府体制必然也受到立法体制和司法体制的制约和影响。同时党的体制也具有行政化的特征，并且领导政府，这种社会治理结构的确立，对政府创新也会起到重大的主导和影响作用。因此政府体制创新的逻辑结构必然是：科学地划分政府权力，根据组织理论原理合理设定政府组织结构，科学配置政府职能，不断健全政府运行机制。

从微观层面来看，政府治理工具创新是政府直接服务和治理社会所需人员的素质、治理方式、手段等的创新，这是政府创新最底端的基础层面，也是推动政府创新较容易的层面。比如电子政务，就是政府治理手段的创新。这样的创新因为不触动根本的利益分配格局，因而比较容易推行。但是由于

① 李习彬. 中国政府管理创新体系研究［J］. 国家行政学院学报，2002（6）.

政府创新是一个体系，政府管理方式方法的变革必然引起政府各个层次的变革。在政府工具层次，电子政务建设必然会使政府的管理方法和管理手段出现较大的变化，进而引起管理人员的观念的更新；在政府运行层次，必然会使政府行政业务流程发生较大的变化，减小管理宽度和管理幅度，促进政府体制的变化和革新；在政府理念层次，互联网的应用使得信息公开化成为可能，从而使政府信息垄断的优势基础失去了支撑，必然使政府走向透明和民主，催生阳光政府和人本政府新理念。因此，如何革新政府治理方式，以更好地履行政府的治理和服务职能，是中国政府必须解决的问题。

（三）与时俱进，政府理论现代化必须基于社会发展变迁现实

政府的职能转变逻辑在于，随着市场经济的发展、社会生活的改变以及文化的变迁，社会中涌现出越来越多的问题，社会公共事务的数量逐渐增多、范围不断扩展，情况日益复杂。为了应对社会发展变迁，政府理论必须与时俱进，每一次政府理论创新，都建立在社会发展变迁的基础上。从邓小平行政理论，到“三个代表”行政思想、科学发展观政府理论，再到习近平新时代中国特色社会主义政府理论，政府理论一直处于不断发展创新之中。邓小平行政理论的提出适应了改革开放的时代背景；“三个代表”行政思想的提出是建设社会主义市场经济体制、深化改革开放的必然要求；科学发展观政府理论是对建设社会主义和谐社会的理论指导；习近平新时代中国特色社会主义政府理论则是在新的时代条件下对如何推进国家治理体系和治理能力现代化的深刻回应。所以，政府理论创新必须以客观的社会发展状况为现实依据，增进政府理论的科学性、现实性和可行性，使理论更好地指导实践。

政府理论现代化既不是未来时，也不是完成时，而是进行时。“政府创新就是在不断积累的基础上，探索适应新环境变化和新现实挑战的政府体制的新模式与政府运行的新方式。”① 尤其是在社会发展快速变革的时期，政府理论必须要与时俱进，不断适应政治、经济、文化等方面的发展变化，适时做出调整。一方面，不能将创新寄托于未来，认为现阶段的政府不具备解决新生社会问题的能力和水平，这是逃避责任的表现；另一方面，在进行创新之后，更不能止步不前，认为只要完成创新就同时解决了问题，这是缺乏用发展、动态的眼光看待事物发展变化的表现。所以，政府理论创新是一个不断

---

① 谢庆奎．论政府创新［J］．吉林大学社会科学学报，2015（1）．

发展、变化的过程，要在社会发展变迁的基础上与时俱进。

（四）借鉴国际政府创新经验，为政府理论现代化注入新鲜血液

20 世纪七八十年代以来，欧美发达国家开展了新公共管理改革运动，在政府现代化方面一直走在世界前列，涌现出新公共行政理论、新公共管理理论、新公共服务理论、整体性政府理论等，在丰富政府创新理论内涵的同时，也促进了西方国家的政府改革发展。随着全球化向纵深发展，各国在经济社会等方面的全方位联系更加紧密，信息沟通路径更加顺畅，政府理论现代化可以积极吸取、借鉴国外政府创新中具有现代性的成功经验。

新公共行政理论最大的贡献是对政府所追求的价值进行了全新考量，在追求效率的基础上，政府还应该促进社会公平正义，这就要求政府理论创新在价值层面，应该打破以 GDP 为中心的价值取向，在社会治理过程中，更多地关注社会公平正义，把公平正义的价值贯彻到政府理念之中。

新公共管理理论在处理政府与市场关系上具有较强的现代性和适用性，要求政府从经济活动中脱离出来，转变为市场经济的监管者而非参与者，着力推行市场化和民营化，使产品和服务的提供更多由社会和市场来承担，“民营化可界定为更多依靠民间机构，更少依赖政府来满足公众的需求”。[①]

新公共服务理论在政府理念、角色定位、政府行为等方面更贴近现实发展，要求政府关注于“服务”而不是“掌舵”，政府应当成为中介者、裁判者，在思想上具有战略性，在行动上具有民主性，更加强调政府的公共服务职能。因此，政府理论创新应当积极借鉴、吸取国外政府创新的经验，以更加开放、包容的理念去正确评判国外政府创新的理论和实践，为政府理论创新注入新鲜血液。

① ［美］萨瓦斯．民营化与公私部门的伙伴关系［M］．周志忍，等，译．北京：中国人民大学出版社，2002：128.

第十一章
治理制度现代化载体：法治政府建设

习近平关于全面依法治国论述摘编

全面推进依法治国，必须坚持严格执法。法律的生命力在于实施。如果有了法律而不实施，或者实施不力，搞得有法不依、执法不严、违法不究，那制定再多法律也无济于事。我国古代有徙木立信的典故，说的是战国时期商鞅在秦国变法，为了取信于民，派人在城中竖立一木，说谁能将此木搬到城门，赏赐十金。搬一根木头就可以拿到十金，民众无人相信，后来把赏赐加到五十金，有人试着把木头搬到城门，果然获赏五十金。这就是说要言而有信。现在，我们社会生活中发生的许多问题，有的是因为立法不够、规范无据，但更多是因为有法不依、失于规制乃至以权谋私、徇私枉法、破坏法治。

——2013 年 2 月 23 日习近平在十八届中央政治局第四次集体学习时的讲话

法治政府建设是现代国家政治文明的重要标志，是实现国家治理体系、治理能力现代化的必经之途。执政党发展政治文明的现代化程序，是要善于通过制定宪法、法律的方式把执政党的意志和人民的意志变成国家的宪法、法律，然后依照宪法、法律来治国理政。党的十八届三中全会提出，全面深化改革的总目标是完善和发展中国特色社会主义制度，推进国家治理体系和治理能力现代化。什么是治理体系现代化？治理体系最终要以制度的形式表达出来，而制度的最高形态是法律。法治化就是治理体系现代化的重要标志之一，依法行政是国家治理能力体系和治理能力现代化的重要标志，因此法治政府建设已经成为国家迈向现代法治国家的必由之路。① 党的十八届四中全会明确提出，要善于使党的主张通过法定程序成为国家意志，善于使党组织推荐的人选通过法定程序成为国家政权机关的领导人员，善于通过国家政权机关实施党对国家和社会的领导，善于运用民主集中制原则维护中央权威、维护全党全国团结统一。这四个“善于”中，前三个“善于”着重于怎样用执政党的思维来治理国家。国家先进，不仅指它经济实力、军事实力的强大，更多还体现为制度文明及国家治理的法治化水平。习近平总书记指出：“纵观世界近现代史，凡是顺利实现现代化的国家，没有一个不是较好地解决了法治和人治问题的。”只有通过法治建设，有效消除人治，才能够实现国家治理体系和治理能力现代化。

一、法治政府概述

哈耶克认为：“撇开所有技术细节不论，法治的意思就是指政府在一切行动中都受到事前规定并宣布的规则的约束——这种规则使得一个人有可能十分肯定地预见到当局在某一个情况中会怎样使用它的强制权力，以及根据对此的了解计划他自己的个人事务。”② 哈耶克可以说是道出了法治理念的最基本的本质。

（一）法治的含义

法治作为一种思想在西方国家经历了一个漫长的改革过程。古希腊的哲学家从人类结合为政治团体的目的出发来研究人类生存的价值，这势必引发对治理国家的道德和法律手段的争论。亚里士多德重法治而轻人治，强调法律在国家政治生活中的作用。他在《政治学》一书中系统地阐述了法治，他的法治观可以概括为四个方面：第一，他认为：“法治应包含两重意义：已成立的法律获得普遍的服从，而大家所服从的法律又应该本身是制定得良好的法律。”③ 因此，法治是指人们服从良好的法律，遵守良法是实行法治的关键。第二，他认为法治比人治要好：“凡是不凭感情因素治事的统治者总比感情用事的人们较为优良。法律恰正是全没有感情的；人类的本性便是谁都难免有感情。”故法治之所以优于人治，是由于法律不偏私，具有公正性。第三，他

① 马怀德．深刻认识法治政府的内涵和意义［N］．光明日报，2017-05-08（理论版）．

② ［英］哈耶克．通往奴役之路［M］．王明毅，等，译．北京：中国社会科学出版社，1997：73.

③ 亚里士多德．政治学［M］．北京：商务印书馆，1981：199.

认为法治是指统治者依照法律来治理国家，因为国家虽有良好的法律，但还得有一个好的统治者来发号施令，只不过“在这样的一人为治的城邦中，一切政务还得以整部法律为依归”。第四，他认为法律的目的和作用与国家的目的和作用是一致的，国家是最高的社团，它以善业为目的，这种善业就是正义。而法律也是为促进善业和公共利益为依归的正义服务的，因此法律是正义的具体体现。正义是区分良法和恶法的根本标准。

古罗马政治家和思想家西塞罗以自然法理论为基础，阐明了法律与执政官、罗马共和国的关系，从而发展了法治理论。西塞罗的法治观主要包括三点：第一，他认为：“国家乃人民之一团糟，但人民不是人们随意聚合的集合体，而是许多人基于法的一致和利益的共同而结合起来的集合体。”[①] 因此，国家的权力来自人民，统治者行使的权力是人民的共同权力。第二，他较为全面地论述了自然法，他认为自然法是普遍存在的一种至高无上的法则，它是一种真正的法律，代表人类正确的理性，因此，它是永恒不变的，人类所制定的法律应该符合这种代表人类理性的永恒不变的自然法。第三，西塞罗认为国家需要一个执政官来统治，因为没有官员的智慧和尽心，国家便不可能存在，整个国家管理靠官员之间的权力分配来维持。因此，法律“不仅应当对官员的权力限度做出规定，而且应对公民的服从程度做出规定”。官员的职责在于“领导和发布正确的、有益的、与法律相一致的政令。犹如法律指导官员，官员也这样指导人民，因此完全可以说，官员是说话的法律，法律是不说话的官员”。[②]

西塞罗的法治观之所以发展了亚里士多德的法治观，不在于他更加强调法律在国家政治生活中的重要作用，而在于他将法治观建立在自然法基础之上，因此他成功地解决了亚里士多德未能解决的世俗法律规则应由一个什么标准来检验其是否符合正义、统治者为什么只能依照法律来进行统治并且自己必须遵守已经制定的法律这些法治的核心问题。亚里士多德虽然不承认国家机关制定的一切法律都具有法律效力，但由于他不能明确哪些法律是符合自然正义的法律，是人们应当遵守的行为准则，因此亚里士多德的正义观还不能完全与他的法治观相结合，只能得出人民必须遵守普遍适用的法律，而不管这些法律是良法还是恶法的结论。西塞罗通过对自然法理论的阐述，认

---

① 西塞罗．论共和国　论法律［M］．王焕生，译．北京：中国政法大学出版社，1997：39.

② 西塞罗．论共和国　论法律［M］．王焕生，译．北京：中国政法大学出版社，1997：255-256.

定国家机关的制定法之上有反映人类理性和体现自然正义的自然法。由于自然法是理性的命令，是真正的法律，所以只有符合自然法的制定法，人们才有服从的义务。由于制定法律的权力本身是统治者的权力的一部分，它制定的法律只有符合理性和正义的自然法才有法律效力，如果人们普遍遵守不符合自然正义的法律，必然不是法治，因为它不符合政治社会的目的，所以承认自然法的效力高于国家机关制定的法律，国家机关制定的法律必须要符合自然法才能称之为法，统治者只能按照这样的法律来进行统治，人民只有遵守这样的法律才能实行法治。

在神学思想占统治地位的欧洲中世纪，罗马法的原则和自然法是最高法的思想仍然被基督教教义保留下来。著名的神学思想家托马斯·阿奎那认为，法律“不外乎是对于种种有关公共幸福的事项的合理安排，由任何负有管理社会之类的人所予以公布”“法律不是别的，而是由一种管理社会的人所公布、以公共福利为目的的理性的命令”。[①] 既然人法是一种以公共利益为目的的理性的命令，所以统治者的命令要具有法律的效力就必须要服从理性的某种要求，否则就是专横的、压制的和渎神的法规，人民可以不遵守这样的命令。在阿奎那的法律思想中，人法要受永恒法、自然法和神法的支配，统治者虽不受人法的约束，但必须受永恒法、自然法的统治。这样，神学思想便在客观上使古代自然法思想延续下来。

近代法治理论作为一种完整的思想体系是由启蒙学者创立的。从思想史角度论，它是对古代法治理论的继承和发展。在自然法理论中，“自然”是一种统治原则，它遍及整个宇宙，而宇宙是由一种实体组成的，这种实体就是理性，因此自然法就是理性法；人类作为宇宙的一部分，本质上是一种理性动物，服从理性命令，根据人自己的自然法则安排其生活；理性作为一种遍及宇宙的万能的力量是法律和正义的基础。因此自西塞罗以后，自然法的效力高于制定法的观念成为一种共同的、能为多数人民认同的法律准则。根据这一准则，“法”只包括符合人类理性的自然法以及符合自然法的制定法两种，凡不符合自然法的制定法均属于无效，因为它本身就不能被称为法律，近代法治理论以此为基点而展开。以自然法为基础的法治观，依照法律来管理国家事务只有依自然法来制定“真正的法律”，并依照这些法律来管理公共事务才有意义，才能称之为法治。既然制定法的法律效力不是国家机关或者

① 张宏生，谷春德. 西方法律思想史［M］. 北京：北京大学出版社，1990：58.

是由统治者自己决定的，而是由高于制定法的自然法决定的，由此可以认为，任何国家机关的权力都是有限制的，因为除了自然法至高无上之外，不存在任何绝对的权威，任何绝对的权力都是不符合自然法的。近代法治理论所面临的现实问题是：自然法是最高的法律，但以什么标准来衡量制定法是否符合正义？这种标准可否由法律规则来表述？如果可以形成法律规则，那么，这种法律与其他法律的区别是什么？启蒙学者从自然法理论出发，认定由人民制定的宪法是反映自然正义的法律，因为它是人类理性的直接体现，它的法律效力高于其他法律，以宪法作为检验制定法的标准。

启蒙学者要建立自己的法治理论还得从自然法开始。格劳秀斯是近代自然法理论的创始人，他的最大贡献在于把西塞罗的自然法理论与近代所要建立的民主政治制度目标模式结合起来。在《战争与和平法》一书中，他认为："自然法是正当理性的准则，它指示任何与我们理性和社会性相一致的行为就是道义上公正的行为；反之，就是道义上罪恶的行为。"① 从形式上来看，他的定义与西塞罗的定义似乎没有什么区别，因为无论是格劳秀斯、洛克还是卢梭、孟德斯鸠，在法的检验标准上，都继承了古代的理性检验标准，所不同的是近代启蒙学者从肯定这一标准出发，创立了新的国家学说，解决了自亚里士多德以来欧洲法律思想领域内一直没有解决的国家与政府的起源问题，从而继承并发展了古代的自然法理论，并为建立一种新的法律权威理论奠定了基础。

启蒙学者认为国家、政府起源于契约，因为自然状态不是人类最理想的社会，因此，人民为摆脱自然状态相约组成政府，其目的在于更好地遵守自然法，国家和政府的权力来自人民，人民的整体意志就是政府行使权力的依据，公意是最高的法律，因为它是符合理性的。既然如此，那国家机关制定的法律之所以要符合自然法才有法律效力，就不仅是因为法律规则具有普遍适用性和公平性，还因为政府管理公共事务的目的在于保护公民的生命、自由和财产。它不是法律作用与个人作用谁更大的问题，而是由人们相约组成政府的目的决定的。它已不再是对统治者的一种劝告，而是对公共管理机关的一种约束和限制，它本身是自然法的直接体现。如果国家机关制定的法律不符合公意，那么它就不符合自然正义，也就违背了人们成立政府的目的。

---

① 西方法律思想史资料选编［M］. 北京：北京大学出版社，1983：139.

因此，当洛克在《政府论》中论述法治时，特别强调君主和政府没有专断的权力，只能按照法律来统治：“统治者应该以正式公布的和被接受的法律，而不是以临时的命令和未定的决议来进行统治。……政府所有的一切权力，既然只是为社会谋幸福，那就不应该是专断的和凭一时高兴的，而是应该根据既定的和公布的法律来行使。”① 洛克论述法治时强调政府按照法律来管理公共事务是以政府机关和个人没有专断的权力为出发点的，因为政府的权力来自人民，所以政府的权力是有限的，在有限的权力范围内政府行使权力的手段和方式也是受限制的。

由于国家起源于契约，因此国家机关制定法律必须受到自然法的检验，国家机关的权力是有限的，它必须履行契约上的义务。这一结论是启蒙学者对法治理论的最大贡献。同时，启蒙学者还需要解决自然法作为检验法能否成为现实法律制度中的一部分这一问题，使自然法能够成为可以操作的制度体系。解决这一问题的唯一途径就是实现自然法规则的转换，通过转换将自然法中的正义与理性转化为世俗国家机关的法律规则，并将这种法律规则推到根本法的地位，从法律上设定一个世俗国家的最高权威并由它来检验制定法是否符合正义与理性，是不是实现法治的最佳手段，它既避免了人治的弊端，又成功地解决了制定法与国家机关的权力相互重叠的现象。这种契约在近代便是宪法。政府的权力来自它的授权，没有契约而出现的政府是非法政府，没有契约上的依据的国家权力是非法权力。由此，法治思想最终成为西方法治政府实践的指导思想。

（二）法治政府的含义

在西方法律与政府理论中，对法治政府的解释主要有三种：

（1）法治政府是依法组成并且依法治理、依法行使政府权力的政府。在这个意义上，法治政府的含义与法治的含义具有相通之处。英国著名行政法学家威廉·韦德认为法治有两层含义。其第一层含义是，“政府行使权力的所有行为，即所有影响他人法律权利、义务和自由的行为都必须说明它的严格的法律依据”。更进一步，其第二层含义是，“政府必须根据公认的、限制自由裁量权的一整套规则和原则办事”。这实际上就是用“法治”来解释“法治政府”。

---

① ［英］洛克．政府论（下）［M］．叶启芳，等，译．北京：商务印书馆，1996：86.

（2）把法治政府理解为三权分立的政府。最有代表性的是北美殖民地马萨诸塞州 1780 年制定的宪法，该宪法的权利宣言中著名的第 30 条规定：“在这一共同体的政府中，为了实现一个法治的政府而不是人治的政府，立法部门将永不行使执行权和司法权或其中之一；执行部门将永不行使立法权和司法权或其中之一；司法部门将永不行使立法权和执行权或其中之一。”

（3）法治政府与保障自由和权利相关联。哈林顿说：“一个共和国的自由存在于法律的王国之中，缺乏法律便会使它遭受暴君的恶政。”这正是法治政府的根据。1803 年，美国最高法院首席大法官马歇尔在对著名的马伯里诉麦迪逊一案发表的意见中也指出：“毋庸置疑，公民自由权的真正本质在于：每个人在其受到侵害时，都有权要求法律给予保护。政府的一个首要职责就是提供这种保护。我们一直强调，美国政府是法治政府而非人治政府。但是，如果我们的法律不能给受到侵害的法定权利提供救济，那么，我们当然不能认为它无愧于‘法治政府’这一崇高称号。”这些解释，说明了“法治政府”的价值取向、组成原理和运行原则。①

（三）法治政府的基本价值

1. 法律至上

法律至上的原则主要适用于政府权力的来源以及由此而来的行政组织机构的设立。在社会政治生活中，政府的产生方式及其权力的来源直接表明了政府及其权力的源泉。任何政治社会，都要关注和解决这样的问题：一个人通过什么方式成为统治者以及获取权力呢？因为不同的权威及权力来源对政府有着不同的影响，在法治政府下，只有人民授权的政府，才能具有统治的权力，也才能被施予可靠的限制与约束。因此，在制度安排上，人民授权的过程、方式特别是定期的自由选举也就成为制约政府的重要制度形式。对于那些通过民主选举产生的政府来说，民主选举具有双重意义：一方面，这种选举赋予政府以合法的地位和权力。由于政府是合法产生的，其权力是合法授予的，因而它就获得了统治或治理国家的最重要的政治资源。另一方面，民主选举对政府起着重要的约束作用。因为选举的直接目的在于让选民挑选合适的领导人，实现公共权力的和平与合法的移交。这本身就必然包含着一个基本的意向：撤换那些政绩不佳、违法乱纪、滥用权力和破坏宪制的领导

① 程燎原．“法律人”之治：“法治政府”的主体性诠释［J］．西南民族大学学报，2001（12）．

人。如果政府因其施政行为而失去了民众的信任，那么民众就会用选票结束他的政治生涯。当政府经过合法的程序建立起来后，必须着手设立自己的行政组织。因为行政组织是国家行政管理的实施者，离开行政组织，国家公共行政管理活动就无法开展。但是行政组织并不是由政府随意设置的，必须遵循职权法定的原则，即行政机关依法设置行政组织，行政机关的职权由法律规定。行政机关的创设、存在依据和活动范围等皆源于法律规定，法律是行政机关的生命线。因而，一个行政机关享有的职权、职权范围和行为限度都必须从法律上寻找。没有法律的授予，行政机关不可能享有并行使行政职权。行政职权法定的原因在于权力本身所具有的强制性和危害性，如果允许行政机关或者其他有权者在法律外享有职权，此种权力就会失去限制，当权者就会无限地扩张自己的权力，并将该权力演化为任意所为，公民、组织的权益也就无法得到保障，社会秩序就会遭到破坏。行政机关一般通过两种方式获得权力：一是通过行政机关组织法。在法律创设某一行政机关时，组织法往往会对该行政机关的职能、职权、活动方式等做出规定。这些职权通常被称为行政机关的一般权力。二是通过单行法律的授予。在行政机关成立后，某一单行法律可能授予该行政机关与其职能相关的权力。

2. 法律保留与法律优先

法律保留原则指行政机关凡在涉及公民、组织重大权益的事项上，尤其是限制或者剥夺公民、组织的人身权、财产权时，必须由全国人大或者其常委会制定的法律明确授权才能从事此项行政活动。对该原则可从以下方面来理解：第一，从授权角度来看，法律保留原则要求对特定的行政事项，行政机关只有在由法律授权或者法律明确规定可以授出此权的规范情况下，才能从事行政活动。职权法定是对行政机关权力限制的一般要求，它要求行政机关所行使的一切权力都必须有法律依据，否则即为越权。这里的法律是广义的，包括法律、行政法规、地方性法规、规章等规范性文件。但仅有职权法定还不足以达到保护公民、组织重大权益的目的，法律保留原则要求对涉及特定事项的行政活动，授权的规范限于法律或者法律明确规定可授出此权的其他规范性文件。因而，从一定意义上说，法律保留原则实质上是职权法定原则的延伸和扩展，是对行政机关权力来源的进一步限制。第二，从行政机关制定规范权力角度看，对特定事项的设定权应属国家立法机关所享有，除非有国家立法机关的明确授权，行政机关不得就该事项制定规范，否则即为无效。这意味着特定事项的设定权为法律所保留。这种保留可分为两种形式：一种是法律绝对保留，即特定事项的设定权只能由全国人大及其常委会享有，且只能由其行使，不得授权包括行政机关在内的其他任何国家机关行使。《中华人民共和国立法法》第九条规定的有关犯罪和刑罚、对公民政治权利的剥夺和限制人身自由的强制措施和处罚、司法制度等事项，就属于法律绝对保留事项，只能通过法律加以规定。另一种是法律相对保留，即特定事项的设定权应由全国人大及其常委会享有，但尚未制定法律的，全国人大及其常委会在某些情况下有权做出决定，授权国务院可以根据实际需要，对其中的部分事项先制定行政法规。第三，法律保留事项不应包括授益行政。一般认为，法律保留原则的目的在于保护公民、组织的合法权益不受行政机关的侵犯，因而保留事项应仅包括行政侵害事项，尤其是涉及公民、组织重大权益的事项，而不应包括授予公民、组织权益的事项。对于后者，只要在行政机关职权范围之内，符合法律精神，行政机关就可从事。

法律优先原则是指行政活动必须受法律的约束，不得与法律相违背和冲突。行政从属于法律，法律居于优先地位。从狭义方面来理解法律优先原则，主要是指在法律规范的效力层阶上，法律高于其他任何法律规范，其他任何法律规范都不得与法律相抵触。如有抵触，以法律为准。在法律尚无规定，其他法律规范做了规定时，一旦法律就此事项做出规定，其他法律规范的规定都必须服从法律。

3. 权力有限

有限权力原则是指一切行政权力都应当是有限的，它受法律的限制，受相对人权利的限制，受其他权力的限制，越权无效。权力授予的同时也意味着权力的限制。这一基本价值可以从时间和空间两个维度来理解。从时间长度上保证权力有限就必须实行任期制。任期过短，势必降低政治效率，增加政治成本。但任期过长或者终身任职，也势必导致政府滥用权力乃至走向独断专行。因此，从保障自由、防止专权和厉行法治的目的出发，给那些行使政府权力的人确定一个法定的任期，而且不得终身任职，就成为保证政府权力有限的一个重要方法。从制度上确定政府权力的空间范围，乃是法治政府更为根本和关键的问题。空间范围上的有限性，是法治给予政府的基本定位，也是法治下政府权力的基本属性。它的含义在于：政府权力不是无所不在、无所不能的专制权力。限定政府权力的主要形式是宪法和法律。在空间范围上确定政府权力的限度，一方面是出于保护人权的考虑，另一方面涉及对政府职能的定位。在西方的主流法治理论家看来，人权的正当性存在及其保障是建立政府的基点、理由和目的。这就意味着政府权力只能是有限的，如果政府权力是无限的，那么人权就必然成为牺牲品。同时，政府的职能有限，也是法治国家的重要特点。对此，许多政治哲学家和经济学家都进行过阐述。即使是在现代福利国家，限定政府职能仍然是基本的原则。既然政府的职能是限定的，那么政府的权力也是有限的。具体来说，法治政府的权力有限原则包括：首先，行政权力来源于法律，行政机关不得在无法律授权的情况下设定自己的权力。不得自己增设权力，包括上级行政机关为下级行政机关设定权力。近代以来的民主行政都是以立法机关的法律为依据的，没有立法机关的授权，行政活动就是非法的。其次，在设定行政机关权力时应当授予相对人相应的权利。相对人的权利既是相对人利益的体现，又是行政机关的义务。行政权非有法律依据，不得使公民负担义务或侵害其权利。增加相对人的负担或剥夺相对人的权益，均以法律规定为唯一理由。

4. 程序正当

所谓程序，从法律的角度看，一般是指实施某种行为的方式、步骤和时限。程序正当就是指行政机关在实施行政行为的过程中应当遵循法定且合理的方式、方法及步骤。行为方式、步骤构成了行政行为的空间表现形式，行为的时限、顺序构成了行政行为的时间表现形式。在法治的状态下，宪法制度使政府权力合法化了，并且具有法定的界限。但政府权力并非仅仅表现为静态的制度形态。从政府运作方面来看，一个政府的基本职能和社会政治目标，只有通过政府行使权力的过程才能实现。在这个过程中，政府可能使权力的制度形态变成畸形形式。因此，法治政府状态必须关注规范与约束政府实际行使权力的过程及其方式问题。如果不约束其过程，不限定其方式，那么对政府权力空间范围的确定，就可能变得毫无意义。权力的滥用将会在权力的行使过程中频繁出现，尽管这种权力是有限的、法定的。所以，除了对政府及其权力施以实质性的限制，在法治政府下，必须对政府行使权力的过程提供一种程序性的约束框架。程序正当原则具体要求如下：公民有在合理时间内得到通知的权利；公民有了解行政机关论点和根据的权利；公民有为自己辩护的权利；行政人员处理涉及与自己有利害关系的事务或裁决与自己有利害关系的争议时，应主动回避或应当事人的申请回避；行政主体应设置相对独立的机构来裁决涉及行政管理的有关争议，并且原调查和提出指控的机构不能直接做出处理裁决；自由裁量必须有程序控制；程序违法的行政行为应视为无效。

5. 责任行政

从广义上讲，责任行政就是行政组织及其行政人员要履行法律及社会所赋予的义务和责任。它包括政治责任、行政责任、刑事责任、民事责任和道德责任。从狭义上讲，责任行政是指行政组织及行政人员因违反具体的行政法律规范而依法必须承担的法律后果，它只包括行政责任、刑事责任和民事责任。法治政府应当实行广义上的责任行政。它分为如下几种形式：

第一，政治责任。政治责任通常是针对政务官而言的，是因其未能实现政治目标而引起的。所谓未能实现的政治目标包括的内容很广泛，如错误执行政策、本部门行政效率低下、严重背弃了任职前对选民的承诺、因贪污腐败而损害政府形象等。在英国，政府必须对议会负责，但实际上是现任首相及其内阁成员对议会负责。如果政府政绩不佳或有贪污腐败等招致社会攻讦的问题，议会有权解散政府，首相及其内阁成员必须下台。在美国，总统直接对选民负责，对表现不佳的总统，选民可在新一轮总统选举中投票否决其连任资格，或者通过国会对有重大过失的现任总统进行弹劾。政府部长等政务官员则需对政府首脑负政治责任，政府首脑有权随时解除不称职的政府部长。

第二，行政责任。行政责任专指事务官或文官失职、渎职应承担的法律责任或接受的法定处罚。行政责任实际上是一种行政机关内部的法律监督。各国文官法或公务员法对此都有很具体的规定。

第三，刑事责任。对于政府官员以权谋私、知法犯法、执法犯法等情况，各国均采取严厉惩处措施，依法追究其刑事责任。法律面前人人平等是现代法治国家通行的准则。

第四，民事责任。当行政机关以民事主体的身份与社会组织及公民发生联系时，受民事法律的约束，违约时要承担民事责任。此外，目前在许多国家广为流行的行政合同也确认合同一方的行政机关受契约法则的约束。

第五，道德责任。道德责任是指公务员道德、品质上有失检点而可能要承担的后果。在许多国家，人们普遍认为，包括公务员在内的国家公职人员是国家的代表和象征，应该具有比一般公民更为高尚的品德。

责任行政原则的具体要求是：行政活动应当处于现任状态；行政责任的承担以违法、不当或损害为前提；对行政赔偿应当进行合理的归责；对侵害和损失应予以行政救济；违法行政行为的确认权属于特定机关；司法审查一般应当是终局裁判。

二、改革开放以来中国法治政府建设发展与问题

中国建设法治政府的努力，始于1978年党的十一届三中全会。1993年国务院提出依法行政，1999年国务院召开了全面推进依法行政工作会议，通过了《国务院关于全面推进依法行政的决定》。2004年，国务院发布《全面推进依法行政实施纲要》，提出“全面推进依法行政，经过十年左右坚持不懈的努力，基本实现建设法治政府的目标”。2015年底，中共中央、国务院印发《法治政府建设实施纲要（2015—2020年）》，提出“经过坚持不懈的努力，到2020年基本建成职能科学、权责法定、执法严明、公开公正、廉洁高效、守法诚信的法治政府”。这与党的十八大和党的十八届四中、五中全会提到的“法治政府”概念一脉相承。党的十九大报告就进一步推进法治政府建设提出了若干新的具体要求。落实党的十九大精神，建设新时代法治政府，必须全面推进依法行政，严格规范公正文明执法；转变政府职能，深化简政放权，创新监管方式；增强政府公信力和执行力，建设人民满意的服务型政府，此外，要形成科学合理的管理体制，完善国家机构组织法。

（一）改革开放以来中国法治政府建设的成就

经过40多年实践探索，中国法治政府建设经历了改革开放伊始的“起步阶段”，从依政策办事转变为依法律办事；到1989年《行政诉讼法》颁布为标志的“确立阶段”，明确了依法行政，规范政府行为的发展方向；再到1999年以国务院发布《关于全面推进依法行政的决定》为标志的“全面推进阶段”，提出全面推进依法行政，建设法治政府的目标。[①] 中国法治政府建设实现了六个重要转变：第一，行政机关从主要依政策办事到主要依法办事；第二，官民关系从只可“官告民”到亦可“民告官”；第三，行政侵权责任从“落实政策”到国家赔偿；第四，人事管理从实行干部制度到推行公务员制度；第五，政府和政府工作人员从只监督他人到自己也接受监督；第六，对行政权控制从只注重实体制约到同时注重程序制约。[②]

---

① 杨小军，宋心然，范晓东．法治政府指标体系建设的理论思考［J］．国家行政学院学报，2014（1）．

② 姜明安．从人治走向法治［J］．求是学刊，1997（6）．

1. 依法治国基本方略深入人心，依法行政原则全面实施

改革开放后，邓小平基于对国家治理历史经验教训的总结，提出了一系列发展社会主义民主和法治的思想。他认为，为了保障人民民主，必须加强法治。必须使民主制度化、法律化，使这种制度和法律不因领导人的改变而改变，不因领导人的看法和注意力的改变而改变。邓小平关于民主法治的论述为我国依法治国方略的提出奠定了理论基础。1996 年，八届全国人大四次会议通过的《关于国民经济和社会发展“九五”计划和 2010 年远景目标纲要》，将依法治国、建设社会主义法治国家作为国家的治国方针。1997 年，党的十五大明确提出了“依法治国，建设社会主义法治国家”的基本方略。1999 年，全国九届人大二次会议通过的《宪法修正案》规定“中华人民共和国实行依法治国，建设社会主义法治国家”，从而使依法治国基本方略得到国家根本大法的保障。依法治国方略的提出和被写入宪法，对中国法治建设产生了深远的影响，具有重大的历史进步意义。第一，表明了中国在治理国家的问题上摒弃人治，厉行法治。第二，意味着宪法和法律具有至高无上的权威，国家和社会各项事业都必须依法进行、依法运作，任何国家机构、政党、社会组织和个人都必须遵守宪法和法律。2007 年党的十七大报告要求，“依法治国基本方略深入落实，全社会法治观念进一步增强，法治政府建设取得新成效”。2014 年党的十八届四中全会做出《关于全面推进依法治国若干重大问题的决定》，提出了全面推进依法治国的总目标。2017 年党的十九大报告进一步明确了全面推进依法治国的总目标，坚持党的领导、人民当家做主、依法治国的有机统一。

依法行政是法治建设的重要组成部分。随着法治建设在中国的蓬勃发展，特别是依法治国方略的确立和被写入宪法，必然要求国家行政管理贯彻执行依法行政原则，建设法治政府；依法行政是法治政府建设的根本保障，法治政府必然体现依法行政的原则，“从‘依法行政’到‘法治政府’，反映了中国政府法治政策的变化，表明中国法治建设任务目标的日渐明晰化”。[①] 20 世纪 80 年代起，我国政府领导人和许多学者就提出，政府行政管理应当法治化，在行政管理领域做到有法可依、有法必依、执法必严、违法必究，这其实就是指政府要依法行政。1993 年，八届全国人大一

---

① 燕继荣，程熙．从“依法行政”到“法治政府”：对国务院法治政策及其执行状况的考察［J］．北京行政学院学报，2013（5）．

次会议通过的《政府工作报告》指出："各级政府都要依法行政，严格依法办事。一切公职人员都带头学法懂法，做执法守法的模范。"从而在政府正式文件中确定了依法行政原则。

1997年，党的十五大明确提出了依法治国的方略，明确了依法行政不仅是政府行政管理的法律手段，而且也要约束和控制国家行政权力，即依法治权、依法治官。1999年，国务院发布的《关于全面推进依法行政的决定》提出了全面推行依法行政的任务和要求，依法行政在全国各级政府中得到全面实行。新一届国务院成立伊始，就把坚持依法行政作为政府工作的三项基本准则之一，全面推进依法行政工作。2004年，国务院印发了《全面推进依法行政实施纲要》，明确提出"全面推进依法行政，建设法治政府"的目标和基本要求。为全面贯彻落实2004年《全面推进依法行政实施纲要》的目标和基本要求，2008年和2010年国务院先后通过和发布《关于加强市县政府依法行政的决定》《关于加强法治政府建设的意见》。党的十八大提出到2020年全面建成小康社会时，要实现"依法治国基本方略全面落实，法治政府基本建成"的目标。2013年，党的十八届三中全会通过的《关于全面深化改革若干重大问题的决定》将"建立科学的法治建设指标体系和考核标准"作为推进依法行政的重要举措。2015年，中共中央、国务院发布《法治政府建设实施纲要（2015—2020年）》，提出法治政府建设的总体目标是"到2020年基本建成职能科学、权责法定、执法严明、公开公正、廉洁高效、守法诚信的法治政府"。2017年，党的十九大胜利召开，习近平总书记正式提出要成立中央全面依法治国领导小组，加强对法治中国建设的统一领导，成立中央全面依法治国领导小组是深化依法治国实践的重大举措，是新时期全面推进依法治国的顶层设计，夯实党发挥总揽全局、协调各方的领导核心作用，是新时期社会主义法治建设的根本需要。① 依法行政原则在中国经历了一个由逐步确立到最终全面实施的过程。

2.《宪法》得到修改完善，中国特色社会主义法律体系初步形成

《宪法》是国家的根本法，是治国安邦的总章程，也是实行法治的前提和基础。随着改革开放和现代化建设的不断推进，1988年、1993年、1999年、2004年和2018年，全国人民代表大会先后五次对《宪法》的个别条款和部分内容做了必要的修正，使《宪法》得以不断完善。1988年的《宪法修正案》

① 应松年．中央全面依法治国领导小组成立的战略意义［J］．人民论坛，2018（5）．

给予了私营经济存在和发展的合法性，保护私营经济合法的权利和利益，并且规范了土地使用权的转让；1993年的《宪法修正案》用“社会主义市场经济”取代“计划经济”，明确了我国处于社会主义初级阶段的基本国情，确立了家庭联产承包责任制的法律地位；1999年的《宪法修正案》规定了国家实行社会主义市场经济，以及依法治国、建设社会主义法治国家等项内容；2004年的《宪法修正案》增加了推动物质文明、政治文明和精神文明协调发展，建立健全社会保障制度，尊重和保障人权等项内容，完善了土地征用制度、对私有财产保护等方面的规定，反映了时代的要求；2018年的《宪法修正案》适应新时代中国特色社会主义建设和发展的必然要求，确立科学发展观、习近平新时代中国特色社会主义思想在国家政治和社会生活中的指导地位，进一步明确保障人民权利和推进依法治国的内容，推进国家监察体制改革，增加有关监察委员会的各项规定，将新组建的监察机关与行政机关、司法机关、审判机关和检察机关并列，是国家监察制度的顶层设计，是我国深化政治体制改革过程中跨出的关键一步。实践证明，我国现行的《宪法》以及近年来的修改完善，符合国情、实施良好，为国家的发展和长治久安奠定了坚实的法律基础，在国家经济、政治、文化和社会生活中发挥了极其重要的作用。

改革开放以来，我国以宪法为依据加快了立法步伐，先后制定了一系列法律和法规。据统计，目前我国制定的法律达900多部，国务院制定的法规达1700多部，部门规章、地方性法规达3万多项，正式形成了以宪法为核心的中国特色社会主义法律体系，在国家和社会生活的基本方面实现了有法可依。2008年，十一届全国人大一次会议第二次全体会议上，时任全国人大常委会委员长吴邦国向大会作工作报告宣布：中国特色社会主义法律体系已经基本形成。2011年，吴邦国在第十一届人大四次会议上做常委工作报告中指出，党的十五大提出的到2010年形成中国特色社会主义法律体系的立法工作目标如期完成。至此，中国形成了以宪法为核心，以法律为主干，包括行政法规、地方性法规等规范性文件在内，由七个法律部门、三个层次法律规范构成的法律体系，即中国特色社会主义法律体系正式形成。但是，中国特色社会主义法律体系建设是一个不断发展、前进的过程，不能因为已经取得的成绩而止步不前，2018年全国人民代表大会常务委员会工作报告指出，今后的工作应当“着力加强重点领域立法，完善以宪法为核心的中国特色社会主义法律体系”。中国特色社会主义法律体系的形成和完善是建设法治政府、推进依法治国的法律基础和制度保障，因此，今后应当继续发展、完善中国特色社会主义法律体系，有效推进法治国家、法治政府和法治社会的建设。

3. 行政执法水平不断提高，法治社会初步形成

各级政府机关以全面推进依法行政为契机，在推行减少行政执法层次、实行综合执法、相对集中行政许可权、执罚分离、执法公开等方面进行了改革和探索，更加注重依法保护当事人和利害关系人的知情权、参与权和救济权。各级地方政府纷纷制定执法全过程记录制度，进一步规范行政执法人员的执法行为，完善包括书面记录和音像记录在内的执法记录方式，严格规范行政执法的各项程序。同时，地方政府层面在尝试建立和完善行政程序的相关制度建设方面已经迈开步伐。2008 年 10 月 1 日，首部地方行政程序立法《湖南省行政程序规定》开始实施，开启了中国法治政府建设程序主义的地方探索。此后，四川省凉山自治州、云南省永平县、广东省汕头市、山东省、甘肃省酒泉市、陕西省西安市相继跟进。[①] 行政执法水平得到有效提高，行政人员法治意识不断增强，逐步将行政执法纳入法制轨道，切实推进法治政府的建设。

随着依法治国方略的实行，我国司法权发挥的作用越来越大，各级法院审理案件的数量增多，纳入司法权管辖的事由不断扩大；各级政府依法行政的能力和水平有了明显提高，政府法治理念逐步强化，行政诉讼制度和行政复议制度得到不断完善；法学教育发展迅速，目前已有近 500 个法律院系；社会法律意识和法治观念日益增强。当然，法治建设是一个历史范畴，法治建设包括法治国家、法治政府和法治社会三个方面，三者共同作为法治中国的核心内容。其中，法治国家主要强调对执政党权力行使的控制；法治政府强调对市场和社会组织的管理过程中需要依法办事、依法行政；而法治社会则强调社会组织的资质、政府的有序治理以及对民生、人权的保障。[②] 三者之间存在紧密的联系：首先，建设法治国家是建设法治政府的前提，建设法治政府是建设法治国家的关键；其次，建设法治国家是建设法治社会的基础，建设法治社会是建设法治国家的条件；最后，建设法治政府是建设法治社会

① 王万华．法治政府建设的程序主义进路［J］．法学研究，2013（4）．

② 陈金钊，宋保振．法治国家、法治政府与法治社会的意义阐释：以法治为修辞改变思维方式［J］．社会科学研究，2015（5）．

的保障，建设法治社会是建设法治政府的目标。① 三者相辅相成、彼此联系，是全面推进依法治国的重要内容。但是，中国实现法治国家也需要相当长的时间，需要具备一些基本条件，如社会主义市场经济和民主政治的健康发展、法律体系的进一步健全、公民宪法意识和法治观念的提高、宪法保障和监督机制的建立健全、司法制度的改革和依法行政的全面实施等，这些条件将成为中国法治建设的方向。

4. 行政立法成就显著，行政监督全面加强

截至 2018 年 7 月，全国人民代表大会及其常务委员会已经制定了 267 部现行有效的法律，另有宪法、法律修正案 15 件，立法解释 25 件，涵盖了全部七个法律部门。各法律部门中，对形成中国特色社会主义法律体系起支架作用的基本法律，以及改革、发展、稳定急需的法律，大多已经制定出来。以宪法为根本依据，中国制定和完善了一系列保障人权的法律制度。中国行政立法取得了一系列具有重大影响的成果，其中包括 1989 年的《行政诉讼法》、1995 年的《国家赔偿法》、1996 年的《行政处罚法》、1997 年的《行政监察法》、1999 年的《行政复议法》、2000 年的《立法法》、2001 年的《行政法规制定程序条例》、2004 年的《行政许可法》等重要法律法规。根据社会发展的客观实际情况，行政立法也进行了多次调整，其中包括 2014 年和 2017 年先后两次修正《行政诉讼法》、2010 年修正《国家赔偿法》、2009 年和 2017 年先后两次修正《行政处罚法》、2009 年修正《行政复议法》、2015 年修正《立法法》、2017 年修正《行政法规制定程序条例》。此外，2010 年修正《行政监察法》，但是随着 2018 年《国家监察法》的颁布和实施，同时废止《行政监察法》。由此可见，自改革开放以来，我国的行政立法经历了由无到有、由少到多、由粗到细的发展过程，并且根据社会发展的变化，适时进行调整和完善，逐步规范行政权力，行政法体系日趋完备。

国家权力机关，包括全国人大和地方各级人大，通过任免政府领导人员，审议政府工作报告，行使质询权、弹劾权等方式对行政机关进行立法监督；行政机关内部监督包括上级对下级的监督、职能监督和主管监督等方面，审计部门在政府内部监督中发挥重要作用，新组建的国家监察机关负责对行政机关和行政人员的监察监督，社会组织、新闻舆论、公民个人等为主体对行政机关进行社会监督，法院依照《行政诉讼法》进行司法监督等，各种监督

① 姜明安．论法治国家、法治政府、法治社会建设的相互关系［J］．法学杂志，2013（6）．

方式都得到进一步增强，监督体系更加全面完善。并且，我国开始推行行政执法责任制、执法绩效评估以及政府各部门权力责任清单制度，强化行政监督在保证政府依法行使权力、公正执法和履行职能等方面发挥了重要作用。在行政监督的建设和发展过程中，依法行政的原则逐步确立，行政监督的效力不断增强，监督的范围逐渐扩大，监督的对象更加明确，行政监督在法治政府建设中发挥越来越重要的作用。

5. 顶层设计加强，法治政府指标体系不断完善

衡量法治政府建设水平需要建立相关的法治政府指标体系，法治政府指标体系具有三方面的功能：第一，引导功能，能够为依法行政的推进提供具体而现实的内在动力；第二，评价功能，能够科学评定各级行政机关推进依法行政的成效；第三，预测功能，能够为各地区确立依法行政的阶段发展目标提供客观依据。[①] 虽然法治政府的测量比较困难，但是“法治的基本要素在学理上和实践上是能够被细化分解、指标量化的”，[②] 因此可以通过建立相应的政府指标体系来衡量法治政府建设的质量。在政府评估层面，早在 2004 年《全面推进依法行政实施纲要》中，就正式提出对依法行政的六项基本要求：合法行政、合理行政、程序正当、高效便民、诚实守信、权责统一。

以政府为主体的评估指标体系也逐渐在各个地方政府建立和应用。深圳市是最早尝试建立法治政府指标体系的地方政府。2008 年 12 月，深圳市委、市政府做出了《关于制定和实施〈深圳市法治政府建设指标体系（试行）〉的决定》，将法治政府的建设具体细化为 12 个大项、44 个小项、225 个细项的重要指标。在省级政府层面，湖北省、四川省、广东省先后出台了法治政府指标体系，如 2010 年 6 月，湖北省委、省政府印发的《湖北省法治政府建设指标体系（试行）》，把建设指标分为 8 个大项、35 个中项、160 个小项；2013 年 3 月，广东省政府出台《广东省法治政府建设指标体系（试行）》，共设 8 项一级指标、40 项二级指标、108 项三级指标。县级政府层面，河北省永年县、江西省玉山县、贵州省普安县、江西省修水县、浙江省鹿城区、青岛市市南区、苏州市吴中区等也都对法治政府指标体系的建立进行了实践探索。[③] 各地方政府的实践和探索，为我国法治政府指标体系的建立与发展积累了宝贵的经验。

---

① 袁曙宏．关于构建我国法治政府指标体系的设想［J］．国家行政学院学报，2006（4）．

②③ 杨小军，宋心然，范晓东．法治政府指标体系建设的理论思考［J］．国家行政学院学报，2014（1）．

在第三方评估层面，中国政法大学法治政府研究院开展的法治政府评估工作成果显著，开创了我国法治政府第三方评估的先河，主要是针对国内一些较大的城市进行法治政府建设评估。2013 年开始，每年都定期开展相关的法治政府评估工作，并发布《中国法治政府评估报告》。在 2013 年首次评估时，其法治政府指标体系共有机构职能及组织领导、制度建设和行政决策、行政执法、政府信息公开、监督与问责、社会矛盾化解与行政争议解决、公众满意度调查 7 个一级指标、30 个二级指标、60 个三级指标，为每个指标设定不同的权重，而最终的评估总分为 300 分。之后的评估则根据实际情况的变化，将一级指标增加为 9 个，包括依法全面履行政府职能、法治政府建设的组织领导、依法行政制度体系、行政决策、行政执法、政务公开、监督与问责、社会矛盾化解与行政争议解决、社会公众满意度调查，评估范围更加全面，内容更加细化，评估总分也提升为 1000 分。第三方评估既总结了法治政府的工作成效，又指出法治政府的不足之处，为我国法治政府的建设提出了许多具有建设性的建议。

（二）改革开放以来中国法治政府建设存在的问题

我国的法治政府建设虽取得了重大成就，但是仍然存在以下问题：

1. “法律至上”理念有待深入，行政行为法律规范体系有待完善

从法律观念上看，整个社会还没有真正树立“法律至上”的法治观念，因此在现实生活中常有有法不依、违法乱纪的现象发生。2008 年发生的瓮安事件就是长期没有依法行政观念的结果，主要表现在以下几方面：①为追求政绩和利益，借发展经济之名与民争利，侵害群众合法权益。②没有法律依据，增加相对人负担，损害相对人权利。③不文明执法，激化矛盾，造成政府与公民关系紧张。④不考虑实际效果和后果，为执法而执法，与人民利益背道而驰。⑤政府不作为，导致矛盾积聚，影响社会安定。⑥政府不守信用，使民众对政府的信任缺失。[①]

行政主体、行政行为、行政关系等缺乏明确的法律定位和规范，行政自由裁量权过大。许多行政管理法律法规明显滞后于社会经济发展需要，亟须修订或清理。如在政企关系上，现代企业制度在许多企业没有真正建立，政府的行政审批权依然没有得到很好的改革，政企关系没有得到很好的理顺。

① 金国坤. 建设法治政府以构建和谐社会的实证分析 [J]. 北京行政学院学报，2007（2）.

也就是说，在政府和企业之间没有设置明确合理的边界，政府和企业的职能还时有交叉和错位。虽然目前我国已经实施了《行政诉讼法》《行政复议法》《国家赔偿法》等多部规范行政主体、行政行为和行政关系的行政法，但是，仍然缺乏一部《行政程序法》来对行政行为进行统一、有效的规范和约束，因此，在实践中行政行为存在很大的随意性。虽然2003年行政程序法被纳入十届全国人大二类立法规划，但后被撤下，迄今尚未能启动立法程序。在地方政府层面，《湖南程序规定》作为首部省级统一行政程序立法在2008年颁布实施，之后也有不少地方政府相继跟进。但是地方推进程序立法依然存在三大困境：第一，面临地方立法与中央部门立法的冲突；第二，法院在行政诉讼中难以适用地方立法审查具体行政行为；第三，地方推行面临行政自身阻力。[①] 因此，行政行为法律规范体系仍然有待进一步完善。

2. 依法行政缺乏制度化，各地方政府间法治建设水平不均衡

从政府部门执法行为来看，有些部门只有权宜之计的提倡，而缺乏持久真诚的落实。这很大程度上是因为行政规范性文件和行政决策法治化障碍凸显，持续、深入推进乏力。一方面，“行政规范性文件制定过程中的公开制度、三统一制度、行政决策制度的公开制度、风险评估和专家论证制度等，在实施过程中出现了‘敷衍了事’‘消极抵制’的现象”；另一方面，“惩戒机制和动力保障机制缺失”。[②] 法治化是一个全球性进程，因而一些领导干部为了装点门面不得不在口头上予以提倡，实际上在施政过程中则并无意真正推进法治化进程。因为法治化进程越深入，就会越触动其既得利益，甚至会威胁到其地位权力，因而一些私心很重、权力欲很强的领导者并不是下决心推动法治化进程，而是表现出一种“叶公好龙”态度。缺乏真诚持久的推动，法治之不兴也就不足为怪了。[③] 依法执法还远没有普遍化、制度化，并且在权利救济方面依然存在不少薄弱环节，“行政复议、行政诉讼等权利救济制度实际的公信力还很低，行政争议获得公正裁判结果的概率还很低，包括司法判决的权威性还往往得不到社会普遍承认”。[④] 因此，在权利救济方面，仍然需要加强行政复议和行政诉讼制度的建设。

---

① 王万华．法治政府建设的层序主义进路［J］．法学研究，2013（4）．

② 中国政法大学法治政府研究院．中国法治政府评估报告（2017）［M］．北京：社会科学文献出版社，2017：11．

③ 王宗礼．论中国法治化的现状及途径［J］．人大研究，1997（9）．

④ 杨海坤．我国法治政府建设的历程、反思与展望［J］．法治研究，2015（6）．

从横向的法治政府建设方面看，各地方政府的法治建设存在着差距。2013 年以来，中国政法大学法治政府研究院针对全国一些较大的城市，主要从九个方面对政府的法治水平进行评估。早在 2013 年首次评估时，就发现各城市法治政府建设水平的区域差异比较明显，其中西部各个城市之间法治政府建设水平差别较大，而东中部则相对比较均衡。[①] 2017 年的评估报告则表明，城市之间的法治水平差距不断加大，落后地区需要“弯道超车”，东部地区的法治建设水平仍旧高于中西部。

3. *法治政府建设的各项内容差异明显，制度建设仍在路上*

从法治政府建设的内容方面看，我国法治政府的建设在各项内容上均存在明显差异。通过对 2015—2017 年三年的《法治政府评估报告》中各项一级评估指标的平均得分和得分率进行分析（见表 11-1）可以发现，虽然 2015—2017 年，各城市的法治政府建设平均总得分从 617.44 分增长到了 687.22 分，法治政府的建设取得了一定成效，但是具体到各项评估指标，会发现法治政府建设在不同方面存在较大差异。每年的政务公开得分率都是居于各项指标之首，表明我国近年来在政府信息公开、保障公民知情权等方面取得了良好成效；法治政府建设的组织领导和行政执法方面的得分基本处于及格线以下，表明组织领导仍需要继续改进，行政执法水平依然需要提高；依法行政制度体系的得分则徘徊在及格线附近，依法行政的制度体系仍需要继续完善。因此，在法治政府的建设过程中，各项内容的发展存在明显差异，如何平衡法治政府各方面内容的发展是今后法治政府建设的一个重要问题。

依法行政，建设法治政府是各级政府的重要课题。在市场经济条件下，政府的主要职能就是使市场机制成为配置社会资源的决定性手段，而政府的行政行为必须有法律依据。完善社会主义市场经济更需要政府依法行政，依法执法，有权必有责，用权受监督，侵权要赔偿，否则正常的市场秩序难以维系。从现实来看，违法不究必然导致有法不依。在社会主义市场经济建设中需要政府学会运用法治手段解决经济和社会发展中的深层次矛盾，严格按照法定权限和程序履行职责，着重在经济调节、市场监管、社会管理和公共服务等方面为市场主体提供良好的社会环境。维护市场交易的安全有序，必须进一步加大法治政府建设的力度，推进法治政府建设进程。

---

① 应松年，马怀德．中国法治政府评估报告（2013）［J］．行政法学研究，2014（1）．

表 11-1 2015—2017 年各城市法治政府各项指标平均得分与得分率①

评估指标 \ 年均得分/得分率	2015 年平均得分（分）	得分率（%）	2016 年平均得分（分）	得分率	2017 年平均得分（分）	得分率（%）
各城市平均总得分	617.44	61.74	663.07	66.31	687.22	68.72
依法全面履行政府职能（机构职能）	79.80	79.80	76.23	76.23	82.81	82.81
法治政府建设的组织领导（依法行政的组织领导）	29.95	37.44	39.39	49.24	47.22	59.03
依法行政制度体系（政府制度建设）	43.19	53.99	50.76	63.45	45.92	57.40
行政决策	64.55	64.55	68.87	68.87	72.19	72.19
行政执法	62.80	52.33	69.51	57.93	69.03	57.53
政务公开（政府信息公开）	97.50	81.25	92.58	77.15	97.98	81.65
监督与问责	64.95	64.95	68.02	68.02	73.45	73.45
社会矛盾化解与行政争议解决	53.70	53.70	74.12	74.12	70.48	70.48
社会公众满意度调查	117.35	58.68	129.61	64.81	128.15	64.08

三、法治政府建设现代化的思考

中国的法治政府建设经历了几十年的实践与探索，分为三个发展阶段。20 世纪 80 年代的起步阶段，从依政策办事走向依法律办事；以 1989 年《行政诉讼法》颁布为标志的确立阶段，逐步开展依法行政，进一步规范政府行为；进入 21 世纪以来的全面推进阶段，2004 年国务院发布的《全面推进依法行政实施纲要》明确提出了建设法治政府的目标。② 但是与西方发达国家上百年的法治建设经验相比，中国的法治政府建设还处于初步发展的阶段，各方面仍待加强。中国的法治政府建设需要探索出一种适合中国国情的、具有中国特色的法治政府模式。

---

① 中国政法大学法治政府研究院．中国法治政府评估报告（2017）［M］．北京：社会科学文献出版社，2017：578-587；中国政法大学法治政府研究院．中国法治政府评估报告（2016）［M］．北京：社会科学文献出版社，2016：320-331；中国政法大学法治政府研究院．中国法治政府评估报告（2015）［M］．北京：法律出版社，2015：282-291.

② 杨小军，宋心然，范晓东．法治政府指标体系建设的理论思考［J］．国家行政学院学报，2014（1）.

从法治政府内涵来看，法治政府不仅意味着政府依法行政，即行政行为的合法化，还意味着国家行政机关的设立和运行的各个方面、各个环节都要在法治状态下展开。法治政府一方面要求用国家的法律来约束、限制行政权力，因为政府的权力是人民授予的，人民通过选举产生人大代表，人大代表制定法律，所以政府的一切权力都是由宪法和法律规定的，政府应置于法律的监督之下；另一方面又要求政府法治，即政府应当按照合理合法的方式来行使公权力，并做出相应行政行为，政府的一切行为均要有明确的法律依据，并严格按照法律程序办事。法治政府的内涵强调的是开放式政府治理的范畴、价值化政府治理的范畴、过程化政府治理的范畴以及给付性政府治理的范畴。①

建设法治政府，首先，必须从政府自身建设开始，进行一场政府的“革命”，这就要求加强政府建设，深化行政体制改革；其次，如何衡量法治政府建设的水平，对法治政府建设进行全方位的评估，是法治政府水平有效提高的关键，必须完善法治政府绩效评价体系；最后，政府文化深刻影响着政府的运行与发展，对行政人员的行为更是起着引导与规范的作用，因此，必须要培育法治文化，既要使法治观念深入人心，又要将法治理念贯彻到政府行为的每一个环节。

（一）加强现代政府建设，深化行政体制改革

加强现代政府建设，深化行政体制改革是建设法治政府的首要一步，这是政府的“自我革新”，只有不断提高政府的治理能力，法治政府建设才能实现。政府建设涉及政府的政治管理、经济管理、文化管理、社会管理等多个方面，最终要实现一个精简高效的创新型、服务型、效能型、廉洁型政府；而深化行政体制是加强现代政府建设的必然途径，大力推进机构改革、加快转变政府职能、深化行政审批制度改革和创新社会治理方式是其中的重要内容。

1. 大力推进机构改革，加快转变政府职能

机构改革重点在于机构合并与精简，是对政府体系的调整与完善。改革开放以来，我国先后进行了八次机构改革，对政府机构进行了较大调整。总体来看，政企分开、政社分开、政事分开是历次机构改革的重要内容，破除

---

① 关保英．论法治政府的新内涵［J］．南京社会科学，2015（1）．

改革开放以前的全能型政府模式，推动政府与经济组织、社会组织、事业单位在组织架构、治理方式上的分离，释放经济动力和社会活力，逐渐向效能型政府转变，凸显了政府职能转变的重要性。以往机构改革往往陷入“精简—膨胀—再精简—再膨胀”的恶性循环，主要原因就是在机构改革过程中，职能没有实质性转变。

2007 年 10 月，党的十七大报告提出“加大机构整合力度，探索实行职能有机统一的大部体制，健全部门间协调配合机制”。大部制改革成为机构改革的新方向，但大部制改革仍然存在不少阻碍，比如“大部”内外职能交叉现象依然存在；对“大部”的权力没有实施有效监督制约；“大部”内外协同机制尚未真正建立；成立“大部”后存在新型上下级关系的处理问题；大部制改革持续推进的动力不足。[①] 今后的机构改革要继续坚持大部制的改革方向，既要精简机构、裁汰冗员，也要优化结构、提高效能。

政府职能转变涉及政府的运行机制和制度安排。转变政府职能既要求政府内部理顺各机构、部门之间的权力责任关系，也要求理顺政府与企业、社会组织、事业单位等组织的关系。计划经济时期的政府是全能政府，国家与社会高度重合，政府包管一切；改革开放以来，则走向效能政府，其中关键一环便是重新厘定政府职能。政府必然是有限政府，转变政府职能的衡量标准，并不在于政府要多办事，还是少管事，而是要将有限政府与有为政府相统一。有限政府要求政府职权法定，严格依法行政，并自觉接受内部行政监督和外部政党监督、立法监督、司法监督、监察监督和社会监督等。有为政府要求政府在其职责范围内，切实履行职能，突出效能，杜绝懒政、怠政现象。

2. 深化行政审批制度改革，创新政府治理方式

行政审批制度改革能够提高行政效率，增强政府效能，有利于法治政府建设成果的制度化。深化行政审批制度是转变政府职能、推进机构改革的关键举措。党的十八大以来政府所推行的简政放权、放管结合、优化服务改革的“放管服”改革，以及全面推行的政府部门权责清单制度是深化行政审批制度改革的创新举措。改革行政审批制度，实质在于将政府从繁文缛节中解放出来，释放经济活力和社会创造力。政府不是也不应当成为经济活动和社会事务的控制者，而应当是提供服务的主体。

推进国家治理体系和治理能力现代化是党的十八届三中全会提出的全面

① 罗重谱．我国大部制改革的政策演进、实践探索与走向判断［J］．改革，2013（3）．

深化改革的总目标。对于政府而言，提升政府治理能力，创新政府治理方式是题中应有之义。创新政府治理方式，主要推动力来源于政府治理环境的变化以及政府治理体系的内在矛盾。① 政府内部需要提高行政效率，增强提供公共服务的能力和提升服务水平，同时中国的发展进入了新时代，人民对美好生活的向往推动着人民对政府提供的公共产品和公共服务提出了更高层次的要求。因此政府在治理方式上既要注重合法性考量，也要强调以促进行政改革、提高行政效能为基本指向的治理最佳性考量，在政府行为满足合法性前提下进一步提升公众满意度。② 在推进国家治理体系和国家治理能力提升背景下，要更加强调治理主体多元化、治理方式多样化，畅通公众广泛参与公共治理的渠道，完善政府与公众之间的沟通平台和沟通机制。

（二）完善法治政府绩效评价体系，强化监察监督

法治政府的建设不仅需要政府开展一场“自我革新”，更需要建立起有效衡量法治政府建设成效的体系。对法治政府进行考核性评价，能够实现三方面的功能：导向功能、激励功能、监督功能。③ 法治政府绩效评价是具有可操作性的，能够被细化分解、指标量化的，法治政府的建设成效是可以通过一系列指标加以反映的。④

1. 构建科学合理的法治政府绩效评价体系

2004 年国务院颁布的《全面推进依法行政实施纲要》对于法治政府内涵的理解主要是六项基本要求：合法行政、合理行政、程序正当、高效便民、诚实守信、权责统一。这六项基本要求应当成为法治政府绩效评价体系的构建目标，即评价体系要全方面反映这六项基本要求的建设成效。构建评价体系，要理论与实践充分结合。要将法治政府建设的成效量化，能够正确、真实地反映法治政府建设取得的效果与存在的问题，在此基础上科学地制定出评价指标，以及各项指标的衡量标准；同时要结合政府工作的实际情况，考虑到行政机关和行政人员在推行法治建设中实际遇到的困难与挑战，评价指

---

① 张成福．政府治理创新与政府治理的新典范：中国政府改革 40 年［J］．国家行政学院学报，2018（2）．

② 朱新力，唐明良．法治政府建设的二维结构：合法性、最佳性及其互动［J］．浙江学刊，2009（6）．

③ 郑方辉，尚虎平．中国法治政府建设进程中的政府绩效评价［J］．中国社会科学，2016（1）．

④ 杨小军，宋心然，范晓东．法治政府指标体系建设的理论思考［J］．国家行政学院学报，2014（1）．

标设计要充分考虑到可操作性和合理性。

2. 推动评价主体多元化，重视第三方评价功能

法治政府绩效评价主体不仅包括政府本身，还应包括公民个人、研究智库、学术团体等在内的第三方评价主体。1999年，珠海市机关效能考评率先推出“万人评议政府”活动；2004年开始，国务院信息化工作办公室每年都委托专业公司对各级政府网站进行绩效评价；2010年，国务院在试点工作的基础上，正式出台了《国务院关于加强法治政府建设的意见》，它明确要求科学设定依法行政工作考核指标，并将其纳入各级政府目标考核、绩效考核评价体系。虽然各级政府都已经展开法治政府绩效评价的相关建设工作，但是评价指标的建设还处于起步阶段，评价指标体系仍不完善，各级政府的建设步伐不一致，差异较大，还缺乏全国性评价体系。此外，第三方评价的作用应当受到重视，第三方评价具有较强的独立性和较高的客观性，能够更为客观公正地评价与衡量法治政府建设成效。当前我国第三方评价的体系还并不完善，民间性评价组织有待进一步发展。

3. 积极借鉴国外法治政府评价经验

国外法治政府评价起步较早，学习、借鉴国外的经验，有利于进一步完善我国的评价体系。2007年，美国律师协会等组织发起了世界正义工程项目，开发了一套衡量全球法治程度的法治指数，该评价体系包含了100多项指标。2008年，拉丁美洲18个智库联合推出“制度质量指数”；非洲公共调查机构推出“Afrobarometer指数”；2005年中国香港推出“香港法治指数”；2008年中国台湾“台湾公共治理研究中心”开发了一套“台湾公共治理指标体系”等。国际评价体系具有两方面的优点：一是科学性和专业性较强，能够较为全面地评价法治政府建设成效；二是评价主体相对独立，从政府外部进行客观评价。但这些经验不能盲目照搬，应当根据我国法治政府建设的实际情况来开发评价指标体系。“法治政府的建设从来没有划一的模式，各国地方性、知识和经验的差异性构成了制度资源的多样性，但这并不排除借鉴别国经验的重要性。法治的多样性是以某种一致性的共识为前提的，否则就失去了制度的比较意义。”①

4. 完善监察监督

监察监督是指国家各级监察机关依法对行政机关进行的监督。监察制度

① 罗豪才．行政法与公法精要［M］．沈阳：春风文艺出版社，1999：2.

的建立是党的十八大以来国家政治体制改革的一大创新，进一步丰富了行政监督法治建设的内容和层次。国家监察体制改革是全面从严治党、实现党内监督与人民监督有机结合的需要，是全面依法治国的需要，是推进国家治理体系、治理能力现代化的需要。① 2016 年 11 月 7 日，中共中央办公厅印发《关于在北京市、山西省、浙江省开展国家监察体制改革试点方案》，部署在 3 省市设立各级监察委员会，从体制机制、制度建设上先行先试、探索实践，为在全国推广积累经验。2018 年 3 月，国务院机构改革，将监察部并入新组建的国家监察委员会，将国家预防腐败局并入国家监察委员会，不再保留监察部、国家预防腐败局。在宪法和法律层面，2018 年 3 月 11 日第十三届全国人民代表大会第一次会议通过《中华人民共和国宪法修正案》，正式将监察机关与行政机关、审判机关和检察机关并列，纳入国家机构范畴，“具体打造出一个与立法权、行政权、检察权和审判权等位并列的监察权，形成一个专门依法强力治理腐败的新型一级国家权能和由五个一级权能组织组成的国家权能架构”。② 2018 年 3 月 20 日，第十三届全国人大一次会议表决通过了《中华人民共和国监察法》，对监察机关的职责、权限做出了具体规定。监察机关有权对包括公务员在内的所有行使公权力的公职人员进行监察，调查职务违法和职务犯罪，开展廉政建设和反腐败工作，维护宪法和法律的尊严，可以通过派驻或者派出的监察机构、监察专员依据法定权限对公职人员进行监督。监察监督是新时代中国特色社会主义法治政府建设的积极探索和创新，有利于进一步规范行政人员的行政行为，构建全方位的行政法治监督体系。

（三）强化依法行政原则，培育法治文化

法治政府不仅需要一场政府的“自我革新”，建立一套成熟、完善的法治政府绩效评价体系，更需要进行一场思维观念的革命，使法治文化深入人心。法治文化的形成和培育，有利于保障法治政府建设。中国经历了两千多年的君主专制制度，虽然当时的统治阶级制定了数量繁多的法律，但当时的法律只是治民的工具，而不是对所有人的约束。在漫长君主专制统治下，我国逐渐形成了“官本位”“权力本位”和带有浓厚人治色彩的政治文化，在建设法治政府中必须扬弃。法治文化的培育是法治政府建设进程中的关键，法治文化融入政府组织结构和行政行为，在政府中树立崇尚法律的观念和意识，

---

① 马怀德．国家监察体制改革的重要意义和主要任务［J］．国家行政学院学报，2016（6）．

② 邱霈恩．国家监察体制改革和体系建设的法理创新探略［J］．中共中央党校学报，2018（4）．

还需要多重努力。政府组织结构调整可以通过机构改革实现精简和优化，法治政府绩效评价体系也可以逐渐完善，但是改变政府的行政文化、转变人们的思想观念，不可能一蹴而就，需要政府与社会的彼此信赖以及二者之间形成良好的互动沟通机制。

1. 政府全过程要依法行政，强化法治观念

培育法治文化，政府及行政人员责无旁贷。宏观层面，政府制定行政法规、颁布公共政策应当遵循宪法和法律的规范，抽象行政行为应当更加合法合理，强调更好地履行政府职能；微观层面，行政人员在做出具体行政行为时，要严格遵守法定程序，加强行政过程规范，提升公共治理效率和效度。建设法治政府，必须强化民主意识、合法意识、合理意识、证据意识和程序意识。[①] 民主意识要求政府充分尊重和考虑公民的观点与立场，积极回应公民的合理诉求；合法意识和合理意识要求政府的决策和行为既要符合法律规范，也要考虑实际情况中所面临的困难，在合法的前提下合理运用自由裁量权；证据意识和程序意识必须加强，一些“钓鱼执法”现象，冤假错案的酿成，在很大程度上是因为政府没有严格遵守程序和严肃对待证据。

2. 克服“官本位”，避免走向人治

在中国，“学而优则仕”的思想观念至今仍有很大影响力，这从一定程度上说就是“官本位”文化，主要有四个特征：一是对公共政治权力的垄断；二是对官僚政体的依附性和包容性；三是泛化的权威崇拜；四是暴露了国家政治的封闭性和腐朽性。[②] 在现实政治生活中，“官本位”容易滋生腐败，表现为官僚主义和形式主义等不良现象。“官本位”的本质是“权力本位”，权力成为配置社会资源的依据，权力越大，层级越高，汲取和分配社会资源的力量就越大。当权力成为支配政治生活的准则与依据，法律便会成为权力的附庸，无法限制行使公权力的主体，要限制某一种权力，只有依靠比此种权力更大的权力，这便容易走向人治，“信访不信法，信上不信下，信大不信小，信权不信法”的观念由此产生。要克服“官本位”文化，必须破除对权力的迷信和依赖，将法律确立为政府、各类组织、公民个人参与政治生活的准则和依据，政府依法行政，公民遵纪守法，在全社会树立起法律的尊严，维护宪法和法律的神圣性和庄严性。必须完善权力的制约与监督机制，立法

① 马怀德．法治政府特征及建设途径［J］．国家行政学院学报，2008（2）．

② 李向国，吴永．从“官本位”政治文化的本质特征看中国传统政治文化的缺陷及其现代转换［J］．理论导刊，2006（5）．

机关、司法机关、监察机关等国家机关履行好对政府的监督职责，社会监督的作用也需要进一步加强，不仅将权力关进制度的笼子里，更要将权力的运行置于透明地带，形成“鱼缸效应”。

要加强对各级各类公务员的监督。公务员是掌握国家行政职权的人员，这些职权是用来为公众谋福利的，但是由于公务人员的双重角色（公民与公务员的角色）、双重行为（个人行为与行政行为）之间的矛盾与冲突，会出现行政伦理失范的情况，公共权力可能被少数公务员用于牟取私利。必须强化监督机制，严格规范公务员行政权力的行使，有效预防和惩治公务员的腐败犯罪行为。各级政府官员、工作人员必须树立法治观念，提高法律素养，牢固增强法律意识，做到合法行政、程序正当、合理行政、诚实守信、权责一致，[①] 由此依法行政才能真正实现，政府才能更好地为人民服务。这才是为民执政的政府、受欢迎的政府。

（四）建立现代行政程序，实现行政运行机制法治化

法治政府的重要特征就是保证法律对行政的控制，而这一目标是通过行政程序才能实现的。因为行政事务的复杂多样，大多数行政法规范只能制定得较为抽象和概括，如果规定得过死，就必然会束缚行政机关工作的手脚，最终导致工作效率的下降。因此必须给行政机关留下足够的空间，给予行政机关一定的自由裁量权，以保持行政的活力。这样，实体行政法规范就必须借助程序的中介作用对行政行为予以约束。有了行政程序的约束，行政机关就不可以随意选择行政行为的时机、方式和步骤，进而最终保护公民和其他组织的合法权益不受侵害。

行政运行法治的构建模式，应当是一种包括硬法和软法在内的“混合法模式”。所谓硬法，是指由国家创制的、依靠国家强制力保障实施的法律规范体系；软法是指不能运用国家强制力保障实施的法律规范体系。[②] 硬法包括宪法和法律等依靠国家权力机关、授权机关制定的法律规范，以国家强制力为后盾来保障硬法的实施；而软法则不具有国家强制力保障，主要包括柔性规则、政治组织规则以及社会共同体规则，是在社会中形成的一系列约束行为主体的行为规范。软法也是法，虽然它很难依靠国家强制力来保障实施，但软法填补了硬法的空白，在社会运行中能够充分发挥其规范作用，维持社会

---

① 张华民．依法行政的德性要求及其现实观照［J］．现代法学，2014（2）．

② 罗豪才．公共治理的崛起呼唤软法之治［J］．政府法制，2009（5）．

秩序的正常运转。完备的法律规范体系既要包含硬法也要包含软法，高效法治实施体系的建立要求硬法、软法协调共治，形成完善的党内法规体系要求发展软法理论。①

在推进国家治理体系和国家治理能力的背景下，更加强调治理主体的多元化、治理方式的多样化，并且形成公众广泛参与的公共治理，而软法与硬法在公共治理中具有互补功能，因此，软法将在公共治理中发挥重要作用。行政机关、行政人员做出行政行为必须以硬法为基础，并且充分尊重软法的相关规定，才能够保障行政权力运行的合理合法，确立硬法与软法相结合，国家立法、政治组织规则与社会共同体规则三者共同构成的“混合法”模式。

① 罗豪才，周强．法治政府建设中的软法治理［J］．江海学刊，2016（1）．

第十二章
治理制度现代化关键：政府文化建设

习近平新时代中国特色社会主义文化建设思想，具有鲜明的理论特色

社会主义思想迄今500年，先后经历了空想社会主义、科学社会主义、十月革命及苏联社会主义初期实践、苏联模式、新中国成立后我们党对社会主义的探索和实践、我们党做出进行改革开放的历史性决策并开创和发展中国特色社会主义六个阶段，表明了习近平新时代中国特色社会主义思想，是从一系列经验与教训交织的理论中嬗变而来的伟大结晶，是理论发展演进的逻辑必然；同时也表明，中国特色社会主义道路，不仅延续了从巴黎公社到十月革命，再到中国新民主主义革命、社会主义改造与建设近一个半世纪史诗般的历程，而且是中国五千年文明风雨历程实践演进的逻辑结果。习近平总书记指出："中国特色社会主义这条道路来之不易，它是在改革开放30多年的伟大实践中走出来的，是在中华人民共和国成立60多年的持续探索中走出来的，是在对近代以来170多年中华民族发展历程的深刻总结中走出来的，是在对中华民族五千多年悠久文明的传承中走出来的，具有深厚的历史渊源和广泛的现实基础。"这种理论逻辑和历史逻辑的统一，决定了中国特色社会主义文化建设的出发点与前进方向。

——摘自朱鸿亮、鲁宽民：《习近平新时代文化建设思想的鲜明特色》，《光明日报》（理论版）2017年11月20日

习近平总书记在党的十九大报告中指出："文化是一个国家、一个民族的灵魂。文化兴国运兴，文化强民族强。"文化能为人民提供坚强的思想保证、强大的精神力量、丰润的道德滋养，必须不断加强文化建设。政府是社会的主体，政府文化是政府管理的灵魂。政府文化不仅决定着政府管理的运行目

标和方向，还决定着社会发展的整体框架和发展趋势。政府文化具有历史的传承性，同时也具有与时俱进的创新性。因此政府文化一方面会受到当时政治、经济、科技和社会文化等因素的影响，另一方面必然也对当时社会的政治、经济、科技尤其是政府管理活动起着正向或负向的推动作用。目前我国的政府文化建设虽然取得了一些成绩，但也存在着许多问题，我国政府管理活动中存在的各种问题，均与现行的政府文化有着密切的关系。官本位、官贵民贱等意识扭曲了社会领域的公共道德；家族宗法血缘关系在公共行政中引起的人情风，“人情大于王法”“公事私办”等重人治、轻法治的理念抑制着新的公共文化的树立。因此，必须从制度、体制、法律、机制上进行深刻的文化创新，加强政府文化建设，梳理科学发展观和以人为本的政府理念，形成以人为本、依法行政、公共利益至上、促进科学发展的政府文化是当前政府文化建设的重要任务。

一、政府文化概述

（一）政府文化的概念

文化一词早在两千多年前就出现了。最初的“文”指天上和人间事物变化，如《贲卦·彖传》曰：“观乎天文，以察时变；观乎人文，以化成天下。”到汉代时，“文化”指与军事相对应的一种治理手段，“凡武之兴，为不服也；文化不改，然后加诛”。到唐代时，“文化”的含义又有变化，“圣人观察天文，则诗书礼乐之谓”，也就是说，文化主要是指文学艺术的利益风俗等，这种概念的规定性一直影响到明清。

西方“文化”一词主要来源于拉丁语 culture，其意思是“耕种”“栽培”“培养”“修养”等。1871 年英国文化家泰勒把“文化”定义为“包括知识、信仰、艺术、道德、法律、习俗和任何人作为一个社会成员而获得能力和习惯在内的复杂整体”。

中国台湾学者张金鉴认为，人类的文化包括三大部门或三个内涵：一是物质文化；二是社会文化；三是精神文化和心智文化。马克思主义理论家把“文化”分为广义和狭义两种。如苏联哲学家罗森塔尔·尤金在他所编的《哲学小词典》中认为：“文化是人类在社会历史实践过程中所创造的物质财富和精神财富的总和，从比较狭隘的意义上来讲，文化就是在历史上一定的物质资料生产方式的基础上产生和发展的社会精神生活形式的总和。”我国受此概念的影响很大，1979 年版的《辞海》基本上采用了这种说法，1996 年修订的《现代汉语词典》对“文化”解释为：“人类在社会历史发展过程中所创造的物质财富和精神财富总和，特指精神财富，如文学、艺术、教育、科学等。”

1790 年康德在《判断力批判》中提出：“文化乃是人作为有理性的实体为了一定的目的而进行的有效的创造。”这既体现了文化的动词意义，也体现了文化的名词意义，因此康德认为道德观念是人类文化的最高表现，这实际上指出了文化发展的价值标准必须利于人类社会。

至于政府文化，学界出于不同的研究目的对政府文化的定义给予了不同角度的诠释。吕元礼认为政府文化是“人们在行政实践中产生的并反映行政实践的观念意识，是客观行政过程在社会成员心理反映上的积累和积淀，是人们在一定社会内由学习和社会传递获得的关于行政的态度、道德、思想、价值等观念”。① 竺乾威认为政府文化是“一个复合的整体，是人们对行政体系及其行政活动的态度、情感、信仰和价值观以及人们所遵循的行政原则、行政传统和行政习惯等”。② 权奇哲认为：“政府文化是指政府在长期的管理活动中，逐渐形成并被广大政府管理人员普遍认可和遵循的组织哲学、价值观念、伦理规范、精神风貌等意识形态以及与之相适应的制度和结构。”③ 无论从哪个角度来论述政府文化，其本质都是一致的，即政府文化首先是一种主观意识，其次是政府组织及其组成人员所形成并遵守的一种准则，同时这种文化必然受到社会文化的影响，是社会文化的一部分，因此其内容也包括物质、行为、制度、精神文化等。

本书从管理学的角度认为政府文化是政府在治国理政过程中形成的规律性的物质和精神财富的总和。政府文化是由物质层和精神层共同构建的体系，物质层是有形的可以观察到的组织结构和组织过程、组织行为和制度规范等，它是政府文化赖以形成的基础，是现代行政管理的载体，对行政行为具有强制的约束作用，规定了行政人的行为边界，也是形成良好行政道德的基础。它对精神层有导向作用，但在组织失灵时就形同虚设，从而附属于精神层。精神层主要指组织的全体成员共同信守的基本理念、价值标准、职业道德、精神面貌。它是组织文化的核心，最终决定组织成员的行为规范。前者要通

---

① 吕元礼 . 行政文化概念浅析［J］. 深圳大学学报，1996（2）.

② 竺乾威 . 公共行政学［M］. 上海：复旦大学出版社，1988：18.

③ 权奇哲 . 政府文化的作用及其创新取向［J］. 辽宁行政学院学报，2007（9）.

过后者起作用，而后者必须依附于前者，两者都是政府文化建设的重要内容。我们要建设一定的精神层，必须设计好物质层；而物质层得以运行，又必须考虑精神层的作用。由于政府对社会的重要作用，政府文化建设不仅影响政府工作效率，而且对社区文化也起着示范作用，进而影响社会文化，因此必须重视政府文化建设的效果。

（二）政府文化的功能

文化对一个人、一个组织、一个地区、一个民族、一个国家都具有重要的影响力。同样，政府文化对一个国家和地区的社会发展也起着十分重要的作用，具体来说表现在以下几个方面：

1. 促进政治和经济制度建设①

一个国家选择何种政治制度，固然受到诸多因素的影响，但其主要影响因素之一就是价值观念。新中国成立后之所以选择社会主义制度，固然与当时的国际、国内环境密切相关，但究其起源，就在于以毛泽东为代表的中国共产党和中国人民在长期的革命中总结了两条真理——“只有社会主义才能救中国”“没有共产党就没有新中国”。中国共产党正是依据这样的根本观点和终极判断，选择了社会主义制度。我们的人民代表大会制度、共产党领导下的多党合作等制度，都是我党和我国政府这种共同价值观和核心价值观的结果和体现。

在经济制度选择上，新中国成立初期，无论是中央政府还是地方政府都普遍认为：生产资料所有制所属主体的范围越大越好。这种政府的主流意识导致了后来的“一化三改”运动和以全面所有制、集体所有制为形式的国家所有制的“泛化”。后来随着国有制弊端的日益显现，中央和各级政府对原来的判断进行修正，从而使我国的所有制转变为“以公有制为主体多种所有制并存”的结构。可见政府文化对我国经济制度影响的深刻性。

2. 政府文化具有控制功能和聚合功能

政府文化的控制功能是指政府文化对政府系统的行为和活动进行自觉或者不自觉的控制，使政府系统沿着一定的政府文化取向运转。政府文化可以为行政人员设定明确的行政目标，规定行政人员的行为准则，规定行政人员的基本价值取向，从而保证行政的正确方向，保持行政组织的秩序性、整体

① 权奇哲．政府文化的作用及其创新取向［J］．辽宁行政学院学报，2007（9）．

性和规范性。

文化的聚合功能其实就是文化的凝聚作用。政府文化作为一种群体文化，是由政府组织中的全体成员共同创造的，共同的文化认同可以使政府组织群体产生强烈的内聚动力机制。从现实来看，政府文化发展水平越高，群体行为心理的协调性就越大，行政个体对行政组织的归属感就越强烈，主人翁意识和责任感就越强，其实质就是政府文化的聚合作用。政府文化一方面起到团结凝聚行政人员的作用，另一方面又起到提高行政人员效率和积极性的作用。

3. 政府文化具有促进政府发展的功能

随着人类社会历史、文化的发展，政府文化也在不断地创新和发展，反过来，这种发展的政府文化必然对政府自身的发展起到极大的推动作用，从而成为政府发展的重要动力，这就是政府文化的发展功能。① 政府文化的各项功能在政府发展的过程中综合发挥效用，这种作用有时是显性的，有时是隐性的，总体看隐性的比较多。我们不能因为政府文化的隐性功能短期内看不到效果就忽视政府文化建设。

（三）政府文化建设的意义

政府文化作为上层建筑，必将对我国的政治、经济和文化的发展产生重大的推动作用。加强政府文化建设，使政府尽快转变角色、变换职能，是有效开展政府廉政建设、队伍建设和建设高效能政府的需要，也是保证行政管理体制改革顺利、健康地进行的需要，更是面对全球化挑战的需要。党的十六大报告指出："文化的力量深深熔铸在民族的生命力、创造力和凝聚力之中。"其中就解释了文化力量的三方面内涵，也是政府文化职能作用的基本内容。具体来讲，无论是物质文化，还是精神文化，都蕴含着非常神圣、高尚的情操内蕴。因此，政府文化是政府赖以生存和发展的精神支持，只有坚持加快政府文化建设，才能源源不断地输入新鲜的文化力量，确保政府各项工作长远发展。具体来说，新时期加强政府文化建设有以下重大意义：

1. 政府文化是政府体制的思想根基，引领社会文化发展

加强政府文化建设是保证政府管理体制改革顺利、健康地进行的需要。以领导体制改革为起点，真正意义上的中国政府改革已经进行了几十年，取

① 许辉．论当代中国行政文化创新［D］．华中师范大学硕士学位论文，2006：1-8.

得了很大的成绩，但也存在不少的问题。改革开放以来进行了八次大规模的机构改革，力图走出膨胀—精简—再膨胀的怪圈，但始终未能根治机构臃肿这个问题；我们推行公务员制度已有几十年，制度建设、规范建设的工作颇有建树，但公务员制度中比较核心的问题，比如分流精减的人员并没有很好地解决，在编人数有增无减；多年来我们一直在紧锣密鼓地进行廉政建设，也抓了一些大案要案，惩治了一批贪官污吏，但反腐败的任务依然严峻。中国行政改革的实践需要我们总结其成功的经验，理顺其复杂的关系，以寻找失败的症结。认真总结历次机构改革的经验教训，我们认识到：根本的原因就是忽略了政府文化的创新对政府改革与创新的重要意义，原来的传统政府文化已经无法适应以市场为导向的现代政府管理，政府文化的滞后已经成为阻碍行政管理体制改革的桎梏。必须开阔视野，立足我国现状，加强政府文化建设。

政府文化作为上层建筑，必然对我国的政治、经济和文化的发展产生巨大推动作用。政府文化既属于政治文明的范畴，又属于整个社会文化的范畴。政府文化的现代化能够对整个社会文化发展起到巨大的推动作用。政府文化是政府的灵魂，影响着政府的性质、方向，规范着政府行为过程，积极向上、追求实效、公民至上的政府文化可以给政府的发展确定正确的方向，促进政府的理性运行，强化公务员的精神支柱，从而使公务员树立全心全意为人民服务的工作理念。通过建设政府文化可以建立民主、法治、服务型的政府，使自由、民主、平等、法治和人权的观念得到广泛的传播，必然对社会文化的创新起到示范和引导作用。而且，政府文化建设过程本身就是对文化的发展和创新，发展先进文化，就必须创新政府文化。

2. 政府文化可以促进政府职能转变，降低公共政策执行成本

我国自改革开放以来，政府职能转变取得了一些成就，但从目前政府职能的运行状况来看，越位、缺位、错位，以及由此导致管理效率低下的现象仍然突出。这样的问题不解决，政府就无法在新的严峻挑战面前应付自如，而这些问题与我国政府文化建设的落后也有巨大的关系，正是缺少了对政府人员精神层面的引导、制度方面的制约、行为方面的规范，才导致了政府角色定位不准、政府职能不清。

公共政策执行过程，必然要消耗大量的人力、物力、财力和时间等直接成本，以及在执行政策时所进行的宣传动员、相互传达和因政策对象抵制而削弱执行效率所造成的间接成本等。这些成本尤其是间接成本在政策制定和

执行中，如果行政人员的理念超前、思路正确、价值取向正确，是可以大幅度降低甚至避免的。政策制定者和执行者如果能及时转变观念、解放思想、实事求是、与时俱进，运用正确的观念和科学的方式制定科学合理的公共政策，必然有利于加深政策执行者对政策的理解，从而加大其执行的力度，进而降低宣传和执行费用。

3. 政府文化是开展廉政政府建设、树立政府形象的需要

高尚、廉洁的行政价值观、权力观、利益观，能够使公务员在执行人民所赋予的权力时，具有坚定的政治立场，正确处理好权、钱等各种价值取舍问题。先进的政府文化是我国公共行政建设前进的灯塔，失去道德目标的追求，公务员手中的权力就会变成为所欲为、牟取私利的工具。在一定程度上，政府效能的高低关键在于人的思想、精神和作风等主观因素，而并非取决于设备、手段等客观物质条件的现代化。同一手段由于观念不同，往往会使结果存在巨大差别。公务员高效行政的价值观，艰苦奋斗的精神，从实际出发、实事求是的工作作风，这些既是优秀政府文化的积极成果，也是高效行政的有力保障。因此创新政府文化，转变行政思想和价值观，树立现代行政理念，充分重视每个公民的政治地位和合法权利，促进公众与政府的良性互动，对于提高公众对政府的合法性认同、提高政府的威信、树立良好的政府形象具有重要的推动作用。

总之，政府文化是政府行为体系中的软件资源，是有效促进政府系统内外部高度整合的润滑剂，具有重要的整合、导向、凝聚、衍射功能，因此必须进一步加强政府文化建设，充分发挥其新时期的文化创新功能。①

二、改革开放以来中国政府文化建设发展与问题

政府文化是政府职能转变和政府与各种关系重构的动力，随着我国改革开放和参与经济全球化程度的加深，我国的政府文化在批判借鉴西方政府文化和中国传统政府文化的过程中逐渐得到创新和发展。

（一）改革开放以来中国政府文化发展趋势

40 年改革历程，既是中国社会急剧变革的过程，也是原有政府文化再度受到冲击和不断调适发展的过程。改革开放以来中国政府文化的发展呈现以

① 尹朝晖．论政府文化现代化［J］．甘肃理论学刊，2006（5）．

下趋势：[①]

1. 由“政治挂帅”转向以经济建设为中心

这是政府文化转换的政治文化基础。尽管从 1979 年开始，我国政府的工作重心已开始转移，总体上的社会转型到 20 世纪 90 年代初也已告一段落，但“姓社姓资”问题的争论却一直困扰着行政主体及政府文化的走向。在相当一段时间内，政府文化与社会文化的发展变化有所脱节。1992 年初邓小平同志在南方谈话中肯定了以务实、敢为为特色的广东政府文化，由此掀起第二轮改革开放浪潮，真正开始强调以生产力发展、人民生活改善和国力增强作为衡量政府文化的核心标准，政府文化开始更加自觉、主动地追随社会文化的变化，逐步走出抽象观念的困扰，遵循一种新的标准、价值、观念和原则来发展。党的十八大以来，政府依然坚持以经济建设为中心的思想，推进供给侧结构性改革，习近平总书记强调：“以经济建设为中心是兴国之要，发展仍是解决我国所有问题的关键。只有推动经济持续健康发展，才能筑牢国家繁荣富强、人民幸福安康、社会和谐稳定的物质基础。”[②] 改革开放时期，只有当行政的重心指向经济发展时，一种具有新型发展导向的政府文化才有可能产生；反过来，政府文化由静态向动态、由秩序导向向发展导向的转化，又成了社会经济发展的必要条件。

2. 由集权式政府文化向参与式政府文化转化

在集权式政府文化影响下，即使设定民主原则和分权体制，仍避免不了事实上的集权。什么样的文化占主导地位，与行政目标直接相关。出于对社会资源与人的控制的需要，以秩序为核心导向的行政，不论理论上怎样设定，都免不了走向集权；相反，以开放搞活、社会发展为导向的行政，在动员社会力量发展经济的同时，也把大众和行政主体内部的政治资源解放了出来。改革开放以来我国政府文化由集权原则向参与原则的转化，使集权体制的文化基础日益削弱。所谓参与式政府文化，即不仅行政活动是以行政主客体的积极参与而非消极应付为特征，而且行政客体对主体的行为内容及方式也会积极施加自己的影响。现代管理理论发展到今天，日益强调参与式管理，强调调动被管理者的能动力量。在我国参与式政府文化中，不仅包含行政主体

---

① 陈尤文．我国行政文化流变及其特征［J］．上海行政学院学报，2003（4）．

② 中共中央文献研究室．习近平关于社会主义经济建设论述摘编［M］．北京：中央文献出版社，2017：3．

内部一般行政人员对领导决策活动的影响，即团体内部的参与，而且包括行政活动的社会受众即大众对行政活动的影响与配合。从沈阳市设立“市长公开电话”开始，到上海等地电台兴起的“市民热线”“市民与社会”“东方直播”等参与性专题节目；从一些城市设定的“市长接待日”，到人民代表大会上质询权与否决权行使率的日益上升，都显示着中国公民的参与意识和参与能力的日益增长。《行政诉讼法》的颁布是参与式政府文化得到肯定、推广和保护的标志。集权强控体制扭曲变形了“群众路线”，只有当公民确实有了自己的权益意识，有了自由发言和合法参与的机会和途径时，才可能有真正的公民政治参与。

3. 由全能型政府文化向有限政府文化转化

全能型的政府文化观念认为，政府是全能的，社会是散漫无度的，政府有责任，也有能力包揽所有的社会事务；政府中的个别精英也是全能的，有资格和能力统管所有的行政事务。这种政府文化是集权原则的心理文化基础，是集权强控体制的潜在设定。历史的发展否定了这种假设的现实合理性，在我国社会的现实变革和发展过程中，人们对政府职能及其与社会的关系日益采取分化型的文化观念。这种观念认为，社会事务复杂多变，政府所能承担和应该承担的只是其中的一小部分，大部分职能要由社会自身的不同性质的组织或力量来行使，政府的过多干预反而不利于社会的良性发展；同时，行政系统内部在保持一定权威性的同时，其整体职能也应随着社会发展而不断分化，权力必须相应分散。既不存在全能的政府，也不存在全能的个人。分化型的政府文化是参与式行政、服务型行政的理论基础。中国改革开放以来，凡简政放权、政企分开、调整机构、转换职能等措施，都遵循着这一分化原则。阿尔蒙德认为，政治发展过程即是政治结构分化的过程，随着结构分化而产生的，必定是与之相关的分化型的文化。中国政府文化发展过程中对全能型政府文化的否定，为社会的良性发展、政府文化的自我改革开启了一扇大门；而分化型政府文化的发展与巩固，还受制于政府文化的其他方面和政治文化的相应发展情况，这种良性的整合发展，是我们应该继续为之努力的方向。

4. 由统治型政府文化向服务型政府文化转化

这是由官本位的政府文化向社会本位的政府文化转化。计划集权体制下的政府文化，是一种统治大众的政府文化，是对行政精英或政府职能的极端肯定。种种官僚主义、家长作风、特权现象之所以严重存在，正是这种单向、片面的领导、统治观念的恶果，它使“公仆”高居于主人之上，领导者成为组织的化身。服务型政府文化则体现了市场经济条件下政府文化的特色。行政活动不可能没有领导色彩，但如果只存在单一的领导、被领导关系，就可能改变社会主义政府的性质。当行政控制着所有资源时，这种单向关系的存在是必然的。然而当社会本身成为社会经济文化活动的主体力量时，官本位的基础就会被削弱，政府就会面对如何适应社会本身的需要与变化从而改变自己的服务的问题。尤其是在文化价值观念多元、政治文化由“臣民文化”向公民文化过渡之时，与之相应的政府文化必定也要由官本位向社会本位转化。在市场化进程中，转换政府的职能，强调政府能力的有限性，要求政府增强对社会的服务意识和服务行为，已经成为目前中国政府文化变革的方向。如何在统治与服务这种双向关系中达到一种均衡，既保持政府的必要权威，又使社会得到满意的公共服务，这是我国发展过程中面临的一个重要课题，也是统治型政府文化削弱和服务型政府文化增强所应把握的合理标准。

5. 由一般性政府文化向专业化政府文化转化

社会的发展和转型，必将改变人们的行政观念。在计划经济体制下，行政主要意味着官员向民众行使权力、推行政务，虽然这种权力有时是限定的，有时又是无限的，但行政的一般面貌及其文化界定却是一致的。随着社会向市场化发展的转型，行政内容和职能、行政价值和观念也相应发生改变，现代行政已不仅是昔日那种一般性的推行政务，还加进了许多专业色彩。譬如政府的金融政策、产业导向等要随政治、经济、社会情况的变化而不断调整，没有精深的专业知识，就没有能力做出合理的决策，也不存在向社会推行的可能。随着职能的分化和专业性的增强，对行政人员的专业化要求必然大幅度提高。尤其是实行公务员制之后，必将大大强化地位稳定、专业分工和职能分化明确的专业公务员对行政的实际支持力量。中国行政人员近十几年的大更替过程，也是专业政府文化上升的过程。随着社会和行政的现代化，这种趋势将愈益明显。这种转换并不是一种无止境的替代过程，而是一种补充与调整的过程，问题的关键在于能否在专业人员中涌现大批能够胜任关键职位、衔接两种政府文化的通才。

6. 由人治型政府文化向法治型政府文化转化

改革开放前政府行政的人治色彩，既是几千年传统遗留，也是集权全能行政的自然结果，其特征如下：一是无法可依、有法不依、凭主观意志办事；二是把行政效果寄托在行政主体的个人品质上，对权力不进行必要的约束，以纯化思想为保证行政质量的唯一手段；三是人存政在、人亡政息，任人唯亲、任人唯派，政策不稳。这种人治型的政府文化给中国带来了不少祸患。目前正在建设的法治型政府文化，是行政正规化、科学化、程序化、法治化的文化体现。法治政府文化包含两方面含义：一方面是行政主体树立法律观念，把法治约束变成自身行为的基本准则；另一方面是行政对社会的管理以执行法律法规为核心，严格禁止没有任何法律依据的行政行为。法治政府文化强调法的至上性，要求完善的法规对各种行政权力进行明确界定，对权力拥有和运行的合法性进行严格规定，依法行政、依法监督。它的基本假定是人性的不完善，正如邓小平同志指出的，“制度好可以使坏人无法任意横行，制度不好可以使好人无法充分做好事，甚至会走向反面”。它是市场化社会中保障市场和社会的健康发展以及各自相对独立性的政府文化依据。政策多变、对社会经济运行任意干扰、贪污腐败成风等现象，都是法治不健全、法治政府文化不发达的表征。中国只有走出片面的人治型政府文化的旋涡，使法治文化原则普及于全社会，才能保证行政与社会发展的协调。

7. 从松散型政府文化向效能型政府文化转化

政治挂帅、计划经济下中国机关文化的通病是人浮于事、效能不高，同时又存在铺张浪费、形式主义、弄虚作假等不正之风。目前中国社会的发展，对这种松散低效的政府文化提出了有力的挑战，效能、效益和效率开始成为人们衡量政府文化的重要标准，也成为政府文化变革的方向。尤其是改革开放和市场化程度加深，揭去了政府文化的神秘面纱，也彻底暴露出了传统政府文化的各种弊端。在市场与国际化的冲击中，缩减编制、裁减冗员、提高效率、增强效益、强化服务，已成为社会对行政的迫切需求。目前机关中出现部分人员流动、“下海”现象以及合署办公、现场拍板等工作方式，都是在全局变化未及实施之际的应急办法，它作为一种新的文化现象，只是部分地满足了提高效能和效率的要求。真正的问题还是在于如何使效能、效率与效益成为中国政府文化的根本原则，渗透到新的体制、法规和行政主体的行为之中。

8. 由封闭式政府文化向开放式政府文化转化

社会的开放以及行政活动本身的开放，不断改变着政府文化的特性。闭关自守的小农意识，“小而全、大而全”的产品经济头脑，在商品化、国际化、多元化潮流中一触即溃。服务式行政、参与式行政等需要的是开放的观念、价值和文化。政治文化的转型、公民文化的成熟，都对政府文化开放性的增长起着导向作用，并为之奠定了基础。从封闭式政府文化转化为开放式政府文化，一方面是政府的信息公开，自2008年5月1日开始施行《中华人民共和国政府信息公开条例》时起已经在中央及地方各级政府深入推进，各级政府部门的门户网站都设立了“信息公开”的板块，有效保障了公民的知情权。另一方面是政府的决策开放，政府制定各项政策的决策过程不再是一个“黑箱”，决策的透明度和公开度都大大提高，在涉及社会公众的切身利益的决策上不仅要召开听证会、座谈会，政府还积极征询社会意见。如2015年10月10日交通运输部起草了《网络预约出租汽车经营服务管理暂行办法（征求意见稿）》，向全社会公开征求意见，经过修改和调整，最终在2016年7月27日正式公布《网络预约出租汽车经营服务管理暂行办法》。此外，2018年8月民政部发布《社会组织登记管理条例（草案征求意见稿）》，国家发展改革委发布《供电监管办法（修订征求意见稿）》，都是政府关注人民意志、采纳人民意见的重要表现，表明现今各级政府的决策更加开放、透明、公开，开放式的政府文化正在逐渐形成。

9. 由依附型政府文化向自主型政府文化转化

传统政府文化的人格基础是权威崇拜以及对权威的依附，这是一种非独立的人格。随着中国社会的开放和发展，人们的自主观念、权益意识、产权意识、责任意识和思想行为的独立性日益增强，神圣的权威和万能的政府形象在大众心目中日益变得世俗化。随着经济的发展和转型形成新的市民社会，同时也反映了广大民众的文化心态由臣民心态向以独立人格为基础的公民心态转化。在社会政府文化出现自主倾向的同时，行政主体内部迷信、崇拜个人权威的文化基础也逐渐丧失。自主的行政主体在合法规范内日益强烈地要求以自己的头脑来判断职权范围内工作事务的处理，甚至日益明确地在从政或从商的利益对比中自主地进行掂量和权衡。弃政从商、自主流动等现象的背后，是人格上的自立自主，表面的损益说明不了这种文化进步的文明价值。

10. 由保守型政府文化向进取型政府文化转化

社会变革、转型的过程也是破旧立新的过程。保守型的政府文化，只能以传统社会为土壤，以秩序价值政治为基础。市场经济的建立，要求政府不仅应打破计划经济的规范和体制，而且应拆除内心积存的陈旧的框框和不合时宜的规矩。同时，建立、完善新的管理机制和规范，需要政府积极主动。勇于进取、敢于开拓，成为目前政府文化的一大特色。相对于传统行政而言，现代行政是一种积极行政，现代化过程要求政府对动态多变的社会有全面的把握、即时的更新能力。随着经济社会的发展，社会事务的复杂化要求政府承担市场承担不了的事务，如果没有进取型的政府文化，就不可能适应现代化进程的要求。进取和主动作为，不是要求或允许行政去无原则地干预社会事务，而是以查漏补缺、合法合度为原则，为社会稳步发展创造良好环境。它所反对的既有静态守旧、不思进取的传统心态，也有认为改革与发展事业可以一蹴而就、一劳永逸的急躁毛病。

11. 由命令型政府文化向回应型政府文化转化

过去的政府文化，在计划经济体制下要求行政指导经济、政治引导社会、政治命令控制一切，行政指令成为配置社会资源的最终依据。并且，在政府职能方面受到全能主义的影响，在法律、政策实施方面受到人治思想的干扰，政府文化呈现出的是一种命令型文化，即认为政府指挥社会、经济、文化各个领域的发展，并且是通过自上而下、层层节制的指挥控制体系来制定和执行政策。在命令型政府文化的影响下，经济发展和社会建设都缺乏活力，积极性和创新性受到压制，公共文化建设缺乏回应性，政府提供的文化产品与公民需求不一致，并造成公共文化资源的浪费。① 改革开放以来，随着市场经济的发展、政治制度的完善、公民文化的觉醒，命令型政府文化已经不能适应时代的发展，回应型政府文化应运而生。政府不再坚持自上而下的单向命令思维，摒弃了只从自身视角分析公众需求的思维方式，转变为认真听取社会公众的利益表达，鼓励社会公众发表意见，并且对公众的意见做出回应，使公民的政治参与变服从为自愿，变被动为主动。一方面，自下而上的公众需求反映途径逐步完善，公众可以通过信访制度、听证会制度、互联网等多种途径向政府反映自身的利益需求；另一方面，政府回应的制度得到建立健全，行政复议制度、行政诉讼制度和行政问责制等在实践中发挥重要作用，为政府回应提供充分的制度保障。

12. 由管理型政府文化向治理型政府文化转变

党的十八届三中全会提出推进国家治理体系和治理能力的现代化，这是政府理念的重要转变，意味着我国政府将走向治理型的政府文化。从管理到治理的转变，首先，从单向逻辑思维转变为双向逻辑思维。过去的管理，强调单向的、自上而下的行为方式，政府是施力者，社会是受力者；但治理意味着要将自上而下与自下而上的途径相结合，由单向指挥的路径变为双向互

---

① 李少惠．转型期中国政府公共文化治理研究［J］．学术论坛，2013（1）．

动的路径。其次，从单一主体转变为多元主体。治理型的政府文化意味着政府将更多地鼓励不同的主体，包括企业、社会组织、公民个人在内的主体参与到国家治理体系中，形成多元主体共治的局面，推进国家治理体系和治理能力的现代化建设。但是，从管理向治理转变，并不意味着要抛弃管理，管理可以作为治理意义下的一种方式和手段，在治理范畴内所使用的一种特殊的表现形式，管理的过程是良法之治，管理的结果要公平正义。① 所以，治理型的政府文化具有包容性的特征，即治理的主体可以多元化，治理的方式也可以多样化，这也是服务型政府、开放式政府的必然要求。

（二）改革开放以来中国政府文化发展成绩

上述 12 种政府文化的发展趋向是一个发展中的整体，相互关联交融，形成新的中国政府文化的底色。在政府文化转变过程中，我国的政府文化建设取得了显著成绩：

1. 充分发掘中国传统行政文化精华和正确借鉴西方政府文化

针对中国传统行政文化，需要进行批判借鉴。中国传统行政文化对社会主义政府文化建设和政府改革的影响既有积极的一面，也有消极的一面。积极的一面体现在：中国传统政府文化中的“以民为本”思想，主张亲民、惠民、利民、恤民。这种“民本”思想虽然具有历史的局限性，但把人民摆在国之根本的重要地位有利于民主政治的发展。中国传统政府文化中“天下为公”“世界大同”的思想力图实现没有阶级压迫的公正平等的社会，对于我国政府公务员树立“人民当家做主”的民本思想、健全社会主义人民民主具有积极的作用。中国传统政府文化中的“小康社会”思想，对于中国全面建设小康社会，对于社会主义的物质文明、精神文明和政治文明的全面发展也具有积极的导向作用。中国传统政府文化中的“以德治国”思想，虽然容易走向人治，但是其所提倡的“爱国”“守法”“明理”“诚信”“团结”“友善”“勤俭”“自强”等优良道德，已被批判继承为我国公民的基本道德规范，这些道德规范必然成为约束政府公务员行为的规范。中国传统政府文化中“和为贵”的思想，强调“和合”“和谐”，大到一个国家，小到一个集体、一个家庭，都要和睦相处，这对于政府建设社会主义和谐社会，正确处理改革、发展、稳定的关系具有积极意义。②

① 应松年．加快法治建设促进国家治理体系和治理能力现代化［J］．中国法学，2014（6）．
② 付翊飞．扬弃传统政治文化构建中国现代政治文化［J］．世纪桥，2004（1）．

从历史视角看，西方政府文化源于以产业革命为标志的内源型市场经济，其文化指导思想是以自由、正义、法制、分权等为主体的个体主义。在自由方面，以约翰·密尔和以赛亚·伯林提出的自由主义思想为代表。密尔认为个人的行动只要不涉及自身以外其他人的利益，就不必向社会负责，只有个人对他人利益进行了侵害，个人才应当负责。① 伯林则区分了积极自由和消极自由两种不同类型的自由，消极自由是主体（个人或群体）的行动领域不受别人干涉的自由，积极自由是主体决定做某事并成为自己主人的自由。② 正义方面，罗尔斯的正义论构筑了现代政治哲学的基石。法治方面，古罗马的西塞罗早已论证了自然法与实在法的差别，之后启蒙运动中的洛克、孟德斯鸠等深受其法律思想的影响。分权方面，洛克主张立法、执行、外交三权分立，孟德斯鸠则认为应当将权力划分为立法、行政、司法三个方面。虽然带有资本主义色彩，但其自由、平等、法治、权利、制衡等观念对于我们在社会主义市场经济体制下树立民主观、平等观、权利观、公民观、竞争观都具有一定的借鉴意义。

2. 确立新的政府行政价值取向

在全面建成小康社会的征程中，我国在民主、法治、权力、发展、政绩、人才、群众等观念方面做出了新的文化解读，确立了新的政府文化价值取向，“贯彻三个代表，强化公务员执政为民的民主行政观；加快立法、严格执法，提升公务员的行政法治观；加强权力制约与监督，构架公务员正确的权力观；促进全面协调和可持续发展，完善公务员科学的发展观；深化对政绩的认识和评估，端正公务员的政绩观；树立并实施人才强国的战略思想，充实公务员的人才观；力倡权为民所用、情为民所系、利为民所谋，创新公务员的群众观”。③ 深入学习和贯彻执行习近平新时代中国特色社会主义思想，坚持以人民为中心的思想；健全人民当家做主制度体系，发展社会主义民主政治；全面推进依法治国，建设社会主义法治国家；加强和创新社会治理，打造共建、共治、共享的社会治理格局；加快生态文明体制改革，建设美丽中国等。④ 这些新的价值取向实际上在新的时期为政府文化确立了新的物质、行

① ［英］密尔．论自由［M］．许宝骙，译．北京：商务印书馆，2015：112.

② ［英］伯林．自由论［M］．胡传胜，译．北京：译林出版社，2011：170.

③ 尤光付．建设小康社会实践中行政价值观的七大取向［J］．中国行政管理，2005（5）.

④ 习近平．决胜全面建成小康社会　夺取新时代中国特色社会主义伟大胜利［N］．人民日报，2017-10-28（1）.

为、制度和精神文化取向。

3. 确立新的政府荣辱观取向

2006年3月4日，胡锦涛同志提出了社会主义荣辱观，“以热爱祖国为荣、以危害祖国为耻；以服务人民为荣、以背离人民为耻；以崇尚科学为荣、以愚昧无知为耻；以辛勤劳动为荣、以好逸恶劳为耻；以团结互助为荣、以损人利己为耻；以诚实守信为荣、以见利忘义为耻；以遵纪守法为荣、以违法乱纪为耻；以艰苦奋斗为荣、以骄奢淫逸为耻”。把“八荣八耻”的要求变成政府组织及其人员的行为准则和习惯，并在社会中成为自觉践履社会主义荣辱观的表率，必然能够影响群众，带动群众实践社会主义荣辱观。新时代中国特色社会主义的政府文化，必须融入“八荣八耻”的荣辱观，坚持全心全意为人民服务的理念，坚决抵制官僚主义、形式主义、贪污腐败等不正之风，确立和弘扬清正廉洁、为民服务、公平公正的政府文化。正如习近平总书记所说，“弘扬忠诚老实、公道正派、实事求是、清正廉洁等价值观，坚决防止和反对个人主义、分散主义、自由主义、本位主义、好人主义，坚决防止和反对宗派主义、圈子文化、码头文化，坚决反对搞两面派、做两面人”。[①] 政府荣辱观不仅要在理念上得到明确，更要在实际中加以践行。

4. 积极培育和践行社会主义核心价值观

2006年10月党的十六届六中全会第一次明确提出了“建设社会主义核心价值体系”的重大命题和战略任务，明确了社会主义核心价值体系的内容，社会主义核心价值观初步形成。2012年11月党的十八大报告明确提出“三个倡导”，即“倡导富强、民主、文明、和谐，倡导自由、平等、公正、法治，倡导爱国、敬业、诚信、友善，积极培育社会主义核心价值观”。2013年中共中央办公厅印发的《关于培育和践行社会主义核心价值观的意见》，提出富强、民主、文明、和谐是国家层面的价值目标，自由、平等、公正、法治是社会层面的价值取向，爱国、敬业、诚信、友善是公民个人层面的价值准则。习近平总书记在党的十九大报告中指出，要培育和践行社会主义核心价值观。改革开放40多年来，政府文化的转化和发展离不开对社会主义核心价值观的培育与践行，将社会主义核心价值观内化入政府文化，发挥社会主义核心价

---

① 习近平．决胜全面建成小康社会 夺取新时代中国特色社会主义伟大胜利［N］．人民日报，2017-10-28（1）．

值观对政治、经济和思想文化等方面的引领作用，以国家层面的价值观指导社会层面和个人层面的价值观。

（三）改革开放以来中国政府文化建设存在的不足

我国现代政府文化建设起步较晚，因此还存在一些不足：①

1. 文化发展与时代节拍严重错位

随着改革开放的深入发展，我国的经济、政治、社会等领域都发生了深刻的变化，政府机构及其职能定位也发生了翻天覆地的变化，有限政府理念和市场经济的原则已经形成共识，但是不少政府机构及其工作人员依然固守着陈旧的思想和行为方式，思想不解放、行为不开明、意识不转变，困守官本位思想、服务意识淡薄、服务手段落后，门难进、脸难看、话难听的现象还存在，严重影响着新时代下政府的形象。在政府文化转化的过程中存在三个方面的问题：首先，传统的政府文化具有顽固性，使得落后的政府文化制约先进的政府文化的发展；其次，转型时期政府文化具有脆弱性，容易受到不同价值观念、思想文化的影响，不利于确立良好的政府文化；最后，政府文化的多元性使得彼此对立、矛盾的政府文化互相冲突，难以建立一种主导性的政府文化。② 所以政府文化的发展与时代节拍呈现脱节状态。

2. 政府文化建设缺乏规范的制度保障

一个突出的表现就是政府文化的人格化倾向依然严重，"唯上是从""上行下效""见机行事"等思想和行为依然严重。缺乏制度规范导致的另一个后果就是形式主义严重、政绩工程严重，实践中存在许多"面子工程""三拍工程"等。制度约束不健全，解决问题的途径经常严重脱离实际，主观主义绝对化。缺乏监督制约，部分党政领导贪污受贿、腐化变质，"受贿"成为第一贪腐形式，因为"滥用职权"和"玩忽职守"被查出的领导干部数量众多，还有人员被查出存在"道德败坏"和"生活腐化"，③ 严重损害和玷污了党和国家在人民群众中的形象，给国家和人民带来了巨大的损失。同时官僚主义、享乐主义、拜金主义、形式主义等现象严重制约着政府的服务能力和质量，增大了政府的运行成本，降低了政府工作效率。

---

① 严伍虎，张淑琴．政府文化建设中存在的问题及对策探析［J］．陕西行政学院学报，2007（4）．

② 尹朝晖．论政府文化现代化［J］．甘肃理论学刊，2006（3）．

③ 王炜，黄新宇．政府绩效治理中的行政价值：逻辑框架、失范原因及完善路径［J］．哈尔滨商业大学学报（社会科学版），2015（6）．

3. 政府文化构建程序缺乏科学性

政府文化构建是一个复杂的过程，一般来说，在组织文化构建过程中，要充分发扬民主，调动组织成员的积极性，使全体人员都自觉参与到文化建设中来。优秀的政府文化也应该是“从群众中来、到群众中去”多次反复决策的结果，目前看，相当一部分政府组织进行文化建设缺乏科学的指导思想和手段，要么闭门造车，编造一些方案和标语，要么是照抄照搬别的组织的文化建设模式，都流于做官样文章。政府文化构建程序的科学性反映在政府政策之中，政策制定要具备合理性、明晰性、协调性、稳定性以及公平性。合理性要求政府文化正确反映客观的社会实际发展状况，并且政府文化要具有落实到具体实践中的可能；明晰性要求政府文化必须明确、清晰，明确行政价值取向；协调性要求政府所塑造的政府文化之间、所追求的行政价值之间彼此协调，形成一个系统的整体；稳定性要求政府文化在一定期限内应当保持一个稳定的状态，不能朝令夕改、随意变动；公平性要求政府文化应当维护社会公平正义。只有具备了以上五大要素，政府的政策制定才具有科学性，政府文化的构建程序才具有科学性。①

4. 政府文化建设缺乏行政价值体系的建构

政府文化建设需要梳理清楚行政价值体系的各个层面，虽然目前我国的政府文化正在向以经济建设为中心，参与式、分化型、服务型、专业化、法治型等方面转变，但是，目前仍然缺乏一个完整、系统、清晰的行政价值体系。我国行政价值体系的构建至少存在三个方面的问题：第一，行政价值主体地位的丧失，一般而言，政府是行政价值的被评价者，处于价值评价客体地位，社会才是价值评价的主体，但在实际运行中出现了“政府本位”的现象，政府成为实际上的行政价值的评价者和主体。第二，公共行政主导价值，即全心全意为人民服务的主导价值的旁落。一方面，“政府本位”的观念偏离了这一主导价值；另一方面，贪污腐败的公共权力的异化侵蚀了这一主导价值。第三，行政“负价值”对“正价值”的侵犯，表现为行政价值理念向低俗化、功利化以及利己化倾向，消极的“负价值”侵蚀了公共行政的价值规范，损害了社会公平正义。②

社会主义政治文明建设的重要意义当前已经为各界所认同，政府在政治

① 丁煌．政策制定的科学性与政策执行的有效性［J］．南京社会科学，2002（1）．

② 刘祖云．论我国公共行政价值的三大问题［J］．长白学刊，2005（2）．

生活中的重要地位和作用决定了政府文化现代化建设政治文明的重要内容，建设政治文明应首先从政府做起，从而推动整个国家的政治文明进程。因此必须从当前政府文化的发展的现状和存在的问题入手，重塑政府文化。[①]

三、政府文化现代化的思考

文化的演进有其独特的内在机制，政府文化也是如此。社会生态环境的变化会不断地对政府文化施加新的压力，推动政府文化的现代化。但是由于文化传统具有较强的稳定性和长期性，因此文化的演进表现出一定的艰巨性，在短时期内很难肃清传统文化的负面影响，因此必须从长远着眼，遵循文化发展的规律，通过科学的方式进行政府文化的创新和发展，促进政府文化现代化。

（一）政府文化现代化的基本理念

作为现代化的政府文化，其基本理念包含以下几个方面：[②]

（1）以人为本。政府职能转变关键在于能否真正地建立起服务型政府。公共哲学认为，政府行政的最大目的在于提供公共服务。公共行政的服务精神意味着政府施政符合公民愿望和意志，意味着政府行为的公众取向和“顾客”中心，意味着把政府和公众错置的地位关系置换过来。我们国家的一切权力属于人民，人民是国家公共行政权力的根源。政府为公众服务是一种责任而不是恩赐。因此，“权为民所用、情为民所系、利为民所谋”需要成为服务型政府文化的重要思想根源。服务型政府建设必然要求以人民利益为中心的服务观、以提供公共服务为目标的政府观、以“民本位”为理念的权力观，必然坚持以人民为中心的发展思想，不断促进人的全面发展、全体人民共同富裕。

（2）公开透明。构建现代政府文化，必须加强政府工作的透明度，培育阳光政府。公开透明就要求政府做到政务公开。政务公开是廉政建设的基础，是行政管理民主化的需要，是建设务实、高效政府的前提，也是实现可持续发展的有力杠杆。政府信息公开则是透明化政府的必要保障。政府应当主动公开涉及公民、法人或者其他组织切身利益的信息，需要社会公众广泛知晓

---

① 葛荃，刘学斌．重塑政府文化：推进行政体制改革的重要思路［J］．北京行政学院学报，2004（3）．

② 尹朝晖．论政府文化现代化［J］．甘肃理论学刊，2006（5）．

或者参与的信息，反映本行政机关机构设置、职能、办事程序等情况的信息以及其他依照法律、法规和国家有关规定应当主动公开的信息，还应积极回应公民的政府信息公开申请。随着互联网技术的不断提高，以云计算、物联网与大数据应用等为代表的新兴信息技术得到广泛应用，政府信息公开也将向政府数据开放转变，特别是“原始数据”的彻底开放，公众不仅监督政府的行为与态度，还能够质疑政府制定政策的合理性和决策依据,① 这是透明化政府的必然发展趋势。

（3）民主与法治。民主与法治是近现代以来人类社会政治文明的重要成果。民主是我国社会制度的内在要求和重要特征，也是政治文明建设的重要内容。法治是现代行政的基本手段。用法律来规范自己，是现代政府的发展趋向，也是建设公共服务型政府的重要保障。政府文化当以民主和法治为前提来建构其政治价值体系，使民主和法治精神贯穿于政府制度、法规和一切活动中，成为每一个政府成员行为选择的基本准则。民主要求确认公民平等的地位和管理国家的平等权利，法治的本质在于将人民的权力固定化、规范化，民主是法治的灵魂和内在要求。② 因此，民主是法治的基础，法治是民主的保障；民主是法治建设的目标，法治是实现民主的手段。只有坚持培育民主文化和践行法治精神，才能真正促进政府文化现代化。

（4）诚实守信。构建现代政府文化，必须培育政府公信力。诚实守信是政府赖于存在的根本，是政府形象的源泉，孔子也曾说过“自古皆有死，民无信不立”。政府诚信是社会诚信的基础，企业信用、个人信用及整个社会信用体系，都基于政府信用来推动和发展。政府形象决定政府的威信，影响政府效能的发挥，在一定程度上决定政府的前途和命运。培育现代政府文化的最终目标是提高政府的公信力，提供人民满意的政府服务，树立良好的政府领导人形象。政府要敢于承担责任和义务，言行一致，不欺骗老百姓，不讹诈老百姓，为民着想，为民办实事，诚实守信，光明磊落，保持政策的稳定性和连续性。从微观层面看，要造就行政人员高尚的行政人格，促进诚信意识培养；从宏观的制度层面看，推进政务公开制度、加快诚信制度立法、完善政府失信惩戒制度是构建诚信政府的必要措施。③ 最后，政府要避免陷入“塔西佗陷阱”，不断维护和增进政府公信力，守住对人民诚实守信的基本底线。

---

① 胡小明．从政府信息公开到政府数据开放［J］．电子政务，2015（1）．

② 包心鉴．国家治理现代化进程中民主与法治的有机统一［J］．党政研究，2015（1）．

③ 崔光胜．政府诚信：缺失与重建［J］．辽宁行政学院学报，2012（7）．

（5）廉洁高效。现代政府必须是一个廉洁高效的政府。一方面，政府官员必须奉公守法、清明廉洁，不以手中的公共权力牟取私利，政府组织应着眼于社会发展长期、根本的利益和公民普遍、共同的利益来开展其基本活动。另一方面，政府机构的运转要高效率和高绩效，能够充分地利用各种资源实现管理目标，降低行政成本，提高行政效率。现在，我国政府面临的最严峻的问题就是腐败问题，要使政府廉洁高效，必须严惩贪污腐败、整顿党风党纪。在制度方面，建立起完善的权力制约监督体系，避免权力的滥用，防止行政权力的错位、越位和失位现象的发生；在思想方面，加强公务员思想道德水平建设，弘扬社会主义先进文化，完善政府的行政伦理建设。

现代化的政府文化理念对于建设高绩效的政府和创新我国的政府体制具有重要的现实指导意义。尤其是知识经济时代带来的经济全球化、数字技术化、网络虚拟化等一系列变革，使政府文化受到了管理目标、市场环境、人才环境等多种因素的挑战，因此必须进一步从政府文化发展的现实需要出发，探索政府文化现代化的路径。①

（二）促进政府文化现代化的路径

从政府文化现代化的基本理念出发，必须培育好政府文化的历史基础、经济基础、社会基础、组织基础、理论基础、制度基础等。

1. 批判继承我国传统行政文化，培育政府文化现代化的历史基础

任何新的文化建设，都是在以往文化发展的基础上进行的，我国政府文化建设也不例外。我国传统行政文化源远流长，根深叶茂，它是在长期的历史发展中形成的，积淀了极其丰富的精神文明，当然其中夹杂着先进与腐朽、进步与落后等各种复杂的成分，其内容既有体现劳动人民反抗封建压迫的进步思想，也有渗透封建思想的观念形态；既有中华民族纯真质朴的传统美德，也有导致国民劣根性的保守消极的习俗。

我国传统的政府文化总体上表现出三大特征，这三大特征对于政府文化的建设既有积极的作用，也有消极的影响。第一，崇尚群体，有利于维护和巩固社会稳定，但是是以压抑或牺牲个体价值为代价；第二，重视道德，能够从道德层面鼓励行政人员行善避恶，但是压制了人的内在利益追求，束缚了人的创造性；第三，维护权威，虽然有利于保证行政机构令行禁止，维护

---

① 王丽丽，张亚晶．知识经济时代政府文化再造［J］．湖北行政学院学报，2007（3）．

政府良好形象，但容易陷入“权力本位”的误区。① 不难发现，当前行政管理活动存在的各种弊端，都可以从传统行政文化中找到病源。例如，传统的宗法人伦观念是造成我国社会关系网盘根错节、官官相护、人情大于法的原因；等级观念和权力至上观念养成了一部分行政人员的官僚作风，不随民意，或者滥用职权，以权谋私，或者对放权给下级单位持反感态度；中庸思想和保守观念则培养了一部分行政人员安于现状的非竞争意识和拘谨心理，处处谨小慎微，求稳怕乱，不思改革，行动迟缓，行政效率极低，等等。可见，传统政府文化中的封建性糟粕，作为一种无形的潜在因素，必然会通过行政人员的道德和价值观以及行为习惯表现出来，并成为政府文化现代化的阻碍力量。因此，对于传统政府文化中的消极落后因素必须进行扬弃。我国在几千年的历史发展中所形成的崇善敬德、友爱谦和、尊老爱幼、扶危济困、爱国爱民、舍生取义、吃苦耐劳、自强不息以及礼义廉耻等传统的伦理道德观念和社会风尚，体现出中华民族的优秀品质和高尚情操，闪耀着灿烂的思想文化光辉，我们必须批判地继承，使之发扬光大。弘扬我国优秀政府文化的传统，汲取其精华，是建设有中国特色的现代政府文化的需要，是建设社会主义物质文明和精神文明的需要。它客观地反映出当代中国的国情、民情，符合时代的要求。只有在批判地继承我国传统政府文化的基础上建设起来的现代政府文化，才真正具有中国特色，真正扎根于中国的土壤，只有这样的现代政府文化，才能根深叶茂，充满生机和活力。

2. 逐步完善社会主义市场经济体制，培育政府文化现代化的经济基础

经济现代化不仅是文化现代化的基础，也是政府文化现代化的经济基础。“以经济建设为中心”是新时期党的基本路线的基本内容，是由社会主义初级阶段的基本国情所决定的。2013 年 11 月，党的十八届三中全会提出，要使市场在资源配置中起决定性作用，充分肯定了发展社会主义市场经济的重要性。我国当前已完成了由计划经济体制向市场经济体制的成功过渡，但文化的相对稳定性特质决定了计划经济体制下的政府文化不可能立刻被适应市场经济体制的新的政府文化所替代，加之经济转轨过程中部分利益受损的个人或组织对变革的强烈不满，必然给政府文化变革带来极大阻碍。为此，必须大力发展社会主义市场经济，使市场经济观念深入人心；按照市场经济的内在要求来建构公务员利益激励机制、竞争激励机制；要进一步科学合理地界定政

① 张康之．走向现代化的行政价值选择［J］．国家行政学院学报，2000（6）．

府的经济管理职能，大幅度缩小计划管制的范围，为建构和发展新型的社会主义政府文化创造一个宽松的经济生态环境；必须通过不断完善社会主义市场经济体制，大力发展生产力，大力发展科技、教育等各项事业，丰富社会主义政府文化发展的载体和手段，这是新时期建设社会主义政府文化的根本途径之一。

3. 借鉴企业文化建设的理念，培育政府文化现代化的组织基础

借鉴企业文化建设的经验就要培育政府的企业化理念。政府理念企业化是 20 世纪 70 年代以后流行于西方国家的一种政府组织思想。20 世纪 80 年代以来，以政府企业化思想为背景的管理模式越来越受到重视，并被广泛运用到西方国家行政改革实践之中。

所谓政府企业化，就是用企业家在经营中所追求的讲效率、重质量、善待消费者和力求完美服务的精神，以及企业中广泛运用的科学管理方法，改革政府机构中的公共管理部门，重塑政府形象。建立企业化政府的核心就是要求政府树立以顾客为导向的全新运行理念。以顾客为导向是新公共管理学派的基本概念，未来能够生存的政府必然能以顾客为中心，以顾客满意为目标，所以政府要借鉴企业的服务理念，确立以顾客为导向的原则，把“为民、便民、富民”作为工作目标，从群众满意的角度开展工作。政府以顾客为导向就会像企业一样努力改善服务态度、提高产品的价值和改善售后服务，以此来提高公民的满意度。① 只有这样才能真正以顾客为“上帝”，政府才能彻底改变“脸难看、门难进、话难听”的官僚作风。但是和企业比较，政府有一个得天独厚的优势，就是独家销售“公共产品”，顾客别无选择。因此政府理念企业化最关键的因素就是需要引进竞争机制。作为非营利性组织的政府，其运作当然不可能与以盈利为目标的企业一样，但是在市场经济的大背景下，政府以竞争为导向，引进公共服务的市场竞争机制，转变“政府是不可替代的实体”这一根深蒂固的观念，改变政府对公共产品的垄断地位，鼓励和允许中介组织、民营组织参与竞争来提供公共服务，是改进政府服务态度、服务效率、服务质量的重要手段。只有引进企业管理的经验和市场竞争机制，才能从根本上改变行政人员的工作理念，进而有利于政府文化现代化。

政府理念企业化同时也意味着引进企业管理方式来管理政府，如项目预

① 珍妮特·登哈特，罗伯特·登哈特. 新公共服务：服务，而非掌舵［M］. 北京：中国人民大学出版社，2004：149.

算、业绩评估、合同雇佣制、绩效工资制等。如英国在撒切尔夫人执政时期曾有计划地安排所有高、中级行政人员将私人管理方法和经验引入政府工作部门，以提高政府工作的效率和效能；瑞士的许多州和市政府，如日内瓦等开始用企业化的方式来加强公共部门的管理。因此，政府要构建起持续的、良性的公私部门伙伴关系，积极推进民营化改革。一方面，可以引入先进的企业管理方法和管理理念；另一方面，通过合同承包等民营化方式，能够使得市场承担起更多公共产品和公共服务提供的功能，从而减轻政府的负担，缓解政府财政压力，更好地构建有限政府。

4. 加强行政法治文化建设，培育政府文化现代化的法治基础

社会主义市场经济“法治国家”目标的实现，离不开科学文化理念的支持和呵护。这种文化理念的核心内容就是现代市民社会的“契约文化”，而“契约文化”反映到政府文化上就要求行政主体具有行政法治文化。社会主义市场经济的发展改变了以往法律的性质，从偏重义务设置、权力保障转变到重视权利的维护和对权力的制约，客观上要求建立法治政府，反映到意识形态上，必然要求树立行政法治文化。行政法治文化一般指在法治社会中对行政法律的制定、实施及其效应的认识，以及法治意识、法治观念、法治思想的渗透和培养。行政法治文化体现在思想意识上，需要所有公民特别是行政人员树立“法律至高无上”理念、任何人都不能凌驾于法律之上的观念。行政法治文化体现在行动上，就是要求行政人员依法办事，把自己和行政相对人放在平等的地位，行政相对人所做出的一切行为必须严格遵守法律的规定。对行政人员来说，权力的行使必须限于法律所规定的种种权利。由法律至上文化所确立的新型法律关系，是市场经济发展的必然要求，也是行政法治文化发展的必然要求。

行政法治文化需要宪法文化的保障，具体而言，宪法文化就是政府要确立依宪而治的原则，可以从三个途径来构建：第一，宪法社会化，既要加强国家机关对公民的宪法教育，又要使宪法真正内化为公民意识的一部分；第二，宪法文化建设，要增强社会共同体对宪法的理性理解；第三，大众宪政主义，要在公民实践中体现宪法价值和宪法原则。① 宪法文化建设正在逐步加强，2014 年 11 月十二届全国人大常委会第十一次会议表决通过了全国人大常

---

① 欧阳景根．宪法社会化、宪法文化建设与大众宪政主义：政府依宪而治原则的确立途径［J］．社会科学，2008（1）．

委会关于设立国家宪法日的决定，每年 12 月 4 日被设立为国家宪法日。2015 年 7 月 1 日第十二届全国人民代表大会常务委员会第十五次会议通过关于实行宪法宣誓制度的决定。2018 年 2 月第十二届全国人民代表大会常务委员会第三十三次会议修订宪法宣誓制度，要求凡是各级人民代表大会及县级以上各级人民代表大会常务委员会选举或者决定任命的国家工作人员，以及各级人民政府、监察委员会、人民法院、人民检察院任命的国家工作人员，在就职时应当公开进行宪法宣誓，进一步强化了公职人员的宪法意识和法治精神，增强对法律的敬畏感，培育和加强宪法文化的建设。

5. 加强政府文化理念现代化，培育政府文化现代化的理论基础

组织理论学家摩根曾说过："有效的组织变革暗含了组织文化的变化。"组织文化是组织在其内外环境中长期形成的以价值观为核心的行为规范、制度规范和外部形象的总和。① 从组织文化结构角度，可将政府文化分为物质层面政府文化、行为层面政府文化、制度层面政府文化和理念层面政府文化。理念层面政府文化是行政组织文化的关键层次，它是指行政组织的各种信仰、价值观念的总和，主要包括行政组织的管理哲学、行政组织精神、行政组织目标、行政组织风貌和行政组织道德等内容。理念层面政府文化是行政组织文化的核心和灵魂，对行政组织文化发展起着决定性作用，它引导着行政组织文化发展的方向。②

西方政府文化理念也经历了一个发展、创新和变革的过程。自行政学诞生以来，美国行政学家威尔逊和古德诺在政治与行政二分的理论基础上建构行政学，秉持行政价值中立的理念，形成了西方行政学价值研究的传统。但是随着时代发展，西方政府文化面临着"合法性危机""研究品质危机""学科认同危机"与"信任危机"等方面的挑战，西方行政学价值研究从"管理主义"或者说是"技术主义"转变到了"哲学主义"；从工具理性的视角转变为价值理性的视角。③ 承认政府并不是价值中立的，应当追求增进和维护社会公共利益，并且维护和保证社会公平正义，这是西方政府文化理念的一大创新。因此，加强政府文化理念层面的创新，既是政府文化现代化的重要内容，也是实现政府文化现代化的重要途径。

---

① 陈君怡．组织文化对企业绩效影响探析［J］．现代管理科学，2005（4）．

② 张康之．走向现代化的行政价值选择［J］．国家行政学院学报，2006（6）．

③ 丁煌，张雅勤．从"科学"到"哲学"：西方行政学价值研究的新发展［J］．行政论坛，2014（5）．

6. 加强行政心理健康教育，培育政府文化现代化的心理基础

行政心理是行政主体对行政生活的心理投射，是整个政府文化结构的心理基础。在改革攻坚期，行政心理呈稳定性与急剧变动性相结合、正面效应和负面效应同时并存的状况。部分公务员会因改革触及个人利益而感到困惑，产生相对剥夺感，在相对剥夺感和失衡心理的驱使下，极易产生抵触情绪。如此种种，可能成为政府文化变革的心理障碍，制约着政府文化现代化的深入发展。因此，培养和塑造健康的行政心理是推进政府文化现代化的一个重要环节。首先要加强思想政治工作，完善社会规范，增强心理诱导的科学性，消除失落心理、守旧心理及矛盾心理对当代中国政府文化现代化的不良影响。其次要充分利用舆论宣传的导向作用，通过报刊、广播、电视、互联网等舆论工具，多维度、多视角把握宣传的力度，根据心理现象的特点和内在规律，采取正确的宣传方式，防止宣传方向的偏差，强化宣传效果。最后要重构社会主义市场经济下的价值评价体系，积极倡导能力、道德、社会效益等价值评价标准，实现由“官本位”向“民本位”、由“金钱本位”向“能力本位”思想的转变，最终建立符合社会主义市场经济的多元化的价值评价体系。①

7. 加强公民社会建设，培育政府文化现代化的社会基础

公民社会的形成和发展是市场经济发展的必然产物，从“臣民”“国民”到“公民”的转变，不仅是人类文明社会发展的内在逻辑，更是民主政治不断发展和完善的具体表现。“臣民”代表的是王权时代下的普通民众的政治形象，以君主和官僚为代表的统治阶级与作为被统治阶级的普通民众之间的政治关系是命令与服从的统治关系，民众的权利依赖于统治者的“恩赐”，自由受到政治权力的高度压制。“国民”则是在近代民族国家的形成中产生的不同于“臣民”的普通民众的政治角色，角色认同的基础是国家和民族身份。虽然相较于“臣民”而言，“国民”已经摆脱了过去完全从属于统治阶级的政治地位，“国民”的权利，如选举权、自由权和财产权等得到了一定的保障，国家与民众之间的政治关系是一种控制与接受的管理关系，但是民众的权利依然得不到充分保障，与政府之间依然是不对等的政治关系，政府仍旧凌驾于社会之上。

“公民”的产生和出现是现代国家推进民主政治进程中形成的新型民众的政治身份。“公民”不再是被动地接受政府管理的对象，而是融入国家治理中

① 张荷莲．行政文化现代化及其实现途径［J］．行政论坛，2007（1）．

的重要参与主体，政府与“公民”之间形成了服务与自治的共治关系，民众获得了平等参与政治生活的政治地位，形成了现代意义上的公民社会。公民社会乃是一种由社会组织的充分发展所带来的社会状态，其内涵包括四个方面：首先，在组织层面，区别于政府、市场的公民社会组织；其次，在价值层面，拥有公民普遍认同的公民社会价值；再次，在场域层面，是公民能够表达观点的公共领域；最后，在法权层面，公民基本权利和利益得到宪法和法律的保护。[①] 因此，公民社会的形成和发展是政府培育法治精神、维护社会公共价值、保障公民基本权利的政府文化的社会基础，只有完善公民社会建设，政府文化现代化的进程才能进一步加快。

8. 完善政府治理体系和治理能力建设，培育政府文化现代化的制度基础

政府文化的培育需要构建良好的制度基础。制度是政府行使行政权力、行政行为规则的保障和约束，通过制度影响行政主体的行政行为，进而由行为影响政府文化的形成和发展。党的十八大以来，党和政府提出深化改革开放的总目标是“完善和发展中国特色社会主义制度，推进国家治理体系和治理能力现代化”。国家治理体系包括政治建设、经济建设、文化建设、社会建设、生态文明建设以及党的建设等方面，是一个相互联系、彼此协调的有机整体。国家治理能力则是实现国家治理目标的实际能力，包括汲取财政能力、宏观调控能力、合法化能力以及强制能力等。[②] 国家治理体系和治理能力的中心主体是政府，在治理功能方面，需要推进政府职能现代化；在治理主体方面，需要推进公共组织与政府结构现代化；在治理制度方面，需要完善现代政府制度体系；在治理机制方面，需要完善现代政府运行机制；在治理方式方面，需要完善现代政府管理方式。[③]

随着国家治理体系和治理能力的现代化，逐步实现国家治理制度的现代化。国家制度的现代化包括五大方面：第一，执政党制度的建设，坚持“依党章治党”，全面从严治党，提升执政水平；第二，现代国家制度建设，宪法是中国建立现代国家制度的标志，明确了人民代表大会制度是我国的根本政治制度；第三，强化政治协商制度，政治协商制度是我国民主政治建设一大创新，各民主党派共同参政议政，彼此合作，互相监督；第四，民族区域自

① 王名，刘国翰．公民社会与治理现代化［J］．开放时代，2014（6）．

② 王绍光，胡鞍钢．中国国家能力报告［M］．沈阳：辽宁人民出版社，1993：2．

③ 李军鹏．国家治理体系现代化视域下的现代政府建设［J］．中共天津市委党校学报，2015（2）．

治制度建设，这是我国确立和加强“平等、团结、互助、和谐”的社会主义民族关系的重要制度保障；第五，基层群众自治制度建设，有利于人民群众自我教育、自我管理和自我服务。[①] 依靠国家制度现代化的持续推进和不断完善，政府文化将继续向服务型、治理型、开放式等方面转变，为政府文化现代化建设与发展提供坚实的制度基础。

9. 塑造独立人格，培育政府文化现代化的行政人格基础

行政人员是从事公共管理和公共服务实践活动的主体和具体实施者，行政人员个体所具有的价值偏好、情感倾向、知识水平等方面的特质，必然会在其行政行为中有所实践。在政府文化建设中，行政人格的塑造直接影响到政府文化的内涵、特征和表现。在人类社会发展过程中，不同历史时期所形成的行政人格是不同的，所塑造的行政文化也大相径庭。行政体系的发展经历了从农业社会的统治行政，到工业社会的管理行政，再到后工业社会的服务行政的演进，行政人格始终贯穿每一个行政体系发展的阶段，经历了从“依附人格”到“工具人格”，再到“独立人格”的行政人格类型递进。[②] 首先，在农业社会，社会关系实质上是建立在封建生产关系上的人身依附关系，是对权力、地位的人身依赖，在统治行政的模式下形成了事实上的“依附人格”；其次，在工业社会，市场经济进一步发展，工业化水平不断提高，但是科学主义的思维使人异化为工具，管理行政的行政模式要求政府的行政人员政治价值中立，不进行任何价值判断，只负责执行命令，作为“管理的工具”而存在，从而形成“工具人格”；最后，在后工业社会，随着市场经济的深化、公共领域的拓展，以及主体性原则的凸显，尤其是在服务行政的治理模式下，行政人员的独立性逐渐增强，从而形成“独立人格”。因此，在政府文化现代化建设过程中，必须要塑造与服务型政府相适应的“独立人格”的行政人格，以此为基础，构建合理的行政伦理，更好地完善政府文化。

总之，政府文化是政府体制的深层结构，是政府管理的灵魂，任何一个政府体系的组织结构、运行机制、决策过程及行政人员的行为、态度、价值观等都直接或间接地受到政府文化的影响和制约。因此，面对进一步深化政府改革，加快建设服务政府、责任政府、法治政府、效能政府、廉价政府的需要，必须整合与再造现代新型的政府文化，以促进政府的全面发展。

---

① 胡鞍钢，等．中国国家治理现代化［M］．北京：中国人民大学出版社，2014：97-99.

② 杨艳．行政人格的历史类型研究［M］．北京：中国社会科学出版社，2016：115.

结　语

发展政府与政府治理能力现代化

发挥政府作用，不是简单下达行政命令

我们对政府职能的认识和定位，是随着改革开放和社会主义市场经济发展而发展的，从传统计划经济体制向社会主义市场经济体制转变是一个不断前进的过程。改革的推进，经济基础的发展，自然而然会对上层建筑提出新的要求。我们党在实践中不断深化对这个问题的认识，持续推进政府职能转变。总体上看，改革开放以来，我们在转变政府职能方面取得了重大成就，积累了宝贵经验，有力地推进了社会主义现代化建设。同时，我们也必须看到，现在政府职能转变还不到位，政府对微观经济运行干预过多过细，宏观经济调节还不完善，市场监管问题较多，社会管理亟待加强，公共服务比较薄弱，这些问题的存在与全面建成小康社会的新要求是不相符合的。进一步改革政府机构、转变政府职能，不仅是提高政府效能的必然要求，也是增强社会发展活力的必然要求。我们必须下更大决心，以更大力度推进政府职能转变，以更好适应深化改革开放、加快转变经济发展方式、转变工作作风、维护社会和谐稳定的迫切要求。

——摘自习近平 2013 年 2 月 28 日在党的十八届二中全会第二次全体会议上的讲话

和平与发展是当今世界两大主题。只有发展才是硬道理，发展问题是更为根本的主题。从世界发展进程来看，发展体现为经济发展、政治发展、社会发展、科技发展、文化发展等各领域的发展，这些发展的最终目的是人的全面发展；从发展的本质来看，必须弄清楚发展什么、谁来发展、为谁发展、怎样发展等一系列问题；从公共行政的角度看，主要的问题就是要解决谁来发展和怎样发展的问题。这需要从理论上和实践中弄清楚如下问题：科学发展需要什么样的政府？政府在发展中起什么样的作用？在发展过程中政府自身必须达到什么样的发展程度？也就是说，关于政府发展和科学发展的关系，存在着这样的内容：政府如何促进科学发展和如何通过政府自身发展更好地促进科学发展。

发展理论很早就受到世人的关注，且在经济发展过程中形成了系统的经济发展理论。在政府推进发展过程中，一个核心的问题是政府在经济发展中的作用问题。在现代社会发展中，政府与市场的作用之争一直都没有停止过。围绕政府这只“看得见的手”与市场这只“看不见的手”发挥作用的范围和程度问题，不同的治理实践逐渐形成了不同发展阶段的政府理论。从利维坦到乌托邦，都没有解决政府角色合理定位的问题。从斯密的“守夜人”政府治理模式到凯恩斯的“干预型”政府治理模式，两者都侧重从一个方面强调各自的作用，两种理论都没有摆脱传统的政府—市场二元思维，两种治理模式都在政府与市场的作用中打转。这是一种单中心的政府理论，认为在治理过程中只能有一个权力中心，从而在实践中束缚了其他社会主体治理作用的发挥，使得政府、社会、公民之间的和谐互动无法达成。

奥斯特罗姆夫妇通过对大城市政府治理和公共池塘资源治理的研究，提出了多中心治理理论。他们认为在社会中存在众多的社群，在政府提供良好制度环境的情况下，社群可以通过制度创新进行自主治理。奥斯特罗姆夫妇还从物品的属性出发，解释了有些领域政府失灵、有些领域市场失灵的原因。从物品的属性出发，他们认为典型的公共物品可以由政府来治理，混合型的物品可以根据物品的属性选择有效的治理主体，纯粹的私人物品则可以通过市场来进行治理。但他们也承认一个前提：无论是政府治理还是市场治理，或者协同治理，一个不变的原则是政府不可能置身事外。正如诺斯所言：“国家的存在是经济增长的关键，然而国家又是人为经济衰退的根源。”[①] 这就促使我们必须思考一个问题：如何科学界定政府和市场各自发挥作用的领域，其实质是在经济社会发展过程中如何发展政府。

这一问题的产生既是全球政府改革的原因，也是全球政府改革的必然结果。20 世纪 20 年代以来，多个国家掀起政府改革的浪潮。这一浪潮借助全球化的东风开始传遍世界各地。全球政府改革运动从 20 世纪 80 年代开始分成

① 诺斯．经济史中的结构与变迁［M］．上海：上海三联书店，1994：17.

两个各具特色的阶段。第一阶段始于 20 世纪 80 年代，各国政府最为关注的是经济全球化和将部分国有的工业私有化，其主要趋势是多数国家都在向自由市场经济转型。第二阶段始于 20 世纪 90 年代，它不再那么关注私有化问题，而是集中于政府核心管理职能的改革。各个国家都试图削减政府官僚的数量，使政府更有效率、更现代化、更能满足人民的需要。① 其深刻的原因在于政府的作用问题已经毋庸置疑，无须再讨论是否需要政府的问题，而是必须讨论怎样发挥政府作用、在什么领域发挥以及发挥到什么程度的问题。所以自 20 世纪 90 年代以来，以政府职能重新定位、政府权力重新分配、政府组织结构重新设计、政府人事制度重新整饬、公共服务方式重新选择为核心内容的政府改革席卷了世界各地。无论是发达国家还是发展中国家，无论是左翼党派还是右翼党派，都对政府的职能、地位、作用、角色、机构、权力、人员等一系列问题进行了创新思考，由此形成了声势浩大的政府改革运动。②

正因如此，1997 年世界银行在《世界发展报告：变革世界中的政府》中写道："在世界各地，政府正成为人们关注的中心。全球经济具有深远意义的发展使我们再次思考关于政府的一些基本问题：它的作用应该是什么，它能做什么和不能做什么，以及如何最好地做这些事情。"③ 这就将政府的科学发展问题摆在了我们面前。

一、发展政府和政府发展的基本内涵

政府发展是政治发展的重要组成部分。随着政治发展理论的深入研究，发展政府理论逐渐兴起。20 世纪 50 年代中期，里格斯为发展行政学确定了两个研究对象：发展的行政和行政的发展。里格斯认为发展的行政是指发展计划的行政，指大规模的尤其是政府所采用的方法，指为达到它们的发展目标而设计的政策和计划；行政的发展是指加强行政能力。从这个界定出发，我国学者在进行发展行政理论研究时采用了两个概念：发展行政和行政发展。

（一）发展行政

书云等认为发展行政是指政府为了推动和配合社会变迁以及推动和促进

---

① ［美］约瑟夫·奈，等．全球化世界的治理［M］．北京：世界知识出版社，2003：190.

② 李琪．新世纪中国特大城市公共行政管理［M］．北京：文汇出版社，2003：14.

③ 世界银行．世界发展报告：变革世界中的政府［M］．北京：中国财政经济出版社，1997：1.

社会经济、政治、文化发展而施行的各种行政行为。① 张国庆认为发展行政是指政府为使整个社会的发展达到某种高级状态而实施的行为，其基调是推动社会发展，核心是积极主动的行政施为。② 叶富春认为发展行政是“行政主体在其内部采取的发展活动，是行政主体自身为更好地完成其任务，实现有效、高效的行政目标，在主体内部因应社会变化而采取的各种调整、完善和改革措施”。③ 发展行政主要解决的是政府民主治理过程中的问题，包括政府的职能转变、政府体制健全、政府机制通畅、政府成本低廉、政府服务优质等，发展政府主要是政治民主的范畴，其解决的问题是如何确保行政权力有效地实现公共利益，也即“善政”问题。

（二）行政发展

王沪宁认为行政发展是指通过一定的方式改变既存的行政系统及活动方式，使其过渡到一种新的状态，以期行政系统能够更好地与社会圈取得动态平衡，发挥更大的行政能量。④ 卓越认为，“行政发展就是行政主体（政府）通过一定的方法和途径，创造、维持和加强行政能力，改变原有的传统的行政体系及其运行状态，使其沿着预定目标取向发展到更高一级形态”⑤ 的过程。郭俊次认为现代社会的行政发展往往是指政府“行政体系”“结构”的“分化”，“功能”的“专化”以及“能力”（适应、回应与应变）的“强化”。在发展中国家，它是“发展”的标志；在发达国家，它是“现代化”的符号。⑥ 叶富春认为行政发展是“国家对行政主体采取的发展活动，是在行政主体之外，国家为维护其政治统治，因应社会发展形成的新需要，对行政主体采取的调整、完善和改革措施，使行政活动最终达到其根本目的”。⑦

从上述定义出发，行政发展主要解决的是政府权力的有效配置和使用问题，其核心是政府权力与市场、企业、社会、公民的互动关系问题，这其实正是政府改革的主要内容。行政发展属于组织发展的范畴，其实质是“善治”的问题。发展行政和行政发展的脉络可以从公共行政的历史发展上得到多个

① 书云，等．行政管理与改革［M］．北京：中国城市经济出版社，1990：2-6.

② 张国庆．当代中国行政管理体制改革论［M］．长春：吉林大学出版社，1994：19-21.

③⑦ 叶富春．利益结构、行政发展及其相互关系［M］．北京：社会科学文献出版社，2005：100.

④ 王沪宁．行政生态分析［M］．上海：复旦大学出版社，1989：298.

⑤ 卓越．行政发展研究［M］．福州：福建人民出版社，2000：5.

⑥ 郭俊次．行政发展学：中国世纪的现代展望［M］．杭州台阳管理顾问有限公司，1997：56.

维度的合理解释（见图 13-1）。自现代行政科学确立以来，公共行政形成了三个范式：官僚制范式、民主制范式和正在形成中的治理型范式；在理论发展形态上表现为官僚制理论、新公共行政理论（新公共管理理论）、治理理论；在实践形态上表现为国家型政府、行政型政府和治理型政府；[①] 在权力形态上表现为以控制公民权利为主导的行政发展阶段、以控制官僚权力为主导的行政发展阶段、官僚权力与公民权利并重的行政发展阶段。这些发展状态具有惊人的耦合性，表现出了理论与实践的一致性，从政治学的角度讲就是从集权行政走向分权行政；从管理学的角度讲，就是从单纯追求效率和单纯追求民主走向民主和效率兼顾；从政治参与的角度看，那就是从治理主体的单一化到治理主体的多元化。这些发展状况显示出公共行政发展的历史轨迹，体现了政府发展的趋势，为我们进一步研究发展政府理论找到了依据，也为我们用政府发展的概念来统一整合行政发展和发展行政概念奠定了历史基础。

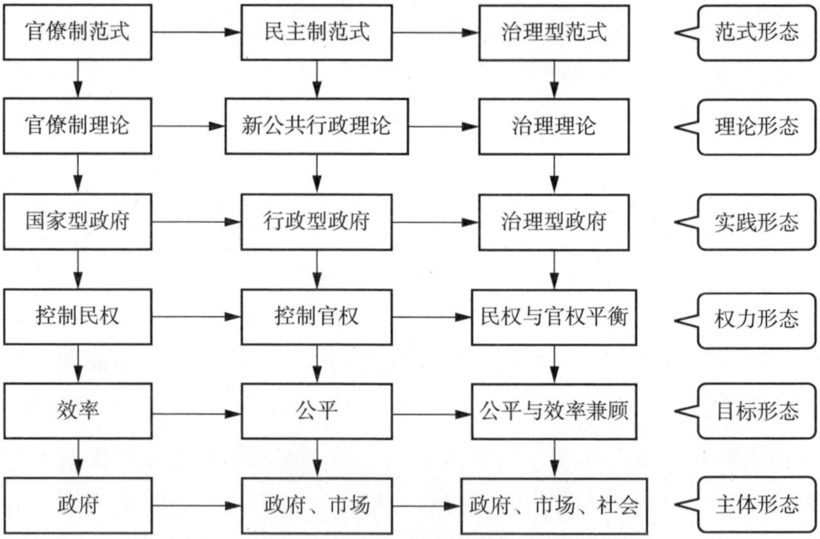

图 13-1　发展行政和行政发展的多维历史轨迹

（三）政府发展

随着政府规模的扩大和政府职能的转变，对发展行政和行政发展的论述逐渐统一到政府发展上来。从结果来看，发展行政和行政发展其直接目的是推进政府发展，最终目的是通过政府发展来推进政治、经济、社会的发展，

① 顾平安．政府发展论［M］．北京：中国社会科学出版社，2005：151.

最终实现人的全面发展。因此政府发展的内在要义本身就包括发展行政和行政发展两方面的内容。因此可以说发展政府理论主要的研究对象是政府发展问题，而研究政府发展必然要包括政府的自身发展（发展行政）和政府推进社会的发展问题（行政发展）。

随着政府行政环境的变化和国内外学者对政府定义在狭义和广义方面达成的共识，政府发展的提法开始为国内学界接受。1991 年谢庆奎就提出“政府发展”的概念，认为：“政府发展是政府系统的发展，是系统变迁的过程，是系统之间相互作用的过程；政府发展意味着政府体系功能的增强，意味着政府结构的分化和职能的完善；政府发展也是政府能力的提高，即政府的权威性和有效性的提高，就是指导能力、动员能力、分配能力、适应能力、利益综合能力、管理能力、协调能力、监督能力、服务能力的提高；政府发展是政府体系自我完善的过程，即由旧的管理模式向新的管理模式转变的过程。”① 这一论述从宏观发展的角度，将政府发展视为政府体系内部的一种正向的变迁，其实质就是发展行政；同时该论述又从宏观的发展过程论述了政府发展指向治理对象的具体内容，其实质就是行政发展。这个定义首次进行了政府发展概念的综合。

顾平安在对政府起源及其本质属性的研究中得出：“政府发展是指政府为了适应政治经济和社会发展的需要，通过对自身组成要素的扬弃与整合，寻求不断发挥政府对社会的管理潜能以推动社会进一步发展的过程。”② 这个定义实际上包含着两个方面：一方面，为了推进政治、经济和社会发展，政府作为发展的重要推动力量和治理主体，必须提高推进发展的能力。另一方面，要达到这样的能力，政府自身首先要有一个发展，以便能够以行为规范、运转协调、公正透明、廉洁高效的姿态来承接治理的任务。没有一个高效的公共政府，谈不到政府的高效治理，更谈不上推进社会的发展。一个无效的政府可能只会阻碍经济、政治和社会的科学发展。

因此，笔者认为政府发展是指政府为适应变化着的施政环境和国家的中心任务，通过政府改革和制度创新转变政府职能、健全政府体制、优化政府运行机制、革新政府治理工具、降低政府行政成本、提高政府治理能力和效能，达到政府自身的科学发展和推动经济、社会和人的全面发展的目的。其

---

① 谢庆奎．中国大陆政府与政治［M］．台北：台湾五南图书出版公司，1999：2.

② 顾平安．政府发展论［M］．北京：中国社会科学出版社，2005：107.

实质是发展行政和行政发展的协调统一。政府发展中发展行政和行政发展其实是一个事物的两个方面，两者相辅相成、缺一不可。从结构上看，政府发展既包括中央政府的发展，又包括地方政府的发展。政府发展的核心在于提高政府在推进社会发展过程中政府治理的民主性、科学性及决策的执行力，在这个过程中提高政府自身的发展能力是应有之义。究其原因，就是政府的本质和政府在发展过程中的主体作用决定了政府在发展自身的同时，其存在的合理性、合法性就是要推进经济社会和人的全面发展。正如恩格斯所言："政治统治到处都是以执行社会职能为基础，而且政治统治只有在它执行了它的这种社会职能时才能维持下去。"①

从政府运行的实质来看，政府发展是一个系统发展。从科学发展观来看，科学的发展必然包含政治、经济、社会和文化等的发展，并且科学发展的最终目的是促进人的全面发展。政府发展是政治发展的重要组成部分，政治发展又是科学发展的重要组成部分；从经济决定政治，政治反作用于经济来说，经济发展需要政治发展的同步，政治发展的目的是更好地促进经济发展。因此，政府发展本身就是科学发展系统中的一个重要组成部分，这种系统性决定了政府发展与其他各领域发展的相关性和发展政府的重要性，同时也决定了政府发展不是单纯地为了政府自身，而是为了促进经济、社会和人的全面发展（见图 13-2）。

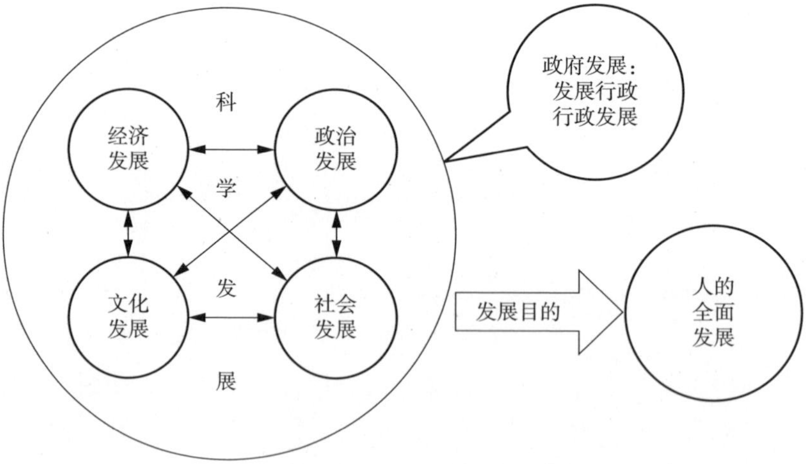

图 13-2　政府发展系统

① 马克思恩格斯全集（第 20 卷）[M]. 北京：人民出版社，1995：194-195.

二、当代中国政府发展的目标和任务

党的十六大提出“发展是党执政兴国的第一要务”的科学论断，指出在改革进一步面临严峻形势和战略机遇的时候，必须用发展的办法解决前进过程中的问题。党的十六届三中全会又鲜明地提出“科学发展观”的重要论断。要实现这样的发展，政府必须全面履行促进科学发展的职能和提高推进科学发展的执政能力。科学发展必然包含政府的科学发展，政府的科学发展从政府的职能出发既包括政府推动经济、社会和人的全面发展之能力的发展，也包括政府自身的科学发展。政府要想达到善治，需先有善治的能力，善治的能力取决于政府自身的科学发展，也就是善政的存在。党的十九届四中全会通过的《中共中央关于坚持和完善中国特色社会主义制度推进国家治理体系和治理能力现代化若干重大问题的决定》提出的国家治理体系和治理能力现代化对政府发展提出了新时代目标，对于中国政府来说，当前最重要的问题是在中央确定了治理现代化目标之后，如何促进政府转型，真正建设成为治理体系和治理能力现代化的政府。也就是说，新的发展阶段必然需要确立新的政府发展的目标和任务，并找到这种发展的科学制度安排。

政府发展的任务在不同的阶段是不相同的，是有所侧重的。在政府职能和作用范围比较小的情况下，发展政府的任务就相对小，也不那么紧迫；在信息社会和经济全球化时代，由于经济规模的扩大、治理主体的多元化，政府面对的内外部竞争日趋激烈，政府的合法性和权威性时有下降的情况下，发展政府的任务就更为迫切。从政府发展的形态来看，从国家型政府、行政型政府再到治理型政府，政府改革和改革政府的力度越来越大；从国内外经济发展过程来看，越是在经济发展转型期，或者说在经济发展的高潮期，并出现徘徊不前的情况下，对改革政府的要求越迫切，以清除在经济发展中的政府阻滞和障碍。正如邓小平所言，“经济体制改革的每一步前进，都深深地感到政治体制改革的重要性”。如美国经历 1929—1933 年的经济大危机之后，其政府治理模式就发生了深刻的变化，从斯密的“守夜人”政府治理模式全面转向凯恩斯的政府干预治理模式。到 20 世纪 70 年代，资本主义世界出现了滞胀的局面，新自由主义的政府治理模式又开始在政府治理实践中得到重视和实践。到 20 世纪 90 年代，由于信息技术和多媒体技术的发展，一种以电子治理为雏形的新型政府治理模式正在形成中，由此决定了政府发展的新目标和新任务。

当前中国的改革进入了攻坚期，政府能否通过自身的发展来推进社会的科学发展至关重要。如果政府能力得不到提升，政府的决策水平和执行能力得不到提高，那么政府就会成为科学发展的障碍。从程序上来看，要发展政府，首先要促进政府自身发展，这种发展不外乎两种手段：一是理论上的发展；二是实践中的发展。从政府理论发展史来看，虽然公共行政的发展经历了多次范式转换，作为范式的公共行政、公共管理、新公共行政、新公共管理等概念也都有自己的内涵和外延，但在中国并没有形成适合中国国情的政府理论。而且现实的政府理论研究还普遍存在着理论与实践脱节的现象，从事政府管理的一线官员不去进行理论的总结，而大量出版政府相关理论著作的高校或研究机构的学者却从来没有从事过一线政府管理工作，从而造成中国公共管理中的一些重大理论和实践问题多是由政府内部人员或者政府智囊团提出，而公共管理学界只是起到了对这些理论进行“二次解释”的作用。[①] 还有一些学者只是单纯地阐释国外的公共管理理论，却不对这样的理论做符合国情的分析和现实检验，缺乏对外来政府理论的消化和吸收能力，不能为新形势下的中国政府发展提供目标和路径选择。这样的理论发展现状无法实现理论创新，更谈不上用创新的理论去指导中国的政府改革实践。

因此，当前中国政府发展的任务就要从两方面努力。从理论上来看，要探索适合中国国情的发展政府理论，也就是创建中国特色的发展政府学。这个理论要对当前中国政府的现状和发展趋势具有解释力，能够为中国政府的发展确定方向、明确发展目标，形成衡量中国各级政府发展的科学评价体系，为各级政府提供推进社会发展的绩效衡量指标体系。从实践中看，这个理论应该是从中国各级政府改革的实践中总结和提炼出来的，符合中国政府改革和发展的规律，具有指导中国政府改革实践的可操作性。

这门学科要解决如下问题：宏观层面上要界定中国政府发展的概念、概括中国政府发展的特征、探索政府发展的评价体系、挖掘政府发展的哲学基础和方法论基础；中观层面上要创新中国的政府体制、健全中国政府的组织结构、科学界定中国政府的职能、完善中国政府的运行机制、优化中国政府的施政环境；微观层面上要创新中国政府治理工具，包括治理人员素质优化（公务员制度）、治理方式革新、治理工具多样化等。

---

① 朱立言．公共管理学科发展的动力与源泉［J］．公共管理学报，2006（2）．

从发展政府角度看，这个理论需要重点解决好中国政府与政党、市场、企业、事业单位、社会、公民的关系问题。政府与政党的关系当前要重点厘清党政关系、党内民主和人民民主的关系；政府与市场的关系当前要找到科学界定政府与市场作用领域的实践基础和理论依据；政府与企业的关系重要的是确立政企分开的制度载体和法律规范；政府与事业单位的关系重要的是推进分类管理的事业单位体制改革，缩小政府的事权范围；政府与社会的关系重要的是通过培养公民社会，建设和谐社会；政府与公民的关系重要的是开辟更多的公民政治参与渠道，落实公民对政府的监督权利（见图 13-3）。

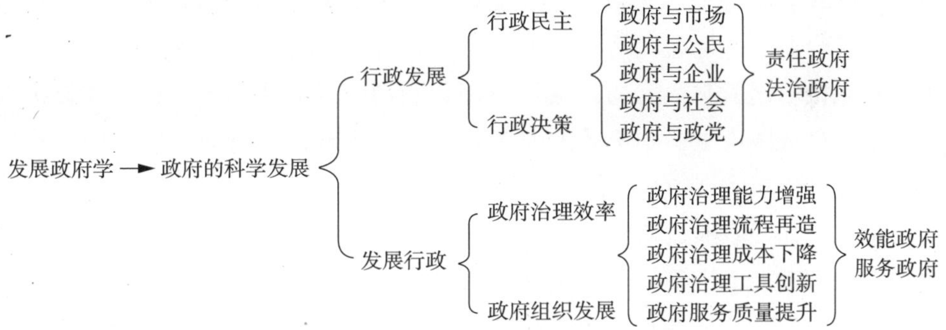

图 13-3 发展政府学研究内容框架图

总之，国家治理体系和治理能力现代化目标的提出对当前政府推进科学发展提出了严峻的挑战，必须构建一门符合中国国情的发展政府学来研究中国政府的科学发展和现代化问题，在理论和实践中为中国各级政府的改革提供指导，梳理改革开放 40 多年来的政府改革理论与实践，其目的和意义也正在于此，希望各界有识之士共同努力，为中国政府发展和治理现代化做出贡献。

三、进一步推进政府治理能力现代化的思考

历经多次机构改革和两轮大部制改革，我国的政府治理能力和现代化程度显著改善，但距离推进国家治理体系和治理能力现代化的目标要求依然有巨大的优化空间。

（一）以政府职能现代化为核心推进政府治理能力现代化

政府治理现代化的主要表征之一首先是政府公共管理职能的现代化。推进政府治理现代化，必须推进政府公共管理职能现代化。政府职能现代化有

三个推进路径。[①]

第一，通过简政放权，向市场、企业、社会与下级下放权力，以政府职能的有限性实现国家功能的有限性。邓小平认为，我国官僚主义的“总病根”是中央高度集权的管理体制。他指出：“现在我国的经济管理体制权力过于集中，应该有计划地大胆下放，否则不利于充分发挥国家、地方、企业和劳动者个人四个方面的积极性，也不利于实行现代化的经济管理和提高劳动生产率。应该让地方和企业、生产队有更多的经营管理的自主权。”[②] 邓小平主张改革“政府无所不能、无所不管”的全能政府体制，将政府不该管、管不好、管不了的社会事务权力下放，增加企业、公民与社会组织的自主权，调动人民群众、企业和基层组织的积极性。“把权力下放给基层和人民，在农村就是下放给农民，这就是最大的民主”。[③] 下放权力，就要进一步深化行政审批制度改革，最大限度减少中央政府对微观事务的干预，使行政审批集中在市场严重失灵的领域。

第二，加强政府战略管理职能与宏观调控职能，以政府职能的宏观性实现国家治理功能的宏观性。中国具有大国国情与地区不均衡发展的特点，发达地区与不发达地区并存，中央政府要尽到地区结构调整责任，必然要保持中央宏观调控权力，以发挥社会主义制度集中力量办大事的独特优势。我国区域联动效应明显，造成中国公共管理中独有的政府间关系综合协调问题，如淮河全流域的治理污染、长江全流域的水土保持综合治理、京津冀协同发展等，都需要区域间各省市协调处理，这必然要求加强中央宏观管理权力。我国人口基数大，客观要求加强中央财权，如建立覆盖全民的社会保障网压力大，必须集中公共支出加以保障等。因此，只有加强政府的宏观战略管理与调控职能，完善发展战略、规划、政策、标准等，才能确保国家稳定发展。

第三，全面履行政府职能，以服务型政府建设实现治理的服务性。围绕国家治理各领域履职尽责，全面正确履行政府公共管理职能。政府要全面履行经济调节、市场监管、社会管理、公共服务和生态管理职能，加强政府对收入分配的调节职能，保护和治理生态环境，加强社会治安管理，加强公用基础设施、公共服务设施建设，全面完善公共服务体系建设，使公共服务覆

---

① 解亚红．关注政府改革推动国家治理体系和治理能力现代化［J］．中国行政管理，2014（4）．
② 邓小平文选（第 2 卷）［M］．北京：人民出版社，1994：145-146．
③ 邓小平文选（第 2 卷）［M］．北京：人民出版社，1994：252．

盖全民，持续提高政府公共服务水平。①

（二）以公共组织结构现代化推动政府治理能力现代化

推动政府治理现代化，一个重要的突破口就是推进公共组织结构的现代化。第一，不断培育和完善各类公共组织与社会组织，实现公共管理组织的多元化。公共管理是一种多中心的新型治理模式，公共管理主体多元化是现代政府治理的基本特征。公共管理主体包括行政组织、非政府组织和社会其他组织等。不同的公共管理主体根据自身的不同特点，在公共管理过程中发挥着各自不同的作用。政府治理的主体不仅包括从中央到地方的各级政府及其机构，而且包括非营利组织、社区组织、参与提供公共服务的私营部门等，众多治理主体交叉共存形成了多中心的合作治理网络。因此需要大力发展各类公共组织与社会组织，政府可以通过购买服务与特许经营等方式，让非营利组织和私人组织来运营政府项目，建立公私合作网络。

第二，实现国家机构之间关系的科学化。国家机构关系科学化的核心是立法机关与行政机关关系的科学化。在我国，要根据宪法和组织法要求，强化立法机关对行政机关的法律监督与工作监督，发挥人大在听取和审议政府工作报告，审查和批准国民经济和社会发展规划、国家预算报告，质询和询问，视察和检查、审查规范性文件，人事监督等方面的作用；要完善人大罢免权行使制度和质询制度，真正发挥人大作为权力机关的作用。同时，要加强司法机关对行政机关的审判监督和检察监督，形成科学的行政与司法关系，要进一步加大法院对行政行为进行司法审查的力度，将抽象行政行为纳入司法审查范围，加大法院对政府的侵权赔偿责任的惩处力度。实现中央政府与地方各级政府关系科学化。要合理划分中央政府与地方政府的权限，建立中央宏观管理与地方自主管理相结合的行政体制。在保证国家法制统一、市场经济秩序统一和国家宏观调控统一的基础上，形成事权与财权相匹配的管理体制。中央政府承担国家事务，如全国性的社会保障体制建设、国防建设、外交和对外经济技术合作、海关监管、国家安全事务和地区间协调发展等。各级地方政府承担地方性公共服务的供给责任，如城市公用事业管理、市容环境卫生、城市公共交通等。其中，省级政府要加强区域内基本公共服务均等化的职能，切实起到承上启下的作用。

---

① 李军鹏．国家治理体系现代化视域下的现代政府建设［J］．中共天津市委党校学报，2015（2）．

第三，实行大部门体制与政府事务综合管理，完善治理结构。随着现代政府服务综合化的趋势，必须推进政府事务综合管理，综合设置政府部门，实行“大行业”“大监管”管理模式，设立综合性的“大社会”“大文化”“大社会保障”管理机构。同时加快社会组织发展，完善社会组织治理结构。逐步取消非政治性社会组织成立的许可批准制，改为登记备案制度；实行政府与社会团体分开，使社会团体向着自主自治的方向发展；完善治理社会组织的法律体系，建立完善的社会组织监管制度，加强对非政府组织的监督与评估。①

（三）以政府制度现代化为重点推进政府治理能力现代化

第一，保护与实现人民权利，完善以公共服务支出为主体的现代财政制度。政府加强公共服务供给是实现人民各方面权利的重要基础。政府应集中公共财政与公共资源，加大公共服务与人力资本投资，如教育投资、研究与开发投资、卫生医疗与全民健康投资、社会保障投资、计划生育与人类生殖健康投资等。我国政府公共服务支出占财政支出的比重要不断提高，逐步达到政府财政支出的60%以上。同时，实行绩效预算制度，加强对公共支出的绩效评价。

第二，完善以依法行政为宗旨的行政法律制度。政府部门和工作人员都要按照宪法和法律执行公务、履行职能，要将政府行政管理与社会经济生活的各个方面、各个环节逐步纳入制度化、规范化、法治化轨道。完善行政立法制度，进一步完善市场监管、社会管理与公共服务方面的法律法规体系；完善行政组织法律制度，修改国务院组织法和地方各级人民政府组织法，出台地方各级人民政府行政机构设置与编制管理条例，出台部门组织条例或简则，实现政府组织的法治化；完善行政执法制度，加强对行政执行效果的绩效评估，建立以公共服务为取向的政府业绩评价体系，以失业率、社会保障、生态环境、社会治安、教育卫生等社会发展指标考核干部政绩，完善对政府的监督与制约制度，推行领导干部的财产申报公开制度，推行以行政首长为重点的行政问责制度。

第三，推广以政府购买服务为核心的现代政府采购制度。推进公共服务供给的多元化，建立多元化、社会化、制度化、法治化的政府购买公共服务

---

① 李军鹏．国家治理体系现代化视域下的现代政府建设［J］．中共天津市委党校学报，2015（2）．

制度。各级财政应将政府购买公共服务经费列入财政预算，在财政预算中新增“购买公共服务”科目，并按照一定比例逐年增长。修改完善《政府采购法》，把政府采购的范围扩大到向社会力量购买公共服务，并有针对性地出台采购公共服务的原则、标准与程序规范。同时出台《政府采购公共服务实施条例》，明确把公共服务纳入政府的集中采购目录。

第四，建立以节约型政府建设为目标的现代政府机关事务管理制度。政府要用有限的财政资金来实现更多的公共使命，减少政府自身机构不必要的直接消费乃至浪费。尽量节约行政管理支出，建立起科学的预算支出标准和预算定额，系统出台公务用车、办公用房、职务消费方面的政策、制度与科学标准，并对人员经费支出、会议费支出、差旅费支出，以及一般性的非重点建设支出等实行由“零增长”到“负增长”的控制办法。建立集中统一的机关事务管理体制，推进党、政、人大、政协机关行政事业性资产的集中统一管理，实现机关事务由一家一户分散管理向集约化管理转变。①

（四）以政府运行机制现代化为重点推进政府治理能力现代化

推进政府治理现代化，关键环节是政府运行机制现代化。第一，推进决策机制现代化。政府各项决策都要深入调查研究，充分论证，广泛听取各方面意见。要建立在社会各阶层广泛参与基础上的公开听证制度，凡涉及公民、法人或其他组织切身利益的重大调整、需要决策的重大事项要提前向社会公告。严格遵守“集体领导、民主集中、个别酝酿、会议决定”的议事和决策制度，完善重大决策的规则和程序，建立健全领导、专家和群众相结合的民主决策机制。实行决策前的论证制、决策中的票决制和决策后的责任制，建立健全重大决策终身责任追究制度、决策反馈纠偏机制和决策责任倒查机制。

第二，推进执行机制、执法机制、监督机制的规范化与科学化。改革行政执行体制，推进决策权与执行权适度分离，对行政执行采用合同式管理。要严格行政执法，深化行政执法体制改革，开展相对集中行政处罚权工作，推进综合执法，加强行政执法评议考核和责任追究，从而建立权责明确、行为规范、监督有效、保障有力的行政执法体制。创新监督机制，引入保护举报者制度，鼓励内外部监督，完善审计结果向社会公开的制度，建立和推广

① 李军鹏．国家治理体系现代化视域下的现代政府建设［J］．中共天津市委党校学报，2015（2）．

电子监察系统。

第三，改革社会控制与管理方式，建立社会主体间在宪治框架下的平等、协作的社会合作机制。要全面改革，发展工会、行业协会、职业协会等自治型的社会组织，赋予其协调内部关系、表达共同意志、调解与其他组织之间关系的职能和权力；在社会发展事业中采取民主合作机制的价值取向，充分发挥非政府组织或非营利组织在社会事业发展中的作用。①

（五）以政府治理工具创新为重点推进政府治理能力现代化

第一，要广泛采用现代政府管理方法。引入公共部门战略管理、全面质量管理、公共服务承诺制度，改善公共管理与公共服务质量；引进竞争机制，打破公共服务供给的垄断性，采取政府业务合同出租、竞争性招标等方式，实现公共服务的市场化与社会化。

第二，要推进电子政务与公共服务电子化。建立电子政务的政务内网平台和公众服务外网平台，加强移动电子政务门户网站建设，加强公共部门移动基础设施建设，建立全国资源共享网站，建设基于云计算技术的政府数据中心与政府网站群，建设统一的电子政务网络。推进公共服务的电子化，使政府对企业与公民的公共服务都可以在网上完成。积极推进政府公共服务网上处理步伐，促进并整合行政审批、社会保障、教育文化、环境保护、信息服务等公共服务的网上处理。

第三，推进协同政府建设。协同政府就是通过调动各方积极性，围绕特定的政策目标，实行跨部门的合作和组织间的合作。这种合作是全面的，包括公私部门之间、政府与非政府组织之间、政府部门之间、中央政府与地方政府之间的合作等。协同政府建设的重点是：加强组织内部的合作，形成合作的组织文化、价值观念、信息管理与人员培训机制；加强组织之间的合作，形成领导权分享、捆绑式预算、组织整合、项目组等机制；在政府多个部门间建立合作管理、知识管理及信息共享系统，整合分散在多个部门的政府服务，提供面向公民的综合、一站式、可个性化定制的服务。

第四，推进大数据运用，建设智慧政府。对智慧政府的建设进行整体规划与实施，推进政府管理的智能化，运用物联网、云计算、移动互联网、人工智能等技术，提高政府决策、执行、监管与服务的智慧水平；实施政府部

---

① 李军鹏．国家治理体系现代化视域下的现代政府建设［J］．中共天津市委党校学报，2015（2）．

门智能办公计划，建设智慧社保、智慧民政、智慧交通、智慧国土资源、智慧农业水利、智慧旅游休闲等智慧政府系统；推广应用 Web2.0/3.0 技术，使公民能够随时随地利用任何设备方便快捷地获取政府服务、参与政务管理，并与政府进行双向互动交流。[1]

---

① 李军鹏．国家治理体系现代化视域下的现代政府建设［J］．中共天津市委党校学报，2015（2）．

参考文献

[1] 王俊豪. 政府管理评论：2018 年第 1 辑 [M]. 北京：经济科学出版社，2019.

[2] 杨风春. 中国政府概要(第 3 版)[M]. 北京：北京大学出版社，2019.

[3] 王强. 重塑政府：提升政府治理能力的原则、办法及路径 [M]. 厦门：厦门大学出版社，2018.

[4] 王勇. 政府治理现代化：国家与地方视角 [M]. 杭州：浙江工商大学出版社，2018.

[5] 陈美. 中国政府网站服务体系重构研究 [M]. 北京：水利水电出版社，2018.

[6] 朱光磊. 政府职能转变研究论纲 [M]. 北京：中国社会科学出版社，2018.

[7] 福山·F. 国家构建：21 世纪的国家治理与世界秩序 [M]. 上海：学林出版社，2017.

[8] 张维迎，林毅夫. 政府的边界 [M]. 北京：民主与建设出版社，2017.

[9] 曹堂哲，罗海元，孙静. 政府绩效测量与评估方法：系统、过程与工具 [M]. 北京：经济科学出版社，2017.

[10] 伍彬. 政府绩效管理：理论与实践的双重变奏 [M]. 北京：北京大学出版社，2017.

[11] 西蒙斯·R. 政府为什么会失败 [M]. 北京：新华出版社，2017.

[12] 陈天祥. 政府职能转变研究 [M]. 北京：社会科学文献出版社，2017.

[13] 萨拉蒙·L. 政府工具：新治理指南 [M]. 北京：北京大学出版社，2016.

[14] 沈荣华. 政府治理现代化 [M]. 杭州：浙江大学出版社，2016.

［15］胡家勇．政府职能转变与政府治理转型［M］．广州：广东经济出版社，2015.

［16］周志忍．政府绩效评估中的公民参与：中国地方政府的实践与经验［M］．北京：人民出版社，2015.

［17］维托坦茨．政府与市场：变革中的政府职能［M］．北京：商务印书馆，2014.

［18］姚洋，杨汝岱．政府行为与中国经济结构转型研究［M］．北京：北京大学出版社，2014.

［19］马格莱比·D.，莱特·P. 民治政府：美国政府与政治（中国版）［M］．北京：中国人民大学出版社，2014.

［20］徐继华．智慧政府［M］．北京：中信出版社，2014.

［21］彼得斯．政府未来的治理模式（中文修订版）［M］．北京：中国人民大学出版社，2013.

［22］边沁．政府片论［M］．北京：商务印书馆，2013.

［23］奥斯本·D. 改革政府：企业家精神如何改革着公营部门［M］．上海：上海译文出版社，2013.

［24］楼继伟．中国政府间财政关系再思考［M］．北京：中国财政经济出版社，2013.

［25］陈振明．政府改革与治理：基于地方实践的思考［M］．北京：中国人民大学出版社，2013.

［26］李瑞昌．政府间网络治理：垂直管理部门与地方政府间关系研究［M］．上海：复旦大学出版社，2012.

［27］古德诺·F. 政治与行政：政府之研究［M］．北京：北京大学出版社，2012.

［28］蔡立辉．政府绩效评估［M］．北京：中国人民大学出版社，2012.

［29］奥斯本·D.，哈钦森·P. 政府的价格：如何应对公共财政危机［M］．上海：上海译文出版社，2011.

［30］刘俊英，冯海龙．政府转型公共支出调整与中国经济发展［M］．北京：中国社会科学出版社，2011.

［31］杨雪冬．政府创新与政治发展［M］．北京：中国科学文献出版社，2011.

［32］王周户，徐文星．现代政府与行政裁量权［M］．北京：法律出版

社，2010.

[33] 卓越．比较政府与政治 [M]. 北京：中国人民大学出版社，2010.

[34] 陈振明．政府工具导论 [M]. 北京：北京大学出版社，2009.

[35] 安秀梅．政府绩效评估体系研究：从政府公共支出的角度创设政府绩效评估体系 [M]. 北京：中国财政经济出版社，2009.

[36] 张成福，唐钧．政府危机管理能力评估：知识框架与指标体系研究 [M]. 北京：中国人民大学出版社，2009.

[37] 吕艳滨，卡特．中欧政府信息公开制度比较研究 [M]. 北京：法律出版社，2008.

[38] 朱光磊．中国政府发展报告第 1 辑：公务员规模问题与政府机构改革 [M]. 北京：中国人民大学出版社，2008.

[39] 莫勇波．公共政策执行中的政府执行力问题研究 [M]. 北京：中国社会科学出版社，2007.

[40] 范柏乃．政府绩效评估与管理 [M]. 上海：复旦大学出版社，2007.

[41] 周平．当代中国地方政府 [M]. 北京：人民出版社，2007.

[42] 迪韦尔热·M. 政治社会学 [M]. 北京：东方出版社，2007.

[43] 周天勇，等．攻坚：十七大后中国政治体制改革研究报告 [M]. 五家渠：新疆生产建设兵团出版社，2007.

[44] 赵静明．大国崛起之路：经济全球化的机遇与挑战 [M]. 广州：广东经济出版社，2007.

[45] 周平．当代中国地方政府 [M]. 北京：人民出版社，2007.

[46] 刘飞宇．转型中国的行政信息公开 [M]. 北京：中国人民大学出版社，2006.

[47] 浦善新．中国行政区划改革研究 [M]. 北京：商务印书馆，2006.

[48] 唐铁汉．深化行政管理体制改革 [M]. 北京：国家行政学院出版社，2006.

[49] 周凯．政府绩效评估导论 [M]. 北京：中国人民大学出版社，2006.

[50] 张兆本．公共管理概论 [M]. 北京：人民出版社，2006.

[51] 庄序莹．公共管理学 [M]. 上海：复旦大学出版社，2006.

[52] 陶学荣，陶睿．中国行政体制改革研究 [M]. 北京：人民出版

社，2006.
[53] 薛刚凌．行政体制改革研究［M］．北京：北京大学出版社，2006.
[54] 卫志民．政府干预的理论与政策选择［M］．北京：北京大学出版社，2006.
[55] 熊文钊．大国地方：中国中央与地方关系宪政研究［M］．北京：北京大学出版社，2005.
[56] 金太军，赵晖，等．中央与地方政府关系建构与调谐［M］．广州：广东人民出版社，2005.
[57] 汪永成．经济全球化与中国政府能力现代化［M］．北京：人民出版社，2006.
[58] 徐家良．政府评价论［M］．北京：中国社会科学出版社，2006.
[59] 朱光磊．现代政府理论［M］．北京：高等教育出版社，2006.
[60] 郭济．绩效政府：理论与实践创新［M］．北京：清华大学出版社，2005.
[61] 叶富春．利益结构、行政发展及其相互关系［M］．北京：社会科学文献出版社，2005.
[62] 郝晓玲，孙强．信息化绩效评估框架实施与案例分析［M］．北京：清华大学出版社，2005.
[63] 金太军，赵晖，等．中央与地方政府关系建构与调谐［M］．广州：广东人民出版社，2005.
[64] 宋立，刘树杰．各级政府公共服务事权财权配置［M］．北京：中国计划出版社，2005.
[65] 张志红．当代中国政府间纵向关系研究［M］．天津：天津人民出版社，2005.
[66] 王伟．政府公共权力效益问题研究［M］．北京：人民出版社，2005.
[67] 顾平安．政府发展论［M］．北京：中国社会科学出版社，2005.
[68] 谢庆奎．政府学概论［M］．北京：中国社会科学出版社，2005.
[69] 杨宏山．府际关系论［M］．北京：中国社会科学出版社，2005.
[70] 孙学玉．企业型政府论［M］．北京：中国社会科学出版社，2005.
[71] 江美塘．制度变迁与行政发展：公共行政之制度理论的比较研究［M］．天津：天津人民出版社，2004.

[72] 登哈特·J.，登哈特·R. 新公共服务：服务而不是掌舵［M］. 北京：中国人民大学出版社，2004.

[73] 刘靖华，姜宪利，等．中国政府管理创新（施政卷）［M］. 北京：中国社会科学出版社，2004.

[74] 曹康泰．全面推进依法行政实施纲要（辅导读本）［M］. 北京：中国法制出版社，2004.

[75] 傅大友，袁勇志，芮国强．行政改革与制度创新［M］. 上海：上海三联书店，2004.

[76] 颜廷锐，等．中国行政体制改革问题报告［M］. 北京：中国发展出版社，2004.

[77] 卓越．公共部门绩效评估［M］. 北京：中国人民大学出版社，2004.

[78] 杨宇立．政府太累［M］. 北京：当代中国出版社，2004.

[79] 陈振明．公共管理学：一种不同于传统行政学的研究途径［M］. 北京：中国人民大学出版社，2003.

[80] 哈拉契米·A. 政府业绩与质量测评问题与经验［M］. 广州：中山大学出版社，2003.

[81] 欧桂英，黄长杰，杜宝忠，等．行政审批制度改革若干问题解说［M］. 北京：中共中央党校出版社，2003.

[82] 登哈特·R. 公共组织理论［M］. 北京：中国人民大学出版社，2003.

[83] 奈·J.，唐纳胡·J. 全球化世界的治理［M］. 北京：世界知识出版社，2003.

[84] 李文良．WTO 与中国政府管理［M］. 长春：吉林人民出版社，2003.

[85] 吕志胜．政府职能转换论［M］. 北京：中国财政经济出版社，2003.

[86] 陈振明．公共管理学［M］. 北京：中国人民大学出版社，2003.

[87] 沈荣华．政府机制［M］. 北京：国家行政学院出版社，2003.

[88] 卓越．比较公共行政［M］. 福州：福建人民出版社，2003.

[89] 乔耀章．政府理论［M］. 苏州：苏州大学出版社，2003.

[90] 郭济．政府权力运筹学［M］. 北京：人民出版社，2003.

［91］费斯勒·J.，凯特尔·C. 行政过程的政治：公共行政学新论［M］. 北京：中国人民大学出版社，2002.

［92］弗雷德里克森·J. 公共行政的精神［M］. 北京：中国人民大学出版社，2002.

［93］金太军，赵晖，高红，等. 政府职能梳理与重构［M］. 广州：广东人民出版社，2002.

［94］朱光磊. 当代中国政府过程［M］. 天津：天津人民出版社，2002.

［95］奥斯特罗姆·V.，菲尼·D.，皮希特·H. 制度分析与发展的反思：问题与抉择［M］. 北京：商务印书馆，2001.

［96］张志坚. 中国行政管理体制改革和机构改革［M］. 北京：中国大百科全书出版社，2001.

［97］彼得斯·G. 政府未来的治理模式［M］. 北京：中国人民大学出版社，2001.

［98］丁煌. 西方公共行政管理理论精要［M］. 北京：中国人民大学出版社，2001.

［99］里普森·L. 政治学的重大问题［M］. 北京：华夏出版社，2001.

［100］张国庆. 行政管理学概论［M］. 北京：北京大学出版社，2001.

［101］史卓顿·H.，奥查德·L. 公共物品、公共企业和公共选择：对政府功能的批评与反批评的理论纷争［M］. 北京：经济科学出版社，2000.

［102］布坎南·J.，塔洛克·G. 同意的计算：立宪民主的政治基础［M］. 北京：中国社会科学出版社，2000.

［103］耶金·D.，斯坦尼斯罗·J. 制高点：重建现代世界的政府与市场之争［M］. 北京：外文出版社，2000.

［104］桑玉成，等. 政府角色：关于市场经济条件下政府作为与不作为的探讨［M］. 上海：上海社会科学院出版社，2000.

［105］柯武刚，史漫飞. 制度经济学：社会秩序与公共政策［M］. 北京：商务印书馆，2000.

［106］方福前. 公共选择理论：政治的经济学［M］. 北京：中国人民大学出版社，2000.

［107］雷恩·D. 管理思想的演变［M］. 北京：中国社会科学出版社，2000.

［108］樊勇明. 西方国际政治经济学［M］. 上海：上海人民出版

社，2000.

［109］缪勒 · D. 公共选择理论［M］. 北京：中国社会科学出版社，1999.

［110］刘国光，王洛林，李京文 . 1999 年中国经济形势分析与预测：经济蓝皮书［M］. 北京：社会科学文献出版社，1999.

［111］陈振明 . 公共管理学：转轨时期我国政府管理的理论与实践［M］. 北京：中国人民大学出版社，1999.

［112］王成栋 . 政府责任论［M］. 北京：中国政法大学出版社，1999.

［113］陈振明 . 公共管理学［M］. 北京：中国人民大学出版社，1999.

［114］汪玉凯 . 中国行政体制改革 20 年［M］. 郑州：中州古籍出版社，1998.

［115］林尚立 . 国内政府间关系［M］. 杭州：浙江人民出版社，1998.

［116］王惠岩 . 政治学原理［M］. 北京：高等教育出版社，1999.

［117］斯蒂格利茨 · J. 政府为什么干预经济［M］. 北京：中国物资出版社，1998.

［118］胡宁生，张成福，等 . 中国政府形象战略［M］. 北京：中共中央党校出版社，1998.

［119］谢庆奎 . 中国地方政府体制概论［M］. 北京：中国广播电视出版社，1998.

［120］吉登斯 · A. 民族：国家与暴力［M］. 北京：三联书店，1998.

［121］林尚立 . 国内政府间关系［M］. 杭州：浙江人民出版社，1998.

［122］施雪华 . 政府权能理论［M］. 杭州：浙江人民出版社，1998.

［123］任晓 . 中国行政改革［M］. 杭州：浙江人民出版社，1998.

［124］鲍宗豪 . 公共管理导论［M］. 上海：上海三联书店，1998.

［125］宾厄姆 · R. 美国地方政府的管理：实践中的公共行政［M］. 北京：北京大学出版社，1997.

［126］世界银行 . 世界发展报告：变革世界中的政府［M］. 北京：中国财政经济出版社，1997.

［127］周伟林 . 中国地方政府经济行为分析［M］. 上海：复旦大学出版社，1997.

［128］哈耶克 · F. 通往奴役之路［M］. 北京：中国社会科学出版社，1997.

［129］西塞罗 . 论共和国　论法律［M］. 北京：中国政法大学出版社，1997.

［130］穆勒·J. 政治经济学原理［M］. 北京：商务印书馆，1997.

［131］时和兴. 关系、限度、制度：政治发展进程中的国家与社会［M］. 北京：北京大学出版社，1996.

［132］辛向阳. 大国诸侯：中国中央与地方关系之结［M］. 北京：中国社会科学出版社，1996.

［133］毛寿龙. 中国政府功能的经济分析［M］. 北京：中国广播电视出版社，1996.

［134］亚里士多德. 政治学［M］. 北京：商务印书馆，1995.

［135］诺斯·D. 经济史中的结构与变迁［M］. 上海：上海人民出版社，1994.

［136］刘易斯·W. 经济增长理论［M］. 上海：上海三联书店，1994.

［137］李仁主，刘凯湘. 契约观念与秩序创新：市场运行的法律、文化思考［M］. 北京：北京大学出版社，1993.

［138］王绍光，胡鞍钢. 中国国家能力报告［M］. 沈阳：辽宁人民出版社，1993.

［139］萨缪尔森·P.，诺德豪斯·W. 经济学［M］. 北京：中国发展出版社，1992.

［140］平新桥. 财政原理与比较财政制度［M］. 上海：上海三联书店，1992.

［141］薄贵利. 中央与地方关系研究［M］. 长春：吉林大学出版社，1991.

［142］布莱克·C. 现代化的动力：一个比较史的研究［M］. 杭州：浙江人民出版社，1989.

［143］吉尔平·R. 国际关系政治经济学［M］. 北京：经济科学出版社，1989.

［144］亨廷顿·S. 变化社会中的政治秩序［M］. 北京：三联书店，1989.

［145］梅尼·E. 西欧国家中央与地方的关系［M］. 北京：春秋出版社，1989.

［146］布坎南·J. 自由、市场和国家［M］. 北京：北京经济学院出版社，1988.

［147］斯蒂尔曼·R. 公共行政学［M］. 北京：中国社会科学出版社，1988.

［148］布劳·P. 社会生活中的交换和权力［M］. 北京：华夏出版

社，1988.

[149] 罗尔斯·J. 正义论 [M]. 北京：中国社会科学出版社，1988.

[150] 赵震江．分权制度和分权理论 [M]. 成都：四川人民出版社，1988.

[151] 阿尔蒙德·G. 比较政治学：体系、过程和政策 [M]. 上海：上海译文出版社，1987.

[152] 达尔·R. 现代政治分析 [M]. 上海：上海译文出版社，1987.

[153] 樊纲．渐进式改革的政治经济学分析 [M]. 上海：上海远东出版社，1986.

[154] 弗里德曼·M.，弗里德曼·R. 自由的选择 [M]. 北京：商务印书馆，1982.

[155] 密尔·J. 代议制政府 [M]. 汪宣，译．北京：商务印书馆，1982.

[156] 斯密·A. 国民财富的性质和原因的研究 [M]. 北京：商务印书馆，1972.

[157] 孟德斯鸠．论法的精神 [M]. 北京：商务印书馆，1961.

后　记

转眼已过不惑之年，我们伟大祖国的改革开放也到了不惑之年。党的十五大报告首次提出“两个一百年”奋斗目标：到中国共产党成立一百年时，使国民经济更加发展，各项制度更加完善；到21世纪中叶中华人民共和国成立一百年时，基本实现现代化，建成富强民主文明的社会主义国家。正如习近平总书记在党的十九大报告中提出的，我们比历史上任何时期都更接近、更有信心和能力实现中华民族伟大复兴的目标。作为个人，我十分幸运能够出生在改革开放拉开序幕的1978年，有幸成为改革开放40年发展的亲历者和见证者，也充满自信地将要见证“两个一百年”奋斗目标的实现，见证中华民族的伟大复兴。每每想到此处，激动之情总是无以言表！

2006年之初，我就有了梳理改革开放以来中国政府改革问题的想法，恰在出版博士论文的过程中与郑州大学出版社总编王锋先生结识，一起策划出版了“改革开放30年丛书”，我主持编写了《构建与嬗变：中国政府改革发展30年》。在改革开放40年来临之际，我向我大学时代的老师——郑州大学出版社社长骆玉安先生提议，在此前“改革开放30年丛书”的基础上，策划出版改革开放40年丛书，丛书名定为“改革开放与治理现代化40年丛书”，并入选了国家新闻出版总署《“十三五”国家重点图书、音像、电子出版物出版规划》，由我来主编《治理能力现代化：中国政府改革发展40年》。

在本书编辑过程中，本想跳出《构建与嬗变：中国政府改革发展30年》的框架，重打鼓、另开张，写一本全新的中国政府改革发展史，但因为本人在2017—2018年必须完成申请拍摄的课程思政慕课《〈易经〉的政治智慧》，占用了大量时间，加之其他一些琐务牵绊，最后决定在《构建与嬗变：中国政府改革发展30年》基础上，补充2008—2018年的内容，在此基础上形成了《治理能力现代化：中国政府改革发展40年》这本书。

《构建与嬗变：中国政府改革发展30年》当时的各章节分工是，我编写前言、第一章、第二章、第三章、第四章、第十章、第十二章、结语；现在南昌大学工作的唐兵老师编写了第六章、第七章、第九章；我的同事杨建成老师编写了第五章、第八章、第十一章；当时全书由我统一设计、拟纲、统稿并修改定稿。

这次编写《治理能力现代化：中国政府改革发展 40 年》，在征得其他几位编者的同意后，由我统一全面改写，独立主编，他们不再参与和署名，在此对他们表示感谢。

由于个人才疏学浅，加上时间短、任务重，书中还有很多政府改革中没有论及的地方，我也深感遗憾。当然书中疏漏之处，责任全在主编个人。由于篇幅较大，引文较多，文中所引资料未能全部标明，在此向所涉资料责任者的劳动表示尊敬和谢意！

王 伟

2019 年 3 月于北京涤心斋